教育部人文社會科學研究規劃基金項目（批准號 11YJA770053）
河西學院省級重點學科“歷史文獻學”資助項目
絲綢之路經濟帶河西走廊智庫資助項目
河西學院河西文獻與文學研究中心資助項目

河西墓葬文獻研究

吴浩軍 著

上海古籍出版社

圖書在版編目(CIP)數據

河西墓葬文獻研究 / 吴浩軍著. —上海：上海古籍出版社，2019.11
ISBN 978-7-5325-9382-8

Ⅰ.①河… Ⅱ.①吴… Ⅲ.①墓葬(考古)—文獻—研究—甘肅 Ⅳ.①K878.84

中國版本圖書館 CIP 數據核字(2019)第 233034 號

河西墓葬文獻研究

吴浩軍 著

上海古籍出版社出版發行

(上海瑞金二路 272 號 郵政編碼 200020)

(1) 網址：www.guji.com.cn

(2) E-mail：guji1@guji.com.cn

(3) 易文網網址：www.ewen.co

常熟新驊印刷有限公司印刷

開本 890×1240 1/32 印張 11.75 插頁 5 字數 263,000

2019 年 11 月第 1 版 2019 年 11 月第 1 次印刷

ISBN 978-7-5325-9382-8

K·2721 定價：58.00 元

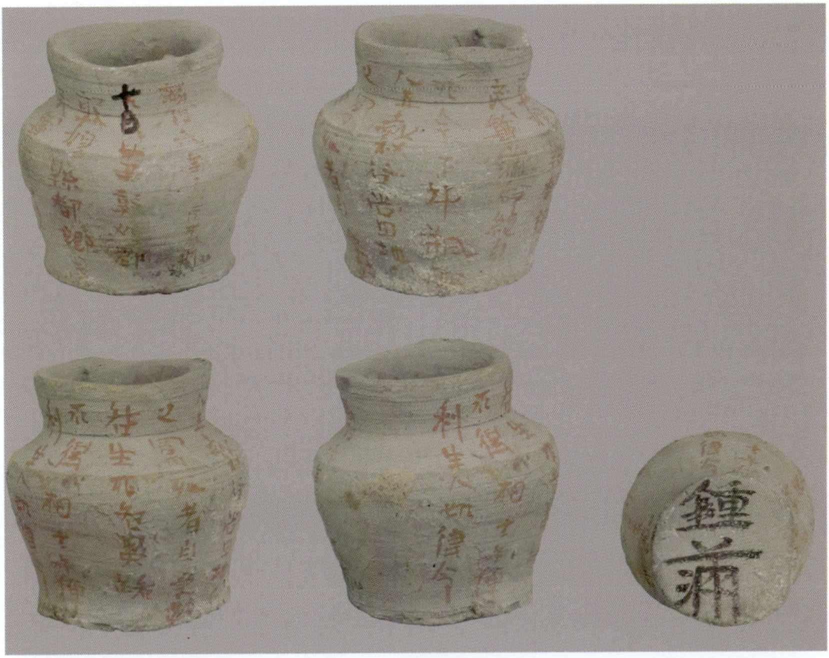

敦煌出土後凉麟嘉六年鎮墓罐（甘肅省文物考古研究所王永安提供）

敦煌出土前凉建興廿七年
傅長然鎮墓罐

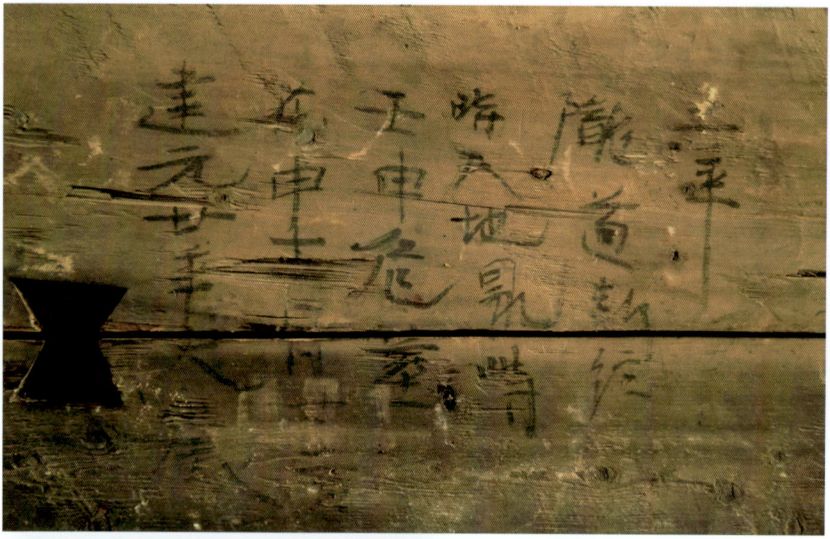

高臺駱駝城墓群出土前秦建元廿年棺板題記

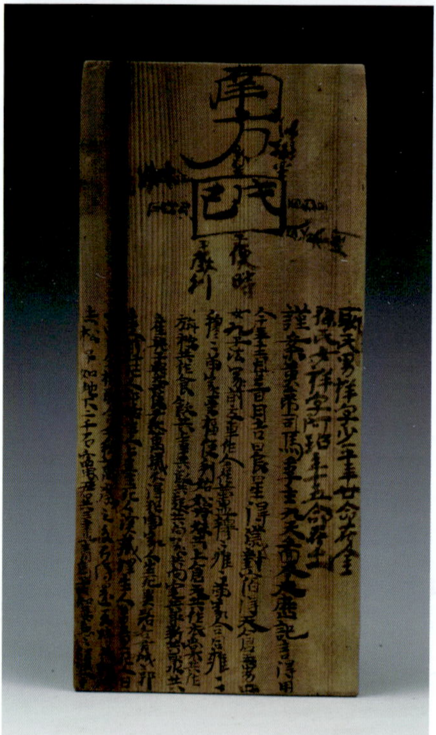

高臺駱駝城墓群出土東晉十六國耿少平、孫阿玿冥婚墓券

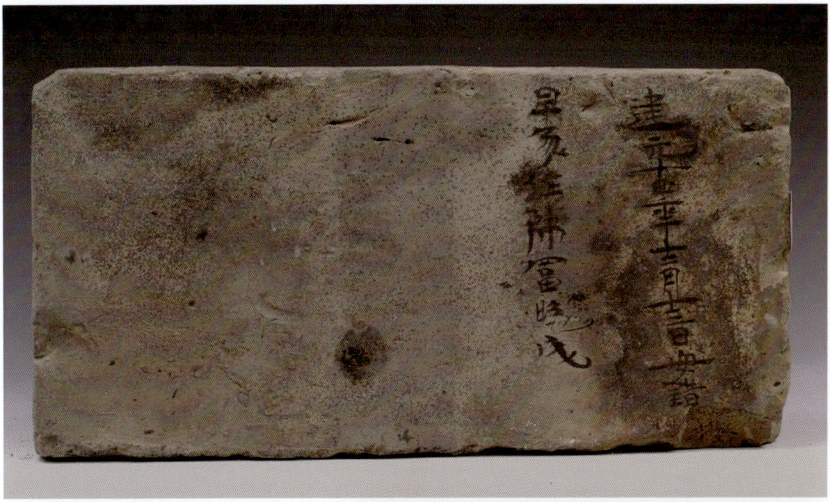

高臺許三灣墓群出土前秦
建元十四年磚銘

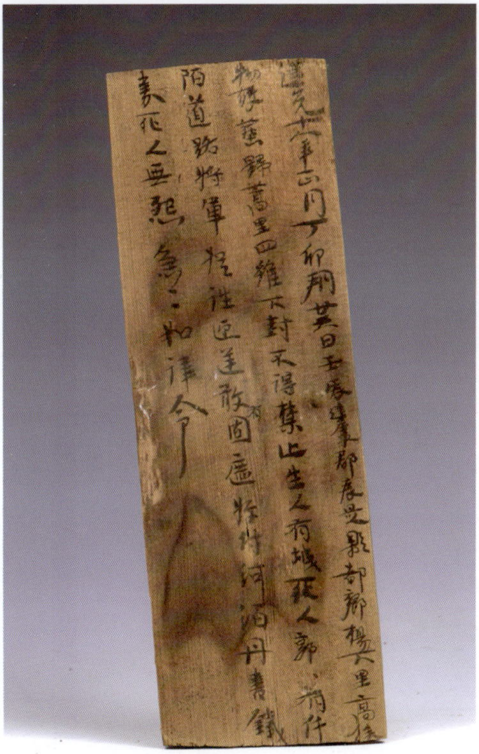

高臺駱駝城墓群出土前秦
建元十八年高俟墓券

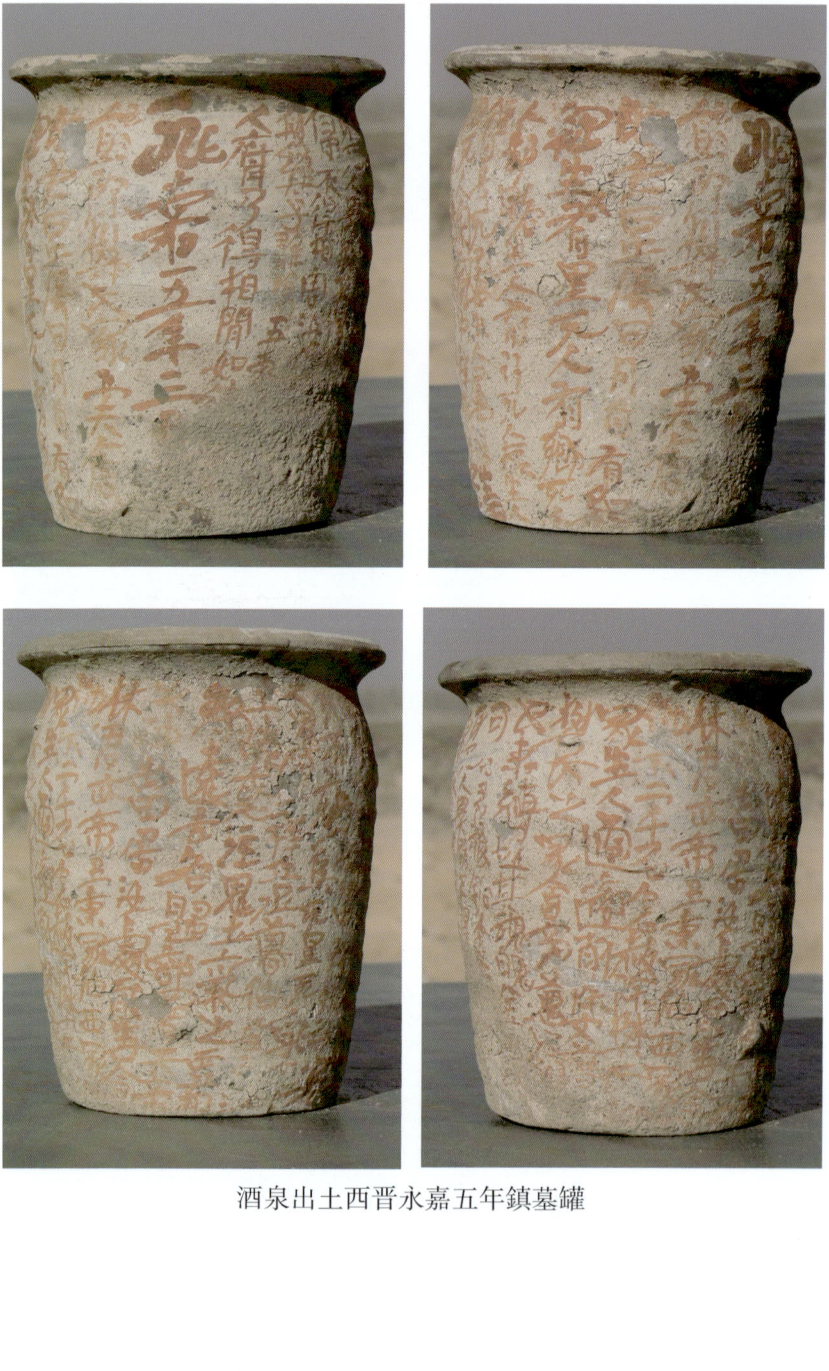

酒泉出土西晋永嘉五年鎮墓罐

目　録

第一章　河西鎮墓文叢考

鎮墓文又稱“解注文”、“劾鬼文”、“解謫文”等，與買地券、衣物疏同爲重要的墓葬文獻之一類。“鎮墓文”之稱，最先見於羅振玉《貞松堂集古遺文》：“東漢末葉，死者每用鎮墓文，乃方術家言，皆有‘天帝’及‘如律令’字。以朱墨書于陶瓿者爲多，亦有石刻者，猶唐之女青文也。”[①]不僅提出了“鎮墓文”這一名稱，也揭示出了鎮墓文的一些基本特徵。近世學者則對其形式、性質和功用多有研究，其中以日本學者池田温的論述最爲簡潔扼要[②]。歸納各家成果，可以這樣表述：鎮墓文是東漢後期出現的用朱砂[③]寫在鎮墓陶器上[④]的解殃文辭。其内容是祈求保佑生者家宅安寧，死者塚墓穩定；目的主要是爲世上生人除殃祈福，爲地下死者解謫祛過，使

① 羅振玉：《貞松堂集古遺文》（下），北京：北京圖書館出版社，2003 年，第 360 頁。

② 參見池田温：《中國歷代墓券略考》，《東洋文化研究所紀要》第 86 册，東京帝國大學東洋文化研究所，1981 年，第 193—278 頁。

③ 出土鎮墓文也有用墨書寫的，這可能是由於條件所限，一時找不到朱砂的權宜之計。黄景春調查報告引用了陝西子長縣一位名叫高明翔的陰陽先生的話：“最好用朱砂寫，用墨寫就得用朱砂批點，不用朱砂批點鬼神不認。”（黄景春：《西北地區買地券、鎮墓文使用現狀調查與研究》，《民俗研究》2006 年第 2 期）

④ 也有極個别書寫在鉛券、磚、瓦、石上的，晉以後還有書寫在木牘和紙上的。

之免除再受罰作之苦；同時也是爲了隔絶死者與其在世親人的關係，使之不得侵擾牽連生人。

河西鎮墓文數量較大，集中出土于敦煌新店臺和祁家灣西晉至十六國時期墓葬，嘉峪關、酒泉等地也有零星出土。目前考古所見有文字的總數約有80餘件①，時代最早者爲東漢，有紀年之最早者爲三國魏甘露二年（257），最晚者爲沮渠氏北凉玄始十年（421），時代跨度達兩個世紀之久。這些鎮墓文數量可觀，内容豐富。正如關尾史郎所説："在中國乃至世界上，除了敦煌，没有這樣大量出土鎮墓文的地域，與其獨特的樣式相得益彰，敦煌的鎮墓文在喪葬文化史上佔有非常獨特的位置。"②利用它們，可以考察河西走廊的歷史地理、喪葬風俗、民間信仰以及語言文字、書法、文學等方面的問題，具有不可替代的文獻和歷史價值。

第一節　漢魏鎮墓文

1. 東漢（220前）佚名鎮墓文　1973年出土于敦煌七里鎮三號橋墓葬。陶質，灰黄色；小口，斜肩，深直腹，平底；口徑7釐米，底徑16釐米，高21.5釐米；瓶腹部墨書鎮墓文3行，文字清晰，行1～7字，共15字（圖1）。無發掘報告，《敦煌文物》有圖影③，無釋

① 日本學者關尾史郎《中國西北地域出土鎮墓文集成（稿）》輯録鎮墓文凡143例，其中出自河西的有87件。本文考述時，文字漫漶完全不可釋讀者及出自同一墓葬屬同一墓主且文字全同者不再録出。

② ［日］關尾史郎：《隨葬衣物疏和鎮墓文——新的敦煌吐魯番學》，西北出土文獻研究會《西北出土文獻研究》（第6號），2008年，第5—25頁。

③ 敦煌市博物館（傅立誠、李岩雲、韓躍誠）：《敦煌文物》，蘭州：甘肅人民美術出版社，2002年，第44頁。

文。玆據原物圖影，釋讀如次：

南方丹沙（砂），辟除土精土氣，消災。如律令！

按：此件文字無紀年，但鎮墓罐器形較大，與中原地區出土東漢鎮墓瓶相類，在敦煌地區同類器物中却較少見；同時此鎮墓文文字簡潔，衹有寥寥數字，内容亦與敦煌其他鎮墓文絶不相同。據此可知，此件應是鎮墓喪葬習俗流傳到敦煌初期的産物，敦煌市博物館斷代爲東漢，應大體不差。但因敦煌地區尚未發現東漢時期的紀年鎮墓罐，並且同墓還出土有“通信校尉”龜鈕銀質印章，也有文博工作者認爲此印鈕“具有魏晉龜紐的鮮明特徵”①，從而斷此墓爲魏晉墓，此鎮墓瓶亦是魏晉時期産物。

圖1　敦煌七里鎮三號橋東漢鎮墓罐

文中“丹沙（砂）”即朱砂，一種礦産，爲古代道士、巫醫所用“五石”之一，被認爲是仙藥，能去邪氣、驅鬼魅，用以治病、鎮墓。晉葛洪《抱朴子·金丹》云：“五石者，丹砂、雄黄、白礬、曾青、磁石也。”②《黄帝九鼎神丹經訣》卷十《煉藥使不散法》：“五石者，丹沙，太陽之精也；磁石，太陰之精也；曾青，少陽之精也；雄黄，石上之精也。感陰陽之

① 張瑞峰：《敦煌市博物館藏“通信校尉”龜紐銀印淺識》，《文博》2003年第2期，第79—80頁。

② 王明：《抱朴子内篇校釋》，北京：中華書局，1985年，第78頁。

正氣,配五方之正位,能相制伏,無所發動,調煉去毒,故能令人不死者。”①五石因其各成一色,湊成五色(青、赤、白、黑、黄)而又稱“五色石”。古代認爲五色石具有神秘的力量,在某些特定的機緣下可發揮出巨大神威,故多用於驅邪解禍等方術和民俗儀式中。秦漢以降,人們習慣地將這五種礦物按照五行原理分别放置在特定的方位,即東方青石、南方赤石、西方白石、北方黑石、中宫黄石,用以鎮墓驅邪。

1998年,河南三門峽市南交口發現一座東漢墓葬,在墓室底部鋪磚以下清理出5個鎮墓陶瓶,按東、南、中、西、北方位埋置,保存完好,瓶内裝有5種礦石,瓶腹朱書鎮墓文如次:

> 東方,甲乙,神青龍,曾青九兩,制中央,令母守子,禍不起,從今日始。如律令!
>
> 南方,丙丁,神朱爵(雀),丹沙(砂)七兩,制西方,令母守子,禍不起,從今日始。如律令!
>
> 中央,戊己,神勾陳,雄黄七兩,制北方,令母制子,禍不起,從今日始。如律令!
>
> 西方,庚辛,神白虎,礜石八兩,〔制東方〕,令母制子,〔禍不起〕,從今日始。如律令!
>
> 北方,壬癸,〔神玄武〕,慈(磁)石六兩,制南方,令母守子,禍不起,自今日始。如律令!②

① 《道藏》第18册,北京/上海/天津:文物出版社、上海書店、天津古籍出版社,1988年,第826頁。

② 郝本性、魏興濤:《三門峽南交口東漢墓鎮墓瓶朱書文考略》,《文物》2009年第3期,第57—61頁。

這恰好印證了六朝古靈寶經《太上洞玄靈寶滅度五煉生屍妙經》的記載：道門中人超度亡魂、安鎮屍形時施行女青符文及章奏之儀法，意在“度一切人，安屍鎮靈，保魂録神”。經文中談到將女青文用不同顔色分書五色石上，依五行方位埋於墓室中，即黑書青石上，置於屍形之東方；青書赤石上，置於屍形之南方；朱書黄石上，置於屍形之中央；黄書白石上，置於屍形之西方；白書黑石上，置於屍形之北方[①]。宋代官修《地理新書》卷十四“鎮墓法”也記有這樣的内容：“古法有以竹爲六尺弓度之者，亦有用尺量者，今但以五色石鎮之於塚堂内：東北角安青石，東南角安赤石，西南角安白石，西北角安黑石，中央安黄石。皆須完淨，大小等，不限輕重。置訖，當中央黄石，南祝之曰：五星入地，神精保佑。歲星居左，太白居右，熒惑在前，辰星其後，鎮星守中，辟除殃咎。妖異災變，五星攝授[②]。亡人安寧，生者福壽。急急如律令。”[③]由此可知，至晚至北宋時期，用五色石鎮墓的習俗仍在流行中。

聯繫靈寶經記載及三門峽東漢墓五方鎮墓瓶文，由“南方丹沙(砂)”之語可知，敦煌三號橋墓葬中鎮墓陶瓶應該也是五件，衹因這種五方鎮墓陶瓶不似魏晉時期的鎮墓斗瓶放置於屍體頭部和脚下，而是埋在墓底的“坎”内，當時的文物工作者没有認真清理，所以没有發現而已。如果原墓址没有被破壞，重新清理發掘，其他四方(東、西、北、中)鎮墓陶瓶仍有出土之可能。

---

① 據《道藏》第6册第259—265頁。此經在敦煌遺書中存有兩個抄本：P.2865和S.0298。

② 攝授，當爲“攝受”之誤。底本如此，以不校校之。

③ [北宋]王洙等撰，[金]畢履道、張謙校，金身佳整理：《地理新書校理》，湘潭：湘潭大學出版社，2012年，第430頁。

圖 2　三國魏甘露二年段清鎮墓瓶

2. 三國魏甘露二年(257)段清鎮墓文　1972 年出土於嘉峪關新城公社 1 號墓,編號 72JXM1：9(圖 2)。陶質,灰黄色;口徑 14 釐米,腹徑 14.5 釐米,底徑 11.5 釐米,高 19 釐米;腹部朱書鎮墓文 16 行,甚殘,行 1～9 字。原報告附有釋文①,無摹本;《魏晉南北朝敦煌文獻編年》(下文簡稱《編年》)②和《中國西北地域出土鎮墓文集成(稿)》(下文簡稱《集成(稿)》)③亦有録文。兹據原報告釋文,參照兩家録文,校釋如次：

甘□二□□□□□□□□□□□□□□□□之□□□□□□兵□□□□□□□□□□□□□□□□□□□□□□□□者□□□後有□□神□解讁自有□□豐□□□□隨□□□去各與俱去□□□死者不冤生者□□死者□□生人□行死者□□□□生人□□□□□□□□永□□□何以□□□□□□章。

按：本件紀年殘缺,原報告據存文定爲甘露二年(257)。但據

① 甘肅省文物隊、甘肅省博物館、嘉峪關市文物管理所(肖亢達)：《嘉峪關壁畫墓發掘報告》,北京：文物出版社,1985 年,第 25—26 頁。

② 王素、李方：《魏晉南北朝敦煌文獻編年》,臺北：新文豐出版公司,1997 年,第 53—54 頁。

③ 關尾史郎：《中國西北地域出土鎮墓文集成(稿)》,新潟大學超域研究機構,2005(平成 17)年,第 9 頁。

參與發掘的張小舟女士稱：初出土時，“甘露二年”4 字尚清晰可見，後被人塗漆，纔難以辨識[1]。查漢至南北朝用“甘露”年號的有 4 次：一是西漢宣帝甘露（前 53～前 50），共 4 年；二是曹魏高貴鄉公甘露（256～260），共 5 年；三是孫吴烏程侯孫皓甘露（265～266），共 2 年；四是前秦苻堅甘露（359～364），共 6 年。這 4 個甘露年號，第一個太早，從出土的貨泉可否定；第四個稍晚，且當時河西尚屬前涼，正值張玄靚統治時期，雖已時值東晉穆帝升平四年，但前涼政權仍奉西晉建興年號，是年爲建興四十八年，這爲河西走廊乃至吐魯番地區出土其他紀年文物所證實；第三個時代相當，但當時河西屬曹魏，絶無採用孫吴年號的可能。而第二個不僅時代與墓葬年代相當，而且當時河西地區在三國時期正屬曹魏。

據同墓畫像磚題記，該墓墓主爲“段清”，字“幼絜”。河西段氏“世爲西土著姓”[2]，墓主段清當出身河西豪門世族。在墓主人的宴飲圖中，段清戴黑介幘，穿皂緣領袖中衣。漢代之幘可以單服，也可以加於冠下與之連用，在漢以後，因文武官職的不同，所服之幘也有差别。《晉書・輿服志》云：“漢注曰：‘冠進賢者宜長耳，今介幘也。冠惠文者宜短耳，今平上幘也。’始時各隨所宜，遂因冠爲别。介幘服文吏，平上幘服武官也。”[3]可見漢代的文官服介幘。《後漢書・輿服志》亦云：“……皂緣領袖中衣爲朝服。”[4]根據這些記載可知，段清是文吏。從壁畫也可以看出，凡服黑介幘、皂緣領

① 張小舟：《北方地區魏晉十六國墓葬的分區與分期》，《考古學報》1987 年第 1 期，第 19—43 頁。

② 《晉書》卷 48《段灼傳》，北京：中華書局，1974 年，第 1336 頁。

③ 《晉書》卷 25《輿服志》，第 770 頁。

④ 《後漢書》卷 39《輿服志》，北京：中華書局，1965 年，第 3666 頁。

袖中衣的，在出行圖中多爲導騎，是可在犢車前後捧笏的官吏，他們的身份應爲魏晉時期的地方政府屬佐。按照魏晉慣例，州郡屬佐雖由長官自辟，然籍限本域；段氏既爲“西土著姓”，辟爲州郡屬佐是完全可能的。由此可知，此墓主人段清，出身河西世家大族，擔任地方政府屬佐①。

本件出現的“解讁”一詞，關係鎮墓風俗的文化背景，需要略加申論。“讁”字在漢晉時期買地券、鎮墓文中常見，有時寫作“讁”、“適”②；寫作“適”時爲通假字，通“讁”。《漢書·陳勝傳》“適戍之衆”，顔注：“適讀曰讁，謂罪罰而行也。”可知“解適”之“適”，乃“讁”之假借。“讁”字主要有兩種用法：第一，譴責、責罰，用作動詞。古籍中常見的“讁戍”、“讁居”、“讁邊”、“讁奴”、“七科讁”等詞即用此義。第二，罪愆、罪過、殃咎，用作名詞。《國語·周語下》：“國將無咎，其君在會，步言視聽，必皆無讁，則可以知德矣。”韋昭注：“讁，譴也。”高郵王氏父子改訓爲“罪愆”③。俞樾按：“無讁，猶無咎也。”④

“讁”既有兩義，則買地券、鎮墓文中“解讁”亦大體有兩種情況：

一是針對生者，使用法術以防止鬼魂返回陽世對生者作祟。這種鬼魂遺讁的巫術理念，早在雲夢秦簡《日書》中即有反映。如《日書》乙種《見人》：

---

① 甘肅省文物隊、甘肅省博物館、嘉峪關市文物管理所（肖亢達）：《嘉峪關壁畫墓發掘報告》，第74—75頁。

② 此形體在一些研究論文中常被誤釋過録爲“适”，雖然早已有學者指出，但還是不斷發生，故不殫老生常談之譏，再次指出。

③ 王引之：《經義述聞》，南京：江蘇古籍出版社，1985年，第483—484頁。

④ 俞樾：《群經平議》卷28《春秋外傳國語一》，續修四庫全書本第178册，上海：上海古籍出版社，2002年，第460頁。

子以東吉，北得，西聞言兇(凶)。朝啓夕閉，朝兆不得，晝夕得。以入，見疾。以有疾，辰少翏(瘳)，午大翏(瘳)，死生在申，黑肉從北方來，把者黑色，外鬼父葉(世)爲姓(眚)，高王父譴適(謫)，豕□。(簡 157—158)①

該篇内容，主要記載“某某爲眚(即生災爲祟)”之事。這裏的祟源，大多爲死去的鬼魂，如外鬼、中鬼、王父、高王父、巫，等等。在同篇《日書》的其它簡文中，“高王父譴謫”又作“高王父譴眚”(簡 168 中)、“高王父爲眚”(簡 178)，顯然，“謫”與“眚”意思相同，都指作祟爲害。所謂“高王父譴謫”，意即死去的高祖責罰活人，化作(或附於)某種陰鬼來作祟，導致活人生病。這裏的“謫”，都如前文所言，用作動詞，意爲責罰。《東漢光和二年王當買地券》“無責生人父母兄弟妻子家室”，《東漢延熹四年(161)鍾仲游妻買地券》“自今以後，不得干□〔擾〕生人”等語，都是這種用法。本文所考出土於河西地區的魏晉十六國時期鎮墓文中這樣的用語更是比比皆是。至於死者的鬼魂爲什麽要返回陽世責罰活人，理由可能多種多樣，但其中最重要的一種是死鬼對於生人有所需求②。

二是針對死者，解除他們所犯的罪責，以免其在陰間被罰服苦役。這又有兩種情況：一種是死者在世時所犯的過錯，所積的惡行，到了陰間要被算總帳；二是埋葬死者時得罪了當地的地下神祇，要遭受懲罰。無論哪種情況，死者家屬都要設法爲之解除罪

① 睡虎地秦墓竹簡整理小組：《睡虎地秦墓竹簡》，北京：文物出版社，1990 年，第 245 頁。

② 楊華：《説“謫”——兼論漢代政治譴告理論的民間基礎》，楊華：《古禮新研》，北京：商務印書館，2012 年，第 402—422 頁。

謫。當然,在爲死者解除罪謫的同時,生者也因盡到了自己的責任而免除了死者返回人間作祟的可能,進而也爲自己解除了潛在的禍患,正所謂“爲生人除殃,爲死人解適(謫)”①、“生人無責(債)”,“死者不厚適(謫)”②是也。在這個意義上,上述兩種功能又統一在了一起。

3. 魏晉(265 前後)張氏鎮墓文　1993 年出土於酒泉市西溝村魏晉墓,編號 93JXM6:1。泥質灰陶,侈口,平沿,束頸,摺肩,深直腹,平底;口徑 10.3 釐米,底徑 9.8 釐米,高 20 釐米;瓶腹部有一層泥衣,其上赭書鎮墓文 16 行,殘損較嚴重,行 2～15 字,存 77 字。原報告附有摹本圖影(圖 3)與釋文③;《集成(稿)》亦有録文④,《編

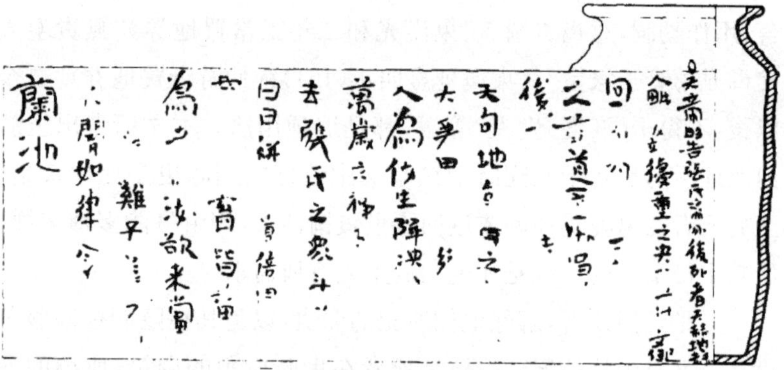

圖 3　西溝村魏晉墓張氏鎮墓文摹本

① 轉引自吴榮曾:《鎮墓文中所見到的東漢道巫關係》,《文物》1981 年第 3 期,第 56—63 頁。

② 楊華:《〈序寧禱券〉集釋》,楊華:《古禮新研》,第 483—508 頁。

③ 甘肅省考古文物研究所(馬建華、趙吴成):《甘肅酒泉西溝村魏晉墓地發掘報告》,《文物》1996 年第 7 期,第 4—38 頁。

④ 關尾史郎:《中國西北地域出土鎮墓文集成(稿)》,第 151 頁。

年》作删補修改[①]。兹據摹本圖影，參照《編年》録文，校釋如次：

天帝昭告張氏之□後死者，天赫地赫，人毗□□復重之央，□□□文□回□□……之首道□□昌……後……天句地句，□之……大□田□□□……人爲□生降殃……萬歲□□……去張氏之衆斗□□日日□□□倍□……畜皆□□爲□□□，汝欲來，當□□□雞子□□□聞。如律令！

蘭池。

按：此件無紀年。張勛燎、白彬説："此器無論器形還是器文，都和中原地區特别是陝西地區東漢墓出土的同類材料幾乎完全相同，而與敦煌地區其他晉墓出土材料有比較明顯的差異，是天師道從中原地區傳入這一地區後保存舊制成分較多的遺存。"[②]黄景春認爲其"用語、格式跟東漢京洛地區買地券、鎮墓文很接近，可以看作是對初平年間消失的京洛鎮墓文的繼承和發展"[③]。而此罐出土地在酒泉市西溝村魏晉時期墓葬中，《編年》暫定爲"公元265年前後"的魏晉之際[④]，兹從之。

"天帝"，常見於東漢鎮墓文，如陝西寶雞出土的《永元四年(92)陳氏鎮墓文》"天帝爲之〔者〕"[⑤]，河南洛陽出土的《永康元年

---

① 王素、李方：《魏晉南北朝敦煌文獻編年》，第59頁。

② 張勛燎、白彬：《中國道教考古》(第一卷)，北京：綫裝書局，2006年，第478頁。

③ 黄景春：《早期買地券、鎮墓文整理與研究》，華東師範大學博士學位論文，2004年，第186頁。

④ 王素、李方：《魏晉南北朝敦煌文獻編年》，第59頁。

⑤ 王永光：《寶雞市漢墓發現光和與永元年間朱書陶器》，《文物》1981年第3期，第53—55頁。

(167)鎮墓文》“天帝白止告天上使”①等等。“天帝”一語于傳世文獻中最早見載于《戰國策·楚策》:“天帝使我長百獸,今子食我,是逆天帝命也。”②但此時尚未與道家方術聯繫起來。《漢書·李尋傳》記載:“成帝時,齊人甘忠可詐造《天官曆》、《包元太平經》十二卷,以言‘漢家逢天地之大終,當更受命於天,天帝使真人赤精子,下教我此道’。”③天帝始成爲術士所依憑的神祇。《赤松子章曆》則是較早、較多地著録“天帝”這一神祇名諱的早期道經之一。該書卷二《三會日》云:“其日天帝、一切大聖俱下,同會治堂,分形布影。”④又卷二《天老問三皇》云:“天帝常以戊戌日從天門來遊,觀見此日作符,歡悦,賞賜所願。”⑤與“天帝”對應或具有類似功用的“天帝使者”(或“天帝神師”、“黄帝使者”等)也大量出現于東漢墓葬文獻中,不僅有鎮墓陶瓶,還有印章。如《東漢陽嘉二年(133)曹伯魯鎮墓文》“天帝使者謹爲曹伯魯之家移央去咎”⑥,等等。

關於“天帝”和“天帝使者”等神祇的真實身份或原型,學者們認爲大略有如下幾種情況:(一)“天帝”即天上的君主,“天帝使者”就是在墓地葬禮中實施法術的巫師方士,或最早一批從事道教活動的人物;(二)“天帝”乃指上天的最高統治者,“天帝使

① 洛陽市文物工作隊:《洛陽唐寺門兩座漢墓發掘簡報》,《中原文物》1984年第3期,第34—42頁。

② 《戰國策》,上海:上海古籍出版社,1985年,第482頁。

③ 《漢書》卷75《李尋傳》,北京:中華書局,1962年,第3192頁。

④ 《中華道藏》第8册,北京:華夏出版社,2004年,第631頁。

⑤ 《中華道藏》第8册,第639頁。

⑥ 禚振西:《陝西户縣的兩座漢墓》,《考古與文物》1980年第1期,第44—46頁。

者"就是指"黄帝";(三)"天帝"之原型乃是指"黄帝",而"天帝使者"則代表被奉爲戰神的蚩尤以及在葬禮中擔負著驅邪逐魔等職責的方相氏①。使用最廣的應該是第一種,道士中資歷較深者往往自稱天使、天師、天帝神師或天帝使者,自謂曾接受天帝的教誨,能够給衆人解除承負之謫,以此來强調解除活動的權威性和有效性。

值得注意的是,常見於東漢鎮墓文的"天帝",于魏晉時期則僅見於此件及下文所考《西晉永嘉五年(311)樊氏鎮墓文》,並且都出自於酒泉。而"天帝使者"則在河西地區墓葬文獻中迄今没有發現,其間透露出了鎮墓文從中原到河西、從東漢至魏晉的轉移、傳承及變異的一些信息。

此件中出現的"復重"一詞,也作"重復",是在古代鎮墓文、買地券等喪葬文書中常見的一個術語,"其意乃指由於死者的牽連、注連,而導致災難或死亡等惡劣事件的再次發生"②。這一術語在先秦時作"復",如天水放馬灘秦簡《日書》(甲種):"以女日死,以女日葬,必復之,男日亦如是。"③在後世則演變爲雙音節詞"復重"或"重復"。據姜守誠統計,現今發現的漢晉時期鎮墓文中使用過"重復"、"復重"等用語的有 16 例④。在本文所考出土於甘肅河西地區的鎮墓文中,稱"復重"者 1 例,"重復"者 11 例,單用一個"重"字的 2 例,總計 14 例。若加上姜守誠所列河西地區以外的 8 例,全

① 詳見姜守誠:《香港所藏"松人"解除木牘與漢晉墓葬之禁忌風俗》,《成大歷史學報》第三十一號,2006 年,第 1—64 頁。
② 姜守誠:《香港所藏"松人"解除木牘與漢晉墓葬之禁忌風俗》。
③ 何雙全:《天水放馬灘秦簡綜述》,《文物》1989 年第 2 期,第 29 頁。
④ 姜守誠:《香港所藏"松人"解除木牘與漢晉墓葬之禁忌風俗》。

國應在22例以上。

今人劉昭瑞援引《太平經》"承負"説對考古所見"重復"等術語予以分析,指出:"《太平經》中的解除'承負'觀念,正是鎮墓文中的解除'重復'觀念的放大。"①

"承負説"源自中國古代的天命觀念,湯用彤先生認爲是在《易·坤·文言》中的"積善之家,必有餘慶;積不善之家,必有餘殃"的因果報應思想的基礎上發展而來②。1973年出土于長沙馬王堆三號漢墓的帛書《老子》乙本前有4篇佚書抄本,其中的《稱篇》中屢見"天有環(還)刑,反受其央(殃)"語。與《文言》語相似的,則有:"有宗將興,如伐於〔川〕;有宗將壞,如伐於山。貞良而亡,先人餘央(殃);商(猖)闕(獗)而栝(活),先人餘連(烈)。"③其中後兩句劉向《説苑》卷十六《談叢》作:"貞良而亡,先人餘殃;猖獗而活,先人餘烈。"④

劉昭瑞還認爲,與"承負説"有著更爲直接淵源關係的是戰國晚期業已形成並且在西漢時頗爲流行的"三命説"⑤。《孝經·援神契》云:

> 命有三科,有受命以保慶,有遭命以謫暴,有隨命以督行。

---

① 劉昭瑞:《〈太平經〉與考古發現的東漢鎮墓文》,《世界宗教研究》1992年第4期,第111—119頁。

② 湯用彤:《讀〈太平經〉書所見》,《魏晉玄學論稿及其他》,北京:北京大學出版社,2010年,第150—173頁。

③ 陳鼓應:《黄帝四經今注今譯——長沙馬王堆漢墓出土帛書》,北京:商務印書館,2007年,第372頁。

④ 劉向撰,向宗魯校證:《説苑校證》,北京:中華書局,1987年,第387頁。

⑤ 劉昭瑞:《"承負説"緣起論》,《世界宗教研究》1995年第4期,第100—107頁。

受命謂年壽也，遭命謂行善遇凶也，隨命謂隨其善惡而報之。[1]

王充《論衡》多講命定論，對“三命”義解説尤詳：

傳曰：“説命有三：一曰正命，二曰隨命，三曰遭命。”正命，謂本稟之自得吉也。性然骨善，故不假操行以求福而吉自至，故曰正命。隨命者，戮力操行而吉福至，縱情施欲而凶禍到，故曰隨命。遭命者，行善得惡，非所冀望，逢遭於外而得凶禍，故曰遭命。[2]

這種精緻的命運觀，類似一個解釋系統，使得世人所可能遇到的任何形式的生死禍福都可以從中找到合理的解釋。《太平經》中的“承負説”更將人事現象擴大而及於其他各種現象，説到底也是一個解釋系統。

那麽，什麽是“承負”呢？《太平經》有兩種解釋：第一，承者爲前，負者爲後（禍福）。卷三九《解師策書訣》云：“承者爲前，負者爲後；承者，乃謂先人本承天心而行，小小失之，不自知，用日積久，相聚爲多，今後生人反無辜蒙其過謫，連傳被其災，故前爲承，後爲負也。負者，乃先人負于後生者也……”[3]意思是説，前人有過失遺其後果于後代子孫爲負；後代子孫承受前人過失的後果爲承。換句話説，子孫必須承受祖先行爲所遺留的後果，就是承；而祖先的

① 《十三經注疏・禮記正義》，北京：北京大學出版社，1999 年，第 1306 頁。
② 黄暉：《論衡校釋》，北京：中華書局，1990 年，第 49—50 頁。
③ 王明：《太平經合校》，北京：中華書局，1960 年，第 70 頁。

行爲可能爲後代子孫帶來相應的禍福，就是負。第二，困窮返本，名爲承負(循環)。卷七三至八五《闕題》云："元氣恍惚自然，共凝成一，名爲天也；分而生陰而成地，名爲二也；因爲上天下地，陰陽相合施生人，名爲三也。三統共生，長養凡物名爲財，財共生欲，欲共生邪，邪共生奸，奸共生猾，猾共生害而不止則亂敗，敗而不止不可復理，因窮還反其本，故名爲承負。"①意思是説，天地人三統共生，長養財物，欲多而生奸邪，害而不止便會亂敗，不可復理還返於虚無，復歸元氣恍惚。這樣的自然循環，也叫承負。這兩種説法，前者是就一個家族内祖先與子孫的禍福關係而言；而後者是指整個自然與社會的循環、變化而言。

爲什麽會造成承負呢？《太平經》也有兩説：其一，個人行爲的善惡而生承負。此即個人的行爲因爲不能善自養自愛，所以悉失綱紀以至違失天道之要意，因而産生承負之災。其二，國家社會運行的治亂而生承負。衰亂之世的造成有兩個原因：一是中古以來政綱之失所承負的餘殃；二是當世君臣民失計，不能並力同心，斷滅承負而致太平，使衰亂愈演愈劇。

承負有三種情況：一是人與天的承負，二是人與自然的承負，三是人與人的承負。其中第三種情况又可分三種：(1) 後人爲前人的邪説而承負；(2) 後人爲前人承受承負的結果；(3) 臣、民爲帝王而受承負。後人爲前人承受承負的結果即後人子孫因爲先人祖先的行爲善惡而承負其功過的效應。如《解承負訣》言：

> 凡人之行，或有力行善，反常得惡，或有力行惡，反得善，

① 王明：《太平經合校》，第305頁。

因自言爲賢者非也。力行善反得惡者，是承負先人之過，流災前後積來害此人也。其行惡反得善者，是先人深有積畜大功，來流及此人也。能行大功萬萬倍之，先人雖有餘殃，不能及此人也。因復過去，流其後世，成承五祖。①

綜合考察考古材料與文獻資料，"承負説"的出現與遠古以來人們根深蒂固的死者魂神作祟于生人這種靈魂觀有密切的關係。劉昭瑞説："這一靈魂觀表現在東漢時期的墓葬材料中，形成爲一種建立在嚴格的生死二元對立上的招魂葬法。這種葬法的目的，是爲了解除可能殃及生人這一災厄，東漢鎮墓文材料中稱這種災厄爲'重復'之謫，也即《太平經》中的'承負'之責。"②

這種嚴格的生死二元對立觀念在東漢鎮墓文材料中表現得十分突出和普遍。如《熹平元年(172)陳氏鎮墓陶瓶文》："生人上就陽，死人下歸陰；生人上就高臺，死人□自臧(藏)；生人南，死人北；生死各自異路。"③又河南密縣後士郭東漢畫像石墓所出陶罐文字云："死人行陰，生人行陽，各自有分晝，不得復交通。"④隔絶生死之際的目的，是爲了防範死者妨害生人。如河北望都二號墓所出太原太守中山劉氏光和五年(182)磚刻地券云："生死異路，不得相防(妨)。"⑤隔絶之地，常有"生人屬長安，死人屬泰山"類語，如熹

① 王明：《太平經合校》，第22頁。

② 劉昭瑞：《"承負説"緣起論》。

③ 鄒安：《藝術類徵》，上海倉聖明智大學《廣倉學宭叢書》乙類第一輯，1918年。

④ 河南省博物館(趙式綱、歐正文)：《密縣後士郭漢畫像石墓發掘報告》，《華夏考古》1987年第2期，第96—159、223頁。

⑤ 河北省文化局文物工作隊：《望都二號漢墓》，北京：文物出版社，1959年，第13頁。

平四年(175)青氏鎮墓瓶文云“上天倉倉,地下芒芒。死人歸陰,生人歸陽。□□□里,死人有鄉。生人屬西長安,死人屬東大山”①,等等。隔絶生死之際,不使死者妨害生者的目的,是使死者之家“千秋萬歲,後無死者”②。達到這一目的的方法,則是把死者的魂神禁錮起來,使之不得在外逸蕩害人。而主其事者則是如“魂門亭長”、“魂門祭酒”之類的陰間官吏。

死者魂神既有可能化而爲鬼爲害於人,則當時就形成了一定的禳解法術。如居延新簡中有題爲“厭魅書”的簡牘③,其中有對驅鬼之術的具體描述。類似内容的文字在江蘇高郵邵家溝東漢遺址中也有出土:“天帝神師已知汝名,疾去三千里。汝不即去,南山□□令來食汝。急急如律令!”④

鎮墓文中常見的“重復”或“復重”一語即指死者魂神作祟致死於人,所以又有“重復之鬼”的稱謂。而重復之殃是有定數的,並且在陰間是記録在案的,故以禳解重復之殃爲目的的鎮墓文中有“削除重復之文,解拘伍之籍,死生異簿,千秋萬歲,不得復相求索”⑤之語。

東漢時期中原地區普遍流行的“承負”觀念于魏晉十六國時期在河西地區完整地保存了下來,並有所發展變化。這就是本文所考各鎮墓文中頻繁出現“復”、“重復”、“復重”、“謫負”、“解謫”等詞

---

① 羅振玉:《古器物識小録》,羅振玉著、羅繼祖主編《羅振玉學術論著集》(第4册),上海:上海古籍出版社2010年,第382頁。

② 洛陽博物館:《洛陽東漢光和二年王當墓發掘簡報》,《文物》1980年第6期,第52—56頁。

③ 甘肅省文物考古研究所:《居延新簡》,北京:文物出版社,1990年,第143頁。

④ 江蘇省文物管理委員會(朱江):《江蘇高郵邵家溝漢代遺址的清理》,《考古》1960年第10期,第18—44頁。

⑤ 轉引自連劭名:《漢晉解除文與道家方術》,《華夏考古》1989年第2期,第75—86頁。

語的民間信仰及道教傳播之背景。

這種觀念在隋唐時期至宋初的考古材料中仍時有所見，如敦煌遺書中保存有一部至遲在隋開皇十三年(593)即已産生的僞經《咒魅經》，其中保存較爲完整且有明確紀年的是後周顯德五年(958)翟奉達爲亡母馬氏七七齋所抄 7 種佛經之一。研究者認爲，《咒魅經》是一部以驅鬼逐魅爲主旨的佛經，翟奉達之所以將其列入抄寫經目，“帶有一定的强調陰陽兩隔，互不干涉的意味”①。從這個意義上講，抄寫這部經的功用與鎮墓文並無二致。並且該經寫卷在敦煌遺書中多達 23 個卷號，雖然其中部分是同一寫卷被人爲割裂，還有部分是殘片，但津藝 193－3 號翟奉達傳本體系的《咒魅經》(圖 4)在文本上是相對穩定的一種，且從比例上也是數量最多的，由此可見當時在敦煌的流行程度。

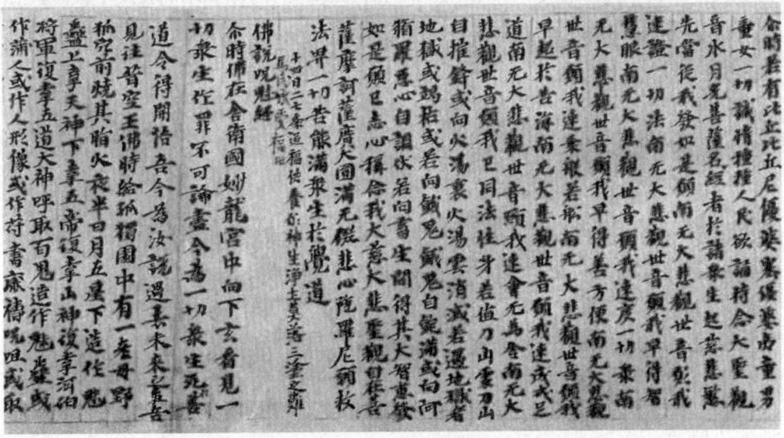

圖 4　津藝 193－3《佛説咒魅經》(局部)

① 王友奎：《敦煌寫本〈咒魅經〉研究》，《敦煌研究》2012 年第 2 期，第 97—109 頁。

不僅敦煌地區如此，這種解除"重復"的法術在吐魯番也被廣爲使用。如1960年出土于阿斯塔那332號唐墓的《祭五方神文殘片》等醮墓文書，其主旨也是請五方帝等諸神禁攝死者魂神，"莫使犯人，生死路别，不得相親"①。研究者據其所反映出的較早的時代特徵認爲："文書雖然出土在唐墓中，但它傳入於吐魯番地區的時代，則應遠在隋、唐以前，很可能就是在東漢時期。"②而河西走廊所出魏晉十六國時期鎮墓文恰可補上東漢至隋唐這一關鍵的環節。

不過，對於劉昭瑞的這一套理論，也有學者提出了異議。如饒宗頤先生在肯定了劉氏研究的其他成果之後，對這一點却獨不贊成，説："惟謂'重復'即《太平經》之'承負'，恐未恰當。"他還依據東漢加氏鎮墓文、成桃椎鎮墓文"重復"與時日相連，認爲該詞語"均指年時月日之相重，指生命籍中死人與生人時日之交相注忤"③。連劭名也根據鎮墓文中"重復"一語總與時間相連的用法，認爲"重復"是指與死者年命相同或忌日相同的其他地下亡靈④。姜守誠贊同饒先生看法，認爲"'重復'(或稱'復重')觀念是漢晉之際民間社會中比較流行的墓葬禁忌之習俗，與《太平經》'承負'之説有所差異。儘管二者有相似之處，但從本質上來説仍分屬兩種不同的觀念體系"⑤。近年來，黄景春致力於喪葬文書及其所反映民間習

① 國家文物局古文獻研究室、新疆維吾爾自治區博物館、武漢大學歷史系：《吐魯番出土文書》(第六册)，北京：文物出版社，1985年，第289頁。

② 劉昭瑞：《吐魯番阿斯塔那332號墓方術文書解説》，《文物》1994年第9期，第54—57、65頁。

③ 饒宗頤：《敦煌出土鎮墓文所見解除慣語考釋——〈魏晉南北朝敦煌文獻編年〉序》，《敦煌吐魯番研究》(第三卷)，北京：北京大學出版社，1998年，第13—18頁。

④ 連劭名：《漢晉解除文與道家方術》，《華夏考古》1989年第2期，第75—86頁。

⑤ 姜守誠：《香港所藏"松人"解除木牘與漢晉墓葬之禁忌風俗》。

俗的研究，對這一問題也曾專門著文予以討論[①]。而張勛燎和白彬則在通讀《道藏》文獻、廣泛收集道教考古材料並深入研究道教注鬼論和解注術的基礎上，集中闡述了“注祟”、“重復”與“承負”的關係。他説：

實際上，講“承負”有禍有福，無論禍、福，承負都是“後人”對“先人”而言，承負觀念雖然也是死者對生者而言，但它的核心是世、代、輩份先後。而“注”和“重復”講死者和生者的關係，則衹管死亡時間的先後而不論世代、輩份的先後。“承負”論禍，是先人有過應受罪債未償或未償清，讓子孫代其償還罪債，使子孫蒙受其殃。而“注”與“重復”的情形則不一樣，最初是自身患傳染病致死，然後又把同樣的病症再傳給他人，使之或死或病，看起來完全是一種前死者向後死者尋求替死（代人）的重復現象。解除“重復”和解除“注”，有時雖然也採用“爲死者解謫，爲生人除禍殃”的辦法，但那是爲了避免死者在陰司不堪痛苦變成注鬼而回到陽世尋求替身，或興冥訟讓其他鬼神拘執考對生人魂魄，使生人以與自身死亡的同樣方式受害。解“注”和解除“重復”最終都是隔絶生死，避免二者發生接觸，和將死去的祖先未盡的罪過“依法”移算給子孫的承負之説完全不同。“重復”害人，完全是由死者採取主動的個人行爲，而“承負”使子孫受禍，則是由冥司採取主動的官方行爲。“承負”觀念的産生也許與“注”字意義的“重復”有某種淵

① 黄景春：《“承負説”源流考——兼談漢魏時期解除“重復”法術》，《華東師範大學學報（哲學社會科學版）》2009年第6期，第103—109頁。

源關係，“承負”的概念是在“重復”基礎上産生，最初也可能是由復注發展演變而來，但無論如何都不能把後來的“承負”和“注”或“重復”完全等同起來。①

基本上厘清了這一問題。

鎮墓文後另書“蘭池”二字，當是地名。《晉書・地理志上》“凉州”條下載：西郡統縣五，爲日勒、删丹、仙提、萬歲、蘭池。“蘭池，一云蘭絶池”②。王仲犖《北周地理志》卷二“隴右・甘州”條張掖郡下列永平、山丹、蘭池、萬歲、仙提、金山六縣。該書又在“山丹”目下引《太平寰宇記》考證：“删丹縣，本漢舊縣，屬張掖郡。後漢興平二年，分置西郡，以删丹縣屬焉。晉分删丹置蘭池、萬歲、仙提三縣。隋煬帝復並三縣之地，改立删丹縣焉。”③是知蘭池爲晉時張掖郡屬縣之一。《晉書・張軌傳》也有相關記載：張軌子寔，父死後繼位統治凉州，晉王朝“授持節、都督凉州諸軍事、西中郎將、凉州刺史、領護羌校尉、西平公”。“蘭池長趙奭上軍士張冰得璽，文曰‘皇帝璽’。群僚上慶稱德，寔……因送于京師”④。1982年，寧夏固原出土有唐高宗儀鳳三年(678)墓誌一方，墓主史道德，生前曾任“給事郎蘭池正監”，其先祖爲建康飛橋人，曾一度“棱威邊鄙，挺秀河湟”，以後“因宦來徙平高，其後子孫家焉”⑤。據此，學界普遍認爲史道德爲粟特人後裔，而中古時期粟特史姓的郡望正在建

① 張勛燎、白彬：《中國道教考古》(第一卷)，第49—51頁。

② 《晉書》卷14《地理志上》，北京：中華書局，1974年，第433頁。

③ 王仲犖：《北周地理志》，北京：中華書局，1980年，第219頁。

④ 《晉書》卷86《張軌傳》，北京：中華書局，1974年，第2227頁。

⑤ 寧夏固原博物館(韓兆民)：《寧夏固原唐史道德墓清理簡報》，《文物》1985年第11期，第21—30、20頁。

康，其地望在今甘肅高臺縣境内的駱駝城遺址。又：《〔乾隆〕甘州府志》"氐池古城"記載："城西南一百六十里，今洪水城。漢氐池，魏晉蘭池，宋金山。"[①]由此又可知蘭池古址即今民樂縣洪水城。至於"蘭池"這一地名爲何書于鎮墓文後，因其體例不見於其他鎮墓文，還需做進一步的探討。

4. 魏晉(265 前後)佚名鎮墓文　2001 年出土於高臺駱駝城土墩墓群，編號 M2：10。陶質，侈口，尖圓唇，溜肩；口徑 7.8 釐米，腹徑 16 釐米，底徑 10 釐米，高 13 釐米；腹部白粉書鎮墓文。原報告無釋文，亦無圖影，僅描述其形制。現據原物釋讀如下：

……如律令！

按：此件無紀年，考古報告據墓葬形制及出土垂帳紋罐等器物，與酒泉、嘉峪關、敦煌魏晉墓相比較，推測此墓年代爲曹魏至西晉時期[②]。

第二節　西晉鎮墓文

5. 西晉咸寧二年(276)吕阿徵鎮墓文　1985 年出土于敦煌祁家灣西晉十六國墓葬，編號爲 85DQM320：18。青灰色陶罐，尖圓唇，高領，長頸，折凸肩，亞腰，大平底；口徑 4 釐米，底徑 7.2 釐米，

① 鍾賡起原著、張志純等校點：《甘州府志》，蘭州：甘肅文化出版社，1995 年，第 152 頁。

② 甘肅省文物考古研究所、高臺縣博物館(吴葒)：《甘肅高臺縣駱駝城墓葬的發掘》，《考古》2003 年第 6 期，第 44—51 頁。

高 9.7 釐米；口外緣朱書一紅點，肩下朱書鎮墓文一周，共 22 行，稍殘，行 1～7 字。原報告附有摹本圖影與釋文①，但多衍脱訛誤；《編年》②與《集成(稿)》③亦有録文。兹據摹本圖影，參照各家録文，校釋如次：

咸寧二年八月己卯朔二日，吕□□家之死者阿徵。今謹送汝鉛人一雙、五穀，以續百廿歲，會須鉛人腐，五穀〔死生〕，乃得□□〔有所〕爲。地置祁□人立失，移央傳咎，後利父母，女以兄弟。天寇所過，罰不得再。阿徵甲申日死，致意八魁九坎，天恭素……歲月傳……人殊路人……□…………合曾青……粟以□寅□□。急急如律令！

按：此件有明確紀年。歷史上使用"咸寧"年號者有 2 次：一是西晉武帝司馬炎咸寧(275～279)，共 5 年；一爲十六國後涼吕纂咸寧(399～401)，跨了三個年頭，實際衹有一年零兩個月。西晉武帝咸寧二年歲在丙申，八月朔日爲己卯；後涼吕纂咸寧二年歲在庚子，八月朔日亦爲己卯。而此件紀年没有歲屬干支，這就需要進一步考辨。據《資治通鑑》卷一一一"隆安三年"條載，後涼吕光庶長子篡奪其異母弟紹位，於是年"改元咸寧"，則吕纂咸寧二年在隆安四年(400)。而早在三年前的隆安元年(397)五月，沮渠蒙遜從兄

① 甘肅省文物考古研究所(戴春陽、張瓏)：《敦煌祁家灣西晉十六國墓葬發掘報告》，北京：文物出版社，1994 年，第 100—102 頁。

② 王素、李方：《魏晉南北朝敦煌文獻編年》，第 61—62 頁。

③ 關尾史郎：《中國西北地域出土鎮墓文集成(稿)》，第 10 頁。

男成等“推(段)業爲大都督、龍驤大將軍、涼州牧、建康公,改元神璽”①,張掖以西盡歸段氏北涼。另外,祁家灣 M310 所出“神璽二年”斗瓶,正可證明當時敦煌已確屬北涼。至於李暠在敦煌建立西涼政權,建元庚子,已是在隆安四年(400)的十一月。所以,此件斗瓶朱書鎮墓文之“咸寧”當屬西晉武帝無疑。

公元 265 年的八月,司馬炎繼承司馬昭相國、晉王之位。十二月即逼迫魏元帝曹奐禪讓,稱帝立國,號爲晉,建元泰始。十年後改元爲咸寧。晉室立後,“朝廷厲精於稼穡”,注重發展農業生産,鼓勵“競農務功”,加之客觀上“是時天下無事”,又能做到“賦税平均”,故致“人咸安其業而樂其事”。這樣經過泰始、咸寧年間的治理,“民和俗静,家給人足”②,西晉王朝出現了中國歷史上差可稱道的“太康之治”。同時,晉王朝還在曹魏經營的基礎上,加强了對西北尤其是河西的控制。《樂生碑》等與河倉城相關的資料表明,“晉初敦煌當地的經濟,大約還延續了魏時的繁榮”③。在這一時期,敦煌祁家灣的墓葬形制大、隨葬品豐富等特點,正是當時敦煌地區政治安定、經濟繁榮的表現。

吕阿徵死于甲申日,如果八月二日爲下葬之日的話,據《二十史朔閏表》,是年六月庚辰朔,五日甲申,吕阿徵死於六月初五,這樣他下葬在死亡後的第 56 天。

關於墓主吕阿徵,黄景春説:“從券文‘今謹送汝鉛人一雙,五穀以續百女歲’、‘後利父母以兄弟天冠’兩句可推知,墓主當是未

① 《資治通鑑》卷 109,北京:中華書局,1956 年,第 3455 頁。

② 此處所引均出自《晉書》卷 26《食貨志》,1974 年,第 779—797 頁。

③ 宿白《兩漢魏晉南北朝時期的敦煌——〈敦煌兩千年〉之一》,《絲路訪古》,蘭州:甘肅人民出版社,1983 年,第 21 頁。

出嫁的女子。”[①]理由不足，且釋文及斷句都有錯誤。

“今謹送汝鉛人一雙……乃得□□〔有所〕爲”一句，張勛燎、白彬解釋：“女”字當釋爲“廿”，“續”當爲“贖”字之同音别寫。全句“意謂用入葬之五穀爲阿徵解冥讁，以贖死者阿徵家生人魂魄，使之壽延至百廿歲，再來入葬與阿徵相會”[②]。張説大意不差，有一定參考價值。但他認爲“‘鉛人’與‘五穀’間筆劃模糊無法辨識之一字，當係‘吃’、‘食’之類意義的文字”；“句文的意思是説，如果死者想要在生人活到百二十歲之前與之再會面，除非讓鉛人能够把同時隨葬的五穀吃掉”[③]，則還有商榷的必要。其實，“鉛人”與“五穀”間一字清晰可辨，爲上“府”下“月”，乃“腐”之俗體，詳細考證見後文《前涼建興九年(321)至十八年(330)壹官鎮墓文》條相關内容，此不贅述。

移央傳咎，意謂把生人所可能遭受的災殃和死者所應負的罪讁轉移，由下葬的鉛人和五穀承擔、替代。央，通“殃”。《素問·生氣通天論》：“味過於辛，筋脈沮弛，精神乃央。”高士宗注：“央作殃。”顧藹吉《隸辨》二引《無極山碑》：“來福除央。”[④]傳，轉。《集韻·仙韻》：“傳，一曰轉也。”《孟子·滕文公下》：“以傳食于諸侯。”焦循正義：“言轉食也。”《史記·衛將軍驃騎列傳》：“爲麾下搏戰獲王。”司馬貞索隱：“(搏)，今《史》、《漢》本多作傳。傳，猶轉也。”[⑤]研究者常將鎮墓

---

① 黄景春：《早期買地券、鎮墓文整理與研究》，第175頁。

② 張勛燎、白彬：《中國道教考古》(第一卷)，第384頁。

③ 張勛燎、白彬：《中國道教考古》(第一卷)，第384頁。

④ 漢語大字典編輯委員會：《漢語大字典(第二版)》，武漢/成都：崇文書局、四川辭書出版社，2010年，第568頁。

⑤ 漢語大字典編輯委員會：《漢語大字典(第二版)》，第247頁。

文中此句之“央”和“傳”視作形近音同之誤，其實不然。

6. 西晉太康六年(285)頓霓兒鎮墓文　1985年出土于敦煌祁家灣西晉十六國墓葬，2件，編號分别爲85DQM209：1和85DQM209：3(圖5)，均爲陶質，灰色。M209：1侈口，尖圓唇，上腹部尖凸；口徑6.1釐米，底徑3.3釐米，高6.3釐米；頸部點一朱點，肩下朱書鎮墓文一周，共14行，文字完好，清晰可辨，行1～5字，計62字。M209：3大侈口，斜直領，凸肩腹，下腹凹收成小平底；口徑6.4釐米，底徑3.4釐米，高6.3釐米；肩腹部朱書鎮墓文15行，文字清晰可辨，行1～5字，計61字。原報告附有摹本圖影與釋文①；《編年》②與《集成(稿)》③録有釋文。兹據摹本圖影(圖5)，參照各家録文，校釋如次：

(M209：1)

大康六年三月己未朔五日癸亥，頓霓兒之身死。今下斗

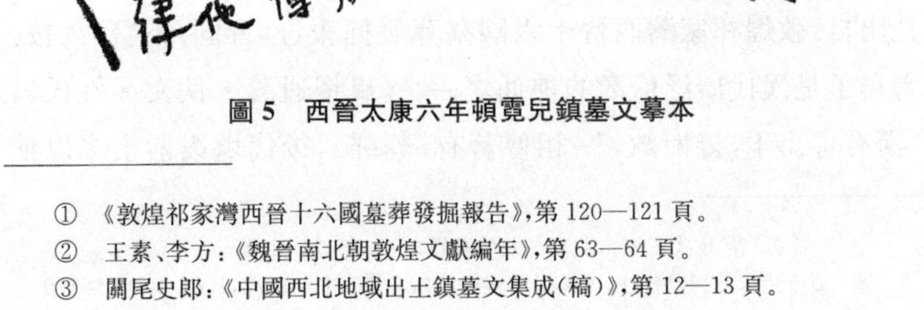

圖5　西晉太康六年頓霓兒鎮墓文摹本

---

① 《敦煌祁家灣西晉十六國墓葬發掘報告》，第120—121頁。

② 王素、李方：《魏晉南北朝敦煌文獻編年》，第63—64頁。

③ 關尾史郎：《中國西北地域出土鎮墓文集成(稿)》，第12—13頁。

瓶、五穀、鉛人，用當復地上生人。青烏子、北辰，詔令死者自受其央，罰不加兩，移央傳咎，遠與他鄉。如律令！

(M209：3)

大康六年三月己未朔五日癸亥，頓霓兒之身死。今下斗瓶、五穀、鉛人，用當復地上生人。青烏子、北辰，詔令死者受其央，罰不加兩，移央傳咎，遠與他鄉。如律令！

按：大康，即"太康"，晉武帝司馬炎年號(280～289)，共 10 年。如前所述，西晉王朝立國後，司馬炎在其祖、父所創業績的基礎上，在政治、經濟、民族關係等方面採取了一系列積極有效的措施，使社會經濟出現了繁榮景象。到公元 280 年，又一舉滅吴，完成了統一中國的大業。是年改元"太康"，之後社會經濟更加繁榮，達到了一個新的高峰，被後世譽爲"太康之治"。但也是從這一時期開始，司馬炎自以爲天下將從此永久太平，"驕泰之心，因斯以起"①，怠于政事，耽于遊宴，後宫收納宫女萬人，大肆分封宗室爲王，上行下效，全社會走向荒淫靡爛。他死後不久，即暴發了"八王之亂"，使西晉王朝很快趨於滅亡。

M209：1 比 M209：3 多一"自"字，其他文字全同。"青烏子"，原報告誤爲"青烏子"，今據報告所附摹本圖片改(下文所録鎮墓文凡出自《敦煌祁家灣西晉十六國墓葬發掘報告》皆同，不贅)。按：青烏子是漢代廣泛信奉的神仙之一。《風俗通義・佚文・姓氏》："漢有青烏子，善術數。"②相傳著有《葬經》，後代堪輿術士多以他

① 《晉書》卷 3《武帝紀》，北京：中華書局，1974 年，第 81 頁。
② 應劭撰，王利器校注：《風俗通義校注》，北京：中華書局，1981 年，第 524 頁。

爲祖師。晉葛洪《抱樸子·極言篇》:"昔黄帝……相地理則書有青烏之説。"[①]《舊唐書·經籍志》著録有《青烏子》2卷,《宋史·藝文志》著録有《青烏子歌訣》2卷,當爲後世託名之作。兩晉以來,青烏子葬術非常流行,柳宗元《伯祖妣趙郡李夫人墓誌銘》云:"兆靈(麟)趾,棲鳳里,艮之山,兑之水,靈之車,當反此。子孫萬代承靈祉,誰之言者青烏子。"[②]劉禹錫亦有詩云:"地得青烏相,賓驚白鶴飛。"[③]

北辰,辰星别稱。《漢書·天文志》:"辰星曰北方冬水,知也,聽也。知虧聽失,逆冬令,傷水氣,罰見辰星。"[④]《晉書·天文志》:"辰星見,則主刑,主廷尉,主燕趙,又爲燕、趙、代以北,宰相之象。亦爲殺伐之氣,戰鬥之象。"[⑤]北辰主殺伐所出,又主燕、趙、代以北地,術數家借用它的詔令震懾鬼神。鎮墓文中還多見"青烏子告北辰"之語,是説青烏子已爲死者擇得佳地,並告知北辰之神。

罰不加兩,有時也作"罰不兩加"、"罰不得再",在河西出土鎮墓文中凡17見。其中的"兩",往往被誤釋爲"爾"或"滿"。對此,首都師範大學劉樂賢有專文進行考辨[⑥],十分精審,兹不贅述。

7. 西晉泰熙元年(290)吕阿豐鎮墓文　1985年出土于敦煌祁家灣西晉十六國墓葬,2件,編號分别爲85DQM321：23和

---

① 王明著:《抱朴子内篇校釋(增訂本)》,北京:中華書局,1986年,第241頁。

② 《柳宗元集》,北京:中華書局,1979年,第330頁。

③ 《劉禹錫集》,北京:中華書局,1990年,第411頁。

④ 《漢書》卷26《天文志》,北京:中華書局,1962年,第1284頁。

⑤ 《晉書》卷12《天文志中》,北京:中華書局,1974年,第319頁。

⑥ 劉樂賢:《釋魏晉南北朝時期解注文的"兩"字》,《出土文獻與傳世典籍的詮釋——紀念譚樸森先生逝世兩周年國際學術研討會論文集》,上海:上海古籍出版社,2010年,第435—440頁。

85DQM321：24，均爲青灰色罐，質較粗；尖圓三角緣，口微斂；文字全同。其中 M321：23 口徑 4.7 釐米，底徑 7.6 釐米，高 8.8 釐米。M321：24 圓唇，束頸，溜肩，器形歪扭；口徑 4.8 釐米，底徑7.8 釐米，高 9.2 釐米；肩下朱書鎮墓文 15 行，文字清晰可辨，行 3～5 字，計 64 字；文字起首前有一大朱點。原報告附有摹本圖影與釋文[1]；《編年》[2]與《集成(稿)》[3]録有釋文。兹據摹本圖影，參照各家録文，校釋如次：

泰熙元年四月庚寅朔六日乙未直平，吕阿豐之身死。今下斗瓶、五穀、鉛人，用當復地上生人。青烏子、北辰，詔令死者自受其央，罰不加兩，移央傳咎，遠與他鄉。如律令！

按：泰熙，一般作“太熙”，爲晉武帝最後一個年號。是年正月改元，四月司馬炎即駕崩。太子司馬衷即位，改元“永熙”，是爲惠帝。

“泰熙元年四月庚寅朔六日乙未直平”即西晉泰熙元年(290)四月六日，當日爲建除十二直的“平”日。建除十二直，有時也稱“建除十二客”、“建除十二神”，是古代術數家根據天文曆法以占斷人事凶吉的一種方法，即以天上十二辰分别象徵十二種人事的情況，依次爲建、除、滿[4](有時亦作“盈”)、平、定、執、破、危、成、收、

① 《敦煌祁家灣西晉十六國墓葬發掘報告》，第 102—103 頁。

② 王素、李方：《魏晉南北朝敦煌文獻編年》，第 63—64 頁。

③ 關尾史郎：《中國西北地域出土鎮墓文集成(稿)》，第 14 頁。

④ 滿，原作“盈”，西漢時避惠帝名改稱“滿”，此後即成爲定式。見陳垣：《史諱舉例》，科學出版社，1958 年，第 130 頁。

開、閉12字；爲便於稱用，取其首2字，以“建除”名之。

建除十二直的歷史十分悠久，自先秦以來即在民間社會中廣泛流傳。湖北雲夢睡虎地和天水放馬灘秦墓出土竹簡《日書》中有5篇體例結構相似的《建除》，其中即發現有十二地支與十二直對應的内容。這種對應關係在《淮南子·天文訓》中有記載：“寅爲建，卯爲除，辰爲滿，巳爲平，主生；午爲定，未爲執，主陷；申爲破，主衡；酉爲危，主杓；戌爲成，主少德；亥爲收，主大德；子爲開，主太歲；丑爲閉，主太陰。”①

建除之法還傳播到了邊疆少數民族地區。如現存雲南彝族《玄通大書》中的日書《推看一年十二月》，其内容和結構與睡虎地和放馬灘秦簡《建除》就極其相近②。各民族文化互相傳播，在中原地區漢族中早已失傳的建除之法，至今在彝族文化中却完好地保存著，不能不説是一個奇跡。

建除成爲根據天象占測人事吉凶禍福的方法，以建除爲業的人稱爲“建除家”，爲漢代諸占家之一。《史記·日者列傳褚少孫論》：“孝武帝時，聚會占家問之：某日可取婦乎？五行家曰可，堪輿家曰不可，建除家曰不吉，叢辰家曰大凶，曆家曰小凶……辯訟不決。”③

十二直安排與破軍星所指的方向有關。破軍星，即摇光星，爲北斗七星斗柄柄頭之星。建除家以二月節初昏破軍星前端所指卯的方向，把二月卯日的十二直定爲“建”。按正月的十二直安排次

---

① 《淮南子集釋》(上)，北京：中華書局，1998年，第262頁。

② 高明、張純德：《秦簡日書“建除”與彝文日書“建除”比較研究》，《江漢考古》1993年第2期，第65—76頁。

③ 《史記》卷127《日者列傳》，北京：中華書局，1959年，第3222頁。

序，則卯日的十二直爲“除”。又以每月節氣那天的十二直，重復其前日的十二直。則過十二節氣後，即一年後，十二支又和十二直一致。正月寅日的十二直仍復爲“建”。

建除有從歲或從月之法。《越絶書》“黄帝之元，執辰破巳，霸主之氣，見於地户”[①]從歲數，前引《淮南子·天文訓》則從月數。後世占卜家、選擇家多從月數，《漢書·王莽傳》“十一月壬子直建”、“戊辰直定”[②]即是。

選擇家多稱十二直爲十二神，藉以推斷時日吉凶。《協紀辨方書·義例·建除十二神》：“曆書曰：曆家以建、除、滿、平、定、執、破、危、成、收、開、閉凡十二日，周而復始，觀所值以定吉凶；每月交節，則迭兩值日。其法從月建上起，建與斗杓所指相應，如正月建寅，則寅日起建，順行十二辰是也。”[③]十二直各有所宜忌，如謂建日爲吉日，除日宜去舊迎新，餘不吉；滿日宜祭祀祈願，餘不吉；平日萬事皆可；定日宜宴會、協議，忌醫治、訴訟；執日宜捕捉，忌遷徙；破日惟宜醫病拆屋，餘萬事不利；危日宜兵事，餘萬事皆凶；成日宜婚姻、開業、入學，不利訴訟；收日宜事之終者，如收穫、貯財、進人口，不宜事之始者，如旅行、成禮；開日宜祭祀、婚姻、開業，忌出葬等凶事；閉日宜補垣塞穴，餘萬事皆凶。敦煌遺書S.2404爲後唐同光二年(924)曆書(圖6)，也載有十二直之忌：“建日不開倉，除日不出財，滿日不服藥，平日不修溝，定日不作辭，執日不發病，破日不會客，危日不遠行，成日不詞訟，收日亦不遠行，開日不

---

① 李步嘉撰：《越絶書校釋》，武漢：武漢大學出版社，1992年，第153頁。

② 《漢書》卷99《王莽傳》，北京：中華書局，1962年，第4093、4095頁。

③ 劉道超譯注：《協紀辨方書》(上册)，南寧：廣西人民出版社，1993年，第132頁。

送喪，閉日不治目。”以十二直判斷吉凶，至今在河西走廊民間流行，風水先生有歌訣曰：“建宜出行收嫁娶，定宜冠戴滿修倉。破除療病執宜捕，危本安床開葬良。成開所作成交吉，平乃作事總平常。”曆書中並有訣云：“建滿平收黑，除危定執黄，成開皆可用，閉破不相當。”①此訣在河西走廊民間至今亦廣爲傳播。

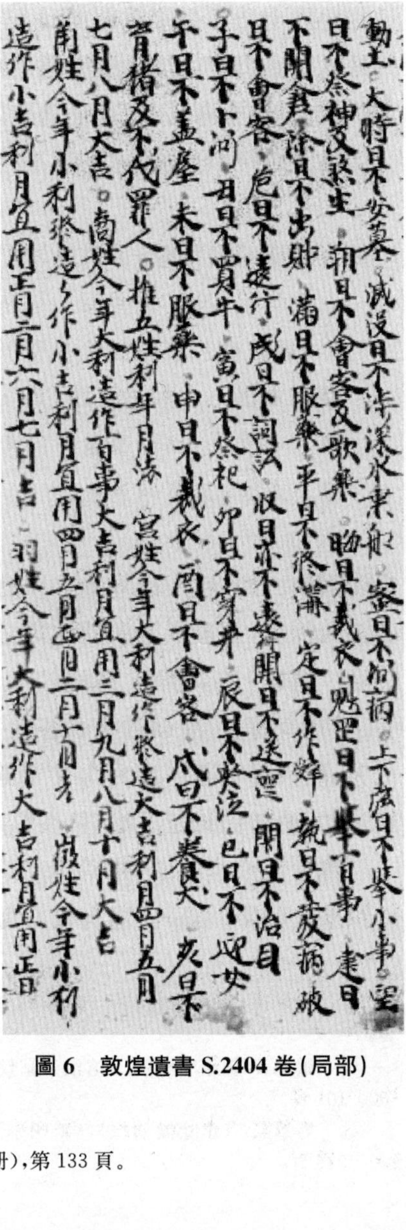

圖 6　敦煌遺書 S.2404 卷(局部)

建除亦爲後世黄曆中主要的曆注内容，以十二直紀日，每逢一個月的開始就重復一次。這裏的“月”，指星命、選擇家所説的星命月。星命月是從立春正月節那天開始爲正月，從驚蟄二月節那天開始爲二月，以此類推，即均以節氣所在之日爲一星命月之始；從立春正月節後的第一個“寅”日開始注“建”字，逐日順序下排；凡節氣非中氣所在之

① 劉道超譯注：《協紀辨方書》(上册)，第 133 頁。

日的建除十二客必須重復前日的建除十二客一次，例如己巳年十一月六日爲“除”，七日爲大雪，則七日仍爲“除”，十二月五日爲“破”，五日爲小寒，則六日仍爲破。

秦漢以後，歷代建除之説不絶。南朝鮑照有《建除詩》云：

建旗出燉煌，西討屬國羌。除去徒與騎，戰車羅萬箱。滿山又填谷，投鞍合營牆。平原亘千里，旗鼓轉相望。定舍後未休，候騎敕前裝。執戈無暫頓，彎弧不解張。破滅西零國，生虜郅支王。危亂悉平蕩，萬里置關梁。成軍入玉門，士女獻壺漿。收功在一時，歷世荷餘光。開壤襲朱紱，左右佩金章。閉帷草太玄，茲事殆愚狂。①

全詩兩句一組，皆用建除十二直的一個字開頭，該字亦爲詩句意義的組成部分，有遊戲筆墨的性質，後世稱之爲“建除體”，嚴羽《滄浪詩話·詩體》將其歸入“雜體”②。除鮑照外，六朝時期梁朝的范雲、梁宣帝蕭詧，陳朝的沈炯各有一首，到宋代，黄庭堅、晁補之、范成大、陳與義等著名詩人均有“建除體”詩作，把這一詩體發展到極致，至元明時仍綿延不絶，且在形式上不斷有所創新③。

魏晉至隋唐時期，建除十二直在敦煌葬俗中被廣泛使用。見於鎮墓文的除此篇外，還有後文所考《西晉元康五年(295)□民仁

① 鮑照著，錢仲聯校注：《鮑參軍集》，上海：上海古籍出版社，1980年，第366頁。

② 嚴羽著，郭紹虞校釋：《滄浪詩話校釋》，北京：人民文學出版社，1961年，第100—101頁。

③ 勞翠勤：《建除體初探》，《新國學》(第七卷)，成都：巴蜀書社，2008年，第206—217頁。

鎮墓文》、《前凉建興十八年(330)郭卲子鎮墓文》、《前凉升平十二年(368)郭遥黄鎮墓文》、《前秦建元十三年(377)工俍子鎮墓文》等。據敦煌遺書 P.2550《塚書》之制，墓坑入地深淺均按死者品位區分，帝王之墓最深者達 145 尺，三場(長)以下從 35 尺至 63 尺，令長以下從 3 尺至 17 尺。而值得注意的是，墓的深淺尺數亦與建除相關，隱含著古代敦煌人的吉凶觀念。P.4930《堪輿書》(圖 7)：

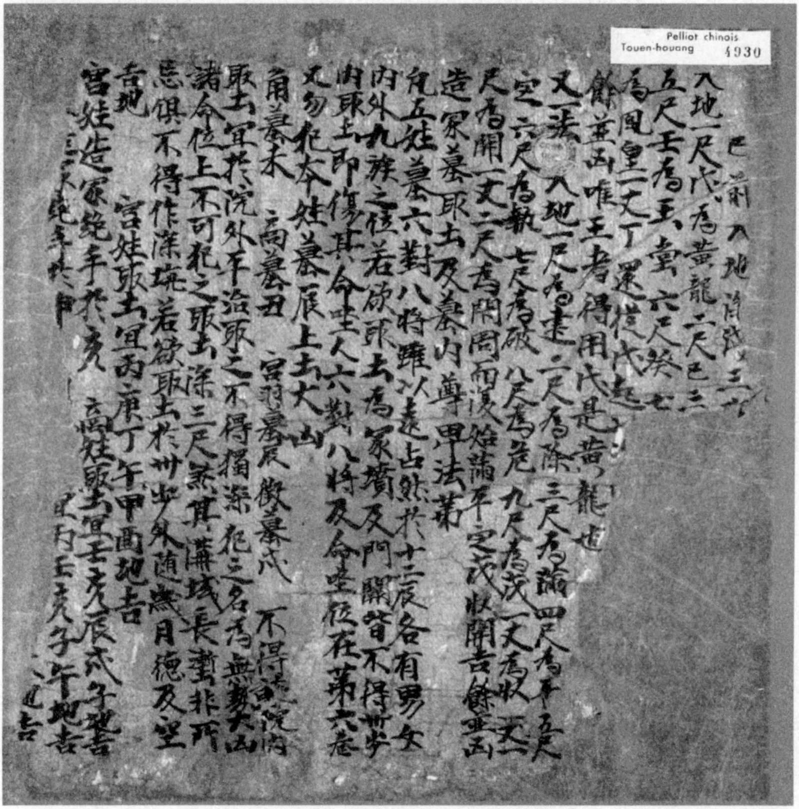

圖 7　敦煌遺書 P.4930《堪輿書》

“入地一尺爲建，二尺爲除，三尺爲滿，四尺爲平，五尺爲定，六尺爲執，七尺爲破，八尺爲危，九尺爲成，一丈爲收，一丈一尺爲開，一丈二尺爲閉，周而復始。滿平定成收開吉，餘並凶。”

“建除十二客雖屬古代方士的無稽之談，但衹要掌握其排列規律，在校補及判斷古曆月份時，仍不失爲一種有效手段”①。買地券、鎮墓文在年月朔日之後也往往用建除十二直來定當日吉凶宜不宜，今人不知，望文生義，作出各種錯誤的解釋，其情形五花八門，兹不贅舉。

8. 西晉元康五年(295)□民仁鎮墓文　1985年出土于敦煌祁家灣西晉十六國墓葬，編號85DQM340：20。陶質，灰色；圓唇束頸，斜肩直腹；口徑3.8釐米，底徑6.5釐米，高8釐米；腹部有朱書鎮墓文約14行，第四、五行間文字漫漶，實存13行；文字有殘泐，行2～5字，存55字。原報告附有摹本圖影與釋文②；《編年》③與《集成(稿)》④録有釋文。兹據摹本圖影，參照各家録文，校釋如次：

> 元康五年十月戊午朔十(七)日□□〔甲子〕直除，吏□□民仁身死……命當復地上生人。青烏子、北辰，詔令死者□□□□〔自受其殃〕，罰不加□〔兩〕，□〔移〕央轉咎，遠與他鄉，一兩粟代之。□□〔急急〕如律令！

按：中國歷史上使用“元康”年號有2次：一是西漢宣帝元康(前65～前62)，共4年；一是西晉惠帝元康(291～299)，共9年。

---

① 鄧文寬：《敦煌古曆叢識》，《敦煌學輯刊》1989年第1期，第107—118頁。
② 《敦煌祁家灣西晉十六國墓葬發掘報告》，第103—104頁。
③ 王素、李方：《魏晉南北朝敦煌文獻編年》，第63—64頁。
④ 關尾史郎：《中國西北地域出土鎮墓文集成(稿)》，第16頁。

這兩個元康年號,第一個太早,爲墓葬形制及其他出土物品所否定;第二個年代正相當,且查《二十史朔閏表》,是年十月朔日戊午,正相吻合。但據建除十二直,十月建亥,這一月的星命月應從六日即癸亥日起建,這樣七日直除。據此推斷,墓主死亡時間應是七日甲子,而不是十日。此件紀日干支殘泐,但據居延漢簡與敦煌遺書書寫規律,"七"與"十"字十分接近,都是一横一豎,其細微的區别是:"十"字横短豎長,"七"字横長豎短。查看原報告摹本,此字形體横長豎短,正是"七"字。所以此件紀年應釋爲"元康五年十月戊午朔七日甲子直除"。然據建除十二客星命月起建法推算,此日直滿,直除是據西漢以前按曆法月每月第一個月建日起建推算的。這樣,敦煌至西晉時期或仍有術士沿用西漢時的推算法亦未可知。

如前所述,西晉王朝在武帝后期因驕奢淫逸,大肆分封宗室諸王,即已埋下禍亂的伏筆。繼位的惠帝司馬衷又是一個歷史上少見的白癡皇帝,他聽到蛤蟆叫,問左右大臣:"這叫唤的東西是官家的,還是私家的?"聽説天下鬧災荒,百姓餓死,他奇怪:"何不食肉糜?"皇后賈南風又是一個心狠手辣而權力欲極强的女人,她的專權引起諸藩王對皇權的覬覦。不久,即爆發了持續 16 年(291～306)之久、給國家和人民造成巨大災難、最終導致西晉王朝滅亡的"八王之亂"。

一兩粟代之,在目前考古所見鎮墓文中罕見。其功用應與下葬之"五穀"相同,義爲用一兩粟代死者繳納地下賦税,從而免除其幽謫徒役。

9. 西晉元康六年(296)竇秉鎮墓文　1985 年出土于敦煌祁家灣西晉十六國墓葬,編號 85DQM210：8。陶質,灰色,侈口,斜直領;口徑 4.8 釐米,底徑 3.6 釐米,高 6.4 釐米;頸部點一大朱點,肩腹部有朱書鎮墓文 13 行,文字清晰可辨,行 4～6 字,計 62 字。原

報告附有摹本圖影與釋文①;《編年》②與《集成(稿)》録有釋文。兹據摹本圖影,參照各家録文,校釋如次:

元康六年正月丙辰朔六(九)日甲子直開,竇秉之身死。今下斗瓶、五穀、鉛人,用當復地上生人。青烏子、北辰,詔令死者自受其央,罰不加兩,移央傳咎,遠與他鄉。如律令!

按:元康六年(296)正月丙辰朔,六日的干支當是"辛酉",九日纔是"甲子";且據建除十二直排列規律,這年星命月之正月應從上年十二月十七日壬寅立春起建,推演至元康六年正月甲子日,正直建除十二客之"開"日。故此件之"六"當是"九",因手寫體形近而摹寫致誤。丙辰朔,關尾史郎誤爲"丙申朔"③。

圖 8　西晉元康七年陳小晴鎮墓罐

10. 西晉元康七年(297)陳小晴鎮墓文　1987 年出土于敦煌新店臺墓群,2 件,編號分别爲 87DXM152:14 和 87DXM152:15(圖 8),均爲陶質。87DXM152:14 斂口,直唇,斜肩直腹,大平底;口徑 4.1 釐米,底徑 6.4 釐米,高 9 釐米;腹部有墨書鎮墓文 14 行,文字清晰可辨,行 1～6 字,計 55 字。

① 《敦煌祁家灣西晉十六國墓葬發掘報告》,第 121—122 頁。
② 王素、李方:《魏晉南北朝敦煌文獻編年》,第 67 頁。
③ 關尾史郎:《中國西北地域出土鎮墓文集成(稿)》,第 18 頁。

87DXM152：15 侈口，斜唇，直腹，大平底；口徑 4.5 釐米，底徑 4.2 釐米，高 8.6 釐米；腹部有墨書鎮墓文 15 行，文字有殘泐，行 1～6 字，存 55 字。報告未出，《中國道教考古》據何雙全提供材料校釋[①]，關尾史郎亦有録文[②]。兹據敦煌市博物館藏原件及各家釋文校録如次：

(M152：14)

元康七年八月廿八日癸卯日死。卿自薄命蚤終，不傳(得)相注誤(忤)，不得注母，亦不得注兄弟、妻子，諸及來者(及諸來者)，皆不相注。地下事皆討(罰)陳小晴。如律令！

(M152：15)

元康七年八月廿八日水卯日死。卿自薄命蚤終，不得相注誤(忤)，不得注母，亦不得注兄弟、妻子，諸及來者(及諸來者)，皆不得相注誤(忤)。地下事皆討(罰)陳小晴。如律□〔令〕。

按：這兩件鎮墓文，張勛燎、白彬分析："墓主姓名書于文末而不在前面的位置，與他器有所不同，或爲異俗。"[③]其實，綜覽魏晉十六國時期敦煌鎮墓文，概而言之，其體例大體統一，微觀比較，則異彩紛呈。此件死者之名未按慣例書於年月日干支之後、動詞

① 張勛燎、白彬：《中國道教考古》(第一卷)，第 395—397 頁。

② ［日］關尾史郎：《敦煌新出鎮墓瓶初探——〈中國西北地域出土鎮墓文集成(稿)〉補遺(續)》，西北出土文獻研究會：《西北出土文獻研究》(第 9 號)，2011 年，第 61—85 頁。

③ 張勛燎、白彬：《中國道教考古》(第一卷)，第 396 頁。

“死”之前，而是蒙後省略，衹在“地下事皆討(罰)陳小晴”中出現，以“異俗”論之，言過其實，與現今醫院對患者“過度治療”之弊相同，有“過度研究”之嫌；究其實質，或爲書者不願千篇一律，一時興起，獨出心裁而已。其中的“討”字，張勛燎、白彬校爲“罰”，認爲是“形近致誤”。其實，揆其文義，“討”字亦通。

查《二十史朔閏表》，元康七年八月朔日爲丁丑，廿八日爲甲辰，廿七日纔是癸卯。87DXM152：14 號鎮墓罐在敦煌市博物館新館陳列展出，原件墨色鮮明，字跡清晰，確爲“廿八日癸卯”。對於此種情況，以前考古工作者往往認爲可能是書寫致誤。但近年來研究者校録敦煌文獻，發現這並不是孤立的現象。對此，鄧文寬曾指出：“事實表明，敦煌曆日的朔日與同年中原曆往往有一二日之差，遇有閏月之年差别更大。”但由於材料有限，對於這種情況至今仍不能給予科學的説明①。這件鎮墓文的紀日干支之“失誤”，爲敦煌曆日與中原的不同又提供了一個較早年代的例證。

在這兩件屬同一墓主的鎮墓文，紀日干支一爲“癸卯”，一爲“水卯”，值得注意。此處“水卯”之“水”並非書寫失誤，而是“水卯”乃“癸卯”之别稱。在傳統文化中，十天干甲、乙、丙、丁、戊、己、庚、辛、壬、癸分别代指五行和四方，其中中央戊己土，西方庚辛金，東方甲乙木，南方丙丁火，北方壬癸水，所以有癸水之稱，常常以“水”代“癸”。後文所考《西凉庚子六年(405)張輔鎮墓文》2 件，均出現“正月水未朔廿七日己酉”的紀年，此“水未”亦爲“癸未”之别稱。西凉庚子六年當東晉義熙元年(405)。查《二十史朔閏表》，是年正

---

① 鄧文寬：《敦煌吐魯番曆日略論》，《傳統文化與現代化》1993 年第 3 期，第 40—48 頁。

月恰爲癸未朔，廿七日正爲己酉，證明干支不誤。其中的“水未”應爲上述三件鎮墓文原貌，釋讀者遵守文物考古的原則，没有臆測擅改，而是忠實地記録了文物信息。此《陳小晴鎮墓文》2 件，一書“癸卯”，一書“水卯”，即爲正確釋讀《張輔鎮墓文》提供了有力的佐證。但研究者不察，往往進行這樣那樣的“校正”①，反而引起了一些不應有的混亂。

至北魏時，因道武帝名拓跋珪，“珪”與天干之“癸”同音，故北魏亦曾改“癸”爲“水”，且爲西魏所沿用。敦煌遺書 S.613 卷《西魏大統十三年(547)計帳文書》有如下記載：

劉文成户：“息女黄口，水亥生，年仵，小女。”

侯老生户：“户主侯老生，水酉生，年仵拾仵，白丁。”

其天婆羅門户：“息男歸安，水丑生，年拾仵，中男。”

鄧(?)延天富户：“母白乙升，水亥生，年陸拾伍，死。”②

這四例干支中的“水”，本均作“癸”，皆因避諱“珪”而改之。另有敦煌研究院所藏《北魏太平真君十二年(451)曆日》内云：“七月大，一日水未開”，“八月小，一日水丑定”，顯然其中兩個“水”也是改“癸”而成的③。此種情况本另當别論，之所以贅於此者，意欲助益於對我國古代干支紀年複雜性的認識。

11. 西晉永安元年(304)韓治鎮墓文　1982 年出土于敦煌新店臺西晉十六國墓葬 82DXM40 墓，2 件。陶質，直口，尖圓唇，方

① 如劉昭瑞《談考古發現的道教解注文》(《敦煌研究》1991 年第 4 期)和余欣《唐宋敦煌墓葬神煞研究》(《敦煌學輯刊》2003 年第 1 期)兩文就將“水未”校改爲“辛未”。

② 鄧文寬：《敦煌古曆叢識》，《敦煌學輯刊》1989 年第 1 期，第 107—118 頁。

③ 劉操南：《北魏太平真君十一年、十二年殘曆讀記》，《敦煌研究》1992 年第 1 期，第 44—45 頁。

圓肩，直腹。腹部有朱書鎮墓文，一件文字漫漶，未録；另一件爲本件，稍殘，存 59 字。原報告有釋文[①]無圖影，《編年》[②]與《集成(稿)》[③]亦録有釋文。兹據二者迻録如次：

> 永安元年八月丙寅朔十一日丙子直□，大男韓治，汝身死，適值八魁九坎，厭解天注、月注、日注、地注、歲注，注□如□□，千秋□〔萬〕歲，不得相〔注〕忤，便利生人，各如天。如律令！

按：中國歷史上使用“永安”年號有 5 次：一是孫吴景帝孫休永安(258～264)，共 7 年；二是西晉惠帝司馬衷永安(304)，不到一年；三是北凉沮渠蒙遜永安(401～412)，共 12 年；四是北魏孝莊帝元子攸永安(528～530)，共 2 年；五是西夏崇宗李乾順永安(1098～1100)，共 3 年。這 5 個永安年號，第一個時代大體相當，但當時河西在曹魏統治之下，前考《甘露二年(257)段清鎮墓文》證明正使用曹魏甘露年號；第三個北凉沮渠氏永安元年，李暠早於前一年在敦煌建立西凉政權，使用自建庚子年號；第四、五個太晚，爲新店臺墓葬形制及出土文物等多種理由所否定，且北魏永安爲是年九月始改稱，八月時尚未有永安年號。更重要的是，在這 5 個永安年號中，除了西晉惠帝永安以外，其他干支朔望都與本鎮墓文不

---

① 敦煌縣博物館考古組、北京大學考古實習隊(張小舟)：《記敦煌發現的西晉十六國墓葬》，《敦煌吐魯番文獻研究論集》(第四輯)，北京：北京大學出版社，1987 年，第 629 頁。

② 王素、李方：《魏晉南北朝敦煌文獻編年》，第 70—71 頁。

③ 關尾史郎：《中國西北地域出土鎮墓文集成(稿)》，第 21 頁。

相合。關尾史郎定爲沮渠氏北凉①,誤。

司馬衷在位不到17年,凡10次改元,共用10個年號：武帝太熙元年(290)四月二十日,甫一即位,即改元"永熙"。第二年改元"永平",這年三月九日,又改元"元康"。至公元300年改元"永康",301年四月九日改元"永寧",302年十二月改爲"太安",304年改爲"永安",當年七月二十五日改爲"建武",十一月十二日復稱"永安",十二月二十四日再改爲"永興"。如此,是年"永安"年號使用衹在元月至七月、十一月至十二月兩個時段,八月應稱"建武",但皇帝如此頻繁改元,就是京畿地區的人民亦恐難以適應,何况僻在遥遠的敦煌呢。

據建除十二直排列規律,這年星命月之八月應從七月廿二日丁巳白露算起,八月建酉,從廿六日辛酉起建,推至八月十一日丙子,直平。故"直"後所殘當爲"平"字。

12. 西晉永興二年(305)趙詡鎮墓文　1987年出土于敦煌新店臺墓群。編號爲87DXM165：18。陶質,侈口,鼓腹,小平底;口徑5釐米,底徑4.3釐米,高5.4釐米;朱書鎮墓文15行,文字保存完好,行3～5字,共66字。報告未出,《中國道教考古》據何雙全提供材料校釋②,關尾史郎亦有録文③。兹據各家釋文校録如次：

趙詡身死,今下什(斗)瓶、五穀、黑豆、荔子、鉛人,用當重

① 關尾史郎、町田隆吉:《敦煌出土四至五世紀陶罐、陶缽銘集成》(Ⅱ),《吐魯番出土文物研究會會報》第29號,1990年,第1—4頁。

② 張勛燎、白彬:《中國道教考古》(第一卷),第399—400頁。

③ 關尾史郎:《敦煌新出鎮墓瓶初探——〈中國西北地域出土鎮墓文集成(稿)〉補遺(續)》,第61—85頁。

復千(生)人。青烏子敢言(告)北臣(辰),詔令史(使)今死者以受其罪,〔罰〕不加兩,移殃轉給(咎),遠與他鄉。生者以天爲界,死者以地爲界。各如律令!

按：此件文字保存完好而無紀年,但與下考《趙苑芝鎮墓文》同出一墓;而該墓爲夫妻合葬墓,故紀年以下件係之。下文所考同墓趙苑芝鎮墓文有 2 件,文字内容各有側重。據此推測,此件墓主趙詡或另有一件與 87DXM165：20 功用相當的紀年鎮墓陶器與此件配合使用,可能因破碎等原因未能録文。

用當重復千人,張勛燎認爲:"無他器例,義亦無解,當係'用當重復生人'之誤釋無疑。蓋'生'字筆劃蝕脱不全,致誤識爲'千'者。"[①]此説甚是,兹從之。下件同,不贅。

13. 西晉永興二年(305)趙苑芝鎮墓文　1987 年出土于敦煌新店臺墓群。2 件,編號分别爲 87DXM165：20 和 87DXM165：22,均爲陶質。87DXM165：20 斂口,圓腹,平底;口徑 4 釐米,底徑 5.8 釐米,高 7.2 釐米;後半文字殘泐,存 8 行,行 5～9 字。87DXM165：22 侈口,無肩,直腹,平底;口徑 4 釐米,底徑 5 釐米,高 6.7 釐米;殘泐嚴重,存 7 行,行 1～5 字。報告未出,《中國道教考古》據何雙全提供材料校釋[②],關尾史郎亦有録文[③]。兹據各家釋文校録如次：

① 張勛燎、白彬：《中國道教考古》(第一卷),第 400 頁。

② 張勛燎、白彬：《中國道教考古》(第一卷),第 397—399 頁。

③ 關尾史郎：《敦煌新出鎮墓瓶初探——〈中國西北地域出土鎮墓文集成(稿)〉補遺(續)》,第 61—85 頁。

(87DXM165：20)

永興三(二)年八月庚申朔二日辛酉，女子趙苑芝之家身死，自不得〔時〕，適值八魁九訊(坎)。厭解天注、地注、月注、日注、時注。身(生)死各異路，千秋不相管，不得相注以(忤)。□……(如律令)！

(87DXM165：22)

……，……身死。今下什(斗)瓶、五穀、黑豆、荔子、鉛人，用當重復千(生)人。□□□千□□……之……令！

按：該墓既爲夫妻合葬墓，則死者苑芝顯爲上件趙詡之妻；以趙爲姓者，按當時通行之例，爲苑芝從夫姓，並非其本姓一定爲趙者。

"永興"爲西晉惠帝司馬衷年號，從公元 304 年十二月至 306 年六月，實際不到兩年。此件出現"永興三年八月"的紀年並不奇怪，因爲敦煌地處僻遠，王朝改元的消息不能及時到達，所以常常出現使用已停用年號的情況。但查《二十史朔閏表》，永興三年八月朔日爲乙卯，二日則應爲丙辰，而永興二年八月朔日正爲庚申，二日爲辛酉。故此紀年有誤，當是原紀録釋讀時將"二年"誤爲"三年"所致。未見原件，暫存疑。

此件與上件中出現的"荔子"，張勛燎、白彬校爲"梨子"，誤。"荔"與"梨"雖同音，然荔子不産於北方，故"荔"在僻遠的河西應爲非常用字，"同音誤寫"的可能性非常小。那麽，荔子既不産于北方，敦煌鎮墓文中又怎麽可能出現這一特殊的物品呢？其實，與五穀、黄豆、黑豆、瓜子等物一樣，荔子在東漢至魏晉時期中原鎮墓文中是較常見的替死者在地下繳納賦税以贖罪的喪葬用品，敦煌祇是沿用了鎮墓文的慣用語而已。

14. 西晉永興二年(305)前後張故年鎮墓文　1987 年出土于敦煌新店臺墓群。編號爲 87DXM184：2。陶質,直口,斜肩,直腹,平底;口徑 4.4 釐米,底徑 6 釐米,高 7.4 釐米;朱書鎮墓文 14 行,文字殘泐嚴重,行 1～6 字,共 48 字。報告未出,《中國道教考古》據何雙全提供材料校釋①。兹校理如次：

張故年身死,〔今〕下升(斗)瓶、五穀、黑豆、茘□〔子〕、〔鉛〕人,用當重復生人。青烏子敢□〔告〕北辰,詔令□□死者以(已)□□□〔受其罪〕,其罰□□〔不加〕茜(兩),□□〔轉殃〕移□〔咎〕,歸□□不臾□□□女子以憂□□□□以他鄉□□□。如律令!

按：此件無紀年,器型亦不詳。因與新店臺其他墓葬同地,且與上件《前凉西晉永興三年(306)趙詡鎮墓文》文字内容十分相近,故暫以"西晉永興三年(306)前後"係之。

15. 西晉永嘉二年(308)胡姜盈鎮墓文　1987 年出土于敦煌新店臺墓群。編號爲 87DXM105：9。陶質;侈口細頸,斜肩直腹,平底;口徑 4.4 釐米,底徑 5.6 釐米,高 6.7 釐米;朱書鎮墓文 12 行,文字清晰,行 1～8 字,計 61 字。報告未出,《中國道教考古》據何雙全提供材料校釋②,關尾史郎亦有録文③。兹據各家釋文校録

① 張勛燎、白彬：《中國道教考古》(第一卷),第 490—491 頁。

② 張勛燎、白彬：《中國道教考古》(第一卷),第 400—401 頁。

③ 關尾史郎：《敦煌新出鎮墓瓶初探——〈中國西北地域出土鎮墓文集成(稿)〉補遺(續)》,第 61—85 頁。

如次：

永嘉二年二月十九日甲午，女子胡姜盈身死。下斗瓶、五穀、鉛人，用當福（復）地上生人。青烏子告北辰，詔令死者身受央，罰不得兩加。移央傳給（咎），予（與）他鄉。如律令！

按："罰不得兩加"之"兩"，本不誤，張勛燎校爲"滿"①，反誤。詳《西晉太康六年（285）頓霓兒鎮墓文》考釋文字。傳給，應爲"傳咎"之誤寫，或原釋讀之誤。

16. 西晉永嘉四年（310）蘇治鎮墓文　1982年出土于敦煌新店臺西晉十六國墓葬82DXM4墓（圖9），2件。陶質；直口，尖圓唇，方圓肩，直腹；腹部皆有朱書鎮墓文17行，行1～5字，存63字。2件内容相同，僅個别文字有出入。原報告附有摹本圖影與釋文②；《編年》③與《集成（稿）》④録有釋文。兹據摹本圖影，參照各家録文，校釋如次：

圖9　永嘉四年蘇治鎮墓罐

① 張勛燎、白彬：《中國道教考古》（第一卷），第400—401頁。

② 《記敦煌發現的西晉十六國墓葬》，《敦煌吐魯番文獻研究論集》（第四輯），第630、646頁。

③ 王素、李方：《魏晉南北朝敦煌文獻編年》，第71—72頁。

④ 關尾史郎：《中國西北地域出土鎮墓文集成（稿）》，第23—24頁。

（其一）

永嘉三（四）年正月乙丑朔十（廿）五日己丑直定，故吏蘇治身死。今下斗瓶、五穀、鉛人，用當復地上生人，青烏子、北辰詔令，死者自受其央，罰不兩加，移〔央〕轉咎，遠與他鄉。如律令！

（其二）

永嘉三（四）年正月乙丑朔十（廿）五日己丑直定，故吏蘇治身死。今下斗瓶、五穀、鉛人，用當復地上生人。〔青烏子〕、北辰詔令，死者自受其央，罰不兩加，移〔央〕轉咎，速與他鄉。如律令！

按：此件紀年存在問題：西晉永嘉三年正月爲辛丑朔，永嘉四年正月纔是乙丑朔。以乙丑朔推之，十五日爲己卯，二十五日纔是己丑。故三年當是“亖年”之誤，十五日當是“廿五日”之誤。亖，同“四”。這種寫法及其誤釋情形又見於晉咸康四年《朱曼妻薛買地券》，原報告釋讀爲：“晉咸康三年，二月壬子朔，亖日乙卯，吴故舍人、立節都尉、晉陵丹徒朱曼故妻薛，從天買地，從地買宅。”①西南大學陳杏留曾著文予以校正：“咸康三年之‘三’，原刻清晰，應爲‘亖’字，即‘四’字。查《對照表》，咸康四年二月朔日正當壬子，四日爲乙卯，與石券相合。而三年二月朔爲丁巳，四日爲庚申，與石券皆不合。”②但即便將此件紀年校爲“永嘉四年正月乙丑朔廿五日己丑”，該日建除仍不相合。據此年節氣推算，是日直開；而直

① 方介堪：《晉朱曼妻薛買地宅券》，《文物》1965年第6期，第48—49頁。

② 陳杏留：《“買地券”中曆日校補舉隅》，《四川文物》2009年第4期，第76—77頁。

“定”日者爲六日庚午和十八日壬午,然細察原報告摹本,均無發生這種錯誤的跡象。或許敦煌曆法與中原有異亦未可知,姑存疑。

17. 西晉永嘉五年(311)樊氏鎮墓文　2008 年 11 月出土於酒泉市南郊三百户墓群,現藏酒泉市博物館(圖 10)。陶質,灰色;侈口,圓唇,頸微束,肩略鼓,直腹;口徑 8.5 釐米,底徑 6.3 釐米,高 10.5 釐米;肩腹以下朱書鎮墓文 12 行,稍殘,行 6～13 字,存 216 字。發掘報告未出,筆者曾著文箋釋,並附有摹本圖影①。釋文如次:

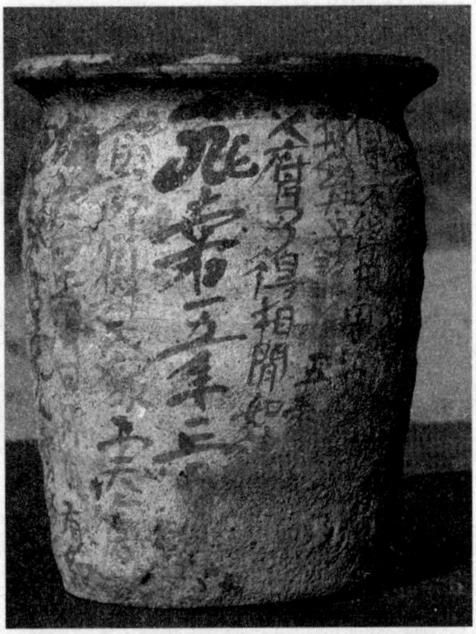
圖 10　西晉永嘉五年樊氏鎮墓罐

永嘉五年三月□□□〔直〕除,樊氏家富倉□□□。星辰日月,自有紀綱。生人有里,死人有鄉;死人入□,生人前行;死人却之,生人得長;死〔人〕屬〔陰〕,生人屬陽;生人□□,死人用藏;中祥外祥,客死不葬。兵死、星死、乳死□之鬼,□□□□〔不〕祥。丘丞暮(墓)伯,□□□□;□惑注鬼,土氣之虛;相紹遠去,各歸部署;天帝之神,當居汝處。

敢告倉林君、武帝王、東塚伯、西塚□〔侯〕、地下二千石,急赦除樊氏□塚,生人過適削除,文□。樊氏之塚,舍□葸□□,□氏束縛,歸其魂魄金□□□,可分君糧,鉛人免

① 吴浩軍:《西晉永嘉五年樊氏罐文箋釋》,待刊。

□□□□耳，死人異路，不得相□□□侵，不得相害，汝欲□□□〔有所爲〕，段雞子雞鳴、五穀□□〔死生〕、□〔鉛〕人腐，乃得相聞。

如律□〔令〕！

按：西晉後期，整個中原地區戰火彌漫，干戈不息，而河西地區則在張軌的治理下，“秩序安定，經濟豐饒，既爲中州人士避難之地，復是流民移徙之區”[①]，與飽受“八王之亂”和“永嘉之亂”禍害的中原地區相比，無疑是一片人間樂土。永嘉時期的這兩件鎮墓罐，文字繁富，體例完備，即是其時代背景的一種反映。

鎮墓陶瓶罐鉢雖然在敦煌地區祁家灣、新店臺、佛爺廟等墓葬群中有大量出土，但在肅州區及其鄰近的嘉峪關市却十分罕見。見諸考古報告者祇有1972年出土於嘉峪關新城1號墓的三國魏甘露二年(257)段清鎮墓罐和1993年出土於酒泉市西溝村魏晉墓的張氏鎮墓罐兩件。此件清理出土後保存在酒泉市肅州區博物館，至今尚未有報告面世。但因其有明確紀年，鎮墓文字數較多，内容豐富，而有獨特的價值：

第一，姜伯勤曾以《西凉建初五年(409)畫虜奴鎮墓文》之兩件爲例，將當時敦煌所流行鎮墓文分爲兩種類型。其中第一種有斗瓶，内盛五穀，又有鉛人，其主要功用是以鉛人代形，解除墓主之災。第二種用厭解的方術來鎮伏鬼氣妖邪[②]。余欣承襲此説，以

① 陳寅恪：《隋唐制度淵源略論稿·唐代政治史述論稿》，北京：三聯書店，2001年，第30頁。

② 姜伯勤：《敦煌藝術宗教和禮樂文明》，北京：中國社會科學出版社，1996年，第277—280頁。

1980 年出土于敦煌佛爺廟灣 80DFM1：32 和 80DFM1：34 陶瓶鎮墓文爲例，亦將其分爲兩種基本形態，並得出結論説："自西晉咸寧二年(276)至北凉玄始十年(421)，所有的鎮墓文都可歸屬於上述兩種類型。"①但此件鎮墓文之形態似與上述兩種有所不同，它的主要功用是分别陰陽，並禱告于諸墓葬神煞，祈求他們赦除樊氏及其親人的罪責。從這個角度説，此件鎮墓文的出土爲魏晉十六國時期的河西鎮墓文提供了一種新的類型。

第二，余欣以上博 48 册子本《後唐清泰四年(935)曹元深等祭神文》爲例，研究唐宋時期敦煌墓葬神煞，檢索了姜伯勤《敦煌藝術宗教和禮樂文明》和王素《魏晉南北朝敦煌文獻編年》所録廣義敦煌(包括今甘肅其他地方及新疆吐魯番、内蒙、寧夏、陝西乃至中亞各國)的全部鎮墓文後，還説："由於敦煌的古代墓葬尚未大規模發掘，我們缺乏晉唐之間數百年的考古資料。因文獻不足徵，目前不能斷定這些墓葬神煞是何時傳入敦煌的，我猜測很有可能要晚至唐初。"②而此永嘉五年鎮墓文中出現的倉林君、武帝王、東塚伯、西塚侯、地下二千石等，説明在中原地區曾十分流行的這些墓葬神煞至遲在西晉末年已傳入河西酒泉，至於其時是否曾到達敦煌，尚待進一步的考古發現來證明。

18. 西晉(313 前後)翟宗盈鎮墓文　1944 年出土于敦煌佛爺廟東區 1001 號墓，2 件。陶質，朱書，全 67 字。原報告附有圖片與釋文③，

① 余欣：《唐宋敦煌墓葬神煞研究》，《敦煌學輯刊》2003 年第 1 期，第 55—68 頁。

② 余欣：《神道人心——唐宋之際敦煌民生宗教社會史研究》，北京：中華書局，2006 年，第 127 頁。

③ 閻文儒：《河西考古簡報(上)》，《國學季刊》第 7 卷第 1 期，1950 年，第 115—120 頁。

夏鼐亦有著録[①],《編年》[②]與《集成(稿)》[③]録有釋文。兹據圖片,參照各家釋文,校釋如次:

(其一)

翟宗盈,汝自薄命蚤終,壽窮算盡,死見八鬼(魁)九坎。太山長閲(問),汝自往應之。苦莫相念,樂莫相思。從别以後,無令死者注于生人。祠臘社伏,徼於郊外。千年萬歲,乃復得會。如律令!

(其二)

翟宗□,汝自〔薄〕命蚤終,壽窮算盡,死見八鬼(魁)九坎。太山長閲(問),汝自往應之。苦莫相念,樂莫相思。從别以後,無令死者注于生人。祠臘社伏,徼於郊外。千年萬歲,乃復得會。如律令!

按:這兩件鎮墓文無紀年,夏鼐認爲與洛陽地區出土的東漢晚期到晉初的鎮墓文相似,據此確定爲魏晉時期的墓葬[④]。閻文儒則根據墓中畫像磚題材與鎮墓文的字體、五銖錢等,認爲此墓爲六朝初期的墓葬[⑤]。張朋川通過此墓的照牆風格,提出其下限可能晚至十六國時期,年代晚于魏晉時期[⑥]。郭永利、楊惠福則全面

① 夏鼐:《敦煌考古漫記(一)》,《考古通訊》創刊號,1955年,第2—8頁;夏鼐:《敦煌考古漫記》,北京:百花文藝出版社,2002年,第53頁。

② 王素、李方:《魏晉南北朝敦煌文獻編年》,第69—70頁。

③ 關尾史郎:《中國西北地域出土鎮墓文集成(稿)》,第131—132頁。

④ 夏鼐:《(1944年)敦煌考古漫記(一)》。

⑤ 閻文儒:《(1944年)河西考古簡報(上)》。

⑥ 張朋川:《河西漢晉繪畫簡述》,《文物》1978年第6期,第59—71頁。

考察了敦煌新店臺、佛爺廟、祁家灣發掘的近800座西晉十六國時期墓葬資料提供的時序框架，根據墓葬形制、隨葬器物及其組合形式，推定翟宗盈墓的年代爲公元313年前後①。此説甚有道理，兹從之②。

此件中出現的“太山”一詞，于鎮墓文中常見。太山，又稱“太山君”、“泰山府君”，漢魏時期民間傳説中控制死人亡魂的神祇。作爲冥府主者的太山府君，最早見於《搜神記》。略引如次：

胡母班……至泰山側，不敢潛過。遂扣樹，自稱姓名：“從長安還，欲啓消息。”須臾，昔騶出，引班如向法而進。因致書焉。班語訖，如廁。忽見其父著械徒作，此輩數百人。班進拜流涕，問：“大人何因及此？”父云：“吾死不幸，見遣（讁）三年，今已二年矣，困苦不可處。知汝今爲明府所識，可爲吾陳之，乞免此役，便欲得社公耳。”班乃依教，叩頭陳乞。府君曰：“生死異路，不可相近，身無所惜。”班苦請，方許之。於是辭出，還家。歲餘，兒子死亡略盡。班惶懼，復詣泰山，扣樹求見。昔騶遂迎之而見。班乃自説：“昔辭曠拙，及還家，兒死亡至盡，今恐禍故未已，輒來啓白，幸蒙哀救。”府君拊掌大笑曰：“昔語

① 郭永利、楊惠福：《敦煌翟宗盈墓及其年代》，《考古與文物》2007年第4期，第61—63頁。

② 《敦煌翟宗盈墓及其年代》推定翟宗盈墓的年代，還有一個根據，即：“翟宗盈墓斗瓶爲直腹、束頸、折肩、平底，口部無外緣，與祁家灣A型Ⅷ式相近。此式斗瓶在祁家灣中的一件有紀年，爲西晉建興元年，即公元313年。”但查閲原報告，M208出土書有鎮墓文的斗瓶2件，一件編號爲M208：12，正是A型Ⅷ式，其文即後文所考《前凉建興四年（316）至九年（321）佚名鎮墓文》，但並無紀年；另一件編號M208：29，其文即後文所考《前凉建興九年（321）頓盈姜鎮墓文》，雖有紀年，但不是建興元年，而是建興九年（321），瓶式也非A型Ⅷ式，而是Ⅸ式。是疏忽致誤，抑或别有所據，待考。

> 君'死生異路,不可相近'故也。"即敕外召班父。須臾,至庭中,問之:"昔求還里社,當爲門户作福,而孫息死亡至盡,何也?"答云:"久別鄉里,自欣得還,又遇酒食充足,實念諸孫,召之。"於是代之。父涕泣而出。班遂還。後有兒皆無恙。①

故事里的泰山府君嫁女爲西海婦,具有自然山川之神的性質,但人死之後的靈魂又爲其所録(即拘校),而且帶著刑具苦作,但衹要他願意,這些亡魂又可以做一方的土地神——社公,儼然後來的冥府主宰。有學者認爲這與佛經的翻譯有關。如三國吴康僧會譯《六度集經》就有這樣的句子:"命終魂靈入於太山地獄,燒煮萬毒爲施受害也","或死入太山,其苦無數","福盡罪來,下入太山餓鬼、畜生","志念惡者死入太山餓鬼、畜生道中",等等②。這地獄的"太山",佛藏中除了《出曜經》和《五母子經》寫作"泰山"之外,其餘數以千計的出現均作"太山"。故此,欒保群指出:西方的造經者不可能知道東土有個東嶽泰山,此處所説的地獄太山或泰山,在佛經原文中也不可能就是五嶽之首的岱嶽,衹不過是大山或極大之山的意思。佛經譯者所用的"太山",本是想用此詞來表達佛經中的"地獄之山",並没有與岱嶽拉扯到一起的意思。但所造成的後果,却是東嶽泰山成了冥府。因此,錢鍾書所説"經來白馬,泰山更成地獄之别名"③確爲一針見血之論。至於人們爲什麽要把佛經中的太山落實爲岱岳的泰山,最根本的原因就是社會需要有一個專門的冥府,把管理人鬼的冥事從天帝那裏分離出來,而佛經中

① 干寶撰,汪紹楹校注:《搜神記》,北京:中華書局,1979年,第44—45頁。
② 蒲正信注:《六度集經》,成都:成都:巴蜀書社,2001年。
③ 錢鍾書:《管錐編》(第一册),北京:中華書局,1979年,第289頁。

的"太山"則提供了一個機會。在佛教僧侶開始宣講"地獄太山"的時候,民間的方士巫師們(這時還没有嚴格意義的道教)就利用了這一名詞的含糊概念,把佛教的"太山地獄"轉化爲中國的冥府。而胡母班的故事,就是要把泰山爲冥府這一誤導進一步通過鬼故事來落實。所以,它把泰山的自然神性質保留了下來,以强調冥府主者就是中國傳統的泰山神。很顯然,這是方術之士們把佛教中的地獄試圖改造爲中國本土的冥府的一個努力①。

另外,這則故事里的胡母班爲父求情,免除苦役;泰山府君告誡"生死異路,不可相近";胡母班一時不能理解,歸家後兒死亡至盡;復至泰山求情,其父自代,纔得無恙。這一情節爲我們理解鎮墓文分别陰陽,隔絶生死功用提供了生動的内容。

根據此鎮墓文内容,夏鼐分析敦煌地區的喪葬心理説:"這表示當時生者對死去的親人,一方面愛絲未斷,厚葬以奉死者;一方面又懷有畏懼的心情,怕死者作祟。當我們審視罐内的粟粒和罐外的鎮墓文的時候,雖在千餘年以後,還可以體會到古人這種矛盾的心情。"②這種矛盾的心情至今在河西地區的喪葬習俗中仍有孑遺,如喪家要爲死者超度亡魂,每過七天舉行一次典禮,或者頌經設齋,或者禮佛懺悔,或者燒化紙錢,以追薦亡靈,民間簡稱爲"做七"。在七七期間有"犯七"之説,即在做七時若正趕上農曆初七、十七和二十七,就是犯七了;犯七越多,表明死者生前造業越多,由自己承擔的也越多,這樣就不會殃及其活著的親人了。所謂"死人不犯七,活人没飯吃"的諺語,就是這種心理習俗的提煉和概括。

---

① 欒保群:《"泰山治鬼"説的起源與中國冥府的形成》,《河北學刊》2005 年第 3 期,第 27—33 頁。

② 夏鼐:《(1944 年)敦煌考古漫記(一)》。

19. 西晉建興元年(313)呂來業鎮墓文　1985年出土于敦煌祁家灣西晉十六國墓葬,編號85DQM320：22。陶質,灰色;口徑3.4釐米,底徑6.2釐米,高6.5釐米;肩腹部朱書鎮墓文,多已漫漶不清,現殘存9行49字,行4～7字。原報告附有釋文①,無摹本圖影;《編年》②與《集成(稿)》③録有釋文。兹參照各家録文,校釋如次:

建興元年□……□□□死者……□□于郭父子年□□□人。得會□□呂來業,汝自薄命,壽終身死,□〔值〕八魁九坎,□□與他鄉。□〔如〕律令!

按:中國歷史上使用"建興"年號的有7次:一是蜀漢後主劉禪建興(223～237),共15年;二是東吴廢帝孫亮建興(252～253),共2年;三是成漢武帝李雄建興(304～306),跨了三個年頭,實際衹有一年零九個月;四是西晉愍帝司馬鄴建興(313～317),跨了五個年頭,實際還不到四年;五是前涼政權延用晉愍帝建興,從五年至四十九年(317～361),其間中斷一年,共使用44年;六是後燕世祖慕容垂建興(386～396),共11年;七是渤海宣王大仁秀建興(819～830),共12年。這些建興年號雖然大都在兩晉時期,年代也大體相合,但除晉愍帝建興外,都不合適。因爲其中蜀漢後主劉禪、東吴廢帝孫亮、成漢武帝李雄、後燕世祖慕容垂的統治勢力未曾到達河西敦煌,而前涼政權延用的還是愍帝建興,至於渤海國爲

---

① 《敦煌祁家灣西晉十六國墓葬發掘報告》,第106頁。

② 王素、李方:《魏晉南北朝敦煌文獻編年》,第75—76頁。

③ 關尾史郎:《中國西北地域出土鎮墓文集成(稿)》,第25頁。

大唐臣屬,且遠在東北,更不用説。

愍帝建興年號在河西地區的墓葬文獻中比較多見。除此件外,鎮墓文還有下文所考《建興二年(314)吕軒女鎮墓文》和《建興四年(316)徐男鎮墓文》;衣物疏則有出土於高臺駱駝城的建興五年(317)正月《趙雙衣物疏》和《趙阿兹衣物疏》①。2010年,南京師範大學文博學院在河西走廊中部的臨澤縣發掘一批西晉時期的墓葬,其中M23出土一批木簡,研究者定名爲《田産爭訟爰書》,有"建興元年十二月壬寅初十一日壬子"和"建興元年十二月壬寅十五日丙午"的明確紀年②,亦爲愍帝建興年間之物。不過,查《二十史朔閏表》,此二紀年之干支朔日基本相合,唯十二月壬寅朔,則十五日爲"丙辰",作"丙午"者,或爲釋讀錯誤。

本篇文字殘缺嚴重,據文意,吕來業似爲墓主。

20. 西晉建興二年(314)吕軒女鎮墓文　1985年出土于敦煌祁家灣西晉十六國墓葬,編號85DQM319:12。陶質,灰色;口徑4.6釐米,底徑5.1釐米,高6.8釐米;口沿畫14道朱紋,腹部朱書鎮墓文11行,文字清晰可辨,行4～7字,存59字。原報告附有摹本圖影與釋文③;《編年》④與《集成(稿)》⑤録有釋文。兹據摹本圖影,參照各家録文,校釋如次:

---

① 見本書《河西衣物疏叢考》。

② 楊國譽:《"田産爭訟爰書"所展示的漢晉經濟研究新視角——甘肅臨澤縣新出西晉簡册釋讀與初探》,《中國經濟史研究》2012年第1期,第121—129頁。這裏所引"壬寅初",可能是"壬寅朔"之誤釋,因不能見到原件,姑照録楊國譽釋文,亦古人"以不校校之"之義。

③ 《敦煌祁家灣西晉十六國墓葬發掘報告》,第107頁。

④ 王素、李方:《魏晉南北朝敦煌文獻編年》,第76頁。

⑤ 關尾史郎:《中國西北地域出土鎮墓文集成(稿)》,第27頁。

建興二年閏月一日丁卯，女子吕軒女之身死，適治〔值〕八魁九坎，厭解天注、地注、歲注、月注、日注、時注，生死各異路，千秋萬歲，不得相注忤，便利生人。如律令！

按：同墓出土鎮墓斗瓶2件，一爲本件，另一件爲M319：13，文字、墨色全同，兹不贅録。查《二十史朔閏表》，是年閏十月，朔旦正爲丁卯。治：通"值"。

21. 西晉建興四年(316)徐男□鎮墓文　1985年出土于敦煌祁家灣西晉十六國墓葬，編號85DQM364：11。陶質，灰色；束頸溜肩，腹微弧；口徑3.8釐米，底徑6.8釐米，高8.4釐米；肩腹部有朱書鎮墓文7行，文字有殘缺，行6～11字，存58字。原報告附有摹本圖影與釋文①；《編年》②與《集成(稿)》③録有釋文。兹據摹本圖影，參照各家録文，校釋如次：

建興四年十一月廿六日庚戌，女子徐男□之□〔身〕死。適治〔值〕八魁九坎，□□〔壓解〕天注、地注、歲注、□□〔月注〕、□〔日〕注、□□〔時注〕，生死各□□〔異路〕，□〔千〕秋萬歲，不得相注忤，便利生人。如律令！

按：八魁九坎，譚蟬雪説"乃陰陽家之説"，並引《玉壺清話》"有九梁星煞之禁，謂當其所值，不可觸犯"之語闡發④。之後姜伯

① 《敦煌祁家灣西晉十六國墓葬發掘報告》，第104—105頁。

② 王素、李方：《魏晉南北朝敦煌文獻編年》，第77頁。

③ 關尾史郎：《中國西北地域出土鎮墓文集成(稿)》，第29頁。

④ 譚蟬雪：《三教融合的敦煌喪俗》，《敦煌研究》1991年第3期，第72—80頁。

勤、余欣相繼予以轉引①。但檢索《玉壺清話》，並無此語，不知所本者何。姜守誠曾著文疏證其義甚詳，轉引如次：

所謂“八魁”，其意有二：一爲星辰之名。《宋史·天文志三》云：“八魁九星，在北落東南，主捕張禽獸之官也。”二指八個特定時日，乃屬以月日干支定吉凶宜忌的曆注條目。《後漢書·蘇竟傳》記載蘇竟致書劉龔曰：“夫仲夏甲申爲八魁。八魁，上帝開塞之將也，主退惡攘逆。”唐代李賢注引《曆法》給予解説：“春三月己巳、丁丑，夏三月甲申、壬辰，秋三月己亥、丁未，冬三月甲寅、壬戌，爲八魁。”所謂“九坎”，據《星曆考原》（卷四）引曹震圭之語詮釋説：“坎者，陷也，險也，不平也。”曆書中所言“九坎”亦有二意：其一、指星辰之名。據《晉書·天文志上》載：“九坎九星，在牽牛南。坎，溝渠也，所以導達泉源，疏盈瀉溢，通溝洫也。”《宋史·天文志三》載：“九坎九星，在牽牛南，主溝渠、導引泉源，疏瀉盈溢，又主水旱。”其二、代表神煞。如《星曆考原》（卷四）引《廣聖曆》云：“九坎者，月中殺神也。”又引《曆例》曰：“九坎者，正月在辰，逆行四季；五月在卯，逆行四仲；九月在寅，逆行四孟。”

“八魁九坎”這一術語，早在漢代就已開始出現在墓葬文字中。考究其義當是作爲星煞之禁而言的。如二十世紀七十年代陝西寶雞市發現的東漢永元與光和年間陳氏墓、王氏墓之朱書陶瓶解除文，均有“八魁九□”字樣。魏晉時期，“八魁

① 姜伯勤：《敦煌藝術宗教和禮樂文明》，第276頁；余欣：《唐宋敦煌墓葬神煞研究》，《敦煌學輯刊》2003年第1期，第55—68頁。

九坎”作爲墓葬之禁忌用語更是頻繁地出現在各地鎮墓文中。①

據此鎮墓文文意,“建興四年十一月廿六日庚戌”當是墓主徐男亡故之日,他死時“適值八魁九坎”,可見這裏的“八魁”應是以月日干支定吉凶宜忌的曆注條目之一。但劉昭瑞的研究成果表明,在一般解注文和鎮墓文中,包括此件,墓主的死亡日期與八魁月日干支均不合,恐怕祇是當時的一種套語②。而在前揭《翟宗盈鎮墓文》“死見八魁九坎”中,則應作星名來理解。

姜守誠還據《魏晉南北朝敦煌文獻編年》録文統計,敦煌地區③出土魏晉時期考古材料,“八魁九坎”出現有15例之多④。而筆者所考僅河西地區出土這一時期鎮墓文及其他如解除文等墓葬文獻中“八魁九坎”的出現有21例。由此可見,魏晉時期河西庶民社會中對“八魁九坎”等星煞的禁忌風俗要遠比漢代的中原地區更爲流行。

22. 西晉永嘉十三年(319)韓某鎮墓文　1987年出土于敦煌新店臺墓群。2件,原記録未編號,姑分别以87DXM179：1和87DXM179：2標識。其中87DXM179：1爲未燒制之泥瓶,出土時已破碎,器形不可復原;瓶身朱書鎮墓文,寫法特别,由瓶底向上

① 姜守誠:《香港所藏“松人”解除木牘與漢晉墓葬之禁忌風俗》,《成大歷史學報》第三十一號,2006年,第1—64頁。

② 劉昭瑞:《談考古發現的道教解注文》,《敦煌研究》1991年第4期,第51—57頁。

③ 此“敦煌地區”屬泛指,因爲《魏晉南北朝敦煌文獻編年》一書還收有今甘肅其他地方及新疆吐魯番、内蒙、寧夏、陝西乃至中亞各國的出土文獻。

④ 姜守誠:《香港所藏“松人”解除木牘與漢晉墓葬之禁忌風俗》。

倒書;殘存文字8行,行存2～7字。87DXM179：2爲陶罐,出土時已破碎,器形亦不可復原;殘片顯示,罐肩腹部墨書鎮墓文10行,行2～3字,存21字。報告未出,《中國道教考古》據何雙全提供材料校釋[①],關尾史郎亦有録文[②]。兹據各家釋文校録如次：

(87DXM179：1)

永嘉十三年□□里韓□身□〔死〕。□〔今〕下斗瓶、五穀、鉛〈一〉人,用生者當(用當生者)。□□□代鉗上言□□□□□□二百□□女子□□二百□□□□□□□。

(87DXM179：2)

天注、地注、日注、月注、火注、水注、四注、土注、非注、五神注。

按：永嘉爲西晉懷帝年號,共6年(307～312)。永嘉十三年當東晉元帝大興二年(319),此時西晉政權已經歷愍帝建興(313～316),至四年覆亡;晉室東渡,建立新政權,也亦經歷了元帝建武(317),至大興二年(319)。此時包括敦煌在内的河西地區,仍處於前凉政權統治之下。而據史書記載,公元317年正月,覆亡不久的西晉王朝黄門郎史淑、侍御史王沖從長安逃出,到達姑臧。史淑等人對張寔説,愍帝出降前一日,讓他們拿著詔書"賜張寔,拜寔大都督、凉州牧、侍中、司空,承制行事",張寔於是"大臨三日,辭官不

---

① 張勛燎、白彬：《中國道教考古》(第一卷),第404—407頁。

② 關尾史郎：《敦煌新出鎮墓瓶初探——〈中國西北地域出土鎮墓文集成(稿)〉補遺(續)》,第61—85頁。

受”,表達了對晉王室的忠心[①]。三月,琅琊王司馬睿在建康稱晉王,改元建武,歷史上從這一年起稱東晉。次年三月,晉王正式即位稱帝。張寔得知消息後,即派部屬蔡忠“奉表詣建康;比至,帝已即位。寔不用江東年號,猶稱建興”[②]。研究者認爲,自此以後,前涼政權歷張茂、張駿、張重華,奉行不廢,通用“建興”年號,至孝宗升平五年(361),張天錫乃奉升平年號。這樣,前涼政權使用“建興”年號前後達 45 年之久[③]。《中國歷史紀年表》“前涼”欄也從公元 317 年起標示“建興”年號[④],而 2000 年出土于甘肅省高縣駱駝城的《趙阿兹衣物疏》之“建興五年”紀年,亦是有力的佐證。

既然前涼政權從公元 317 年開始奉用已經廢除了的西晉建興年號,爲何這裏又出現了“永嘉十三年”的紀年呢? 由於不能見到原件,此紀年又没有干支,不能斷定是否是原件紀年失誤或原記録釋讀之誤。如果原記録没有誤釋,則此件鎮墓文紀年説明,中原發生“永嘉之亂”,懷帝被擄,愍帝登基,改元建興,直至西晉滅亡,張寔前涼政權繼續奉用建興年號,這一系列的事件都未被僻遠的敦煌民衆所聞知;他們仍出於習慣,繼續奉用著早已廢除了的永嘉年號,“乃不知有漢,無論魏晉”,過著寧靜自在的生活。但敦煌出土的《建興元年(313 吕來業鎮墓文》、《建興二年(314)吕軒女鎮墓文》和《建興四年(316)徐男鎮墓文》又證明永嘉之後的敦煌並非世外桃源,而是及時地奉用了建興年號的。古墓幽深,這樣一件没有

① 《資治通鑑》卷 90,北京:中華書局,1956 年,第 2841 頁。

② 《資治通鑑》卷 90,第 2856—2857 頁。

③ 參見本書《河西衣物疏叢考》。

④ 方詩銘:《中國歷史紀年表(新修訂本)》,上海:上海書店出版社,2013 年,第 52 頁。

燒制的早已破碎的泥瓶，又給我們留下了一個難以破解的歷史之謎。

本件中出現的四注、非注和五神注於其他鎮墓文所罕見。張勛燎、白彬解釋説，四注指四時之注。非注，當即"飛注"，或稱"蜚屍注"，即四處亂行的路死野鬼之注。六朝道書《上清黄書過度儀》有"思五神：太歲神、今月神、本命神、行年神、今日神。願遣此五神，上詣天曹"[①]的記載，五神注很可能即指因忤犯太歲神、今月神、本命神、行年神、今日神等五神而死形成的注鬼。當然也可能是其他與五行、五方有關之注[②]。

第三節　五涼鎮墓文

23. 前凉建興九年(321)張雪光鎮墓文　1987年出土于敦煌新店臺墓群，編號爲87DXM156：5。陶質；侈口，圓肩，鼓腹，平底；口徑4.6釐米，底徑5.9釐米，高6.6釐米；朱書鎮墓文14行，行3～7字，共59字。報告未出，《中國道教考古》據何雙全提供材料校釋[③]，關尾史郎亦有録文[④]。兹據各家釋文校録如次：

建興九年三月庚寅(申)朔廿五日甲申直除(定)，大女張雪光今□〔身〕死。重復之日，生者軟(謀)議負擔，謹以桐人、

---

① 《道藏》第32册，北京/上海/天津：文物出版社、上海書店、天津古籍出版社，1988年，第737頁。

② 張勛燎、白彬：《中國道教考古》(第一卷)，第407頁。

③ 張勛燎、白彬：《中國道教考古》(第一卷)，第407—409頁。

④ 關尾史郎：《敦煌新出鎮墓瓶初探——〈中國西北地域出土鎮墓文集成(稿)〉補遺(續)》，第61—85頁。

鉛人，廣肩大背，可以自代。天注以解，不得相注忤。如律令！

按：此件紀年亦有誤。建興九年當東晉大興四年(321)。據《二十史朔閏表》，是年三月爲庚申朔，廿五日干支恰爲甲申，故誤在朔旦“庚寅”，應據以校正。又廿五日甲申直定，“除”字當爲方士書寫失誤。

西晉建興年號祗用了4年即告覆亡，前凉從張寔執政，歷張茂、張駿、張重華、張玄靚，除其間張祚改用自己的年號——“和平”一年零九個月外，奉行不廢，通用“建興”，直到四十九年(361)。本文所録五年以後“建興”年號的鎮墓文即達19條之多，而河西地區所出衣物疏亦有建興五年以後年號3件[①]，時限從五年直到卌八年，綿延43年。

此件鎮墓文内容亦頗有一些難解之處，張勛燎、白彬分析甚詳，轉引如次，聊備一説：

> “生者軟議負擔”，他器未見其例，不知原釋是否準確。東漢墓解注瓶文有“謀議欲來……”之語，頗疑“軟議”當釋“謀議”，即死者家中生人經過商議後，採取了解注措施。審全文之義，乃謂有女子名張雪光者，在建興九年三月廿五日直除那天死去，家人經過商議，害怕死者在地下世界受到謫罰，承受擔沙負石勞役之苦，不能忍受，變作注鬼，以後在與此年月日干支相同的重復日子里回到家中注害生人。因此，特地行解注科儀葬術，用廣肩大背的桐人、鉛人作爲張雪光和家中生人

① 詳見本書《河西衣物疏叢考》。

的替身，鉛人代替張雪光應承勞役讁罰，桐人則在萬一張雪光變成注鬼時代生人受注。……文中特地突出代人用品桐人和鉛人“廣肩大背”的特點，是爲了説明他們身强體壯，完全能够勝任“負擔”勞役，也就相當於陝西長安縣三里村東漢墓建和元年(147)加氏解注器文中的“故以自代鉛人，鉛人池池，能舂能炊，上車能御，把筆能書”，是同樣的意思。①

24. 前凉建興九年(321)頓盈姜鎮墓文　1985年出土于敦煌祁家灣西晉十六國墓葬，編號85DQM208：29，置於墓室左側女性屍體頭前②。陶質，灰色；圓唇，口微侈，頸微束，摺肩，直腹；口徑5釐米，底徑5.8釐米，高6.8釐米；腹部有朱書鎮墓文10行，文字清晰可辨，行1～9字，存50字。原報告附有摹本圖影(圖11)與釋文③；《編

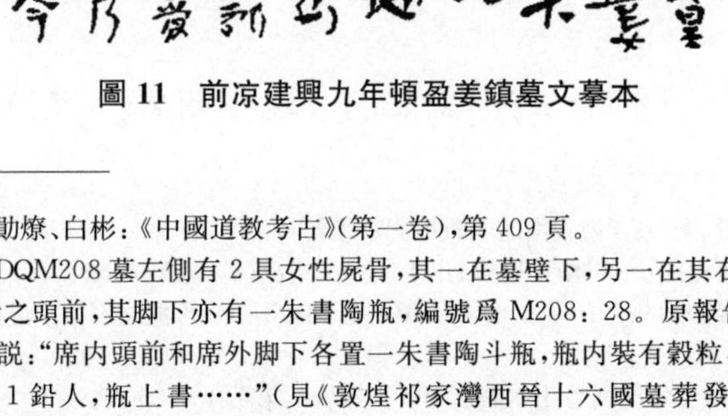

圖11　前凉建興九年頓盈姜鎮墓文摹本

① 張勛燎、白彬：《中國道教考古》(第一卷)，第409頁。

② 85DQM208墓左側有2具女性屍骨，其一在墓壁下，另一在其右側。M208：29即在後者之頭前，其脚下亦有一朱書陶瓶，編號爲M208：28。原報告未作釋文，衹是籠統地説：“席内頭前和席外脚下各置一朱書陶斗瓶，瓶内裝有穀粒，其中頭前斗瓶内還裝有1鉛人，瓶上書……”(見《敦煌祁家灣西晉十六國墓葬發掘報告》，第26頁)。

③ 《敦煌祁家灣西晉十六國墓葬發掘報告》，第105—106頁。

年》①與《集成(稿)》②録有釋文。茲據摹本圖影,參照各家録文,校釋如次:

建興九年十月七日壬辰,女子頓盈姜之身死。今下斗瓶、五穀、鉛人,用目(當)福(復)地上生人。青烏子告北辰,詔令死者自受其央。如律令!

按:"用目福地上生人"之"目"應爲"當"字之誤。"福"應爲"復"之同音誤用。摹本"如律令"3字筆劃連綴,"令"字最草,書寫者在左邊另寫一"令"字爲注。此件書寫流暢,筆劃連綴,字體勾連,點畫圓潤自然,有行草神韻。

25. 前涼建興四年(316)至九年(321)佚名鎮墓文　1985年出土于敦煌祁家灣西晉十六國墓葬,編號85DQM208:12,置於墓室右側男性屍體脚下③。陶質,灰色;口徑4.6釐米,底徑5.9釐米,高6.8釐米;腹部有朱書鎮墓文10行,文字有殘損,行1~6字,存32字。原報告附有摹本圖影與釋文④,《編年》⑤與《集成(稿)》⑥録有釋文。茲據摹本圖影,參照王素釋文,校釋如次:

大□身死,今下斗瓶、五穀、鉛人,用當□〔復〕地上生人。

---

① 王素、李方:《魏晉南北朝敦煌文獻編年》,第78頁。

② 關尾史郎:《中國西北地域出土鎮墓文集成(稿)》,第32頁。

③ 該屍體頭部另有一朱書陶瓶,編號爲M208:11,可能是因文字漫漶不清,原報告未作釋文。

④ 《敦煌祁家灣西晉十六國墓葬發掘報告》,第104—105頁。

⑤ 王素、李方:《魏晉南北朝敦煌文獻編年》,第78頁。

⑥ 關尾史郎:《中國西北地域出土鎮墓文集成(稿)》,第89頁。

青烏子告北臣(辰),詔令死者自□□〔受其〕央,罰□□□〔不加兩〕,□〔移〕殃□□〔轉咎〕,□□□□〔遠與他鄉〕。□□〔如律〕令。

按:本件與上件同出一墓中,没有紀年。原報告認爲上件主人——少女頓盈姜爲一次葬,顯屬祔葬[1],由此推斷此墓的開鑿、形制及屬男性墓主的隨葬品應早于頓盈姜祔葬的"建興九年";同時還根據男性墓主隨葬品在形制上晚於"建興四年"的 M364 所隨葬的同類器物推定此墓開鑿和男性墓主的隨葬品應在建興四年至九年之間[2]。"大□身死",中間漫漶不可辨識的一字應爲"男"。"大男"、"大女"在墓葬文書中較常見,黄景春推斷文中"大"大約是年號"太康"之殘[3],缺乏依據。若是"太",就不是"殘"而是"古"。"大"乃"太"之古字,"太康"常作"大康",原本是常識。"大□"用在"身死"之前,應是死者姓名或稱謂,不可能是年號。

文中"北臣"當爲"北辰"之誤。

26. 前凉建興十年(322)鄧氏之婦鎮墓文　1998 年出土安西縣(今瓜州縣)疏勒河魏晉墓,編號 M9:1。乾泥製成,呈高柄燈狀;燈碗呈斜腹缽狀,柄呈八棱柱狀,柄座一體,實心;口徑 5.3 釐米,底徑 7 釐米,高 11 釐米;器柄的 8 個棱面上除最後一棱爲一道符外,其餘 7 棱墨書鎮墓文 11 行,文字有殘泐,行 5～8 字,存 49

---

① 《禮記·檀弓上》:"合葬非古也。自周公以來未之有改也。""周公蓋祔",鄭玄注:"祔謂合葬。合葬自周公以來。"孔穎達疏:"周公以來,蓋始祔葬。祔即合也,言將後喪合前喪。"

② 《敦煌祁家灣西晉十六國墓葬發掘報告》,第 150—151 頁。

③ 黄景春:《早期買地券、鎮墓文整理與研究》,第 192 頁。

字。原報告附有摹本圖影與釋文①。兹據摹本(圖 12)校録如次:

建興十年三月□□,起天地陽府鄧氏之婦,字□□。死值八開(魁)九坎,□□之日,令下青烏□〔子〕,斗瓶、五穀,□當重復□□□□注□□□□□陽之注五□□如法,不得相□。急急如律令!

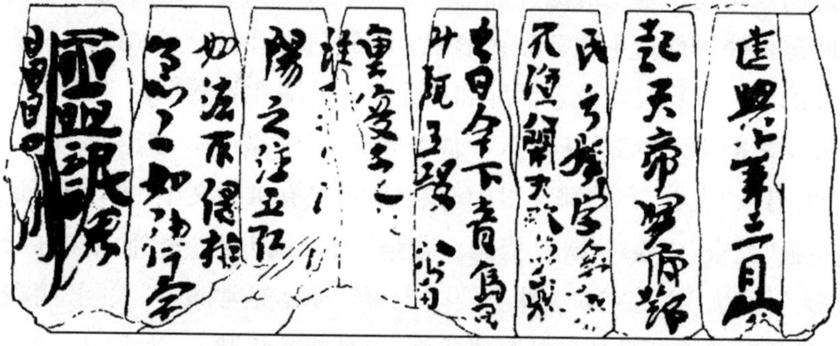

圖 12　前凉建興十年鄧氏之婦鎮墓文摹本

按:出土于敦煌的鎮墓陶瓶數量很多,而與敦煌相毗鄰的瓜州(原安西)迄今發現却衹此一件。不僅如此,此件文字雖也以"斗瓶"自稱,但原物並不是常見的陶質罐瓶缽,而是一個實心的乾泥燈檯。另外,此件除書有鎮墓文外,還畫有道教符籙。在河西地區所出大量朱墨書鎮墓陶罐瓶缽中,"鎮墓文與符籙同出一器者,尚屬首例",故而彌足珍貴。爲此,甘肅省文物考古研究所王元林發表專文研究,認爲此道符的發現,"對解讀道教文化西傳具有重要

① 甘肅省文物考古研究所(王元林、趙吴成、王輝):《甘肅疏勒河魏晉墓發掘簡報》,《隴右文博》2002 年第 1 期,第 5—15 頁。

的作用。從時代上看,該道符填補了魏晉南北朝時期五涼時代的空白。從地域上來看,在河西走廊西部的玉門、安西之間發現真正的道符,對連接中原、河西、新疆吐魯番地區道教發展傳播的路綫具有充分的説服力"①。

27. 前凉建興十三年(325)閻芝鎮墓文　1987 年出土于敦煌新店臺西晉十六國墓葬。2 件,編號 87DXM135：1 和 87DXM135：2。其中 87DXM135：1 爲未燒制泥瓶,出土時已破碎,經黏合大體復原。侈口,斜腹,平底;口徑 5 釐米,底徑 7 釐米,高 5.3 釐米;肩腹部墨書鎮墓文,殘泐嚴重,字跡亦潦草差惡,存 21 行,行 1～9 字。87DXM135：2 爲燒制陶瓶,侈口,短頸,圓肩,直腹,平底;口徑 4.5 釐米,底徑 5.1 釐米,高 6.5 釐米;肩腹朱書鎮墓文 16 行,文字有殘泐,行 4～10 字,存 74 字。無發掘報告,陳國燦《唐五代敦煌縣鄉里制的演變》曾引證,僅至"閻芝身死"②,王素撰《編年》時承陳國燦見告録文至"朔失受"③,但仍不是全文。《中國道教考古》據何雙全提供材料校釋④,關尾史郎亦有録文⑤。兹據各家釋文校録如次:

(87DXM135：1)

建興十三年五月丙子朔四日己卯,效穀東鄉□□里民大

① 王元林:《前凉道符考釋》,《文物》2011 年第 4 期,第 49—52、77 頁。

② 陳國燦:《唐五代敦煌縣鄉里制的演變》,《敦煌研究》1989 年第 3 期,第 39—50、110 頁;又載氏著《敦煌學史事新證》,蘭州:甘肅教育出版社,2002 年,第 363 頁。

③ 王素、李方:《魏晉南北朝敦煌文獻編年》,第 79 頁。

④ 張勛燎、白彬:《中國道教考古》(第一卷),第 412—417 頁。

⑤ 關尾史郎:《敦煌新出鎮墓瓶初探——〈中國西北地域出土鎮墓文集成(稿)〉補遺(續)》,第 61—85 頁。

女□□〔閻芝〕身死。今得初移□□□之下寅千年田，上至倉(蒼)天，下至黄泉，天地至廣……即不……自………………□□□生□□□□生□丹(瓦?)狗能□……狗□□□□。前朱雀，後玄武……□□試(詔?)。如律令！

(87DXM135：2)

建興十三年五月丙子朔四日己卯，效穀東鄉……女閻芝身死。□□……□□之下寅件細件，上至倉(蒼)天，下至黄泉，天地吏之廣土，長入地，自受伐(罰)。自今以告伐(罰)，即不得朔(訴)失受(壽)。自附棺槨及酒，鉛人〔能〕行，人參能語，黑豆生英，桃李生莇，丹(瓦?)狗能吠，五穀自甌。用何爲信？丹譽(書?)。前朱雀，後玄武，倉獨丹(左青龍)，□武帝(右白虎)，五天帝試(詔)。如律令！

按：此件紀年有問題。建興十三年當東晉明帝太寧三年(325)，是年五月朔旦爲丙寅，四日己巳。距建興十三年最近，且朔旦爲丙子，四日爲己卯的是太寧元年七月。故此年號很可能原爲“建興十一年七月”，釋讀或摹本誤作“建興十三年五月”。據張勛燎、白彬記載，“丙子”與“四日乙卯”原記録釋文均有改動過的痕跡，是出土時字畫已不清楚，倉促間未及細考。由此他們認爲，原釋“丙子”當作“丙寅”，“乙卯”當作“己巳”①。兩相比較，從情理上推斷，前一種失誤的可能性更大。

這件鎮墓文因報告未出，陳國燦與張勛燎使用資料來源不一，釋讀文字有較大出入。其中不可解釋的語句亦較多，張勛燎雖有

① 張勛燎、白彬：《中國道教考古》(第一卷)，第414頁。

一些分析考證，但因不能見到原件，在文字殘泐嚴重，且釋讀仍存在較大問題的情况下難以憑信，姑存而不論。

28. 前凉建興十七年(329)郭綦香鎮墓文　1987年出土于敦煌新店臺西晉十六國墓葬。2件，編號87DXM187：9和87DXM187：10。陶瓶。其中87DXM187：9侈口，斜腹，平底；口徑4.2釐米，底徑5釐米，高6.4釐米；肩腹部墨書鎮墓文，殘泐嚴重，存13行，行1～6字。87DXM187：10侈口，圓肩，弧腹，平底；口徑5.2釐米，底徑5釐米，高6.6釐米；肩腹墨書鎮墓文13行，文字略有殘泐，行2～7字。無發掘報告，陳國燦《唐五代敦煌縣鄉里制的演變》曾引證，僅至"西鄉郭綦香"[①]，王素撰《編年》時承陳國燦見告録文[②]，《中國道教考古》據何雙全提供材料校釋[③]，關尾史郎亦有録文[④]。兹據各家釋文校録如次：

(87DXM187：9)

建興十七年四月癸酉朔二日甲戌直危，大女西〔鄉〕郭綦香死。命□□□自□以告，生人前□〔行〕，□□利市□………………□……受……□□……

(87DXM187：10)

建興十七年四月癸酉朔一日癸酉直執，大女西鄉郭綦香今死終。自今以□〔後〕，生人之郡行，死者封之。生死異路，

① 陳國燦：《唐五代敦煌縣鄉里制的演變》，《敦煌學史事新證》，蘭州：甘肅教育出版社，2002年，第363頁。

② 王素、李方：《魏晉南北朝敦煌文獻編年》，第79頁。

③ 張勛燎、白彬：《中國道教考古》(第一卷)，第417—418頁。

④ 關尾史郎：《敦煌新出鎮墓瓶初探——〈中國西北地域出土鎮墓文集成(稿)〉補遺(續)》，第61—85頁。

各不與相注。移除注：月注、日注、舉注、行注、□□注，□□言□□。急急如律令！

按：建興十七年即東晉成帝咸和四年(329)。查《二十史朔閏表》，兩件干支朔望均相合。但十二直若一日爲“執”，二日則爲“破”，不應是“危”。

此2件鎮墓文獨特之處在于同一死者兩件鎮墓文紀日前後相繼，張勛燎推測可能是死者下葬前一日尚舉行過另一儀式。這對於瞭解當時有關宗教葬儀解注術施行的具體情況頗具價值①。

29. 前凉建興十七年(329)佚名鎮墓文　1982年出土于敦煌新店臺西晉十六國墓葬82DXM67墓。陶質，侈口，方圓肩，直腹；腹部皆有墨書鎮墓文，文字有殘泐，大部分可以釋讀。原報告僅有釋文②，無摹本圖影；《編年》③與《集成(稿)》④録有釋文。兹參照各家録文，校釋如次：

建興十七年八月辛未朔六日丙子直死(平)，敦煌效穀東鄉□山里□犯□家□□男□□子□〔身〕死。今下□□〔斗瓶〕、五穀、鉛人，□□□里後人地上生人。青烏子、北辰，□〔詔〕令……

① 張勛燎、白彬：《中國道教考古》(第一卷)，第420頁。
② 《記敦煌發現的西晉十六國墓葬》，《敦煌吐魯番文獻研究論集》(第四輯)，第630頁。
③ 王素、李方：《魏晉南北朝敦煌文獻編年》，第80頁。
④ 關尾史郎：《中國西北地域出土鎮墓文集成(稿)》，第36頁。

按：建興十七年正當東晉成帝司馬衍咸和四年，即公元329年，紀年干支皆合。直死，建除十二直没有"死"日，原釋文有誤。據建除十二直排列規律推算，此日直平，故此"死"字當是"平"之誤釋。因未見原物，也没有圖片及摹本可校，暫存疑。

"敦煌效穀東鄉……"，黄景春認爲"敦煌效"3字當是"敦煌縣"①，乃因不知漢唐時期敦煌郡有效穀縣所致。此件與上文所考《前凉建興十三年(325)閻芝鎮墓文》、《前凉建興十七年(329)郭綦香鎮墓文》及下文《前凉建興十九年(331)李興初鎮墓文》均出自敦煌新店臺，其中記載了敦煌郡的效穀縣及其所轄鄉里。效穀縣爲西漢敦煌郡所轄六縣之一，至魏晉及前凉張氏政權時期一直沿置，而據敦煌遺書S.613《大統十三年效穀縣郡計賬》"出嫁效穀縣……王奴子"的記載可知至西魏大統十三年(547)猶存，後周時始併入敦煌縣。此縣存在600餘年，爲敦煌郡重要的歷史地理名稱。其地望之探究，自清雍正以來，屢有所聞。近年來，重要的觀點有：馬世長、樊錦詩及吴礽驤、余堯認爲在敦煌東62公里之甜水井北12公里的古城遺址處②；王仲犖認爲在安西縣西南③；梁尉英以爲在敦煌城北40里許之戴家墩古城④；齊陳駿認爲在今敦煌城東北黄墩堡及清水墩之間⑤；李并成以爲在敦煌市東北17公里之墩墩

① 黄景春：《早期買地券、鎮墓文整理與研究》，第193頁。

② 敦煌文物研究所考古組、敦煌縣文化館(馬世長、樊錦詩)：《敦煌甜水井漢代遺址的調查》，《考古》1975年第2期，第111—115頁；吴礽驤、余堯：《漢代的敦煌郡》，《西北師大學報(社會科學版)》1982年第2期，第24—32頁。

③ 王仲犖：《北周地理志》(上)，北京：中華書局，1980年，第224頁。

④ 梁尉英：《漢代效穀城考》，《1983年全國敦煌學術討論會文集》之《文史・遺書編上》，蘭州：甘肅人民出版社，1987年，第282—297頁。

⑤ 齊陳駿：《敦煌沿革與人口》，《河西史研究》，蘭州：甘肅教育出版社，1989年，第63—64頁。

灣古城①;李正宇先生經實地踏察,認爲在今敦煌市轉渠口鄉東北三道蒙古包北之古城遺址②。諸家立論各有其依據,但所考定之效穀縣城址方位相去甚遠。要之,此一問題之討論,當不能離開敦煌遺書 P.2005《沙州都督府圖經卷第三》(圖 13)"古效穀城在州東北三十里"的記載③。對地面現存遺跡的踏察亦很重要,然古敦煌郡轄區内古城遺址所在多多,雖屢經摧毁,至今尚存者仍爲數不少,如此,則地下出土文物就顯得彌足珍貴了。佛爺廟——新店臺古墓群,西起敦煌市三危鄉佛爺廟(西北距敦煌市 5 公里),東至五墩鄉新店臺,有萬餘座古墓。其中新店臺古墓群西距敦煌市區約 20 公里,位處《沙州都督府圖經卷第三》所載效穀縣城之東南,因而其間所出幾件鎮墓文恰可與敦煌遺書相印證,應是進一步考證

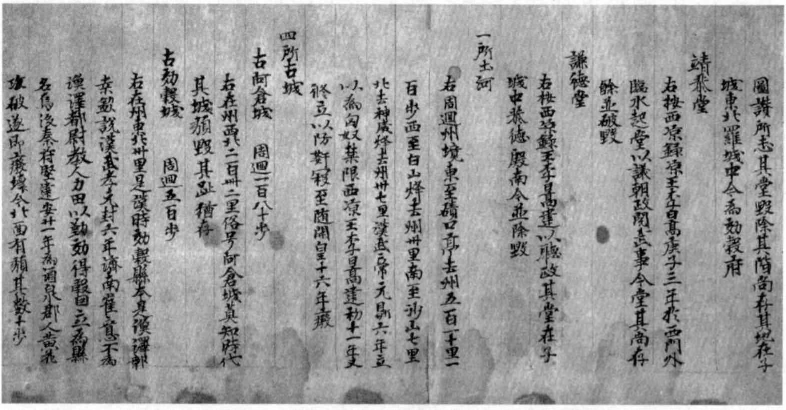

圖 13　敦煌遺書 P.2005《沙州都督府圖經卷第三》(局部)

① 李并成:《漢敦煌郡效穀縣城考》,《敦煌學輯刊》1991 年第 1 期,第 57—62 頁。

② 李正宇:《古本敦煌鄉土志八種箋證》,蘭州:甘肅人民出版社,2008 年,第 144、268—269 頁。

③ P.2691《沙州歸義軍圖經略抄》作"州東北卌十里"。

確定效穀縣地望的有力證據。

另外，還需要提到的是，陳國燦還利用這些材料考證了敦煌縣鄉里制的演變，説在前凉政權初期，效穀縣“已有東、西、北 3 鄉之設，説明它至少已是 5 000 户以上的縣了”[①]。

30. 前凉建興十八年（330）前侯去疾鎮墓文　1985 年出土于敦煌祁家灣西晉十六國墓葬，編號爲 85DQM351：24。未燒制泥胎，灰黄色；口徑 4.7 釐米，底徑 5 釐米，高 6.3 釐米；腹部墨書鎮墓文 9 行，文字清晰，行 2～4 字，存 26 字。原報告附有摹本圖影與釋文[②]，《編年》[③]與《集成（稿）》[④]録有釋文。兹據摹本圖影，參照各家録文，校釋如次：

> 侯去疾，去如注，自天注、地注、月注、日注、時注、生注、死注、人注、鬼注。

按：M351 墓爲上下兩層，且每層都分别爲一對成年男女的合葬墓，形制較特殊。此件屬下層男性墓主。原報告據墓的形制及器物推斷，年代爲建興十八年或略早[⑤]。張勛燎將其與同墓所出《前凉建興卅七年佚名鎮墓文》（85DQM351：10）係于同一紀年，將其擬名爲《前凉張重華“建興三十七年”（349）即東晉穆帝司馬聃永和四年墓墨書泥瓶文》[⑥]，值得商榷。因爲這兩件鎮墓文雖同出

① 陳國燦：《敦煌學史事新證》，第 363 頁。
② 《敦煌祁家灣西晉十六國墓葬發掘報告》，第 112—113 頁。
③ 王素、李方：《魏晉南北朝敦煌文獻編年》，第 80 頁。
④ 關尾史郎：《中國西北地域出土鎮墓文集成（稿）》，第 36 頁。
⑤ 《敦煌祁家灣西晉十六國墓葬發掘報告》，第 150 頁。
⑥ 張勛燎、白彬：《中國道教考古》（第一卷），第 436 頁。

一墓，但分屬上下兩層，而據原報告，這兩層墓的下葬時間並不同一。筆者以爲，在缺乏更加有力的證據支撑的情況下，還是遵從原報告的推斷爲好。

如前《西晉永嘉五年(311)樊氏鎮墓文》所引，姜伯勤將十六國時期敦煌流行鎮墓文分爲兩種類型，並且這兩種類型的鎮文往往成對出土於同一墓葬的同一屍體旁邊。如此，墓主侯去疾應當還有另一鎮墓陶瓶，報告所録僅是其中一件。

此件鎮墓文羅列多種"注"殃，在其他鎮墓文中亦較常見。墓中放置鎮墓陶瓶(缽罐)並書鎮墓文於其上，重要功用之一即是"解注"。因此緣故，鎮墓陶器又有自名爲"解注瓶"者，如1954年出土於洛陽西郊東漢墓的鎮墓文即云："解注瓶，百解去，如律令！"[①]因而亦有學者主張，爲區别起見，應將有解注類字樣的鎮墓文稱之爲解注文[②]。

"注"字之義，吴榮曾曾撰文推測："可能即疰。疰，病也。解疰即解除疾病。"[③]後來劉昭瑞彙集大量資料進行了詳細的疏證，認爲漢代以來墓葬解除文中的"注"即"注病"，本屬人體疾病之範疇[④]。關於注病，漢代劉熙《釋名》卷八《釋疾病》最早予以詮釋："一人死，一人復得，氣相灌注也。"[⑤]到隋代，巢元方撰《諸病源候

① 郭寶均等：《一九五四年春洛陽西郊發掘報告》，《考古學報》1956年第2期，第1—31頁。

② 劉昭瑞：《談考古發現的道教解注文》，《敦煌研究》1991年第4期，第51—57頁。

③ 吴榮曾：《鎮墓文中所見到的東漢道巫關係》，《文物》1981年第3期，第56—63頁。

④ 劉昭瑞：《談考古發現的道教解注文》。

⑤ 劉熙：《釋名》，叢書集成本，中華民國二十八年，第128頁。

論》，其中卷二四《注病諸候》臚列 33 種注病，如風注、鬼注、五注、轉注、生注、死注、邪注、氣注等等，加上卷四七《小兒雜病諸候三》所列"屍注"，總計 34 種。是書逐條述其症狀，言其所以；而每條首句都有"注者，住也，言其病連滯停住，死又注易旁人也。"①强調了注病的兩個特徵：一是遷延不去，沉滯難治；二是患者死後，又極易注連（亦即傳染）他人，使之飽受病痛折磨，並有可能隨之死去。由於科學發展水平和時代的局限，古人對這類疾病難有客觀理性的認識，摻雜了大量迷信虛妄的成分，主觀地歸因於死者作祟，從而爲巫覡術士所用，成爲他們在喪葬活動中施展禳解、驅除法術的理由。久而久之，施注者也不再局限於亡者，而是擴展到十分寬泛的領域——天、地、人、鬼、歲、月、日、時，等等；施注形式亦不僅爲疾病，而是世間一切災厄及痛苦。對此，張勛燎指出：

> 道教注鬼説的起源，最初自應與傳染病有關。……後來隨著這種宗教自身的發展，注鬼説的理論由傳染病擴展到一般普通疾病，然後再擴展到疾病之外的其他範圍，認爲人之一切災厄禍殃，都有可能係注鬼所致。②

甚至，某人喪命之時日若觸犯了某種禁忌，也會招來殃注。如《赤松子章曆》所云："某等死時日惡，殃注不已。"③

---

① 南京中醫學院：《諸病源候論校釋》，北京：人民衛生出版社，1980 年，第 689—713、1298 頁。

② 張勛燎：《東漢墓葬出土的解注器材料和天師道的起源》，載陳鼓應主編：《道家文化研究》（第 9 輯），上海：上海古籍出版社，1996 年，第 254—255 頁。

③ 《中華道藏》第 8 册，第 677 頁。

31. 前凉建興十八年(330)西郭邵子鎮墓文　1985年出土于敦煌祁家灣西晉十六國墓葬,編號85DQM328:2。陶質,灰黄色;侈口,平沿,弧腹亞腰底;口徑4.8釐米,底徑5.8釐米,高6.5釐米;肩腹部有朱書鎮墓文14行,行2～6字,存61字。原報告附有摹本圖影(圖14)與釋文①,《編年》②與《集成(稿)》③録有釋文。兹據摹本圖影,參照各家録文,校釋如次:

建興十八年六月丙寅朔三日戊未(辰)直定(開),西郭邵子之身,汝自薄命早終,算盡壽窮。汝自往應之,苦莫相念,樂莫相氏(思),别無令死者注仵生人,千秋萬歲。如律令!

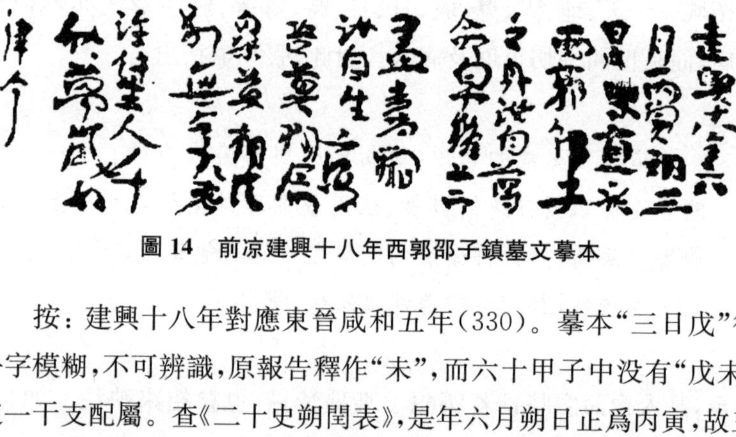

圖14　前凉建興十八年西郭邵子鎮墓文摹本

按:建興十八年對應東晉咸和五年(330)。摹本"三日戊"後一字模糊,不可辨識,原報告釋作"未",而六十甲子中没有"戊未"這一干支配屬。查《二十史朔閏表》,是年六月朔日正爲丙寅,故三日當爲"戊辰"。六月三日於星命月仍在五月,星命五月從五月十日丙午起建,推至六月三日戊辰,直開。查看原報告摹本,"直"後

① 《敦煌祁家灣西晉十六國墓葬發掘報告》,第103、108頁。
② 王素、李方:《魏晉南北朝敦煌文獻編年》,第81頁。
③ 關尾史郎:《中國西北地域出土鎮墓文集成(稿)》,第37頁。

一字難以辨識，當是“開”之原件漫漶，摹寫走形所致。“樂莫相氏”之“氏”，當爲“思”同音誤寫。本件書寫粗糙拙劣，雖然辨識有一定困難，但還可以釋讀。原報告釋文較謹慎，王素釋文有所删改，但訛誤反而增多。

M328墓被視爲敦煌祁家灣西晉十六國墓葬中二期三段開始的標誌①。這一時期爲前凉中期約建興九年和十八年之間到4世紀中葉，即張駿、張重華父子執政的三十年間。史書記載，張駿“厲操改節，勤修庶政，總御文武，咸得其用，遠近嘉詠，號曰積賢君”②，由於“刑清國富”，“士馬强盛”，不僅保持了河西地區的穩定，而且有力量延續魏晉時對西域的制御。張駿派楊宣討伐龜兹、鄯善，迫使西域諸邦降服並遣使至姑臧入貢。隨著對西域的控制，張駿以敦煌、晉昌、高昌、西域都護、戊己校尉、玉門大護軍三郡三營爲沙州，州治敦煌。劉曜敗亡後，張駿又“因長安亂，復收河南地，至於狄道”③，大大拓展了統治區域。是時張氏政權的疆域，已是“南逾河、湟，東至秦、隴，西包葱嶺，北暨居延”④，成爲北方除了石趙以外地域最大的一個政權，發展到前凉的鼎盛時期。張重華繼位後，由於他“輕賦斂，除關税，省園囿，以恤貧窮”⑤，基本保持了其父的成業。

這一時期敦煌祁家灣墓葬的特點是，墓葬形制種類鋭減，構築亦較爲簡單；儘管隨葬品組合無大變化，但器形上驟然變小，製作

---

① 《敦煌祁家灣西晉十六國墓葬發掘報告》，第169頁。

② 《晉書》卷86《張駿傳》，北京：中華書局，1974年，第2237頁。

③ 《晉書》卷86《張駿傳》，第2238頁。

④ ［清］顧祖禹撰，賀次君、施和金點校：《讀史方輿紀要》，北京：中華書局，2005年，第125頁。

⑤ 《晉書》卷86《張重華傳》，第2240頁。

亦顯粗糙,與前兩期同類器物對比强烈。此件鎮墓文書寫粗糙拙劣即其表徵之一。這種現象與史料所載張駿之世“刑清國富”之譽大相徑庭,有人推測,當與楊宣西征有關。用兵西域,敦煌勢必成爲後勤基地,其居民生活定會受到影響。另一方面,隨葬器物僅器形縮小,種類、組合基本如故,並且大墓、小墓均如此。這似乎是張駿“厲操改節”、敦煌實行薄葬的結果①。

32. 前凉建興九年(321)至十八年(330)壹官鎮墓文　1985年出土于敦煌祁家灣西晉十六國墓葬,編號85DQM206∶3。陶質,青灰色;口徑4釐米,底徑4.6釐米,高6.2釐米;瓶底墨書一大“前”字,腹部有朱書鎮墓文14行,文字清晰,行3～6字,存62字。原報告附有摹本圖影與釋文②,《編年》③與《集成(稿)》④録有釋文。兹據摹本圖影,參照各家録文,校釋如次∶

壹官廿年,薄命早終,相注而死。今送鉛人一雙、斗瓶、五穀,用贖生人魂魄。須鉛人腐,五穀死生,乃當死。生死各異路,不得更相注露(忤)阡陌、重復,便利生人。如律令!

按∶此件無紀年,所出85DQM206墓被原報告劃歸二期三段墓葬中,其年代在前凉中期約建興九年(321)至十八年(330)之間⑤,兹從之。

① 《敦煌祁家灣西晉十六國墓葬發掘報告》,第169頁。
② 《敦煌祁家灣西晉十六國墓葬發掘報告》,第108—109頁。
③ 王素、李方∶《魏晉南北朝敦煌文獻編年》,第81—82頁。
④ 關尾史郎∶《中國西北地域出土鎮墓文集成(稿)》,第85頁。
⑤ 《敦煌祁家灣西晉十六國墓葬發掘報告》,第169、193頁。

壹官廿年，原報告釋作“□宮華年”。細察摹本圖影，“壹官”2字清晰可辨。其後字符若看作一個形體，似爲“華”字，但若作2個字符看待，則可釋爲“廿年”。王素、李方校爲“壹官廿年”，似更確切一些，兹從之。

“須鉛人膐，五穀死生，乃當死”，黄景春博士釋作“須鉛人前戊，五穀死生，乃當死”，並注釋：“等到鉛人能够往前走，五穀生長死亡，纔應當有人死亡。戊，當是‘舞’的别字。須，等待。”此解值得商榷。“前戊”不詞，置於文中殊不可解。“等到鉛人能够往前走”云云，揣想强解之辭也。細察原件摹本，這應是上“府”下“月”的一個字，似爲“膐”——而鎮墓文釋讀正多作“膐”者——書寫架構過於分散，釋讀者不察，常誤爲兩個形體。如2005年出土于西安高新工業園的《曹魏景元元年朱書鎮墓文》的釋讀就有類似的情形發生。該鎮墓文中有一句：“即欲……焦豆生，雞子雛鳴，……可經□人府月，乃……聽相取。”①細察文章所附摹本，此處雖有漫漶殘缺，但“可經□人府月”還是清晰可辨。其中“經□”應是“鉛”字下部殘缺造成的誤釋；而“府”、“月”兩字，從其形體結構看，本來是一個字，即，乃“腐”之異體，並且書寫規整，字跡優美。若參照1975年出土於洛陽的《光和二年王當買地券》“即欲有所爲，待焦大豆生，鉛卷(券)華榮，雞子之鳴，乃與□神相聽”②，《曹魏景元元年朱書鎮墓文》即可補訂爲：“即欲有所爲，待焦豆生，雞子雛鳴，……鉛人腐，乃與諸神聽相取。”鉛人腐，即隨葬的鉛人在地下

① 張全民：《曹魏景元元年朱書鎮墓文讀解》，《考古與文物》2007年第2期，第30—32、92頁。

② 洛陽博物館(朱亮、余扶危)：《洛陽東漢光和二年王當墓發掘報告》，《文物》1980年第6期，第52—56頁。

腐爛。《壹官鎮墓文》中“須鉛人腐，五穀死生，乃當死”，承接前文，意思是以鉛人、斗瓶、五穀來贖生人的靈魂，除非等到這鉛人腐爛，斗瓶中（經過加工做熟了的）五穀重新生長，（生人）纔有可能（遭受死者作祟而）死去。這種語句在鎮墓文和買地券中比較常見，如“段雞子雛鳴”、“瓦狗能吠”、“焦大豆生葉”、“桃李生莇”、“人參能語”、“鉛券華榮”等等，與“河水清，大山平”一樣，都是表示不可能成爲現實的事。其表現手法，與漢樂府民歌《上邪》“山無陵，江水爲竭，冬雷震震，夏雨雪，天地合，乃敢與君絶”如出一轍。

注露阡陌，原報告及《敦煌文獻編年》均釋作“注□仟除”；黄景春博士釋作“注（䨟）仟”，説“‘䨟’當是筆誤，後面補出正字‘仟’”①，有一定的道理，但又漏1字。細察原報告所附摹本圖影，可辨識，當爲“注露阡陌”。

33. 前凉（330後）阿平鎮墓文　1982年出土于敦煌新店臺西晋十六國墓葬82DXM21墓，2件。陶質，侈口，方圓肩，直腹；腹部皆有墨書鎮墓文。原報告僅有釋文②，無摹本圖影；《編年》③與《集成（稿）》④録有釋文。兹參照各家録文，分别録出並校釋如次：

（其一）

阿平，死者□□，汝自薄命蚤終，□〔算〕盡壽窮。汝死者

① 黄景春：《早期買地券、鎮墓文整理與研究》，第181頁。

② 《記敦煌發現的西晋十六國墓葬》，《敦煌吐魯番文獻研究論集》（第四輯），第631頁。

③ 王素、李方：《魏晋南北朝敦煌文獻編年》，第82頁。

④ 關尾史郎：《中國西北地域出土鎮墓文集成（稿）》，第138—139頁。

見□，復值八□〔魁〕九坎，太山長□〔問〕，死者阿平自往應之。苦莫相□〔念〕，樂莫相□〔思〕，從别以後，無令……注……

（其二）

□于生人，祠□〔臘〕社伏，徼於□〔郊〕外。千秋萬歲，乃復得會。如律令！

按：此二件没有紀年，《編年》："簡報 S 謂在公元四世紀三十年代末至七十年代。本件形制較古，暫定於公元 330 年後。"①這裏所謂"簡報 S"即原報告，但細讀原報告，衹將 1982 年在敦煌新店臺清理的 46 座西晉十六國時期的墓葬做了大致分期，其中第三期的年代"約在前凉的後期，即公元四世紀三十年代末至七十年代"②，全文中没有一處舉出 82DXM21 墓，文後《墓葬一覽表》也没有列 82DXM21 墓。在找不到反證的情况下，暫從其説。

這兩件鎮墓罐文字相續，從内容看顯然爲一篇鎮墓文分寫在了 2 個陶瓶上。這種體例在敦煌所出鎮墓文中很少見。

34. 前凉建興十九年（331）李興初鎮墓文　1987 年出土于敦煌新店臺西晉十六國墓葬。2 件，編號 87DXM176：1 和 87DXM176：11，均爲陶瓶。其中 87DXM176：1 器形不詳，口徑 5 釐米，底徑 5.2 釐米，高 7 釐米；肩腹部墨書鎮墓文 15 行，文字清晰，行 5～8 字，全 103 字。87DXM176：11 侈口，圓肩，平底；口徑 4.6 釐米，底徑 5 釐米，高 6.2 釐米；肩腹墨書鎮墓文 15 行，文字清

① 王素、李方：《魏晉南北朝敦煌文獻編年》，第 82 頁。

② 《記敦煌發現的西晉十六國墓葬》，《敦煌吐魯番文獻研究論集》（第四輯），第 634 頁。

晰，行5～9字。無發掘報告，陳國燦曾引證[①]，《編年》録有全文[②]。《中國道教考古》據何雙全提供材料校釋[③]，關尾史郎亦有録文[④]。兹據各家釋文校録如次：

(87DXM176：1)

建興十九年七月庚申朔十七日丙子直定，敦煌郡效穀縣東鄉延壽里大男李興初，年卅四身死，酌央八開九訊(時值八魁九坎)。今下斗瓶、黑豆、離子、五穀、鉛人，用生者當重復，死者解除憂；死者自受其央，不得注地上生人。使青烏子告北辰該(詔)，罰不加兩，除殃轉〔咎〕，〔遠〕與北(他)鄉。急急如律令！

(87DXM176：11)

建興十九年七月庚申朔十七日丙子直□〔定〕，敦煌郡效穀縣東鄉延壽里大男李興初，年卅四身死，酌央八開九訊(時值八魁九坎)。今下斗瓶、黑豆、離子、五穀、鉛人，用生者當重復，死者解除憂；死者自受其殃，不得注地上生人。使青烏子告北辰該(詔)，罰不加兩，除殃轉〔咎〕，還(遠)與北(他)鄉。急急如律令！

按：建興十九年當東晉咸和六年(331)，此兩件鎮墓文干支朔

---

① 陳國燦：《唐五代敦煌縣鄉里制的演變》，《敦煌研究》1989年第3期，第39—50、110頁。

② 王素、李方：《魏晉南北朝敦煌文獻編年》，第83頁。

③ 張勛燎、白彬：《中國道教考古》(第一卷)，第422—424頁。

④ 關尾史郎：《敦煌新出鎮墓瓶初探——〈中國西北地域出土鎮墓文集成(稿)〉補遺(續)》。

望及建除皆與曆法相吻合。文中“酌央八開九訊”應是“時值八魁九坎”之誤,可能是原鎮墓文漫漶不清,釋讀致誤。離子,《編年》作“雞子”。“罰不加兩”,據《中國道教考古》録文,原記録即如此,本不誤,但張勛燎校“兩”爲“滿”,反誤。此例爲前考《西晉太康六年(285)頓霓兒鎮墓文》所引劉樂賢觀點又提供一有力佐證。“用生者當重復”,其他鎮墓文作“用當重復生人”或“用當重復地上生人”。

35. 前凉建興廿五年(337)趙季波鎮墓文　1982年出土于敦煌新店臺西晉十六國墓葬82DXM31墓,2件。陶質,侈口,方圓肩,直腹;腹部皆有墨書鎮墓文,其中一件文字漫漶難辨,原報告未録;另一件字跡清晰,原報告有釋文①,但無摹本圖影。《編年》②與《集成(稿)》録有釋文。兹參照各家録文,校釋如次:

建興廿五年二月十二日戊辰,趙氏之家得死,男子季波之身死,天注、地注、年注,歲注、月注、日注、時注。生死異路,千秋萬歲,不得相注件。急急如律令!

按:建興廿五年當東晉成帝咸康三年(337)。查《二十史朔閏表》,是年二月朔旦爲丁巳,十二日正爲戊辰。戊辰,關尾史郎誤爲“戊申”③,與原報告釋讀不符,干支亦不合。

注件,或作“注忤”、“注午”,在本文所考鎮墓文中出現至少有

---

① 《記敦煌發現的西晉十六國墓葬》,《敦煌吐魯番文獻研究論集》(第四輯),第630頁。

② 王素、李方:《魏晉南北朝敦煌文獻編年》,第83頁。

③ 關尾史郎:《中國西北地域出土鎮墓文集成(稿)》,第85頁。

13例。注忤亦爲《諸病源候論》所論注病之一。該書卷二四“注病諸候”之“注忤候”條曰：“忤者犯也。人有卒然心腹擊痛，乃至頓悶，謂之客忤，是觸犯鬼邪之毒氣。當時療治雖歇，餘毒不盡，留住身體，隨血氣而行，發則四肢肌肉淫奕，或五内刺痛，時休時作，其變動無常，是因犯忤得之成注，故名爲注忤。”①

36. 前凉建興廿六年(338)某妻黑奴鎮墓文　1982年出土于敦煌新店臺西晉十六國墓葬82DXM33墓，2件。陶質，侈口，方圓肩，直腹；腹部皆有墨書鎮墓文，2件文字基本相同，原報告僅録一件②，無摹本圖影。《編年》③與《集成(稿)》④録有釋文。兹參照各家録文，校釋如次：

建興廿六年正月壬午朔十九(六)日丁酉直□〔危〕，之妻黑奴之身死。今下斗瓶、五穀、鉛人，用當復地上。青烏子告北辰，詔□□令死者自受其殃，□□□□〔罰不加兩〕，移央轉□〔咎〕，遠與他鄉。如律令！

按：此件紀年亦有問題。建興廿六年當東晉咸康四年(338)，是年正月朔旦正爲壬午，但十九日干支爲庚子，十六日纔是丁酉。故此“十九日”當爲“十六日”之誤釋。“六”與“九”手寫體形近易誤，前考《西晉元康六年(296)竇秉鎮墓文》即將“十九日”誤作“十

① 南京中醫學院：《諸病源候論校釋》，第703頁。
② 《記敦煌發現的西晉十六國墓葬》，《敦煌吐魯番文獻研究論集》(第四輯)，第630頁。
③ 王素、李方：《魏晉南北朝敦煌文獻編年》，第84頁。
④ 關尾史郎：《中國西北地域出土鎮墓文集成(稿)》，第41—42頁。

六日”。故此兩數字互相誤釋，在敦煌鎮墓文釋讀中已不是孤例。建除殘泐，未釋讀，推算可知此日直危，闕字當爲“危”。“之妻黑奴”前有脱漏，應爲黑奴丈夫之名。

37. 前凉建興廿七年（339）傅長然鎮墓文　1982年出土于敦煌新店臺西晉十六國墓葬82DXM65墓（圖15），2件。陶質，侈口，方圓肩，直腹；腹部皆有墨書鎮墓文，2件文字基本相同，原報告僅有1件釋文及摹本圖影①，《編年》②與《集成（稿）》③據《中國敦煌展圖録》④録有2件釋文。兹參照各家録文，校釋如次：

圖15　前凉建興廿七年傅長然鎮墓罐

（其一）

建興廿七年三月丙子朔三日戊寅，傅長然身死。今下斗瓶、五穀、鉛人，用當復地上、地下。青烏子、北辰，詔令死者自受其央，罰不兩加，移央轉咎，遠置他鄉。各如律令！

傅長然，汝死，適值八魁九坎，當星四時，厭解天注、地注、

① 《記敦煌發現的西晉十六國墓葬》，《敦煌吐魯番文獻研究論集》（第四輯），第630、646頁。

② 王素、李方：《魏晉南北朝敦煌文獻編年》，第86—87頁。

③ 關尾史郎：《中國西北地域出土鎮墓文集成（稿）》，第43—44頁。

④ 東京富士美術館：《中國敦煌展圖録》，東京美術博物館，1985年，第56頁。

歲注、月注、日注、時注。千秋萬歲，不相注仵。各□〔如〕律令！

（其二）

建興廿七年三月丙子朔三日戊寅，傅長然身死。今下斗瓶、五穀、鉛人，用當復地上、地下。青烏子、北辰，詔令死者自受其央，罰不兩加，移央轉咎，遠置他鄉。各如律令！

傅長然，汝死，適值八魁九坎，當星四時，厭解天注、地〔注〕、歲注、月注、日注、時注。千秋萬歲，不相注仵。各如律令！

按：此件體例獨特。每一件實際可以分爲兩部分，這兩部分在同時期其他墓葬中往往分書於不同的鎮墓陶瓶之上。

當星四時，與"八魁九坎"一樣，也是漢晉時期流行的墓葬禁忌用語。姜守誠解讀香港所藏"松人"木牘，研究漢晉墓葬之禁忌風俗，引證《赤松子章曆》卷六《新亡遷達、開通道路、收除土殃、斷絶復連章》所載：

> 約敕四時之官，開通道理（路），不得拘留某精爽，注復生人。……某死時雌雄殃殺、魁網之鬼、復注之氣，疾速去離。某家各還本屬，四時之官不得拘留。①

推測"四時"一語或爲"四時之官"的省稱。認爲"四時之官"乃是魏晉六朝時民間社會中流行的墓葬神煞，即代表所值年、月、日、時之神，其司職範圍是在陰曹地府中負責審視新亡之人的功過，並酌情

---

① 《中華道藏》第8册，第678頁。

予以處置①。此説有一定道理,姑備于此,以俟進一步考證研究時參酌。

38. 前凉建興廿九年(341)萬安鎮墓文　1985年出土于敦煌祁家灣西晉十六國墓葬,2件,編號爲85DQM218：4和M218：19。均爲陶質,灰色,侈口,小平沿,尖圓唇。其中M218：4領微束,溜肩曲腹;口徑4釐米,底徑5釐米,高5.4釐米;肩腹部墨書鎮墓文10行,文字清晰,行1～5字,存35字。M218：19口徑4.3釐米,底徑4.9釐米,高6.4釐米;肩腹部墨書鎮墓文6行,文字清晰,行1～3字,存15字。原報告均附有摹本圖影與釋文②,《編年》③與《集成(稿)》④録有釋文。兹據摹本圖影,參照各家録文,校釋如次:

(M218：4)

建興廿九年八月辛酉朔廿二日壬午直□〔收〕,□青烏(死者男)子萬安者,〔送〕汝鉛人、五□〔穀〕,解除百衆(罪)。如律令!

(M218：19)

天注去,地注去,月注去,日注去。如律令!

按:此墓墓主爲一老年男性。M218：4置於頭頂,斗瓶口還覆有一石硯。M218：19置於脚下,鎮墓文没有姓名,亦無紀年。兩鎮墓文書寫風格完全不同,非同一方士所書,但據墓葬形制,兩

① 姜守誠:《香港所藏"松人"解除木牘與漢晉墓葬之禁忌風俗》。
② 《敦煌祁家灣西晉十六國墓葬發掘報告》,第109—111頁。
③ 王素、李方:《魏晉南北朝敦煌文獻編年》,第87—88頁。
④ 關尾史郎:《中國西北地域出土鎮墓文集成(稿)》,第45—46頁。

件應屬同一墓主,年代亦相同,故録於同一條目下。

85DQM218：4"直"後殘泐,據建除法推算,此日直收,故所殘者當爲"收"字。□青烏子萬安者,張勛燎據原件摹本校作"死者男子萬安者";解除百衆,校作"解除百罪"①。核對摹本字跡,並據文義推斷,甚是,兹從之。

黄景春在論及鎮墓文的書法價值時評價 M218：19 的書法："書寫流暢,筆法靈活,瀟灑自如,不拘一格,顯示出很高的藝術水平。"②大體符合此件書法實際情況。

39. 前凉建興三十年(342)佛女鎮墓文　敦煌研究院藏敦煌三危山出土一件十六國五穀陶罐,瓶腹有鎮墓文。無報告,段文傑曾著文引用③,《編年》④與《集成(稿)》⑤據段氏迻録：

……地上生人。□青烏子詔令死者佛女,自受其殃……不加罪福……遠去他鄉,不得復來。急急如律令!

按：本件未見公開發表,時間等均不詳。段氏謂本墓爲"前凉建興三十年墓",似乎鎮墓文原有紀年,爲"建興三十年",而段氏未録。因未見原物,姑存疑待考。

---

① 張勛燎、白彬：《中國道教考古》(第一卷),第 428 頁。

② 黄景春：《買地券、鎮墓文研究及其語言文字學意義》,《上海師範大學學報(社科版)》2007 年第 5 期,第 110—115 頁。

③ 段文傑：《道教題材是如何進入佛教石窟的——莫高窟二四九窟窟頂壁畫内容探討》,《1983 年全國敦煌學術討論會文集・石窟・藝術編上》,蘭州：甘肅人民出版社,1985 年,第 13 頁。

④ 王素、李方：《魏晉南北朝敦煌文獻編年》,第 284 頁。

⑤ 關尾史郎：《中國西北地域出土鎮墓文集成(稿)》,第 47 頁。

此件墓主爲“佛女”，一些研究者據此認爲鎮墓文反映了佛教在敦煌喪葬中的影響①，恐怕還有點問題。目前所知河西走廊出土東漢至魏晉南北朝時期墓葬文獻中尚未發現喪葬活動有僧侣參與或受佛教影響的證據。1989年，莫高窟北區出土一件紀年爲大涼國安樂三年的隨葬衣物疏，疏文稱死者郭方爲“釋迦弟子”，説他“平生之日，行道精勤，奉修五戒十善，供養三寶，□(毫)厘無犯”，應該是個虔誠的佛教徒；爲郭方主持葬儀的是“戒師元達，懺師僧生，咒願師元達”等，似乎也是佛教僧侣。但這則衣物疏内容却顯示出，郭方死後是以道教儀軌埋葬的②。大涼國是李軌在河西建立的一個政權，其存亡時間前後衹有三個年頭，安樂三年當唐高祖李淵武德二年(619)。《郭方衣物疏》無論從産生時代、書寫内容上看，還是從書寫材料上看都與有大量墓葬文獻出土的東晉十六國時期的河西走廊迥然有别，而與高昌後期到唐西州時期的吐魯番比較接近③。前賢録考南朝買地券有出土於江蘇徐州城北龜山之

① 如段氏稱：“這裏以‘佛’字命名稱‘佛女’，與吐魯番墓葬文書中的‘手把’，‘攀天絲萬萬九千丈’一樣，是佛教思想的反映。”(段文傑《道教題材是如何進入佛教石窟的——莫高窟第二四九窟窟頂壁畫内容探討》)

② 參閲本書《河西衣物疏叢考》。

③ 孟憲實曾在侯燦對吐魯番衣物疏分期的基礎上進一步對其性質變化作了分期：早期上限無法確定，下限爲前秦建元二十年(384)，這一時期吐魯番的衣物疏“保持了遣策的形式，除了隨葬物品外，或簡單寫明主人名字，或連名字也不寫”；第二期從建元二十年(384)到高昌章和五年(535)，這一時期的隨葬衣物疏“不再如從前遣策那樣衹是爲了完成葬禮，而是變成了一篇由人間寫給冥世的財産證明文件，這一切都以對冥世的完整想像爲前提，並且與道教的影響密切相關”；第三期從高昌章和十三年(543)到唐統一高昌，“在佛教的影響下，衣物疏成爲已是半神的比丘寫給五道大神的輪迴通行證”了；第四期爲唐西州時期，衣物疏衰落下去，其性質也由“輪迴通行證”轉爲“郵件”了。見孟憲實《吐魯番古墓出土隨葬衣物疏的性質與發展》，《新疆地方誌》1993年第3期，第40—44頁。

《劉宋元嘉九年(432)王佛女買地券》和桂林東郊堯山之《齊永明五年(487)秦僧猛買地券》,事主名"王佛女"和"秦僧猛",情形與此件鎮墓文類似。魯西奇在論及墓葬文獻的宗教屬性時曾説,在今見魏晉南北朝買地券中,墓主可以確定爲道教徒者衹有四例,而在行文與書寫中程度不同地存在著道教色彩的也衹有二例,而"王佛女與秦僧猛之名似又暗示其可能是佛教徒";其中又説,王佛女"似爲佛教信徒,但不能確定",持論十分謹慎①。筆者認爲,此件鎮墓文中的"佛女"應爲墓主人名號,或者至多是佛教徒而已,並不能説明佛教對喪葬活動的影響。且從敦煌和吐魯番地區出土衣物疏及鎮墓文等墓葬文獻所反映的喪葬習俗看,亦尚未有證據證明在六世紀中葉以前佛教思想對此一地區的喪葬活動産生過影響。

40. 前凉建興卅一年(343)吴仁姜鎮墓文　1985 年出土于敦煌祁家灣西晉十六國墓葬,2 件,均爲陶質。85DQM356：12 紅色,侈口,小平沿,尖圓唇,領微束,溜肩,曲腹;口徑 4.3 釐米,底徑 4.5 釐米,高 5.4 釐米;自唇以下通體朱書鎮墓文 9 行,文字清晰,行 3～7 字,存 42 字。M356：13 青灰色,口徑 4.5 釐米,底徑 4.4 釐米,高 5.1 釐米;自唇以下通體朱書鎮墓文 9 行,文字清晰,行 3～7 字,存 43 字。原報告均附有摹本圖影與釋文②,《編年》③與《集成(稿)》④録有釋文。兹據摹本圖影,參照各家録文,校釋如次：

① 魯西奇：《中國古代買地券研究》,厦門：厦門大學出版社,2014 年,第 151、127、110 頁。

② 《敦煌祁家灣西晉十六國墓葬發掘報告》,第 110—112 頁。

③ 王素、李方：《魏晉南北朝敦煌文獻編年》,第 88—89 頁。

④ 關尾史郎：《中國西北地域出土鎮墓文集成(稿)》,第 48—49 頁。

(M356：12)

卌一年三月八日，吴仁姜之身死，天注，適值八魁九坎。今下斗瓶、鉛人、五穀，當重復仁姜正身，要(受)注去。如律令！

(M356：13)

卌一年三月八日，吴仁姜之身死。天注、地注、年注、歲注、月注、日注、時注，生死異路，千秋萬歲，不得相注忤。如律令！

按：本件紀年爲"卌一年"，根據墓葬形制及器物，當爲建興卌一年無疑。黄景春説："從文字在陶罐上書寫格式相同、字體相同以及同日製作的情況可以判斷，此二篇文字出自同一人之手。鎮墓文字體粗拙、文句不通，可見作者文化水平不高。"①

41. 前凉建元六年(348)魏得昌鎮墓文　1985 年出土于敦煌祁家灣西晉十六國墓葬，編號爲 85DQM371：5。泥胎，未燒制，灰黄色；侈口，長領，摺領頸；口徑 4 釐米，底徑 4.4 釐米，高 6 釐米；自頸以下朱書鎮墓文 12 行，文字清晰，行 4～6 字，存 58 字。原報告附有摹本圖影與釋文②，《編年》③與《集成(稿)》④録有釋文。玆據摹本圖影，參照各家録文，校釋如次：

建元六年九月廿日己午(亥)，魏得昌身死。今下斗瓶、五

① 黄景春：《早期買地券、鎮墓文整理與研究》，第 201 頁。
② 《敦煌祁家灣西晉十六國墓葬發掘報告》，第 113—114 頁。
③ 王素、李方：《魏晉南北朝敦煌文獻編年》，第 89—90 頁。
④ 關尾史郎：《中國西北地域出土鎮墓文集成(稿)》，第 59 頁。

穀、鉛人，用當重復地上生人。青〔烏〕子、北辰，詔令死者自其受殃，罰不加兩，移殃〔轉〕咎，遠與他里〈里〉。如律令！

按：歷史上使用“建元”年號的有5次：一是西漢武帝建元（前140～前135），共6年；二是前趙劉聰建元（315～316），共2年；三是東晉康帝司馬嶽建元（343～344），共2年；四是前秦苻堅建元（365～385），共21年；五是南朝齊高帝蕭道成建元（479～482），共4年。這5個建元年號，第一個太早，絶無可能。第五個太晚，當時河西早已歸入北魏統治範圍之内。第二個時代相當，但當時西晉新亡，張軌、張寔父子仍奉西晉正朔，致力於平定河西内部的叛亂，前趙政權正忙於中原爭戰，尚無暇顧及河西，且劉聰的建元年號實際實行了不到2年就改元爲麟嘉了，到公元320年，後趙已是劉曜統治，年號也已是光初三年了，前涼政權此時是不可能使用前趙早已廢除達4年之久的一個年號的。第三個衹有2年，學者們普遍認爲，此時前涼正奉西晉建興年號，不可能中間改奉東晉年號，之後仍回奉建興。衹有第四個可能性最大。對此，原發掘報告這樣論述：“東晉康帝時，河右張氏仍用建興年號……因而斗瓶所書‘建元’衹能是前秦苻堅之建元。……而前秦建元六年爲廢帝太和五年（370），這時河西尚爲前涼張天錫所據，‘建元六年’紀年出於敦煌似與理相悖。該墓其他隨葬品與升平十二年（368）的M349以及‘建元十三年’（377）的M348所出器物相較，亦應據於兩者之間，故M371的絶對年代應在公元370年左右。”①此時前涼張天錫奉東晉升平年號已至十四年，但可能迫于前秦壓力，虚與委施，改

① 《敦煌祁家灣西晉十六國墓葬發掘報告》，第147—148頁。

奉過前秦年號。這一觀點爲大多數學者所接受。如張勛燎、白彬《中國道教考古》即將此件鎮墓文擬名爲《前秦苻堅建元六年(370)即東晉廢帝司馬奕太和五年朱書泥瓶文》[①]。但這裏又出現另一個問題,即干支紀日不會出現"己午"。原發掘報告也注意到了這一點,説:"由於該斗瓶干支有誤,張天錫在太和五年(370)是否曾奉前秦正朔,尚有待進一步研究。"

王素將河西出土前凉時期紀年文獻與吐魯番出土文獻聯繫起來,專門著文討論建元年號的歸屬問題,最後得出結論:前凉政權除張祚自建"和平"年號外,其他時期都祇奉西晉建興和東晉升平、咸安年號,始終祇奉兩晉正朔,未曾濫用其他政權年號。但前凉臣民特别是敦煌的高門大族對張氏政權不奉東晉年號,繼續使用早已滅亡的西晉建興年號的做法心懷不滿,在敦煌本地奉用了當時正在實行的東晉年號,所以,此鎮墓瓶與上件的"建元"年號祇能是東晉康帝"建元"。"該建元雖僅二年,但由建康傳到敦煌,有六年亦不值得奇怪"[②]。後來,他在《魏晉南北朝敦煌文獻編年》中堅持重申了這一觀點[③]。

但王素在討論這個問題時雖曾注意到此件紀年的干支問題,却將原報告中的"己午"誤録作"巳午",並解釋説"應指該日的巳時至午時",發生了不應有的錯誤。因爲在這裏日期後的干支按慣例應是當日的紀日干支,而不是當日的某個時辰。退一步説,即便是指當日的時辰,也祇能是墓主魏得昌"身死"之時的干支,而不是

① 張勛燎、白彬:《中國道教考古》,北京:綫裝書局,2006年,第445頁。

② 王素:《敦煌出土前凉文獻所見"建元"年號的歸屬——兼談敦煌莫高窟的創建時間》,《敦煌吐魯番研究》第2卷,北京:北京大學出版社,1997年,第13—22頁。

③ 王素、李方:《魏晉南北朝敦煌文獻編年》,第90頁。

“巳時至午時”。查《二十史朔閏表》,公元 370 年(即張天錫所奉東晉升平十四年,實際已爲東晉太和五年)九月壬申朔,廿日干支爲辛卯。設若爲書寫失誤,則“辛卯”與“己午”形體相去甚遠,似不大可能。倒是上揭祇有 2 年的東晉康帝建元,若延至“六年”,正當公元 348 年,九月廿日干支爲“己亥”,原報告摹本及釋文誤爲“己午”的可能性倒是較大。這倒爲王素的觀點提供了另一個佐證。

所以綜合各種因素,筆者贊同王素觀點,認爲此建元當爲東晉康帝“建元”。

42. 前凉建元六年(348)佚名鎮墓文　1982 年出土于敦煌新店臺西晉十六國墓葬 82DXM20 墓。陶質,侈口,方圓肩,直腹;腹部有墨書鎮墓文,字跡多漫漶。原報告有釋文①,無摹本圖影。《編年》②與《集成(稿)》③録有釋文。兹参照各家録文,校釋如次:

> 建元六……〔八魁〕九坎,自……注、土注、地注、日注、月注、時注、風注、火注。生人前行,死者却步,不得□〔相〕注□〔忤〕,應去之。如律令!

按:“建元六……”,應是“建元六年”;建元當爲東晉康帝“建元”,詳見上文討論。

本文所記“土注”之名,亦屬《諸病源候論》所舉注病之一。該著定義:“人有居住穿鑿地土,不擇便利,觸犯禁害,土氣與人血氣

---

① 《記敦煌發現的西晉十六國墓葬》,《敦煌吐魯番文獻研究論集》(第四輯),第 630 頁。

② 王素、李方:《魏晉南北朝敦煌文獻編年》,第 90—91 頁。

③ 關尾史郎:《中國西北地域出土鎮墓文集成(稿)》,第 61 頁。

相感，便致疾病。其狀，土氣流注皮膚，連入腑臟，骨節沉重，遍身虚腫，其腫自破，故謂之土注。"①其症候與該書卷二一所述水腫病諸候中犯土腫候略同，但後者敘其症更爲具體。本文前考《東漢佚名鎮墓文》之"辟除土精土氣"，當爲解除土注之語。

而"風注"則是《諸病源候論》所舉注病之首條："風注之狀，皮膚遊移往來，痛無常處是也。由體虚受風邪，邪氣客于榮衛，隨氣行遊，故謂風注。"②該書在"注病諸候"之小序中更是著力闡發了各類"風注"的嚴重症候：

> 風注，皮肉掣振，或游易不定，一年之後，頭髮墮落，頸項掣痛，骨立解鳴，兩目疼，鼻中酸切，牙齒蟲蝕。又云：其病人欲得解頭却巾，頭痛，此名温風；病人體熱頭痛，内節厥强，此名寒風；或遊腫在眼，或在手脚，此名柔風；或啖食眠臥汗出，此名水風；或腦轉肉裂，目系痛，不欲聞人語聲，此名大風；或不覺絶倒，口有白沫，此名絶風；或被髮狂走，打破人物，此名顛風；或叫呼駡詈，獨語談笑，此名狂風；或口噤面喎戾，四支不隨，此名寄風；或體上生瘡，眉毛墮落，此名斛風；或頑痹如蠓螫，或瘡或癢或痛，此名蠓風；或舉身戰動，或鼻塞，此名罩風。又云：人死三年之外，魂神因作風塵，著人成病，則名風注。③

43. 前凉建興卅七年（349）佚名鎮墓文　1985年出土于敦煌

① 南京中醫學院：《諸病源候論校釋》，第712頁。
② 南京中醫學院：《諸病源候論校釋》，第695頁。
③ 南京中醫學院：《諸病源候論校釋》，第690—691頁。

祁家灣西晉十六國墓葬，編號爲 85DQM351：10。陶質，青色，火候較低；口徑 3.6 釐米，底徑 3.8 釐米，高 5 釐米；腹部朱書鎮墓文，保留較差，現可辨 5 行，行 5～7 字，存 29 字。原報告附有摹本圖影與釋文①，《編年》②與《集成（稿）》③録有釋文。兹據摹本圖影，參照各家録文，校釋如次：

卅七年正月己□朔五日壬戌……他鄉，各奉天清□□，便利生人。急急如律令！

按：此件與前文所考《前凉建興十八年（330）前侯去疾鎮墓文》同出 M351 墓。M351 墓爲上下兩層且每層都分别爲一對成年男女的合葬墓，形制較特殊。此件屬上層男性墓主。紀年無年號，據墓的形制及器物推斷，爲"建興卅七年"無疑④；且魏晉十六國時期河西地區實行或奉行年號達到"卅七年"者，唯有"建興"。建興卅七年當東晉穆帝永和五年（349），查《二十史朔閏表》，該年正月爲戊寅朔，五日干支爲壬午，此文皆不相合。對此，張勛燎説："永和四年十二月朔日干支方爲己酉，是以十二月爲歲首，時當公元 349 年 1 月 6 日。"⑤但問題似乎並不這麽簡單。姑且不論歲首問題，即使以永和四年十二月計，當月朔日干支固爲己酉，五日也應是癸丑，而不是壬戌。所以此件失誤當因原件文字漫漶，難以辨

① 《敦煌祁家灣西晉十六國墓葬發掘報告》，第 112—114 頁。
② 王素、李方：《魏晉南北朝敦煌文獻編年》，第 91 頁。
③ 關尾史郎：《中國西北地域出土鎮墓文集成（稿）》，第 50—51 頁。
④ 《敦煌祁家灣西晉十六國墓葬發掘報告》，第 151 頁。
⑤ 張勛燎、白彬：《中國道教考古》（第一卷），第 436 頁。

識，考古工作者未及窮究，摹本似是而非所致。細審原報告摹本，釋讀爲“卅七年正月己□朔五日壬戌”的這兩行文字，倒很有可能是“卅七年七月乙亥朔五日己卯”之誤。

44. 前凉建興卌六年(358)傅女芝鎮墓文　1982 年出土于敦煌新店臺西晉十六國墓葬 82DXM64 墓。陶質，侈口，方圓肩，直腹；腹部有墨書鎮墓文，字跡稍殘，存 79 字。原報告有釋文①，無摹本圖影。《編年》②與《集成(稿)》③録有釋文。兹参照各家録文，校釋如次：

建興卌六年正月丙辰朔五日庚申直□〔危〕，之□傅女芝，汝自薄命早終，□〔算〕盡壽窮。汝死，見重復八魁九坎，太山長閲(問)，死者傅女芝，自往應之。苦莫相念，樂莫相思，從别以後，□□〔無令〕死者注□〔于〕□〔生〕人。祠社臘伏，□□□□〔徼於郊外〕。千里(秋)□〔萬〕歲，乃復得□〔會〕。如律令！

按：建興卌六年當東晉升平二年(358)，該件朔望干支皆相吻合，唯殘建除，據以推算，當日直危。

算盡壽窮，有時作“壽窮算盡”，如《西晉(313 前後)翟宗盈鎮墓文》，在鎮墓文等墓葬文獻中十分常見，本文所考河西鎮墓文凡 8 見。“算”、“壽”意同，指個人由承負造成、爲上天所決定的

① 《記敦煌發現的西晉十六國墓葬》，《敦煌吐魯番文獻研究論集》(第四輯)，第 630 頁。
② 王素、李方：《魏晉南北朝敦煌文獻編年》，第 92 頁。
③ 關尾史郎：《中國西北地域出土鎮墓文集成(稿)》，第 52 頁。

壽命。《太平經》"生人有功於天，子孫爲凶，輒除算，當時不死，算盡之後，亦無望其生"、"大陰法曹，計所承負，除算減年。算盡之後，召地陰神，並召土府，收取形骸，考其魂神"，等等①，其中的"算"即此義。"算盡壽窮"在《敦煌祁家灣西晉十六國墓葬發掘報告》和《魏晉南北朝敦煌文獻編年》中往往誤釋爲"莫蓋壽窮"。"莫蓋"不詞，失誤原因在於鎮墓文中"算"書寫爲俗體"莫"，與"莫"形近；而"盡"則與"蓋"形近。應據以改正，出以通行簡化字，作"算盡"。

45. 前凉升平十二年(368)郭遥黄鎮墓文　1985年出土于敦煌祁家灣西晉十六國墓葬，編號爲85DQM349：3。泥胎，未燒制，灰黄色；侈口，長領，摺領頸，圓唇，鼓肩，斜直腹；口徑4.9釐米，底徑5.3釐米，高6.6釐米；肩腹墨書鎮墓文12行，文字清晰，行3～7字，存64字。原報告附有摹本圖影與釋文②，《編年》③與《集成(稿)》録有釋文。兹據摹本圖影，參照各家録文，校釋如次：

升平十二年二(正)月戊午朔十二日乙(己)巳直除(平)，郭遥黄之身死。今下斗瓶、五穀、鉛人，用當〔復〕地上生人。青鳥子、北辰，詔令死者自受殃，罰不加兩，移殃轉咎，遠與他鄉。如律令！

按："升平"爲東晉穆帝年號，僅五年。前凉張氏政權，控制河

① 王明：《太平經合校》，第568、579頁。
② 《敦煌祁家灣西晉十六國墓葬發掘報告》，第112—113頁。
③ 王素、李方：《魏晉南北朝敦煌文獻編年》，第92頁。

西，奉晉正朔。張天錫在穆帝升平五年(361)"改建興四十九年，奉升平之號"①，至十五年(371)結束。升平十二年相當於東晉廢帝太和三年(368)。但該年二月朔旦爲戊子，十二日干支是己亥，而該年正月朔旦正爲戊午，十二日己巳。故此"二月"當爲"正月"之誤，核對原報告摹本圖影，"二"字上下兩横劃之間偏左有斜劃相連，應是"正"字草體略有漫漶所致。戊午，原報告及王素釋讀本不誤，關尾史郎校爲"戌午"②，誤。細察原報告摹本，"戊午"之"戊"倒是確實像"戌"，但六十甲子中無"戌午"。該月無"乙巳"，當爲"己巳"之誤。校勘鎮墓文，不僅要核對原件字形，還要考慮文義，即張勛燎所言："無論哪一種錯誤的校訂，都必須聯繫前後文和整個器文斟酌文義作出判斷。文義是否能通，正誤自可明瞭。"③此亦陳垣校法四例之一的理校法用於鎮墓文校勘的實例。

46. 前凉升平十三年(369)氾心容鎮墓文　1960年出土于敦煌新店臺，3件。60DXM1：26陶罐圓唇，短頸，直腹，墨書鎮墓文6行，行3～5字；60DXM1：27陶罐圓唇，短頸，直腹，墨書鎮墓文7行，行2～5字；60DXM1：4陶鉢已殘，墨書鎮墓文存8行，行2字(圖16)。原報告均有摹本圖影和釋文④，《編年》⑤與《集成(稿)》⑥録有釋文。兹參照各家録文，校釋如次：

---

① 《晉書》卷86《張玄靚傳》，北京：中華書局，1974年，第2249頁。

② 關尾史郎：《中國西北地域出土鎮墓文集成(稿)》，第53頁。

③ 張勛燎、白彬：《中國道教考古》，北京：綫裝書局，2006年，第380頁。

④ 敦煌文物研究所考古組(馬世長、孫國璋)：《敦煌晉墓》，《考古》1974年第3期，第191—199頁。

⑤ 王素、李方：《魏晉南北朝敦煌文獻編年》，第93—95頁。

⑥ 關尾史郎：《中國西北地域出土鎮墓文集成(稿)》，第56—58頁。

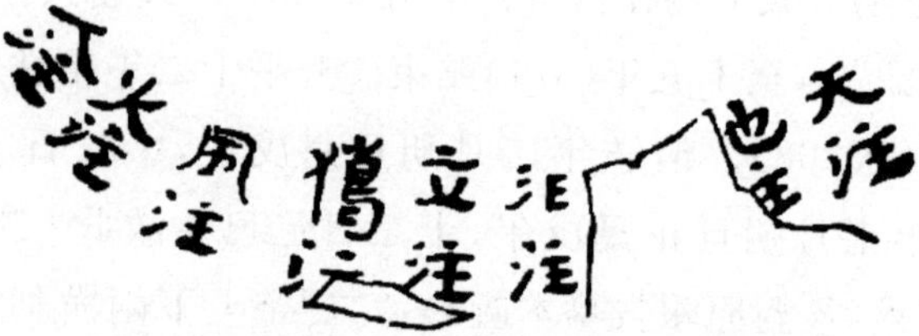

圖 16　前凉升平十三年氾心容鎮墓文摹本

(60DXM1：26)

升平十三年,潤(閏)月甲子朔廿一〔日〕壬寅,張弘妻氾心容,五穀瓶。

(60DXM1：27)

升平十三年,閏月甲子朔廿一日壬寅,張弘妻氾心容,盛五穀瓶。

(60DXM1：4)

天注、地注、□□、氾(?)注、立注、獦注、風注、火注、人注。

按：關於此墓紀年干支,原報告陳述："據陳垣《二十史朔閏表》升平十三年,己巳,是年閏正月,五穀瓶紀年與之相合。"①語焉不詳。黄景春則説："升平十三年閏正月,朔旦爲壬午,非甲子。即便以甲子爲朔旦,廿一日當爲甲申,不當是壬寅。"②這是不明古代干支紀月法所致。1943 年,陳垣曾就此問題回答他的學生啓功：

① 敦煌文物研究所考古組(馬世長、孫國璋)：《敦煌晉墓》,第 191—199 頁。
② 黄景春：《早期買地券、鎮墓文整理與研究》,第 208 頁。

以甲子紀月，金石文中罕見。《潛研堂金石文跋尾》卷十及十一，有《尊勝陀羅尼》二幢：一題梁貞明三年歲次丁丑，十一月壬子，朔二十六日辛丑建；一題吴天祚二年歲次丙申，閏十一月庚子，朔一日□□。竹汀先生謂二幢朔日甲子皆譌，不知此壬子、庚子指十一月，非指朔，"朔"字連下不連上讀也。

民國三十二年夏曆癸未，五月戊午，朔三日甲午，謹呈元白先生正之。陳垣①

而氾心容鎮墓文的"升平十三年閏月甲子朔廿一日壬寅"有省略，完整的紀年應是"升平十三年歲次己巳，閏正月甲子，朔廿一日壬寅"。意思是，這一年閏正月，當月干支爲甲子；從初一日，即朔日計，第二十一日爲壬寅。此月二十一日爲壬寅，朔旦恰爲壬午，鎮墓文紀年與之相合。這裏的"朔"字不能依一般史書中常見的"八月庚寅朔"、"十月乙亥朔"等斷於上句末，誤以甲子爲朔旦，從而誤推廿一日爲甲申。

氾姓爲敦煌大族，歷代居高官者，文獻記載不乏其人。張弘，《晉書》、《十六國春秋·前凉録》均無傳，但《晉書·張軌傳》有記載：張重華"使張弘、宗悠率步騎萬五千配擢，伐苻健。健遣苻碩禦之，戰于龍黎。擢等大敗，單騎而還，弘、悠皆没"②。《十六國春秋輯補》把此事係于張重華永樂六年③。如此張弘即氾心容之夫，則氾心容死張弘後十八年。又，氾心容墓爲單身葬，其隨葬品雖被

① 劉乃和：《中國歷史上的紀年(上)》，《文獻》第十七輯，北京：書目文獻出版社，1983年，第240—241頁。

② 《晉書》卷86《張重華傳》，北京：中華書局，1974年，第2244頁。

③ 《十六國春秋輯補》，濟南：齊魯書社，2000年，第512頁。

盜，遺存仍較豐富。氾心容墓在一聚族而葬的“墳圈”内，而非合葬墓，這與當時流行夫婦合葬的習俗不合。據此可知，張弘戰死異鄉，並未能歸葬。

還有一個值得注意的現象是，敦煌發掘的魏晉墓葬中夫婦合葬墓中鎮墓文中稱死者之妻時，往往用夫姓，如後文所考80DFM3《後凉麟加八年(396)姬女訓鎮墓文》中姬令熊之妻姬女訓，80DFM1《沮渠氏北凉玄始十年(421)張德政妻法靜鎮墓文》中張德政之妻張法靜，等等。此墓主氾心容爲張弘妻，但却用了本姓。是單身葬而非夫婦合葬墓的規矩，抑或氾心容出身高門大户之故？

此件中出現的“氾注”，細察原件，字形不合，義亦無解。“獦注”之“獦”，張勛燎據摹本字形“”釋爲“隋”。他説：“(隋)或當釋爲獵。‘獵注’之名，亦見於道書記載，如杜光庭輯《太上宣慈助化章》卷三《收犬子鬼章》，就曾講到上章請‘五方君同時來下，收食……五瘟疫毒，兵獵注殺’的事。‘獵注’當與在打獵過程被野獸所傷或墜崖致死而成之注鬼注害。”[①]“”釋爲“隋”無字形依據，轉釋爲“獵”，更顯牽强。此字形原報告釋爲“獦”，還是較接近的。獦，指獦獠，古代對南方少數民族的稱呼，亦以泛指南方人。《壇經》中記五祖弘忍與慧能的一段對話：

> 祖問曰：“汝何方人？欲求何物？”惠能對曰：“弟子是嶺南新州百姓，遠來禮師，惟求作佛，不求餘物。”祖言：“汝是嶺南人，又是獦獠，若爲堪作佛？”惠能曰：“人雖有南北，佛性本無

① 張勛燎、白彬：《中國道教考古》，北京：綫裝書局，2006年，第442頁。

南北。獦獠身與和尚不同，佛性有何差别？”①

可見，獦獠是古代中原人對南方人的一種侮稱，認爲他們是未開化、無知識的蠻夷。而《太上洞神洞淵神咒治病口章》記載種類繁多之注鬼，其中有“戎羌之注，胡虜之注，吴蜀之注，夷狄之注，蠻獠之注”②，等等。此鎮墓文中“獦注”，當即此道書所言“蠻獠之注”。

47. 前凉咸安五年(375)姬令熊鎮墓文　1980年出土于敦煌佛爺廟灣80DFM3墓，3件，屬西棺。陶質，均有鎮墓文。80DFM3：13朱書，全21行，稍殘，行3～5字；80DFM3：14朱書，中缺，存19行；80DFM3：19墨書，中缺，存18行。原報告均有釋文，但其中僅80DFM3：13有摹本圖影③；《編年》④與《集成(稿)》⑤録有釋文。兹參照摹本圖影及各家録文，校釋如次：

(M3：13)

咸安五年十月癸酉朔，姬令熊死。日不時，汝自薄命□〔早〕終，算盡□〔壽〕窮。汝死□□〔之日〕，□□〔適值〕八魁九坎，太山長問，見死者姬令熊，自往應之。□苦莫相念，樂莫

① 陳秋平、尚榮譯注：《金剛經 心經 壇經》，北京：中華書局，2007年，第119頁。

② 《道藏》第32册，北京/上海/天津：文物出版社、上海書店、天津古籍出版社，1988年，第727頁。

③ 甘肅省敦煌縣博物館(韓躍成、張仲)：《敦煌佛爺廟灣五凉時期墓葬發掘簡報》，《文物》1983年第10期，第51—60頁。

④ 王素、李方：《魏晋南北朝敦煌文獻編年》，第98—99頁。

⑤ 關尾史郎：《中國西北地域出土鎮墓文集成(稿)》，第62—64頁。

相思，□〔從〕别以後，無□〔令〕死者注□□□〔仵生人〕。祠□□□〔臘社伏〕，萬秋千世，死者乃復得會。如律令！

(M3：14)

咸安五年十月□□□〔癸酉朔〕，姬令□〔熊〕，□□〔汝自〕薄命早終，□〔算〕盡壽窮。汝死，見□復□□八魁九坎，太山〔長〕問。□死□□得□。如律令！

(M3：19)

咸安五年□□□□□□□□□□□□□□□時之□□□□□□□□□□□□注□□□□注鬼□注□□行□□□注□□□□注□□□檢□，生人前行，□□□□〔死人却步〕。□□□□□□□□□□□□□生。□〔急〕急如律令！

按：此M3墓爲夫妻合葬墓，有東、西兩付棺木，下葬時間相隔21年。西棺姬令熊爲夫，東棺女訓爲妻，妻從夫姓，故稱"姬女訓"①。對照同墓葬群M1張氏夫婦合葬墓，丈夫棺内的隨葬品都要比妻子多，鎮墓罐（缽）都是男3女2，且妻都隨夫姓，表現出明顯的男尊女卑思想意識。

"咸安"爲東晉簡文帝年號。太和六年（371）十一月，桓温廢司馬奕，立會稽王昱爲帝，改元咸安。咸安二年（372）七月，司馬昱病逝，太子即位。第二年正月改元寧康。這樣，咸安年號實際實行不到兩年。咸安五年，則相當於孝武帝寧康三年（375）。這時的玉門花海一帶屬前凉轄境。正如《資治通鑑》胡三省注所論：前凉政權

① 詳後所考《後凉麟加八年（396）姬女訓鎮墓文》。

“自張重華没後，張祚、張瓘、宋混、宋澄以及張邕、張天錫，遞相屠滅，凉浸衰矣”[①]。張天錫執掌大權後，“連年地震山崩，水泉湧出……而天錫荒於聲色，不恤政事”，“時苻堅强盛，每攻之，兵無寧歲”[②]，前凉政權正處在風雨飄摇的覆亡前夜。

據《中國歷史紀年表》[③]，前凉政權在東晉時期，除張祚曾於公元 354 年自建“和平”年號以外，衹奉行過“建興”和“升平”兩個年號。其中升平年號使用至二十年，即公元 376 年八月，前凉政權滅亡爲止。但實際上，當時屬前凉政權轄境的河西地區及吐魯番地區出土的前凉文獻中，咸安二年以後年號並不鮮見。2002 年玉門畢家灘 M40 墓出土佚名衣物疏即有“咸安五年”的紀年，且清晰可辨[④]。藏于甘肅省博物館的敦煌藏經洞文書《前凉沙彌淨明寫〈法句經〉道行品、泥洹品題記》也有“咸安三年十月廿日”的字樣。而事實上，在傳世文獻中早有相關記載。《開元釋教録》載：“優婆塞支施侖，月支人。博綜衆經……奉經來游，達於凉土。張公（天錫）見而重之，請令翻譯。以咸安三年癸酉，於凉州州内正廳堂後湛露軒下，出《須賴》等經四部。”又：“前凉張氏都姑藏，從晉年號。從張軌永寧元年辛酉，至天錫咸安六年丙子，凡八主，七十六年。”[⑤]陳垣先生據此指出：“張氏不獨始稱西晉愍帝建興年號，其末仍用東

---

① 《資治通鑑》卷 101“穆帝升平五年十一月條”胡三省注，北京：中華書局，1956 年，第 3187 頁。

② 《晉書》卷 86《張軌傳附張玄靚》，北京：中華書局，1974 年，第 2251 頁。

③ 《辭海》（第四卷），上海：上海辭書出版社，1999 年，第 2499—2559 頁。

④ 張俊民：《甘肅玉門畢家灘出土的衣物疏初探》，《湖南省博物館館刊》（第七輯），長沙：嶽麓書社，2010 年，第 400—407 頁。

⑤ 釋智升：《開元釋教録》，《大正藏》第 55 册，〔日本〕大正一切經刊行會，1934 年，第 519 頁。

晉簡文帝咸安年號。此爲稀有史料，不必於地下求之，特學人未之注意耳。”[①]侯燦引證《資治通鑑》“太宗簡文皇帝咸安元年十二月”條記載：該年十二月，前凉“張天錫聞秦有兼併之志，大懼，立壇于姑臧西，刑三牲，帥其官屬，遥與晉三公盟。遣從事中郎韓博奉表送盟文，並獻書于大司馬温，期以明年夏會於上邽”[②]，指出：“前凉奉咸安年號大概就在這次獻書之後”，“前凉奉用咸安應從咸安二年始，咸安六年八月張天錫政權便被前秦所滅。”[③]近年來，這一觀點被學界廣爲接受。如王素在其《敦煌出土前凉文獻所見“建元”年號的歸屬》一文中就説：“前凉在奉用東晉穆帝升平年號後，接著又奉用東晉簡文帝咸安年號，由於前凉升平應有十五年，東晉咸安元年當前凉升平十五年，則前凉奉用咸安年號最早應從二年開始(372)。”他還根據前引《開元釋教録》的記載認爲：“前凉奉用咸安年號，直到六年。”[④]這件鎮墓文爲學者們的這些看法提供了又一個有力的證據，也糾正了《辭海・附録・中國歷史紀年表》的疏誤。

M3：13 中出現的“日不時”，又見於後文所考《沮渠氏北凉玄始十年(421)張德政妻法静鎮墓文》，意爲某人死時，恰遇天道運行不合時。此不合時，即鎮墓文中所言“適值八魁九坎”。不時，不適時，不合時。羅隱《讒書・風雨對》：“風雨雪霜，天地之權也；山川

---

① 陳垣：《中國佛教史籍概論》，北京：中華書局，1962 年，第 15 頁。

② 《資治通鑑》卷 101，北京：中華書局，1956 年，第 3187 頁。

③ 侯燦：《晉至北朝前期高昌奉行年號證補》，《南都學壇(社會科學版)》1988 年第 4 期，第 43—54 頁。

④ 王素：《敦煌出土前凉文獻所見“建元”年號的歸屬——兼談敦煌莫高窟的創建時間》，《敦煌吐魯番研究》第 2 卷，北京：北京大學出版社，1997 年，第 13—22 頁。

藪澤，鬼神之所伏也。故風雨不時，則歲有饑饉；雪霜不時，則人有疾病。”①

48. 前秦建元十三年(377)工佷子鎮墓文　1985 年出土于敦煌祁家灣西晉十六國墓葬，2 件。均爲未燒制泥胎，灰黄色；侈口，長領，摺領頸。85DQM348：5 口徑 4.9 釐米，底徑 4.5 釐米，高 6.8 釐米；肩腹墨書鎮墓文，文字漫漶，現存 10 行，行 1～11 字，可辨識 40 字。85DQM348：6 口徑 4.5 釐米，底徑 5.2 釐米，高 6.8 釐米；肩腹墨書鎮墓文，文字漫漶，現存 11 行，行 4～8 字，可辨識 54 字。原報告均附有摹本圖影與釋文②，《編年》③與《集成(稿)》④録有釋文。兹據摹本圖影，參照各家録文，校釋如次：

(M348：5)

建元十三年十二月庚寅朔五日甲午直執，□□□〔男工佷〕子之身死。□□□□九□□□，天注、□□〔地注〕、歲注、月注、□□〔日注〕，生死異路，千秋萬□〔歲〕…………急急如□〔律〕令。

(M348：6)

建元十三年十二月庚寅朔五日甲午直執，男工佷子之身死。今下斗瓶、五穀、鉛人，用當□□〔重復〕地上生人。□□〔青烏〕子、北□〔辰〕，□□〔詔令〕死□〔者〕，□□□〔自受其〕殃，罰不兩□〔加〕，□殃，遠與他鄉。各如律令！

---

① 雍文華輯校：《羅隱集》，北京：中華書局，1983 年，第 197 頁。
② 《敦煌祁家灣西晉十六國墓葬發掘報告》，第 114—116 頁。
③ 王素、李方：《魏晉南北朝敦煌文獻編年》，第 101—102 頁。
④ 關尾史郎：《中國西北地域出土鎮墓文集成(稿)》，第 65—66 頁。

按：此“建元”爲前秦苻堅年號，十三年正當東晉孝武帝太元二年(377)。其紀年干支朔望及建除皆與曆法相合。

如前所引《資治通鑑》胡三省注：前凉政權“自張重華没後，張祚、張瓘、宋混、宋澄以及張邕、張天錫，遞相屠滅，凉浸衰矣”。咸安六年(376)年八月，秦軍抵達姑臧，“天錫素車白馬，面縛輿櫬，降於軍門”，苟萇將他送到長安。九月，苻堅“以梁熙爲凉州刺史，鎮姑臧。徙豪右七千餘户于關中……封天錫爲歸義侯，拜北部尚書”[①]，張氏政權至此滅亡。大約即從此時起，凉州開始使用前秦“建元”年號，至公元385年前秦滅亡，後凉建立。

49. 前凉升平十二年(368)至前秦建元十三年(377)蓋顔仲鎮墓文　1985年出土于敦煌祁家灣西晉十六國墓葬，編號爲85DQM302：7。泥胎，未燒制，灰黄色；侈口，平沿；口徑4.5釐米，底徑6.2釐米，高7釐米；腹部墨書鎮墓文11行，文字清晰，行2～5字，存41字。原報告附有摹本圖影與釋文[②]，《編年》[③]與《集成(稿)》[④]録有釋文。兹據摹本圖影，參照各家録文，校釋如次：

蓋顔仲，今自薄命早終。諸天注、地注、生注、死注、星注，皆自故埳玉。生人前行，死人却步，不得相注午(忤)。如律令！

按：此件無紀年，原報告定於升平十二年或稍前至建元十三

① 《資治通鑑》卷104，北京：中華書局，1956年，第3276頁。
② 《敦煌祁家灣西晉十六國墓葬發掘報告》，第107—108頁。
③ 王素、李方：《魏晉南北朝敦煌文獻編年》，第102頁。
④ 關尾史郎：《中國西北地域出土鎮墓文集成(稿)》，第95頁。

年或稍後①,兹從之。"皆自故坽玉",語意不詳,待考。

50. 後凉麟嘉八年(396)姬女訓鎮墓文　1980年出土于敦煌佛爺廟灣80DFM3墓,2件,屬東棺。陶質,均有朱書鎮墓文。80DFM3：6中缺,存13行;80DFM3：15(圖17)全10行,完整清晰,行5～7字,存55字。原報告均有釋文,其中80DFM3：15有摹本圖影②;《編年》③與《集成(稿)》④録有釋文。兹據摹本圖影,參照各家録文,校釋如次:

圖17　後凉麟嘉八年姬女訓鎮墓罐

(M3：6)

麟加(嘉)八年閏〔月〕甲辰朔六日己酉直執,姬□〔女〕訓身死,自往應之…………生人前行,死人却步。道異,不得相撞。□□〔急急〕如律令!

(M3：15)

麟加(嘉)八年閏月甲辰朔六日己酉直執,姬女訓身死,自往應之。今厭解天注、地注、歲注、月注、日注、時注。生人前行,死人却步。生死道異,不得相撞。急急如律令!

---

① 《敦煌祁家灣西晉十六國墓葬發掘報告》,第158、197頁。
② 甘肅省敦煌縣博物館:《敦煌佛爺廟灣五凉時期墓葬發掘簡報》。
③ 王素、李方:《魏晉南北朝敦煌文獻編年》,第103—104頁。
④ 關尾史郎:《中國西北地域出土鎮墓文集成(稿)》,第67—68頁。

按:"麟加"應作"麟嘉",後凉吕光年號(389～396),共8年。公元383年淝水之戰,苻堅大敗,隨之前秦帝國也土崩瓦解。這時,原前秦所屬各族將領紛紛擁兵割據,在短短的一兩年内北方各地就先後出現了後燕、西燕、後秦、西秦及夏等幾個少數民族政權。公元385年春,出征西域大獲全勝後東返的前秦大將吕光行至高昌時,得知苻堅敗績淝水,國内紛亂的消息,聽從部下建議,打起"赴難"的旗號急忙東進。凉州刺史梁熙派兵在玉門阻攔,於酒泉大戰一場,梁熙大敗。這一仗奠定了吕光對河西的統治基礎。不久,梁熙被武威太守擄獲,吕光順利進入姑臧,自稱凉州刺史、護羌校尉,初步建立起了在河西的統治。此後,吕光憑藉强大的軍事力量東征西討,歷時三年,終於鎮壓了各處的反抗,佔有了整個河西地區。公元389年二月,吕光自稱"三河王","置百官自丞郎以下,赦其境内,年號麟嘉"①,正式建立起割據政權。至396年六月,又稱天王,改元龍飛,建國號爲大凉,史稱後凉。

麟嘉八年當東晉孝武帝太元二十一年(396),是年閏三月,朔旦正爲甲辰,六日己酉直執,均與曆法相合。吕光於六月改年號爲"龍飛",至八月,敦煌仍用"麟嘉",當是消息閉塞所致。而2002年出土於玉門花海畢家灘M20墓所出衣物疏更有"麟嘉十五年"紀年者②。

51. 段氏北凉神璽二年(398)雍富昌鎮墓文　1985年出土于敦煌祁家灣西晉十六國墓葬,編號爲85DQM310:15。陶質,灰色;侈口,長頸歪領,曲鼓腹;口徑3.5釐米,底徑5釐米,高7.2釐

① 《晉書》卷122《吕光載記》,北京:中華書局,1974年,第3059頁。
② 詳見本書《河西衣物疏叢考》。

米；肩腹有墨書鎮墓文 14 行，文字清晰，行 2～6 字，存 65 字。原報告附有摹本圖影與釋文[①]，《編年》[②]與《集成（稿）》[③]録有釋文。兹據摹本圖影，參照各家録文，校釋如次：

神璽二年八月辛酉朔廿三日癸未，敦煌郡西鄉里民甬（雍）富昌命絶身死。今下斗瓶、鉛人、五穀，用當地上之福（復）。死者自受央咎，生死各異路，不得相注仵，便利生人。如律令！

按：同墓所出 M310：22 文字墨色與 M310：15 全同，見原報告第 116 頁。"神璽"是北凉年號，神璽二年相當於東晉隆安二年（398）。後凉龍飛二年（397）年春，吕光兵敗于西秦乞伏乾歸，冤殺沮渠蒙遜兩個伯父羅仇和麴粥，蒙遜利用歸葬的機會聚合諸部宗親萬餘人，起兵對抗後凉。後得沮渠男成響應，推舉建康太守段業"爲大都督、龍驤大將軍、凉州牧、建康公，改元神璽"[④]，建立了段氏北凉政權。敦煌出土"神璽二年"紀年鎮墓罐 2 件，説明至遲在第二年，敦煌一帶即歸屬于段氏北凉政權的統治了。

用當地上之福，"福"字應爲"復"，當爲同音致誤。河西出土魏晉十六國時期鎮墓文常有"生者當重復"、"當復地上"、"當地上生人"、"當重復地上生人"之類的用語，意思是用鉛人代替地上活著的親人，若有"重復"殃咎，就由鉛人代替承受。

---

① 《敦煌祁家灣西晉十六國墓葬發掘報告》，第 115—116 頁。

② 王素、李方：《魏晉南北朝敦煌文獻編年》，第 104 頁。

③ 關尾史郎：《中國西北地域出土鎮墓文集成（稿）》，第 69 頁。

④ 《資治通鑑》卷 109，北京：中華書局，1956 年，第 3455 頁。

此件書體隸意頗濃，筆跡端莊秀麗，書寫者受教育訓練程度較高。

52. 段氏北凉神璽二年(398)雍富昌妻鎮墓文　1985年出土于敦煌祁家灣西晉十六國墓葬，編號爲85DQM310：16。陶質，褐色；瓶殘，腹部有墨書鎮墓文，現存7行25字。原報告附有摹本圖影與釋文①，《編年》②與《集成(稿)》③録有釋文。兹據摹本圖影，參照各家録文，校釋如次：

神璽二年十一月己丑朔八日丙申，敦煌西鄉里民…………不□□□〔得相注〕忤。如律令！

按：此件與上件同出一墓，據發掘報告，爲夫妻合葬墓。前件85DQM310：15屬男墓主雍富昌，此件85DQM310：16屬女墓主雍富昌妻。

如前所引，陳國燦據敦煌新店臺所出幾件鎮墓陶瓶文字考證，前凉政權時期，敦煌效穀縣已有東、西、北3鄉之設。《敦煌學大辭典·地理》亦釋"西鄉"爲"前凉敦煌效穀縣鄉名。然此件出土地敦煌祁家灣西晉至十六國墓群，位處沙州故城以西3公里、現敦煌市以西3.5公里的七里鎮西北的戈壁灘上，其方位與西漢至北魏時期的效穀縣地望不合。故此西鄉或爲當時敦煌縣所直領之西鄉，非效穀縣之西鄉。

西鄉里，在敦煌所出十六時期鎮墓文中凡三見，黄敏認爲可能

① 《敦煌祁家灣西晉十六國墓葬發掘報告》，第115—117頁。
② 王素、李方：《魏晉南北朝敦煌文獻編年》，第104—105頁。
③ 關尾史郎：《中國西北地域出土鎮墓文集成(稿)》，第71頁。

即是“西鄉之西鄉里”，乃以鄉名命名里名者[1]。下文《魏平奴鎮墓文》之“都鄉里”命名與此相類。

53. 西凉庚子六年(405)張輔鎮墓文　1980年出土于敦煌佛爺廟灣80DFM1墓，3件，屬南棺。陶質，均有朱書鎮墓文。80DFM1：32全16行，稍殘，行3～8字；80DFM1：33全16行，甚殘，存55字；80DFM1：34全16行，稍殘，行4～9字。原報告均有釋文，其中80DFM1：34有摹本圖影(圖18)[2]；《編年》[3]與《集成(稿)》[4]録有釋文。兹據摹本圖影，參照各家録文，校釋如次：

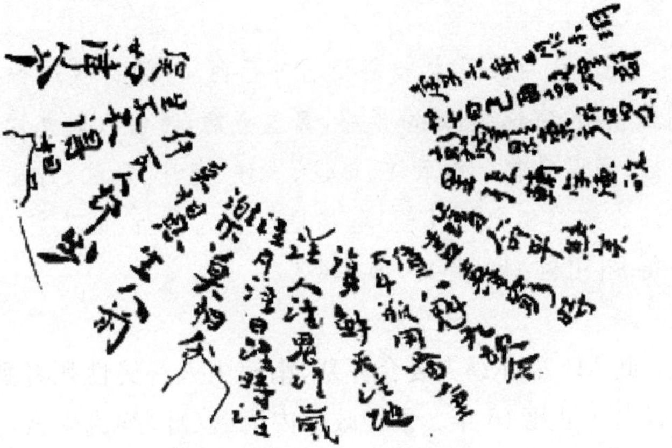

圖18　西凉庚子六年張輔鎮墓文摹本

① 黄敏：《漢魏六朝石刻鄉里詞語的整理與研究》，西南大學博士學位論文，2013年，第73頁。

② 甘肅省敦煌縣博物館：《敦煌佛爺廟灣五凉時期墓葬發掘簡報》。

③ 王素、李方：《魏晉南北朝敦煌文獻編年》，第108—110頁。

④ 關尾史郎：《中國西北地域出土鎮墓文集成(稿)》，第72—74頁。

(M1：32)

庚子六年正月水未朔廿七日己酉，敦煌郡敦煌縣東鄉昌利里張輔，字德政，身死。今下斗瓶、□〔鉛〕人、五穀瓶，當重地上生人。青烏子告北辰，詔令死者自受其殃，罰不加兩，移殃轉咎，遠與他里。如律令！

(M1：33)

庚子六年正月水未朔廿七日己酉，敦煌郡敦煌縣東鄉昌利里張輔，字德政，身死。今下斗瓶、□〔鉛〕人、五穀瓶，當重地上生人。青烏令□□□□□□□□□□殃□□□□□□□死(?)北(?)□□□□□□□□。如律令！

(M1：34)

庚子六年正月水未朔廿七日己酉，敦煌郡敦煌縣東鄉昌利里張輔，字德政，薄命早終，算盡壽窮，時值八魁九坎。今下斗瓶，用當重復。解天注、地注、人注、鬼注、歲注、月注、日注、時注。樂莫相念，□〔苦〕莫相思。生人前行，死人却步，生死不得相□〔注〕俟(忤)。如律令！

按：此M1墓亦爲夫妻合葬墓，南棺主人爲男性死者張德政，比其妻法静[①]早死16年。張德政棺内陶罐(鉢)均爲朱書，其妻棺内陶罐鉢皆是墨書。

庚子，爲西凉政權李暠年號，建立于東晉隆安四年(400)十一月。《資治通鑑》記載：東晉義熙元年(405)正月，"西凉公暠自稱大將軍、大都督、領秦凉二州牧，大赦，改元建初，遣舍人黄始、梁興

① 見後文所考：《沮渠氏北凉玄始十年(421)張德政妻法静鎮墓文》。

間行奉表詣建康"[1]。《晉書·李暠傳》亦曰:"義熙元年,玄盛改元爲建初,遣舍人黄始、梁興間行奉表詣闕。"[2]故一般歷史年表都以是年正月爲李暠改元建初的時間,從而庚子年號一般也衹有五年。此件鎮墓文之確切紀年表明,李暠改元建初當在正月以後。

54. 西凉建初五年(409)畫虜奴鎮墓文　1985年出土于敦煌祁家灣西晉十六國墓葬,2件,均爲陶質,侈口,長領,束頸。85DQM336:4灰色,内裝粟及雲母片;口徑4.2釐米,底徑5釐米,高6.7釐米;自唇以下之頸、肩、腹部朱書鎮墓文9行,文字清晰,行4～8字,存60字。85DQM336:5爲淺灰色,口徑4.2釐米,底徑4.6釐米,高6.1釐米;頸、肩、腹部朱書鎮墓文12行,字跡基本清晰,行3～7字,存72字。原報告均附有摹本圖影與釋文[3],《編年》[4]與《集成(稿)》[5]録有釋文。兹據摹本圖影,參照各家録文,校釋如次:

(M336:4)

建初五年潤(閏)月七日辛卯,郭(敦)煌郡郭(敦)〔煌〕縣都鄉里民畫虜奴身死。今下斗瓶、五〈五〉穀、鉛人,用當重復地上生人。青烏子告〔北〕辰,詔令死者自受其〔殃〕,罰不兩加。如律令!

(M336:5)

建初五年閏月七日辛卯□,敦煌郡敦煌縣都鄉里民畫虜

① 《資治通鑑》卷114,北京:中華書局,1956年,第3580頁。
② 《晉書》卷87《李暠傳》,北京:中華書局,1974年,第2259頁。
③ 《敦煌祁家灣西晉十六國墓葬發掘報告》,第117—118頁。
④ 王素、李方:《魏晉南北朝敦煌文獻編年》,第112—113頁。
⑤ 關尾史郎:《中國西北地域出土鎮墓文集成(稿)》,第75—76頁。

奴之身死。□死□時，適值八魁九坎，厭解天注、地〔注〕、歲注、月注、日注、時注，生死異路，千秋萬歲，不得相注忤，便利生人。急急如律令！

按：敦煌出土鎮墓文，若同墓兩件都遇閏月，往往一作"潤月"，一作"閏月"，如前考《升平十三年(369)氾心容鎮墓文》。這樣，恐怕就不能簡單地把前者看作是筆誤了。聯繫本文所考《西凉庚子六年(405)張輔鎮墓文》把紀日干支"癸未"寫成"水未"及《西晉元康七年(297)陳小晴鎮墓文》2件紀日干支一作"癸卯"，一作"水卯"的情況看，這應是書寫者爲追求變化，刻意求新的結果。前凉建初五年當東晉義熙五年(409)，是年閏十月，朔旦及干支皆合。

55. 西凉建初十一年(415)魏平奴鎮墓文　1985年出土于敦煌祁家灣西晉十六國墓葬，編號爲85DQM369：9。陶質，灰黑色；微卷沿，斜三角尖緣，微束頸，鼓腹，大平底；口徑4.2釐米，底徑5.2釐米，高7.4釐米；肩腹部朱書鎮墓文13行，最後一字"令"寫在瓶底。字跡清晰，行1～7字，存54字。原報告附有摹本圖影與釋文①，《編年》②與《集成(稿)》③録有釋文。兹據摹本圖影，參照各家録文，校釋如次：

建初十一年十二月十一日，敦煌郡敦煌縣西鄉里魏平奴死。今下斗瓶、五穀、鉛人，用當重復地上生人。青烏子〔告北辰〕，詔令死者自受其央。如律令！

① 《敦煌祁家灣西晉十六國墓葬發掘報告》，第119、122頁。
② 王素、李方：《魏晉南北朝敦煌文獻編年》，第114—115頁。
③ 關尾史郎：《中國西北地域出土鎮墓文集成(稿)》，第77頁。

按：魏平奴死，原報告釋作"魏平友永"，誤；黄景春釋如上文①。細察原報告摹本圖影，聯繫鎮墓文一般體例推斷，黄景春釋讀甚是，兹從之。文末"令"字書於瓶底，從原件摹本看，是没有掌握好佈局，最後一字没地方可寫，不得不變通，臨時書於瓶底，似乎别無深意。

56. 沮渠氏北凉玄始九年(420)□安富鎮墓文　1985年出土于敦煌祁家灣西晉十六國墓葬，編號爲85DQM312：5(圖19)。陶質，灰色；侈口，尖唇，平沿；口徑3.9釐米，底徑4.8釐米，高6.3釐米；自唇以下墨書鎮墓文11行，字跡清晰，行1～8字，存58字。原報告附有摹本圖影與釋文②，《編年》③與《集成(稿)》④録有釋文。兹據摹本圖影，參照各家録文，校釋如次：

圖19　北凉玄始九年□安富鎮墓罐

玄始九年九月十九日，敦煌郡敦煌縣都鄉里民□安富，生時漏八科九魁，下斗瓶，除地上之福(復)。生人前行，死人却步，生死各異路，不得相注仵。如律令！

① 黄景春：《早期買地券、鎮墓文整理與研究》，第217頁。
② 《敦煌祁家灣西晉十六國墓葬發掘報告》，第118—119頁。
③ 王素、李方：《魏晉南北朝敦煌文獻編年》，第120—121頁。
④ 關尾史郎：《中國西北地域出土鎮墓文集成(稿)》，第80頁。

按：玄始，有時作“元始”，爲北凉沮渠蒙遜年號（412～428）共用17年。玄始九年爲公元420年，當南朝劉宋永初元年，西凉李歆嘉興四年。據史書記載，這年七月，沮渠蒙遜精心策劃了對西凉的戰爭，採用聲東擊西戰術，使西凉主李歆中了圈套，最後在蓼泉（今甘肅臨澤縣蓼泉鄉一帶）一戰中全軍覆没，李歆本人也丢了性命。蒙遜乘勝佔領了酒泉。西凉酒泉太守、李歆之弟李翻等逃奔敦煌。沮渠蒙遜安定了酒泉後即發兵西攻敦煌，李翻與其弟敦煌太守李恂等撤出敦煌，逃往北山。沮渠蒙遜派索元緒出任敦煌太守。然索元緒粗險好殺，大失人心。敦煌大族宋承、張弘等“以恂在郡有惠政，密信招恂”①，李恂又率數十騎返回敦煌，索元緒東奔凉興。宋承等地方人士於是共推李恂爲冠軍將軍、凉州刺史，改元永建。不久，蒙遜派其子沮渠政德攻打敦煌，李恂閉城不戰。第二年，蒙遜親自率兵二萬趕來，從三面築堤堵水灌城。李恂派壯士偷偷前去決堤，但没有成功，戰敗自殺。敦煌失陷，李歆子重耳南奔劉宋；李翻子李寶被押送到姑臧，西凉至此滅亡。此件“玄始九年九月”與下件“玄始十年八月”的紀年，證實了《晉書》與《資治通鑑》的記載，同時也補充了一些細節，説明李恂回返敦煌當在公元420年九月以後，並至遲在第二年八月之前即被沮渠蒙遜所滅。

此件書法有漢簡風格，然粗糙拙劣。“漏八科九魁”當是“適值八魁九坎”之誤；“除地上之福”，如前考《段氏北凉神璽二年（398）□富昌鎮墓文》“用當地上之福”，其“福”應爲“復”字之誤。

57. 北凉、西凉（420前）佚名鎮墓文　1985年出土于敦煌祁家灣西晉十六國墓葬，編號爲85DQM301：12。陶質，灰色；侈口，尖

① 《晉書》卷87《李歆傳》，北京：中華書局，1974年，第2271頁。

脣,平沿,長頸鼓肩,下腹部斜直收成平底;口徑 4.5 釐米,底徑 4.2 釐米,高 6.8 釐米;腹部墨書鎮墓文 4 行,每行 1 字,字跡較大,清晰可辨。原報告附有摹本圖影與釋文①,《編年》②與《集成(稿)》③録有釋文。文如下:

鉛人,五穀。

按:此件亦無紀年,原報告定該墓爲二期五段,即"北涼和西涼時期,始於 4 世紀末,止於北涼攻滅西涼"④,兹從之。文字形制獨特,衹簡潔地寫出鎮物之名,爲各種鎮墓瓶、罐、缽所僅見。書寫亦率意而爲,書風灑脱不羈,佈局大膽奇特。

58. 西晉十六國(420 前)佚名鎮墓文　1987 年出土于敦煌新店臺墓群。2 件,編號爲 87DXM204:19 和 87DXM204:20。陶盆,出土時均已破碎,經黏合後仍有殘缺,器形及大小尺寸亦同;敞口,外卷脣,圓腹平底;口徑 26.2 釐米,底徑 14.5 釐米,高 9.5 釐米;盆外朱書鎮墓文 24 行,盆内 4 行,殘行 2～6 字。報告未出,《中國道教考古》據何雙全提供材料校釋⑤。兹校理如次:

(87DXM204:19)

天注、地注、氣注、行注、非行注、遊散注、風注、水注、土

① 《敦煌祁家灣西晉十六國墓葬發掘報告》,第 117、119 頁。
② 王素、李方:《魏晉南北朝敦煌文獻編年》,第 119 頁。
③ 關尾史郎:《中國西北地域出土鎮墓文集成(稿)》,第 93 頁。
④ 《敦煌祁家灣西晉十六國墓葬發掘報告》,第 158、198 頁。
⑤ 張勛燎、白彬:《中國道教考古》(第一卷),第 491—495 頁。

注、不受屬注、客死注，不得還相注，皆自收去。天帝使者知汝名，千秋萬歲，不共相管。生者受(壽)如南□〔山〕。

女淮心□，孫子□□□，孫女五□□，孫婦訓議，婦子訓心，君令傳尹少明、天保、天壽、鄧令世、李狗兒、韓石。

時謗人張定受(度)。左青龍，右帛(白)〔虎〕，前朱雀，□□□……〔不得還〕相注。皆收去，出去。急急！

(87DXM204：20)

天注、帝(地)注、〔氣〕注、行注、非行注、遊散注、風注、水注、土注、不受屬注、客死注，不得還相注，皆自收去。天帝使者知汝名，千秋萬歲，不共相會。生者受(壽)如南□〔山〕。

孫子□□□，女孫五□，孫婦訓議，婦子訓心，君令傳尹少明、天保、天壽、□□、鄧令世、李狗兒、韓石。

□□□□□，諸□〔注〕儘自□□〔收去〕，出去。急急！

按：此件器型及文字内容體例與其他鎮墓文絶不相同，是一件特殊的鎮墓文，應具有較大的研究價值。其中所列各注名中，“不受屬注”和“客死注”罕見。前者尚難確指，姑存疑。“客死注”於道書文獻多見，乃客死異鄉而成之注鬼。

其中87DXM204：19號文末“張定受(度)”，原記録作“張定受”，張勛燎校爲“李定度”①。從原記録看，此處3個字中有2個即不確定，所以還不能成爲討論的依據。退一步看，設若原記録尚不確定的3個字確是“張定受”，因形體相近之故，可釋爲“張定度”的話，則此件具有重要意義。張堅固和李定度是後世買地券中常

① 張勛燎、白彬：《中國道教考古》(第一卷)，第491—494頁。

見的、充當陰陽兩界公認“見證人”的地下神仙。由於民間方士文化素質的問題,此兩神仙名稱有時也被誤作“張兼固、李定度”或“張定度、李堅固”,等等。此兩神仙在河西墓葬文獻中出現,僅此一例。而黄景春的相關研成果也表明,他們不見於東漢魏晉時期的買地券(包括鎮墓文),最早見於南朝劉宋元嘉十九年(442)廣東興始出土的買地券中。券末文曰:“此塚地分界時有張堅固、李定度,沽酒各半,共爲券莂。”[①]在吐魯番地區則直到高昌章和十三年(543)纔出現[②]。所以此件鎮墓文的出現,爲探究這兩位地下神仙的來龍去脈具有很大的價值,同時反過來又是據以推斷此鎮墓文年代的一個參考依據。

至於在這裏與張堅固、李定度同時粉墨登場的青龍、白虎、朱雀、玄武“四靈”,在河西地區則早在前凉升平六年(362)就出現了。2009年,文物工作者在甘肅玉門金雞梁清理了一批十六國時期的墓葬,其中M5墓出土衣物疏有“□月十七日大女趙年□年從南山赤松子。□(左)青龍右白虎知券”的内容。雖然此件紀年殘缺,但同墓所出棺檔板上有“升平六年九月五日大男趙□”的字樣,文物工作者據以斷爲升平六年[③]。同樣,這也爲我們推斷此鎮墓文年代提供了又一個可資參證的依據。

另外,值得注意的是,此件中没有死者姓名,却出現了死者衆親友的姓名,成爲鎮墓文之另一類型。

---

① 始興縣博物館(廖晉雄):《廣東始興發現南朝買地券》,《考古》1989年6月,第566—567頁。

② 黄景春:《地下神仙張堅固、李定度考述》,《世界宗教研究》2003年第1期,第46—54頁。

③ 甘肅省文物考古研究所(吴葒、王永安):《甘肅玉門金雞梁十六國墓葬發掘簡報》,《文物》2011年第2期,第26—39頁。

59. 沮渠氏北凉玄始十年(421)張德政妻法静鎮墓文　1980年出土于敦煌佛爺廟灣80DFM1墓,2件,屬北棺。陶質,均有墨書鎮墓文。80DFM1：6全22行,文字清晰,行2～7字(圖20);80DFM1：8全13行,中多殘缺,行4～7字。原報告均有釋文,其中80DFM1：6有摹本圖影①;《編年》②與《集成(稿)》③録有釋文。兹據摹本圖影,參照各家録文,校釋如次：

圖20　北凉玄始十年張德政妻法静鎮墓罐

(M1：6)

玄始十年八月丁丑朔廿六日壬寅,張德政妻法静之身〔死〕。今下斗瓶、五穀、鉛人,用當重復地上生人。青烏子告北辰,詔令死者自受其殃,罰不兩加,不得注忤生人,移殃轉咎,遠與他里。急急如律令!

(M1：8)

玄始十年八月丁丑朔廿六日壬寅,張法静之身死。日不時,適值八魁九坎,天注、地注、歲□〔注〕、月注、日注、□〔時〕注。汝壽□〔盡〕□〔算〕窮,□□□□□□,□〔不〕得□□□。□□〔急急〕□〔如〕律令!

---

① 甘肅省敦煌縣博物館:《敦煌佛爺廟灣五凉時期墓葬發掘簡報》。
② 王素、李方:《魏晉南北朝敦煌文獻編年》,第122—123頁。
③ 關尾史郎:《中國西北地域出土鎮墓文集成(稿)》,第82—83頁。

按:"玄始"爲北凉沮渠蒙遜年號。玄始十年即劉宋永初二年(421)。

此件不僅是敦煌地區年代最晚的鎮墓文,也是目前考古發現整個河西地區最後一件鎮墓文。寧强曾在《敦煌北凉三窟供養人及相關問題研究》一文中詳細分析了敦煌人口的實際構成,統治者和普通民衆宗教信仰的異同,當地宗教信仰的歷史演變過程及其特點。他以建初十二年(416)户籍殘卷爲例,證明敦煌五世紀初的人口主要是漢人,包括年老退役的士兵及其家屬,下級官吏和普通民衆。有一部分人,可能是内地來此定居的移民。他説:

> 墓葬出土的文字資料也表明,從公元三世紀到五世紀初的本地居民以漢人爲主,其宗教信仰則明顯是道教而非佛教。墓葬題記反映了當地人對死者的恐懼和他們想利用道教儀式分隔生人與死人的願望。大多數墓内隨葬有"斗瓶、五穀、鉛人",用以切斷死者與生人的聯繫。死者被告知必須"遠與他鄉",不得"注于生人"。隨著時間的推移,不確定的去處(他鄉)變成了"泰山",但死者仍被要求"自往應之"、"苦莫相念,樂莫相思"、"千年萬歲,乃復得會"。這些資料表明,敦煌人害怕死者,希望死去的親人能永遠離開家鄉。但道教的理論未能提供一個理想去處,使死人安心休息。直到公元 421 年,北凉佔領敦煌後的第一個年頭,本地傳統的葬俗突然停止,當地普通漢人開始轉信佛教,佛教"淨土"的觀念開始取代舊有的"他鄉"或"泰山",成爲死者的理想去處。但本地漢人信佛的特點,仍與虔誠的少數民族信仰者不同,反映出濃厚的儒家孝

悌觀念和道教符籙傳統的影響。①

寧强的描述符合敦煌鎮葬文獻的實際,其分析論斷對於我們深刻理解鎮墓文功用及其所反映的河西地區宗教信仰情況是十分有益的。

① 寧强:《敦煌北凉三窟供養人及相關問題研究(摘要)》,巫鴻主編:《漢唐之間的宗教藝術與考古》,北京:文物出版社,2000 年,第 532—533 頁。

第二章　河西衣物疏叢考

衣物疏，通俗地説，就是與死者一同埋入地下的隨葬物品清單，與買地券、鎮墓文等同爲重要的墓葬文獻之一類。它最早的功能在於記録爲死者準備的隨葬品，而不在於自身成爲隨葬品，記録的内容也僅限於死者隨身衣著，不包括器皿，並且没有書寫死者姓名，到後世纔增加了衣著以外的其他隨葬品，並注明死者姓名。其中最大的變化是滲入了道教的内容，鄭重聲明衣物歸主人所有，他人不得冒名認領，並請來道教法師予以保護。至十六國高昌時期，“隨葬衣物疏已發展成爲讓死者上天入地的過所”①，並具有了爲死者祈求冥福的思想。再到後來，隨葬衣物疏不再由死者的親友書寫，而是被寺院的比丘壟斷，衣物疏也成爲死者通過輪迴的通行證明②。

有關衣物疏的記載最早見之於《儀禮·既夕禮》：“書賵于方，若九、若七、若五；書遣於策。”③後世因稱之爲“賵方”或“遣

---

①　黄烈：《略論吐魯番出土的“道教符籙”》，《文物》1981年第1期。

②　孟憲實：《吐魯番古墓出土隨葬衣物疏的性質與發展》，《新疆地方誌》1993年第1期。

③　楊天宇：《儀禮譯注》，上海：上海古籍出版社，2004年，第383頁。

策”[①]。《漢書》也有相關記載：原涉爲人治喪“側席而坐，削牘爲疏，具記衣被棺木，下至飯含之物，分付諸客。”[②]自上世紀五十年代以來，考古工作者陸續發現戰國及漢代遣册各 14 批[③]，而 19 世紀末至 20 世紀七十年代，吐魯番地區也先後出土有前秦至唐初的衣物疏 62 件[④]，因其爲“研究中古時期歷史與社會的第一手實貴資料”[⑤]而倍受中外學者矚目，産生了不少有價值的研究成果。

河西走廊出土衣物疏目前見於考古發掘報告和相關研究論著的有 20 餘件，集中出土於玉門花海畢家灘、高臺駱駝城、武威旱灘坡等地。另外，在敦煌莫高窟北區也出土有 1 件。這些衣物疏雖也曾引起學界關注並有一些成果問世，但與吐魯番出土衣物疏相比，對它們的研究從總體看尚不够全面，考釋亦較簡略，於其所涉之名物、制度、地理與史實或多有未明之處，部分釋文亦間有可商者。故本文摭拾文獻與考古所見之河西走廊出土衣物疏，就相關問題稍作討論，以期進一步明瞭其實質與價值，並就正于學界方家。

---

① “賵方”與“遣策”並不完全等同：前者是對助喪賵贈人員及其所贈物品的記録，書于方牘；後者是對遣送死人所用隨葬物品的記録，書于簡策。但從目前所發現的考古資料看，“賵方”與“遣策”的書寫材料並未嚴格按照《儀禮・既夕禮》之規定，故有學者認爲：“書寫賵贈材料與古書記載的不同，可能出於地域或時代差異的緣故。”

② 《漢書》卷 92《原涉傳》，北京：中華書局，1962 年，第 3716 頁。

③ 田河：《出土戰國遣册所記名物分類匯釋》，吉林大學 2007 年博士學位論文，第 6—7 頁；王貴元：《漢代簡牘遣策的物量標記法和量詞》，張顯成主編：《簡帛語言文字研究》(第一輯)，成都：巴蜀書社，2002 年，第 144 頁。

④ 周艷萍：《吐魯番出土隨葬衣物疏探索》，陝西師範大學 2009 年碩士學位論文，第 34 頁。

⑤ 劉安志：《吐魯番出土衣物疏研究二題》，《魏晉南北朝隋唐史資料》第 22 輯，武漢大學文科學報編輯部，2005 年，第 146—160 頁。

第一節　東漢魏晉衣物疏

1. 東漢(220前)張德宗衣物疏　1974年出土于武威縣城南郊,現藏武威市博物館。木牘。斷裂嚴重,修復後長20釐米,寬3釐米。兩面墨書文字。正面4欄,第一欄1行,第二欄4行,第三欄5行,第四欄1行,行4～11字;背面3欄,第一、二欄各4行,第三欄3行,行4～8字。無報告,党壽山有研究專文釋讀並附圖影①,玆據以校釋如次:

張德宗衣被□疏:軀長衣襦一領,直領二領,練襦一領,□季明新婦送大家,縹綺直領季明新婦送大家,絮帛三枚,青緷一領,縑脅一領送大家,絲履一良送大家,新□送大家,新絉一良(量)送大家,新絹裙一領送大家,故裙五領,新被一領送大家,故被一領,故襦短紬各一領,分囊大小四領,新□繒白百五十匹,故小青襦一領,鏡斂一枚,緟斂一枚。

按:此件無紀年。党壽山認爲,同墓出土"隨葬的緑釉陶盤、耳杯以及倉、灶、井、壺、爐等釉陶器,與中原及甘肅東漢中、晚期墓葬遺物相同。其時代約可在順帝至靈帝時期"②。從衣物疏的内容看,此件與魏晉十六國時期河西地區出土衣物疏也有一些不同

① 党壽山:《介紹武威出土的兩件隨葬衣物疏木方》,"中國簡牘學國際學術研討會"論文,蘭州,1991年;又載党壽山《武威文物考述》,武威博物館2001年印行,第62—74頁;又以《武威出土的兩件隨葬衣物疏》爲題刊《隴右文博》(武威專輯),2004年。

② 党壽山:《介紹武威出土的兩件隨葬衣物疏木方》。

之處：不僅有死者生前所用的舊物，如故裙、故被、故小青襦等，也有生人所送新衣物，如新被、新絹裙等；除記生人送的新衣物外，還記賵贈者的姓名，等等。這些不同之處也爲此衣物疏的年代推斷提供了依據。

但還有一些疑點：一是除此件外，河西地區尚未發現其他東漢以前的衣物疏。二是上世紀七八十年代在武威縣清理的一些墓葬往往有先斷代爲東漢，後據新發掘有明確紀年墓葬之形制和隨葬器物校正爲魏晉十六國時期者，如 1974 年 1 月，武威縣柏樹公社橋兒大隊第五生産隊在開挖金塔河幹渠時，發現的那座出土有一批古紙的墓，先斷代爲東漢，後校正爲晉代，等等。三是此件書寫格式與字體都與高臺駱駝城所出前涼時期《都中趙雙衣疏》、《周女敬衣物疏》、《周南衣物疏》有共同的特點。所以，關於此件年代的定奪，還需慎重其事。

該件衣物疏正面 3 欄，第一欄隸書大字體居中書寫“張德宗衣被□疏”7 字，十分醒目，這應是自題。1976 年廣西貴縣羅泊灣漢墓出土有一件衣物疏木牘（M1：161），右上即有自題“從器志”①。衣物疏冠有標題，在吐魯番出土文書中所未見，而在河西地區出土衣物疏中，除此件外，還有下文所考出土於高臺駱駝城的《都中趙雙衣疏》、《周女敬衣物疏》、《周南衣物疏》等，都是大字居中書于正面上方。另外，玉門畢家灘 M3 墓出土衣物疏正面第一欄首行“衣物疏”3 字也是自題。這是一個值得注意的現象，對於記録隨葬物品這種特殊喪葬文書的命名有著重大意義。

---

① 廣西壯族自治區博物館：《廣西貴縣羅泊灣漢墓》第 79 頁/圖版四十一，北京：文物出版社 1988 年。

“新□繒白百五十匹”之“白”，復旦大學張小艷認爲當爲“帛”的借字[①]。《漢語大字典》正有此義項[②]，可從。下文“青絳匹白”與此同。

2. 三國魏青龍四年(236)民左長衣物疏　1991年出土于武威新華鄉紅崖子支渠墓葬。木牘。長23.3釐米，寬3.7釐米，厚0.4釐米。右上方殘缺一角，兩面墨書文字7行，基本清晰，行4～25字。黎大祥原報導附有釋文[③]，党壽山[④]、梁繼紅[⑤]、何雙全等[⑥]有研究專文。兹據原物圖版(圖21)並參照各家釋文，校釋如次：

故單被一領，故裲當一領，故□一枚，故袴一量，故襦一領，故褌一枚，故單衣一領，故鞢一量，故巾一枚，故履一量，故□具一具，故銅刀一枚，故弩基郭一枚，青絳匹白百一十匹故□可用，故被一領，故審一枚，故板一枚。

青龍四年五月四日，民左長坐醉死。長所衣衣十三牒皆具。長故著身衣。

---

① 本文凡引張小艷成果，皆出自她在本文已刊稿複印件上所做手校，下文不再注明。

② 《漢語大字典》“白”(二)：通“帛”。一種絲織品。《釋名・釋兵》：“白旆，殷旌也，以帛繼旐末也。”清朱駿聲《説文通訓定聲・豫部》：“白，叚借爲帛。”《詩・小雅・六月》：“白旆央央。”孔穎達疏：“言白旆者，謂絳帛。”按：《公羊傳・宣公十二年》疏載孫炎《爾雅》注引作“帛旆英英”。《管子・輕重戊》：“其年，民被白布。”戴望校正：“白，帛假字。”

③ 黎大祥：《(1991年)武威發現三國墓》，《中國文物報》1991年9月22日。

④ 党壽山：《介紹武威出土的兩件隨葬衣物疏木方》。

⑤ 梁繼紅：《武威出土的漢代衣物疏木牘》，《隴右文博》1997年第2期。

⑥ 何雙全、狄曉霞：《甘肅省近年來新出土三國兩晉簡帛綜述》，《西北師大學報(社會科學版)》2007年第5期。

圖 21　三國魏青龍四年民左長衣物疏

按:"青龍"爲三國魏明帝曹叡年號,共使用了4年。青龍四年爲公元236年。從而此件爲河西出土紀年墓葬文獻中年代最早者,亦較吐魯番出土最早的《前秦建元廿年(384)缺名衣物疏》早148年,對於衣物疏流傳演變歷史的研究具有重要意義。

墓主人民左"坐醉死",有人認爲是因飲酒過量而死,有人認爲是因爲觸犯刑律而死。持前説者乃望文生義,持後説者釋"醉"爲"罪"之假借,如此,則"坐醉"爲"坐罪"之諱飾語。《漢語大詞典》"坐罪"一目所引書證最早爲宋陳岩肖《庚溪詩話》卷下:"一日,妓之父以事係縣中,當坐罪"①,可參考。但"醉死"之類的説法在喪葬文書中常見。如湖南長沙縣出土《劉宋元嘉十年(433)徐副買地券》:"荆州長沙郡臨湘縣北鄉白石里界官祭酒代元治黄書契令徐副,年五十九歲,以去壬申年十二月廿六日,醉酒壽終,神歸三天,身歸三泉,長安蒿里。"湖北鄂州郭家細灣墓出土《元嘉十六年(439)蔄謙買地券》:"武昌郡武昌縣東鄉新平里男蔄謙,年六十五歲,以今己卯歲二月九日巳時,醉酒命〔終〕。"廣東仁化縣《劉宋元嘉二十一年(444)田和買地券》:"始興郡曲江縣□鄉太平里田□□□,以去元嘉廿年十一月廿六日,平,醉命終,神歸三天,

① 羅竹風等:《漢語大詞典》(第二卷),上海:漢語大詞典出版社,1988年,第1051頁。

身歸三泉，長安蒿里。"廣西鹿寨縣《梁中大通五年(533)周當易買地券》："今日大化，復除道民，象郡新安縣都鄉治下里没故女民周當易，醉酒命終。"僅湖北英山縣所出南宋買地券中述及亡人歿故使用了"因往後園採花。遇仙人賜酒，醉後命終"之類語句的就有七八件之多[①]。這種説法出自人死後升入仙界的觀念，應該也是死亡的一種諱飾語。

此件中"故履一量"、"故袴一量，故襪一量"之"量"，應爲量詞，同"緉"，亦可作"倆"、"兩"，即雙也。李明曉曾著文考釋："'量'用法基本同'兩'，稱量鞋(靴)襪，不過衹見于晉代簡牘。"[②]竇磊進一步闡發："'量'作爲量詞，在漢晉衣物疏中凡 13 見，全部用來修飾鞋、襪。"[③]其實，"量"作爲量詞，在漢晉衣物疏中出現頻次很高，遠不止 13 見，僅本文所録即達 28 見，在吐魯番所出衣物疏中更是十分常見。"衹見于晉代簡牘"的話也未免武斷，如本文所録《河西大涼國安樂三年(619)郭方隨葬衣物疏》原件爲紙質，其中就有"綿脚靡並低靴各一量"的内容。總之，使用了量詞"量"的衣物疏，就其時代而言，自漢至晉，一直延續到了唐初；書寫材料則既有簡牘，亦有紙張。並且作爲量詞，"量"不僅修飾鞋襪，也修飾有成雙構件的其他衣物。如本件"故袴一量"之"袴"，是古人穿著的一種套褌，也稱褌套、無襠褌，是衹有左、右褌管，而没有褌襠、褌腰的服飾用品，穿著時用係帶方式和褌帶係結在一起——現時穿著的有襠褌，就

① 這幾例買地券均引自魯西奇：《中國古代買地券研究》，厦門：厦門大學出版社，2014 年。

② 李明曉：《試析魏晉簡牘中的服裝量詞"兩"、"量"、"要"、"立"》，簡帛網(http://www.bsm.org.cn/)2010 年 2 月 19 日。

③ 竇磊：《漢晉衣物疏補釋五則》，簡帛網(http://www.bsm.org.cn/)2011 年 5 月 21 日。

是從古代的"袴"演變發展而成——因有左右對稱的兩隻褲管,故以"量"稱之。上件《張德宗衣物疏》中的"絲履一良"、"新絑一良"之"良",應爲"量"的同音假借。

關於此件,梁繼紅解釋:"'量'即兩。"何雙全、狄曉霞沿用並闡發,認爲是"兩"的假借字,用以避雙數之諱①。其實這種用法不僅僅存在於墓葬文獻,在傳世文獻中亦不鮮見②,如《世説新語·雅量》中就有"未知一生當箸幾量屐"的句子③,用於日常口語,並無避諱之必要。

"故裲當一領"之"裲",梁繼紅釋爲"禰",何雙全因之未改。禰,《漢語大字典》未收,但有學者的研究成果表明,魏晉南北朝敦煌鎮墓罐及莫高窟所出敦煌遺書中的俗寫字"苪"、"[illegible]"等形體,都應釋爲"兩"④。據此推斷,"禰"當爲"裲"的俗寫體。此衣物疏中的"裲當",亦作"裲襠"、"兩當",即馬甲、坎肩或背心。《釋名·釋衣服》:"裲襠,其一當心,其一當背也。"王先謙《釋名疏證補》卷五:"案即唐宋時之半背,今俗謂之背心。當背當心,亦兩當之義也。"⑤裲襠一物在河西所出衣物疏中凡 7 見,其中寫作"兩當"的有 4 件。

"故禪一領"之"禪",党壽山、黎大祥均釋爲"裨",梁繼紅、何雙

---

① 何雙全、狄曉霞:《甘肅省近年來新出土三國兩晉簡帛綜述》。

② 參見李明曉《試析魏晉簡牘中的服裝量詞"兩"、"量"、"要"、"立"》所引。

③ 劉義慶撰,劉孝標注:《世説新語》,光緒十七年思賢講舍刻本影印本,上海古籍出版社,1982 年,第 201 頁。

④ 黄征:《敦煌俗字典》,上海:上海教育出版社,2005 年,第 244 頁;劉樂賢:《釋魏晉南北朝時期解注文的"兩"字》,復旦大學出土文獻與古文字研究中心編:《出土文獻與傳世典籍的詮釋——紀念譚樸森先生逝世兩周年國際學術研討會論文集》,上海:上海古籍出版社,2010 年,第 436 頁。

⑤ 轉引自《辭海·語詞分册》(下),上海:上海辭書出版社,1977 年,第 1946 頁。

全釋爲“禪”，細察原物圖片，實在難以辨識。作爲隨葬物品之一種，“禪”顯然講不通。“裨”字有衣物的義項，但指古代天子或諸侯、卿大夫祭祀時穿的次等禮服，此墓主“民左長”作爲普通百姓，使用的可能不大。所以此字當爲形近誤釋，揆其文義，或應爲“襌”。襌是古代的一種單衣。《禮記·玉藻》：“襌爲絅。”鄭玄注：“絅，有衣裳而無裏。”[①]

從已經出土的資料看，一件完整的衣物疏一般主要包括三部分：一部分是隨葬品清單，一部分是紀年，一部分是説明和聲明。其中紀年的書寫位置並不固定，有在前邊的，如吐魯番阿斯塔那 524 號墓出土的《高昌章和五年(535)令狐孝忠妻隨葬衣物疏》[②]；有在中間的，如阿斯塔那 1 號墓《西涼建初十四年(418)韓渠妻隨葬衣物疏》[③]；也有在最後落款的，如本文所考《前涼升平十三年(369)胡運千衣物疏》木牘也是單面書寫，紀年在木牘的左下方，等等。張俊民認爲，“衣物疏作爲隨葬品清單，主要是記録隨葬品的種類和數量，紀年的使用相對而言是屬次要的一部分”，一般書寫在後，所以凡遇兩面書寫之衣物疏，即將紀年一面作爲背面來處理[④]。這雖有一定道理，但實際情況是複雜的，還需具體問題具體對待。此件雖然年代較早，但三部分完整無缺。紀年後的説明語中有“皆具”的總結性内容，將紀年一面作爲背面處理是正確的。

---

① 轉引自《辭海·語詞分册》(下)，第 1948 頁。

② 國家文物局古文獻研究室、新疆維吾爾自治區博物館、武漢大學歷史系：《吐魯番出土文書》(第二册)，北京：文物出版社，1981 年，第 35 頁。

③ 《吐魯番出土文書》(第一册)，第 14 頁。

④ 張俊民：《甘肅玉門畢家灘出土的衣物疏初探》，《湖南省博物館館刊》(第七輯)第 400—407 頁，嶽麓書社 2010 年。

3. 西晉建興五年(317)趙雙衣物疏　2000 年出土於高臺駱駝城,現藏高臺縣博物館(圖 22)。木牘。長 26 釐米,寬 7.5 釐米,厚 0.6 釐米。出土後彎曲變形,並出現裂紋,但不影響文字釋讀。墨書。正面 5 欄,全 38 行,行 4～7 字;背面 6 行,行 6～12 字。無發掘報告,寇克紅曾著文考釋①,兹參照原物圖影校釋如次:

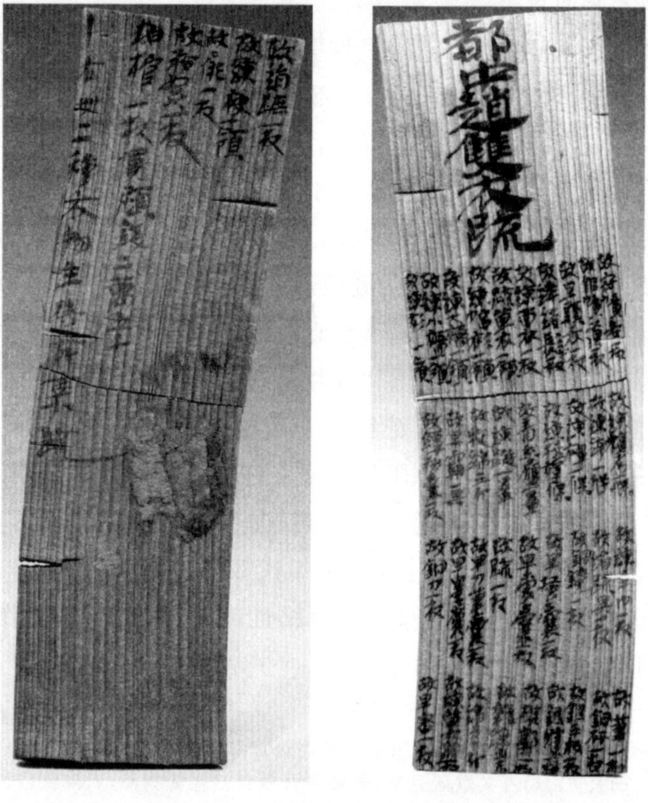

圖 22　西晉建興五年趙雙衣物疏

① 寇克紅:《高臺駱駝城前凉墓葬出土衣物疏考釋》,《考古與文物》2011 年第 2 期。

都中趙雙衣疏

故冠、幘各一枚，故銀幘道一枚，故早頭衣一枚，故絳結髮一枚，故練面衣一枚，故疏單衣一領，故練幅衫一領，故練大襦一領，故練小襦一領，故練衫一領，故練福裙一牒，故練絝一牒，故練褌一牒，故練短褌一牒，故青絲履一量，故練蹬一量，故收綿三斤，故早霸一具，故縹粉囊一枚，故練手巾一枚，故絹疏具一枚，故銅鏡一枚，故早搔囊一枚，故早麥囊一枚，故疏一枚，故早刀筆囊一枚，故早墨囊一枚，故銅刀一枚，故筆一□，故銅研一枚，故銀手板一枚，故銀護六枚，故機郭一枚，故雜彩五十匹，故綿六十斤，故練單衣一枚，故早審一枚，故絹蹠一枚，故練被一領，故俳(緋)一枚，故粉絮一枚，柏棺一枚，買顧錢二萬五千。

——右卌二種衣物生時所秉疏。

按：此件與後文所考《趙阿兹衣物疏》同出一墓，高臺縣博物館寇克紅認爲該墓爲夫婦合葬墓，"墓主人男叫趙雙，女名趙阿兹"①。《趙阿兹衣物疏》有紀年，爲"建興五年"，既爲合葬墓，年代相距當不遠，故將此件亦以建興五年係之。

此件出現的名物"早霸"，即皂把。早，即"皂"，黑色。霸，通"把"，即手握，亦稱握手。握手一般置於死者手中，辟邪之物，並用以象徵財富。《釋名·釋喪制》："握，以物著屍手中使握之也"②，即此。這種喪葬習俗古已有之。《儀禮·士喪禮》："握手用玄，纁

① 寇克紅：《高臺駱駝城前凉墓葬出土衣物疏考釋》。

② 劉熙：《釋名》，《文淵閣四庫全書》第221册，上海：上海古籍出版社，1987年，第422頁。

裹，長尺二寸，廣五寸，牢中旁寸，著，組繫。”[1]《儀禮·既夕禮》：“設握，裹親膚，繫鉤中指，結於掔。”[2]所謂握手大約即兩手交迭，用握(布帶)束縛起來，而束縛的地方約放在掔處，即是手掌後手腕的地方。手握之葬俗，從設握的方式、方法以及質料、形制，各代有所差異。漢以來墓葬中常有死者兩手握玉豚或玉璜，還有握木棒、銅錢者。駱駝城漢、魏晉墓葬出土有手握木虎、木瓜和木豬者，酒泉魏晉墓中亦出土有琥珀雕豬握手。在吐魯番衣物疏中，“手把”一物出現頻次較高，且常常與“玉豚”連用，但同墓所出實物往往爲木制手握，而鮮有玉豚，究其原因，乃爲隨葬衣物疏起初多紀實，後來逐漸發展，往往誇大其事，所記物品與實際隨葬物品並不相符。而目前所發現的河西地區隨葬衣物疏，其寫實成分要多一些。

雜彩，是紡織成匹的絲繒品，可用來縫製衣被等生活用品。駱駝城遺址西8公里處的許三灣墓葬曾出土彩繪壁畫磚，上有“采帛”、“木几”的題記，畫面繪木几之上放紅、黑、白等彩色卷狀物，此即形象的雜彩。吐魯番出土文書《北涼承平十六年(458)武宣王沮渠蒙遜夫人彭氏隨葬衣物疏》記：“故雜彩絹九萬九千九百九十九匹，故綿九萬九千九百九十九斤，故□雜彩綿□囊一枚。”[3]後文所考駱駝城出土文書《周南衣物疏》亦記：“故諸百物前皆自有，故雜彩二百匹，故弩基郭一枚本自有。”

“買顧錢二萬五千”，寇克紅釋讀爲“買隨錢二萬五千”。細察

① 楊天宇：《儀禮譯注》，上海：上海古籍出版社，2004年，第348頁。

② 楊天宇：《儀禮譯注》，第393頁。

③ 柳洪亮：《新出吐魯番文書及其研究》，烏魯木齊：新疆人民出版社，1997年，第20—22頁。

原物圖影，當以“買顧”爲是。顧，通“雇”，雇賃，報酬。《篇海類編·身體類·頁部》：“顧，與雇同，傭也。”《韓非子·外儲説左上》：“乘白馬而過關，則顧白馬之賦。”陳奇猷集釋：“顧、雇通。”《漢書·鼂錯傳》：“斂民財以顧其功，而民不恨者，知與而安也。”顔師古注：“顧，讎也，若今言雇賃也。”此衣物疏中，“買”、“顧”同義復用。買顧錢，指隨葬供購買雇賃等使用的錢財。

4. 西晉建興五年(317)趙阿兹衣物疏　2000 年出土於高臺駱駝城，現藏高臺縣博物館(圖 23)。木牘。長 18.5 釐米，寬 9.5 釐米，厚 0.8 釐米。墨書。單面 4 欄，全 37 行，行 4～19 字。無發掘報告，寇克紅曾著文考釋①，兹參照原物圖影校釋如次：

故結髮一枚，故叉(釵)二雙，故樹(梳)七枚，故巾一枚，故績一枚，故□面衣一枚，故真朱(珠)十枚，故緑被一枚，故白練衫一領，故絳襦一領，故緋大襦一領，故綿福衫一領，故丹□□領一領，故紫把二枚，故白練小褌一牒，故青褌一牒，故絳袴一牒，故布裙一牒，故緋縹裙一牒，故白絹緣裙一牒，故絲絑一量，故丹絲履一量，故白絹靡一枚，故造(皂)疏具一枚，故白練手巾一枚，故紫粉囊一枚，故銅鏡一枚，故緋繡胡粉囊一枚，故紫春囊一具、□絹三千九百匹，故紫捍(搔)囊一具，故收綿四斤，故黄絹被一領，故弩基郭一枚、金餅四枚，故護二枚，故刀尺一具，故柏官(棺)一口，顧錢九萬九千九百九十九。

建興五年正月廿八日，趙阿兹凡雜衣卅六種疏。

---

① 寇克紅：《高臺駱駝城前涼墓葬出土衣物疏考釋》，《考古與文物》2011 年第 2 期。

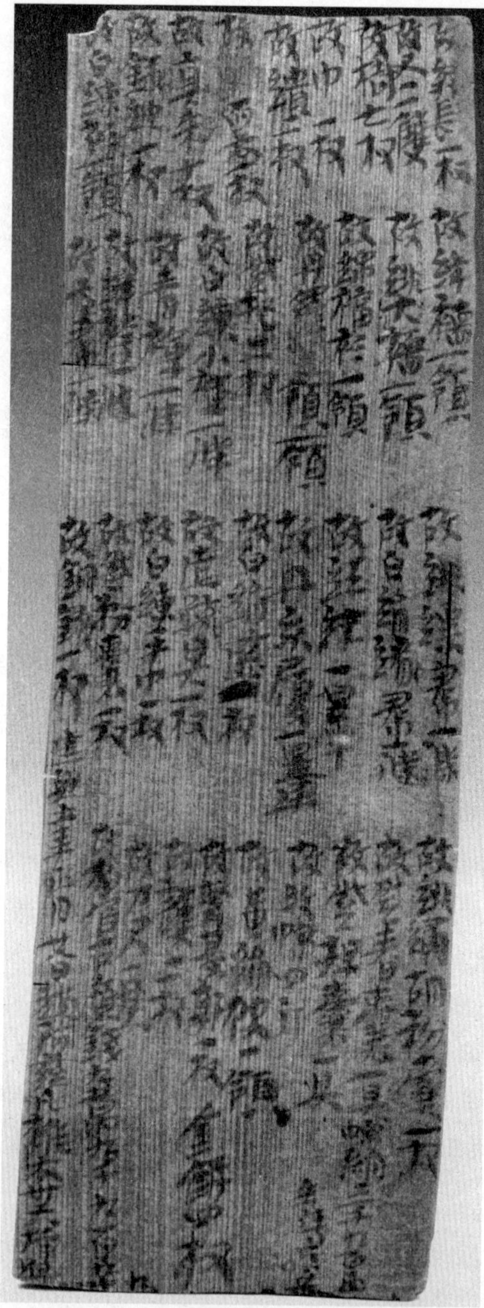

圖 23　西晉建興五年趙阿茲衣物疏

按：此件有確切紀年。"建興"爲西晉愍帝司馬鄴年號，衹用了4年，西晉政權即告覆亡。建興五年（317）當東晉元帝建武元年。這年正月，覆亡不久的西晉王朝黄門郎史淑、侍御史王沖從長安逃出，到達姑臧。史淑等人對張寔説，愍帝出降前一日，讓他們拿著詔書"賜張寔，拜寔大都督、凉州牧、侍中、司空，承制行事"，張寔於是"大臨三日，辭官不受"，表達了對晉王室的忠心①。三月，琅琊王司馬睿在建康稱晉王，改元建武，歷史上從這一年起稱東晉。次年三月，晉王正式即位稱帝。張寔得知消息後，即派部屬蔡忠"奉表詣建康；比至，帝已即位。寔不用江東年號，猶稱建興"②。自此以後，前凉政權歷張茂、張駿、張重華，奉行不廢，通用"建興"年號，至孝宗升平五年（361），張天錫乃奉升平年號。這樣，前凉政權使用"建興"年號前後達45年之久。

河西地區出土墓葬文獻，就目前所見使用"建興"年號的達25件之多，其中年代最早者爲出土于敦煌祁家灣西晉十六國墓葬的《建興元年（313）吕來業鎮墓文》，最晚者爲武威旱灘坡《前凉建興卌八年（360）姬瑜拜駙馬都尉板文》，並且幾乎貫穿了前凉政權使用"建興"年號的各個年份，爲史家對"張氏四世忠晉"③的讚譽提供了佐證。

"故緋大襦一領"之"緋"，寇克紅録作"絳"，細察原木牘，應是"緋"。吐魯番出土衣物疏中即多次出現"緋襦"一物。"故褌絝一牒"，應爲"故褌袴一牒"。一具，一套。具，亦爲量詞，用於完整物

① 《資治通鑑》卷90，北京：中華書局，1956年，第2841頁。

② 《資治通鑑》卷90，第2856—2857頁。

③ 張澍：《五凉舊聞序》，馮國瑞：《張介侯先生年譜》，《中國西北文獻叢書》第99册第446頁，蘭州：蘭州古籍書店，1990年。

件。《史記・貨殖列傳》:“旃席千具。”《隋書・南蠻傳・真臘》:“娶妻者,唯送衣一具。”[1]吐魯番所出衣物疏中亦常見,如阿斯塔那 72TAM169∶42 墓《張孝章隨葬衣物疏》和《信女某甲隨葬衣物疏》中即分别有“白練衣褌一具”、“白練褌衫一具”的記載[2]。

第二節　五凉衣物疏

5. 前凉建興五年(317)夏侯妙妙衣物疏　出土時地均不詳。木牘。長 29 釐米,寬 11.6 釐米,厚 0.8 釐米。正背兩面墨書文字;正面右側一行書題,左邊分五欄條列隨葬衣物;左邊除第二欄文字爲 9 行外,其他 4 欄均爲 10 行;背面靠右側一行,書紀年。文字清晰。無報告,日人白須淨真有研究專文[3],兹參照原物圖影校釋如次:

晉故酒泉表是都鄉仁業里大女夏侯妙妙衣物疏

故紫須髮一枚,故髮一枚,故髮梳一枚,□〔故〕散胷二枚,故紫約耳一枚,故緘系國一枚,故采樹一具,故銀當一具,故銀叉一雙,□〔故〕面衣□〔一〕枚,

故緘枕一枚,故白練□□一領,故紫兩當一領,故緑襦一領,故紫福衫一領,故青白帬一牒,故縹褌一量,故緘袴一量,

---

① 《隋書》卷 82《南蠻傳》,北京:中華書局,1973 年,第 1836 頁。

② 中國文物研究所、新疆維吾爾自治區博物館、武漢大學歷史系:《吐魯番出土文書》(第二册),北京:文物出版社,1981 年,第 215、217 頁。

③ 白須淨真撰,裴成國譯《晉建興五年夏侯妙妙衣物疏初探——古陶文明博物館所藏新資料介紹》,北京大學中國古代史研究中心、新疆師範大學西域文史研究中心朱玉麒主編《西域文史》(第八輯),科學出版社,2013 年,第 95—103 頁。

故白布□一量，

故白布被一領，故早爪囊一具，故早舜囊一具，故全黄白紡囊一具，故早焉支囊一具，故白練紡囊一具，故縹裹一具，故嚴器一具，故白練手巾縷囊一具，故白練手巾□枚，

故白帶綿霜一具，故銅壺一具，故貫壺糸五縱，故縹絑一量，故紫帶系履一量，故白遮一量，故銅怒〔弩〕基郭一具，故銅刀尺一具，故黄遠菜子一升，故官中幃傘□送，

故金銀餠廿枚，故緜百斤，故大帶一枚，故官（棺）中□□枚，故靈牀一具，故官（棺）中灰一斛，故脂漚四枚，故收緜三斤，故□白安卅七，故松官（棺）一口。

□興五年十一月一日隨身衣物凡卌九種。

須，白須淨真録作"縝"，察看原圖，應是"須"。早，白須淨真録作"皂"，細察看原圖，此字清晰，應是"早"。上文所考《都中趙雙衣物疏》中凡7見，均通"皂"，黑色之意。

此件紀年"□興五年"有殘缺，但其標題"晉故酒泉表是都鄉仁業里大女夏侯妙妙衣物疏"爲我們提供了判斷其確切年代的依據，"□興"當爲西晉愍帝司馬鄴年號無疑①。如上文所述，建興五年三月，琅琊王司馬睿已在建康稱晉王，改元建武，歷史上從這一年起稱東晉。是年十一月時的"建興"，應爲前涼所奉"建興"，故此件擬題云"前涼建興五年"。

此件所記隨葬衣物凡四十九種，與牘中所列完全一致。其中

① 相關討論參見上文所考《西晉建興五年(317)趙阿兹衣物疏》及《河西鎮墓文叢考》部分"建興"年號各條目。白須淨真氏徵引傳世史書記載，亦有詳密的討論。

所涉名物當以“焉支囊”最爲有趣。“焉支”一語最早是作爲山名出現的。《史記・匈奴列傳》記載:“(元狩二年春)漢使驃騎將軍去病將萬騎出隴西,過焉支山千餘里,擊匈奴。”《正義》引《括地志》:“焉支山一名删丹山,在甘州删丹縣東南五十里。《西河故事》云‘匈奴失祁連、焉支二山,乃歌曰:“亡我祁連山,使我六畜不蕃息;失我焉支山,使我婦女無顔色。”其慜惜乃如此’。”[①]甘州删丹縣,即今甘肅省張掖市所轄山丹縣,境内有焉支山,即霍去病所過焉支山。對這一點,學界向無疑義。此後焉支一詞在不同歷史時期的多種著作中輾轉因襲,出現了多種書寫形式,如:燕支、烟支、胭脂、胭支、燕脂、烟肢、燃支、焉省、焉提、閼氏等[②]。

《史記・匈奴列傳》還記載:“單于有太子名冒頓。後有所愛閼氏,生少子,而單于欲廢冒頓而立少子,乃使冒頓質於月氏。”《索隱》釋“閼氏”曰:“匈奴皇后號也。”引《習鑿齒與燕王書》:“山下有紅藍,足下先知不?北方人探取其花染緋黄,挼取其上英鮮者作烟肢,婦人將用爲顔色。吾少時再三過見烟肢,今日始視紅藍,後當爲足下致其種。匈奴名妻作‘閼支’,言其可愛如烟肢也。閼音煙。想足下先亦不作此讀《漢書》也。”[③]崔豹《古今注・草木》:“燕支,葉似薊,花似蒲公,出西方,土人以染,名爲燕支。中國人謂之紅藍。以染粉爲面色,謂爲燕支粉。”[④]《五代詩話》卷一“錢昭度”條也記載:“北方有焉支山,上多紅藍,北人採其花染緋,取其英鮮者

① 《史記》卷110《匈奴列传》,北京:中華書局,1959年,第2908—2909頁。
② 劉正埮等編著《漢語外來詞詞典》,上海辭書出版社,1984年,第381—382頁。
③ 《史記》卷110《匈奴列传》,北京:中華書局,1959年,第2888—2889頁。
④ 崔豹《古今注》,《文淵閣四庫全書》第850册,上海:上海古籍出版社,1987年,第111頁。

作胭脂。婦人粧時用此，顔色殊鮮明可愛。匈奴名妻閼氏，言可愛如胭脂也。錢昭度作《王昭君》詩云：'閼氏纔聞易妾名，歸期長似俟河清。'"①據此可知，"焉支"本爲匈奴語，有焉支山、紅藍花、匈奴王后及染料或婦女化妝品等義。有學者認爲馬司貞把閼氏理解爲皇后號"顯然是誤謬"，閼氏其實是匈奴貴族婦女的通稱。因爲匈奴貴族婦女大都使用閼氏（燕脂）作化妝用品，所以久而久之他們把貴族婦女稱作"閼氏"②。還有學者認爲閼氏是"匈奴人對已嫁女子的稱呼"。"匈奴稱紅藍（花）爲'烟支'，即胭脂，因而已嫁女子也稱爲閼氏"③。總之，焉支在西漢時就是匈奴婦女所普遍使用的一種化妝品了，這是毫無疑問的。此件隨身衣物疏中出現的焉支囊，當是一種用來盛放胭脂的用品，爲我們研究作爲化妝品的"焉支"的使用年代和使用情況及"焉支"這一語詞的起源和演變情況提供了地下文物的佐證。

6. 前凉建興廿五年(337)祁立智衣物疏　2000年出土於高臺駱駝城，現藏高臺縣博物館（圖24）。木牘。兩面墨書。正面五欄，漫漶嚴重，全約33行，行5～7字。報告未出，據實物照片釋讀如次：

故□結髮二枚，故早頭衣一枚，故紙樹二枚，故□幘一枚，故銀□一具，故白練衫一領，故青褌一牒，故守（收）綿一斤，故□緋□一領，故□□□□，故□□□□，故□□□□，□□□□

① 王士禛原編，鄭方坤刪補，戴鴻森校點《五代詩話》，北京：人民文學出版社，1989年，第50頁。

② 何坦野《"胭脂"考釋商兑》，《社會科學戰綫》1992年第1期，第334—338頁。

③ 劉正埮等編著《漢語外來詞詞典》，上海辭書出版社，1984年，第381頁。

圖 24　前凉建興廿五年祁立智衣物疏

□，故□□一枚，□□□□□一枚……右卅種……

建興廿五年九月廿八日，祁立智都妻姜□□□□□□□□□□□辭□部所在不得……

按："建興廿五年"當東晉成帝咸康三年(337)。這時前凉政權由張駿執政，一方面繼續奉晉室爲正朔，一方面採取了一系列保境安民的政策，使前凉的統治達到了鼎盛階段。正如《資治通鑑》所論："初，張軌及二子寔、茂，雖保據河右，而軍旅之事無歲無之。及張駿嗣位，境内漸平。駿勤修庶政，總御文武，咸得其用，民富兵强，遠近稱之，以爲賢君。"①

早頭衣，黑色的頭衣。頭衣，古代稱小孩和少數民族的帽子。《説文·冃部》："冃，小兒及蠻夷頭衣也。從冂，二其飾也。"段玉裁注："謂此二種人之頭衣也。小兒未冠，夷狄未能言冠，故不冠而冃。"《後漢書·西南夷傳·哀牢》："純與哀牢夷人約，邑豪歲輸布貫頭衣二領，鹽一斛，以爲常賦。"②河西地區所出衣物疏中"頭衣"凡 3 見，但没有出現"帽"或"帽子"。吐魯番出土《高昌延昌卅七年(597)武德隨葬衣物疏》中有"帽一顔"③，但也僅此一例，且時代遠遠晚於河西衣物疏，已到了隋文帝開皇十七年(597)。由此可見，在魏晉十六國時期，河西及鄰近的吐魯番地區很可能尚未有帽子的稱謂。

---

① 《資治通鑑》卷 95，北京：中華書局，1956 年，第 3004 頁。

② 轉引自羅竹風等：《漢語大詞典》(第十二卷)，漢語大詞典出版社，1993 年，第 300 頁。

③ 國家文物局古文獻研究室、新疆維吾爾自治區博物館、武漢大學歷史系：《吐魯番出土文書》(第四册)《補遺》，北京：文物出版社，1983 年，第 4 頁。

7. 東晉咸康四年(338)姬瑜妻衣物疏　1985年出土于武威旱灘坡墓葬，編號85WHM19：5。木櫝。長27釐米，寬7釐米。正背兩面墨書文字，正面五欄，前三欄各7行，後二欄各6行，稍殘，行3～8字；背面2行，亦稍殘，行5～25字。無發掘報告，最早收録於《散見簡牘合輯》①，《魏晉南北朝敦煌文獻編年》②及張俊民研究專文③亦録有釋文。兹迻録如次：

故練綿袍一領，故結紫米袖一領，故碧襦一兩，故褐幘一立，故白襦衽一立，故黑袍□□百枚，故面衣一枚，故門巾一枚，故銀釧二具，故練繶一枚，故絹衾一領，故玉沬鏡斂一具，故鏡一枚，故長□一立，故黄羅襦兩當一領，故褐紫英衫一領，故丹羅緷襦一領，故黄練絑二兩，故鍮錢一枚，故練尖一枚，故銀環指鐲二枚，故紫績一枚，故絹被一領，故柏器一口，故□□一枚，故銀□一枚，故□□一具，故□百，故□□，故□□二枚，故□□□，故□□□□，故□□□□。

□咸康四年十一月十日，假凉都督故□妻正□□□有□□□□□具物疏。

按：本件與後文所考《前凉升平十三年(369)姬瑜衣物疏》出自同一墓，墓爲夫妻合葬墓。此件出自女棺内女屍胸前，後件在男

① 李均明、何雙全：《散見簡牘合輯》，北京：文物出版社，1990年，第28—29頁。

② 王素、李方：《魏晉南北朝敦煌文獻編年》，臺北：新文豐出版公司，1997年，第84—86頁。

③ 張俊民：《武威旱灘坡十九號前凉墓出土木牘考》，《考古與文物》2005年第3期。

棺内男頭左側。兩件文字互相參照,可將此件定名爲《東晉咸康四年(338)姬瑜妻衣物疏》。

此件衣物疏《散見簡牘合輯》、《魏晉南北朝敦煌文獻編年》及張俊民研究專文録文時皆將有紀年的一面作爲正面,但同墓所出《前凉升平十三年(369)姬瑜衣物疏》(見後文)爲單面書寫,紀年書於左側,即衣物清單之後。張俊民也曾著文專門討論過這一問題,凡玉門畢家灘出土衣物疏中兩面書寫且一面有紀年的,即將紀年一面作爲背面處理①。此件衣物疏與畢家灘所出年代相近,書寫情況相似,因而應將紀年一面作爲背面來對待。

"咸康"爲東晉成帝年號,共有八年。當時,前凉奉行西晉建興年號,未奉東晉咸康年號。王素認爲,實際情況應是:姬瑜原爲河西人,中原大亂,隨晉室過江。由於仕途艱難,咸康四年前返回凉州。這樣,其妻初死,葬前凉都城姑臧,於是就仍奉東晉咸康年號②。王素此説論據可靠,論證邏輯清晰,可採信。

"故黄練絉二兩"之"絉",有兩個義項:一音 wà,同"韤(襪)",襪子。《集韻·月韻》:"韤,《説文》:'足衣也。'或從衣。亦作絉。"一音 mò,束衣的帶子。《列女傳·魯季敬姜》:"昔者武王罷朝而結絲絉絶,左右顧無可使結之者,俯而自申之。"此件與前考《張德宗衣物疏》和《趙阿兹衣物疏》中出現的"絉"都帶著表示成雙成對出現的物量詞"量",故此似應取第一義襪子。故黄練絉二兩,即死者生前所穿用過的黄色練襪兩雙。

此件衣物疏中還出現了"尖"這樣一種隨葬物品。本文所録衣

---

① 張俊民:《甘肅玉門畢家灘出土的衣物疏初探》。

② 王素:《敦煌出土前凉文獻所見"建元"年號的歸屬——兼談敦煌莫高窟的創建時間》,《敦煌吐魯番研究》(第 2 卷),北京:北京大學出版社,1997 年,第 13—22 頁。

物疏中,“尖”共出現 4 次,即除本件“故練尖一枚”外,尚有下文《前涼升平十二年(368)楊柏黄石衣物疏二》“尖二枚”、《前涼升平十三年(369)烏獨渾衣物疏二》“尖一枚”、《前涼升平十三年(369)姬瑜衣物疏》“故白練尖一枚”的記載。據統計,吐魯番出土衣物疏中有“尖”一物的共 13 件,時代稍後於河西地區,在公元 384 年至 425 年間。

“尖”爲何物,學者們進行了探索。高國藩認爲是“指甲”。他曾這樣解釋《高昌阿苟母隨葬衣物疏》中的“故造(皂)尖一枚”:“‘造’諧音‘爪’(皂),爪尖即指指甲,這是音同而致訛。”①劉瑞明不同意高國藩的看法,認爲尖應該是衣服之類的②。這裏的“尖”,前有限定語“練”,即此尖的材質爲“練”(白色熟絹),故不可能是指甲。劉瑞明將其限定在衣服類是正確的。

李肖冰《中國西域民族服飾研究》著録了出土於哈密五堡古墓及扎洪魯克古墓的幾種尖頂式冠帽,説這種冠帽“不僅保護頭部,還保護雙耳和頸部,是抵禦風寒的佳品”。“尖頂帽式樣流行於中亞、西域一帶,孕育地域的共容與互補,呈現遊牧民族帽冠特徵”③。(圖 25)據此,陝西師範大學碩士生周艷萍認爲,吐魯番所出衣物疏中的“尖”是“一種尖狀冠帽之類的冠飾,是邊疆少數民族所用的尖狀冠帽”④。另外,雖然河西地區所出衣物疏用於“尖”的

① 高國藩:《中國民俗探微——敦煌巫術與巫術流變》,南京:河海大學出版社,1993 年,第 165 頁。

② 劉瑞明:《吐魯番出土隨葬衣物疏雜釋》,《西域研究》1998 年第 2 期。

③ 李肖冰:《中國西域民族服飾研究》,烏魯木齊:新疆人民出版社,1995 年,第 54 頁。

④ 周艷萍:《吐魯番出土隨葬衣物疏探索》,陝西師範大學 2009 年碩士學位論文,第 34 頁。

圖 25　出土於新疆且末扎滚魯克墓地的尖頂氈帽(春秋時期)

物量詞都是"枚",但在吐魯番衣物疏中還有一個物量詞"顏"也用於"尖"。有學者研究,顏"作爲量詞主要出現于魏晉南北朝的吐魯番文書中,用來稱量頭部的飾物",如"帽一顏"、"面衣一顏"等①。而阿斯塔那 169 號墓《高昌延昌十六年(576)信女某甲隨葬衣物疏》中恰有"尖一顏"的記載②。這也爲"尖"應是頭部飾物冠帽之一種的説法提供了語言學的依據。

8. 前凉升平六年(362)趙年衣物疏　2009 年出土于玉門金雞梁十六國墓群 M5 墓,現藏甘肅省文物考古研究所(圖 26)。木牘,殘斷爲兩塊。墨書。雙面,欄數不詳,全 10 行,行 3～17 字。原報告附有釋文及一面圖版③,兹據以校理如次:

衣物疏

故□刀一枚,故雜彩襲一枚,故練手巾一枚,故黄給一枚,

羅□一領,故雜彩四匹。

---

① 敏春芳、馬有:《敦煌吐魯番文書中衣物量詞例釋》,《蘭州大學學報(社會科學版)》2005 年第 4 期。

② 國家文物局古文獻研究室、新疆維吾爾自治區博物館、武漢大學歷史系:《吐魯番出土文書》(第二册),北京:文物出版社,1981 年,第 217 頁。

③ 甘肅省文物考古研究所(吴葒、王永安):《甘肅玉門金雞梁十六國墓葬發掘簡報》,《文物》2011 年第 2 期。

圖 26　前凉升平六年
趙年衣物疏

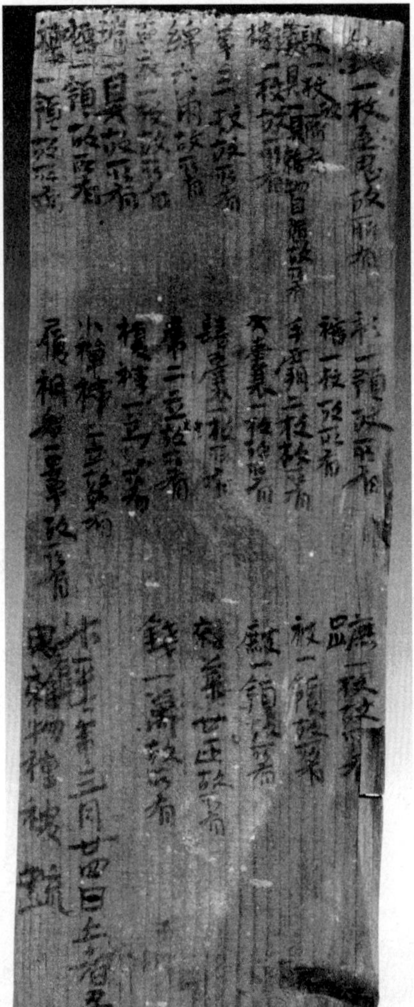

圖 27　前凉升平七年
盈思衣物疏

□月十七日大女趙年□年從南山赤松子。□(左)青龍右白虎知券。

按：此件紀年殘缺，但同墓所出棺檔板上有"升平六年九月五日大男趙□"的字樣，故據以斷爲升平六年。"升平"爲東晉穆帝年號，僅五年。前涼張氏政權，控制河西，奉晉正朔。張天錫在穆帝升平五年(361)"改建興四十九年，奉升平之號"①，至二十年(376)結束，長達16年。升平六年相當於東晉哀帝隆和元年(362)。

9. 前涼升平七年(363)盈思衣物疏　2000年出土於高臺駱駝城，現藏高臺縣博物館(圖27)。木牘。墨書。單面，三欄，全26行，行6～12字。報告未出，據實物照片釋讀如次：

錢一枚盈思故所有，髮一枚故所有，護具一具雜物自隨故所有，□一枚故所有，□三枚故所有，綿六兩故所有，面衣一枚故所有，璫一具故所有，襦一領故所有，□一領故所有，衫一領故所有，襜一枚故所有，手覇二枚故所有，爪囊一枚故所有，鬠囊一枚〔故〕所有，幕二立故所有，復褌一立故所有，小褌褲二立故所有，履衵各一量故所有，跖一枚故所有，被一領故所有，㡛一領故所有，雜菜(采)廿匹故所有，錢一萬故所有。

升平七年三月廿四日亡者盈思右條雜物種被疏。

按：升平七年相當於東晉哀帝興寧元年(363)。這一年的八月，張天錫在操控前涼政權兩年後將張玄靚殺害，自立爲涼州牧。

① 《晉書》卷86《張軌傳附張玄靚》，北京：中華書局，1974年，第2249頁。

這時涼州的形勢,正如胡三省所論:"自張重華没後,張祚、張瓘、宋混、宋澄以及張邕、張天錫,遞相屠滅,涼浸衰矣。"①徹底失去了與日益强大起來的前秦政權抗衡的能力,面臨著行將覆滅的嚴峻形勢。

此件出現的"髲",籠統一點説就是假髮。中國古代使用假髮的歷史很早,《左傳・哀公十七年》:"公自城上見己氏之妻髮美,使髡之,以爲吕姜之髢。"《詩・墉風・君子偕老》:"鬒髮如雲,不屑髢也。"髢,三家《詩》作"鬄"。《説文》:"鬄,髲也。髲,益髮也。"孔疏:"言己髮少,聚他人髮益之。"②根據《説文》及孔疏,髢同"鬄",鬄即"髲",髲就是在自己頭髮少的情況下,拿他人的來裝飾,使之顯得髮多。《君子偕老》描寫宣姜儀容之美,其中就説到她有一頭濃密的黑髮,用不著拿他人的來裝飾。這些例子充分證明,至晚在春秋時期,王公貴族們的夫人就已開始普遍使用假髮了。至於"髲"字,工具書使用最早的例子是《世説新語・賢媛》:"(湛氏)頭髮委地,下爲二髲,賣得數斛米。"③《世説新語》爲南朝宋臨川王劉義慶所撰,劉義慶生卒年分别爲晉安帝元興二年(403)和宋文帝元嘉二十一年(444),而此件衣物疏有明確紀年"升平七年"(363),比劉義慶生年尚早40年,且劉義慶成長生活于江東,衣物疏出土於河西走廊,故此件對於古代服飾文化研究及漢語詞匯研究都有一定的價值。

① 《資治通鑑》卷101"穆帝升平五年十一月條"胡三省注,北京:中華書局,1956年,第3187頁。

② 轉引自程俊英、蔣見元:《詩經注析》(上册),北京:中華書局1991年,第129頁。

③ 漢語大字典編輯委員會:《漢語大字典(第二版)》,武漢/成都:崇文書局、四川辭書出版社,2010年,第4813頁。

10. 前凉升平十二年(368)楊柏黄石衣物疏一　1991 年出土于武威新華鄉頭壩村。木牘。朱書。全 4 行,正面 3 行,行 11～18 字;背面 1 行,18 字。梁繼紅[①]、何雙全、狄曉霞[②]曾著文釋讀。兹據以校釋如次:

升平十二年九月十六日辛丑,定楊柏黄石地保藥生,今終亡,于市買黄致官(棺)一合,□符九萬九千錢,□□麥□地中,化匿不得相因遮。急急如律令。時□□(知見):左□□(青龍),□□□(右白虎)。

按:升平十二年相當於東晉廢帝太和三年(368)。"九月十六日辛丑",梁繼紅原文釋作"八月十七日辛丑",後又手校爲"九月十六日辛丑"。據陳垣《二十史朔閏表》,公元 368 年"八月十六日"是辛未,"九月十六日"纔是辛丑,所以梁繼紅可能是初次釋讀有誤,文章發表後又發現錯誤,作了糾正。而同墓所出另一件衣物疏(詳後條)紀年正作"升平十二年九月十六日辛丑"。

11. 前凉升平十二年(368)楊柏黄石衣物疏二　1991 年出土于武威新華鄉頭壩村。木牘。朱書。全 8 行,正面 5 行,行 2～19 字;背面 3 行,行 12～28 字。梁繼紅[③]、何雙全、狄曉霞[④]曾著文釋讀。兹據以校釋如次:

---

① 梁繼紅:《武威出土的漢代衣物疏木牘》。
② 何雙全、狄曉霞:《甘肅省近年來新出土三國兩晉簡帛綜述》,《西北師大學報(社科版)》2007 年第 5 期。
③ 梁繼紅:《武威出土的漢代衣物疏木牘》。
④ 何雙全、狄曉霞《甘肅省近年來新出土三國兩晉簡帛綜述》。

升平十二年九月十六日辛丑，定楊柏黄石□□藥生……亡□所著衣物□□□正常通用一千右九十九正，□□正多□歸……故卷一枚，尖二枚，衫一枚，裲襠一枚，緋褶一枚，□褶一枚，□□綫袴一立。三□鞋二里量，青被一副，福□……大箭十四枚，黄□□運斳□石年□□。

按："故卷一枚"之"卷"，當指書卷。《廣韻·綫韻》："桊，書桊，今作卷。"①《南史·司馬褧傳》："褧少傳家業，强力專精，手不釋卷。"②"故卷一枚"即死者生前所讀書卷一軸。後文所考《前凉升平十三年(369)姬瑜衣物疏》正有"故雜黄卷書二卷，故紙三百張"的内容。

裲襠，梁繼紅釋爲"裲襠"，誤。如前所考，應爲"裲襠"。緋褶，梁繼紅釋爲"排褶"。排褶不辭，應爲"緋褶"。褶，夾衣。《廣韻·帖韻》："褶，袷也。"《改並四聲篇海·衣部》引《搜真玉鏡》："褶，衣有表裏而無絮也。"③《禮記·玉藻》："禪爲絅，帛爲褶。"鄭玄注："褶音牒，夾也。"孫希旦集解："衣之有表裏而無著(褚)者謂之褶。表面皆用帛爲之，故曰'帛爲褶'。"④緋褶，《中國衣冠服飾大辭典》引《宋史·輿服志四》："五品以上緋褶。"解釋爲："唐宋時用作四五品官服。"⑤然則，緋褶早在東晉十六國時期已有，衹不過尚未被規定用於官服，還是民間日常穿用的一種紅色夾衣而已。

---

① 轉引自漢語大字典編輯委員會：《漢語大字典(第二版)》，武漢/成都：崇文書局、四川辭書出版社，2010年，第347頁。

② 《南史》卷62《司馬褧傳》，北京：中華書局，1975年，第1513頁。

③ 轉引自漢語大字典編輯委員會：《漢語大字典(第二版)》，武漢/成都：崇文書局、四川辭書出版社，2010年，第3317頁。

④ 轉引自《辭海·語詞分册》(下)，上海：上海辭書出版社，1977年，第1950頁。

⑤ 周汛、高春明：《中國衣冠服飾大辭典》，上海：上海辭書出版社，1996年，第206頁。

12. 前凉升平十三年(369)烏獨渾衣物疏一　1991年出土于武威新華鄉頭壩村。木牘。墨書。全2行,行29～31字。梁繼紅[1]、何雙全、狄曉霞[2]曾著文釋讀。兹據以校釋如次:

十三年五月二十一日,主人父母與烏獨渾十九種衣物,生時所著所衣。山川、谷郭、黄泉、河津、橋樑:不得妄荷脱夢,荷妄遮脱,持券上詣倉天,急急如律令。

按:此件紀年缺年號,但與上兩件同出一墓,故可暫定爲升平十三年。

此件與後件衣物疏所記隨葬物品多爲邊地少數民族之物及兵器,如千糧萬斛旃幕、袴褶、弓箭、刀等等,具有鮮明的地域特色。其主人烏獨渾很可能爲一出身於西北少數民族的軍人。他死後用了隨葬衣物疏這樣的喪葬儀軌,由此可見十六國時期河西地區民族融合的情况。

"急急如律令",梁繼紅原文釋讀爲"叩頭,如律令",後手校爲"予之如律令",察原物照片,"予"爲"急"的誤釋,"之"應是重文號"々"的誤釋,故正確釋讀應爲"急急如律令"。

13. 前凉升平十三年(369)烏獨渾衣物疏二　1991年出土于武威新華鄉頭壩村。木牘。墨書。全4行,行13～27字。梁繼紅[3]、何雙全、狄曉霞[4]曾著文釋讀。兹據以校釋如次:

---

① 梁繼紅:《武威出土的漢代衣物疏木牘》。
② 何雙全、狄曉霞:《甘肅省近年來新出土三國兩晉簡帛綜述》。
③ 梁繼紅:《武威出土的漢代衣物疏木牘》。
④ 何雙全、狄曉霞:《甘肅省近年來新出土三國兩晉簡帛綜述》。

千糧萬斛㫋幕一枚，青褶二領，單衫一領，刀一枚。青布□褶一領，故壯袴一領，羅袴一領，巾一枚，弓箭卌枚，故袴褶一領，白布袴二領，尖一枚，步叉帶自隨，裲襠一領，刀帶自隨，鞋一兩。右十九種物聽隨身行。

按：袴褶，胡服之一種。上服褶而下服袴，外不加裘裳，故名。因便於騎乘，多爲軍中之服。戰國時由北方少數民族地區傳入中原，漸爲漢族採用。王國維《胡服考》："以袴爲外服，自袴褶始。然此服之起，本于乘馬之俗。……趙武靈王之易胡服，本爲習騎射計，則其服爲上褶下袴之服可知。……雖當時尚無袴褶之名，其制必當如此。""戰國之季，他國亦有效其服者。"[①]漢代爲近臣及武士之服。漢末軍旅數起，服之者多，於是始有袴褶之名。《三國志·吕範傳》裴松之注引《江表傳》："範出，更釋褠，著袴褶，執鞭，詣閤下啓事，自稱領都督"[②]魏晉至南北朝，上下通用，皆爲軍服及行旅之服。《晉書·輿服志》："袴褶之制，未詳所起，近世凡車駕親戎，中外戒嚴服之。"[③]漸而流于民間，成爲百姓常服。北朝尤盛，且用作常服、朝服，普通婦女亦著之。《太平御覽》卷六九五引《西河記》："西河無蠶桑，婦女以外國異色錦爲袴褶。"[④]

㫋幕，同"氈幕"，即氈帳。古代北方遊牧民族用氈制的帳篷。千糧萬斛㫋幕，能盛千萬斛糧秣的帳篷，形容很大的帳篷，誇飾之

---

① 王國維：《觀堂集林》(附别集)第四册，北京：中華書局，1961年，第1076頁。

② 《三國志》卷56《吕範傳》，北京：中華書局，1964年，第1310頁。

③ 《晉書》卷25《輿服志》，北京：中華書局，1974年，第772頁。

④ 李昉等：《太平御覽》(第六册)，石家莊：河北教育出版社，1994年，第454頁。周汛、高春明：《中國衣冠服飾大辭典》，上海：上海辭書出版社，1996年，第268頁。

語。顔之推《顔氏家訓·歸心》:“昔在江南,不信有千人氈帳。”①

14. 前凉升平十三年(369)姫瑜衣物疏　1985 年出土于武威旱灘坡墓葬,編號 85WHM19:4。木櫝。長 27 釐米,寬 11.5 釐米,厚 0.6 釐米。單面墨書文字,右側分五欄書寫隨葬品清單,第一欄 6 行,第二、三欄 7 行,第四欄 8 行,第五欄 9 行,行 4～24 字;左側書紀年 1 行,36 字。無發掘報告,最早收録於《散見簡牘合輯》②,《魏晉南北朝敦煌文獻編年》亦録有釋文③,張俊民研究專文作了校録④。玆參照原物圖片及各家釋文校釋如次:

故白練尖一枚,故巾幘一枚,故練面衣一枚,故練褕一領,故收綿四斤,故本郡清行板一枚,故練兩當一領,故碧襦一領,故白練襦一領,故白練橦裙一立,故練袜一量,故黄柏瓢二枚,故蒲席一領,故白絹帢一枚,故青訾衣一枚,故青頣衣一枚,故練褌一立,故練衫一領,故練袴一立,故青絲屐一量,故壘單衣一領,故白練衾袍一領,故黄絹審遮各一枚,故駙馬都尉青銀印一紐,故奮節將軍長史金印一紐,故黄金百斤,故白銀百斤,故筆一枚,故黄白絹三百匹,故縹百匹,故黄柏器一口,故駙馬都尉板一枚,故建義奮節將軍長史板一枚,故雜黄卷書二卷,故紙三百張。

① 轉引自羅竹風等:《漢語大詞典》(第六卷),北京:漢語大詞典出版社,1990 年,第 1018 頁。

② 李均明、何雙全:《散見簡牘合輯》,第 26—28 頁。

③ 王素、李方:《魏晉南北朝敦煌文獻編年》,第 95—97 頁。

④ 張俊民:《武威旱灘坡十九號前凉墓出土木牘考》,《考古與文物》2005 年第 3 期。

升平十三年七月十二日，凉故駙馬都尉、建義奮節將軍長史、武威姬瑜隨身物疏令卅五種。

按：此件與前考《東晉咸康四年(338)姬瑜妻衣物疏》同出一墓，墓爲夫妻合葬墓。前件紀年爲咸康四年(338)，與本件相去31年。

"故收綿四斤"之"收綿"，《散見簡牘合輯》和《魏晉南北朝敦煌文獻編年》作"枚綿"，張俊民校釋爲"牧綿"。細察原物圖片，此字既像"牧"，又像"收"，難以決斷。但這種情況，在河西出土衣物疏中並非孤例。除此件外，尚有2000年出土於高臺駱駝城的《前凉建興五年(317)趙雙衣物疏》、《前凉建興五年(317)趙阿兹衣物疏》、《前凉(376前)周女敬衣物疏》、《前凉(376前)周南衣物疏》，書寫形體十分接近。筆者請書法界朋友多次辨識，大多認爲應釋讀爲"收綿"。而高臺博物館藏《建興廿五年(337)祁立智衣物疏》中有"守綿一斤"的字樣，此"守綿"當是"收綿"同音之誤，爲此字斷定爲"收"提供了旁證。"收綿"一詞，《漢語大詞典》未收，僅此衣物疏中幾例尚難以推斷其意義。

故本郡清行板一枚，《散見簡牘合輯》釋作"故平郡清竹板一枚"，《魏晉南北朝敦煌文獻編年》和《簡牘》因之，張俊民校"平"爲"本"，"竹"爲"行"。細察原物圖片，張俊民所校是，今從之。

帢，音qià，即帢帽，古代士人戴的一種便帽。《中國古代衣冠辭典》説這種帽子"狀如弁而缺四角，用縑帛縫製。相傳爲曹操創制。"①《三國志・武帝紀》載曹操死後，"斂以時服。"裴松之注引

① 盧翰明：《中國古代衣冠辭典》，臺灣新北：臺灣常春樹書坊，1990年，第126頁。

《傅子》："魏太祖以天下凶荒，資財乏匱，擬古皮弁，裁縑帛以爲帢，合于簡易隨時之義，以色别其貴賤，於今施行。"[①]在河西所出衣物疏中，帢僅見於這一件。

15. 前凉升平十三年(369)胡運千衣物疏

2001 年出土於高臺駱駝城南墓群 M5 墓。木櫝。長 36 釐米，寬 4 釐米，厚 0.8 釐米。單面墨書文字 3 行，共 77 字。通體書寫，不分欄，左下爲紀年。原報告附有摹本圖影(圖 28)[②]，何雙全、狄曉霞有釋文[③]，兹據摹本重新釋讀如次：

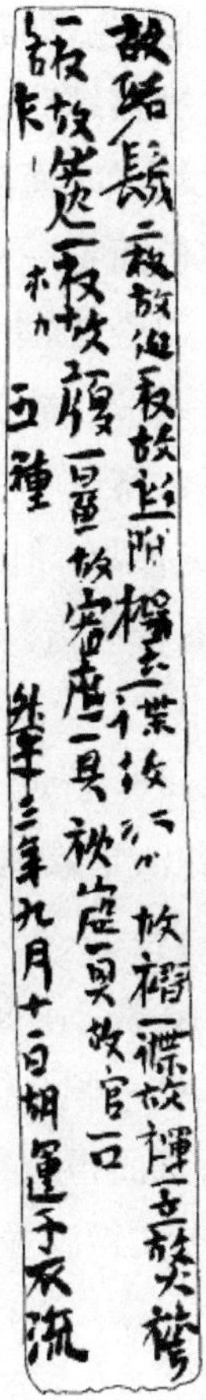
圖 28　前凉升平十三年胡運千衣物疏

故結髮二枚，故□一枚，故衫一□，□□一諜(牒)，故□□，故褶一諜(牒)，故褌一立，故大袴一枚，故□一枚，故履一量，故審庶(遮)一具，□□一具，故官(棺)一口，各□□□□□□五種。

升平十三年九月十一日，胡運千衣疏。

按：結髮在吐魯番衣物疏中多見，在本文所考河西衣物疏中凡 4 見。尚衍斌認爲"結髮"就是"辮髮"的同義詞[④]。周艷萍認爲是一種頭飾，有

① 《三國志》卷 1《武帝紀》，北京：中華書局，1964 年，第 54 頁。

② 甘肅省文物考古研究所、高臺縣博物館(吴葒)：《甘肅高臺縣駱駝城墓葬的發掘》，《考古》2003 年第 6 期。

③ 何雙全、狄曉霞：《甘肅省近年來新出土三國兩晉簡帛綜述》。

④ 尚衍斌：《吐魯番古代衣飾習尚談藪》，《喀什師院學報(哲社版)》1992 年第 2 期。

各種顔色,如紫、紺等,别在辮髮上用作裝飾,類似于現代女性所用的"蝴蝶結"一類的飾品①。從出現的語境看,結髮在衣物疏中顯然没有如《漢語大詞典》等工具書所列義項,也不可能是辮髮的同義詞,而是一種束挽頭髮或固定髮型的飾品。

"審"在本文所考河西衣物疏中凡4見,有"故審一枚"、"故早審一枚"、"故黄絹審遮各一枚"、"故審庶(遮)一具"。党壽山引《韻會》:"審,與盤同,水旋盤也。"認爲"審"同"盤","故審一枚"當爲舊盤一件②。但從其所處語境多爲衣物被褥看,"審"很可能是"枕"的同音假借。"早審"即皂審,青黑布做的枕頭。"審遮"很可能是枕巾③。

16. 前凉升平十四年(370)孫狗女衣物疏　2002年出土於玉門花海畢家灘M26墓,現藏甘肅省文物考古研究所(圖29)。木牘。長23.3～23.5釐米,上寬8.8釐米,下寬8.4釐米,厚0.35～0.8釐米。兩面墨書文字保存較完整。正面分4欄書寫隨葬品清單,第一欄9行,第二欄10行,第三欄8行,第四欄9行,行3～8字;背面書紀年4行,行5～25字。發掘報告尚未出,張俊民有研究專文釋讀並附圖版④,兹據以校録如次:

---

① 周艷萍:《吐魯番出土隨葬衣物疏探索》,陝西師範大學2009年碩士學位論文,第22頁。

② 党壽山:《介紹武威出土的兩件隨葬衣物疏木方》。

③ 這一問題已有學者討論清楚,"審"爲"枕"之假借字,枕頭;"庶"亦作"遮","蹠"之俗寫或誤用。在吐魯番和河西走廊出土的衣物疏中,枕、蹠常相隨出現,枕置於死者頭下,蹠墊在脚跟。詳見陸娟娟:《吐魯番出土文書語言研究》(浙江大學2009年博士學位論文)和張小艷:《吐魯番出土文書詞語考釋三則》(《中國語文》2013年第6期)。

④ 張俊民:《甘肅玉門畢家灘出土的衣物疏初探》。

圖 29　前凉升平十四年孫狗女衣物疏

故紺絓一枚，故紬頭一枚，故絳纏相一枚，故鍮石叉三枚，故紺青頭衣一枚，故巾一枚，故練面衣一枚，故纏綿一斤，故練衫一領，故緋羅繡兩當一領，故緑襦一領，故紫繡襦一領，故碧褌一袨(立)，故緋繡袴一袨(立)，故布裙一牒，故緋碧裙一牒，故碧袜一量，虎頭系履一量，白銀履裙一具，故布簾一枚，故紺緒被一牒練裏，故邊□囊一枚，故縷囊一枚，故練手巾四枚，故布衫一領，故青□一枚，故鏡鐮一枚，故銀鏡一枚，故髮刀一枚，故尉斗一枚，故疏(梳)二枚，含一枚，故雜彩五百匹，爲道用，故雜彩霸一具，松柏棺器一口。

升平十四年九月十四日，晉故大女孫狗女右牒衣物雜彩所持，皆生時所秉；買松柏器一口，顧賈錢九萬九千九百九十。所在聽遣，不得留停。時人：左青龍，右白虎。知狀如律令。

按：此件爲畢家灘出土衣物疏中年代最早者，並且隨葬品清單、紀年及説明和聲明等内容俱全，是一件十分典型的衣物疏。

其間出現的青龍、白虎以及後文所考衣物疏中與之共同出現的朱雀、玄武，原本是星象廿八宿的概括，即東方七宿爲蒼龍，西方七宿爲白虎，南方七宿爲朱雀，北方七宿爲玄武，統稱爲“四象”，又稱爲“四靈”。廿八宿的星名在西周已出現，到戰國時完備。因四象概括了東、南、西、北的星宿，所以後來又發展衍化爲方向或方位的標誌。《禮記・曲禮》:“行，前朱雀而後玄武，左青龍而右白虎”，説的是行軍作戰時以四象圖案的旌旗指明前後左右的方向，以調度軍陣，所以纔稱“進退有度，左右有局”①。再到後來，隨著道教

① 王文錦：《禮記譯解》，北京：中華書局，2001年，第28—29頁。

的發展，四象又被借用改造，成爲四靈或四神。《抱樸子·雜應篇》寫居於天上的老君“以神龜爲床，金樓玉堂，白銀爲階，五色雲爲衣……從黃童百二十人，左有十二青龍，右有二十六白虎，前有二十四朱雀，後有七十二玄武”①，把四靈與道教祖師老君聯繫起來，成爲老君前後左右的護衛和儀從了。再以後，四象被逐漸人格化，成爲四位護法神。

中國古代十分重視安葬和風水，認爲把死去的親人尤其是父母葬在一個風水較好的地方(即所謂吉穴)，是對死者最大的尊重，也是爲人子女者表達孝死的最爲直接的方式。郭璞《葬書》這樣論四靈：

> 夫葬以左爲青龍，右爲白虎，前爲朱雀，後爲玄武。玄武垂頭，朱雀翔舞，青龍蜿蜒，白虎馴俯。②

而早在東漢時期，道教中的這四位天神就被引入喪葬習俗中。如1998年，在河南三門峽市南交口一座東漢墓葬的墓室底部鋪磚以下出土5個鎮墓陶瓶，按東、南、中、西、北方位埋置，保存完好，瓶内裝有5種礦石，瓶腹朱書鎮墓文如次：

> 東方，甲乙，神青龍，曾青九兩，制中央，令母守子，禍不起，從今日始。如律令！
>
> 南方，丙丁，神朱爵(雀)，丹沙(砂)七兩，制西方，令母守

① 王明：《抱朴子内篇校釋(增訂本)》，北京：中華書局，1988年，第273頁。
② 郭璞：《葬書》，《文淵閣四庫全書》第808册，上海：上海古籍出版社，1987年，第29頁。

子，禍不起，從今日始。如律令！

中央，戊己，神勾陳，雄黄七兩，制北方，令母制子，禍不起，從今日始。如律令！

西方，庚辛，神白虎，礜石八兩，〔制東方〕，令母制子，〔禍不起〕，從今日始。如律令！

北方，壬癸，〔神玄武〕，慈（磁）石六兩，制南方，令母守子，禍不起，自今日始。如律令！①

受中原文化的影響，四靈一經傳入河西走廊及吐魯番地區，即被進一步改造利用，在衣物疏中充當起陰陽兩界公認的"見證人"，來保障死者對所帶陪葬物品的所有權。

目前所見出土於吐魯番地區的衣物疏共有5件出現了"四靈"，時代在前秦建元廿二年（386）至白雀元年（461?），先後間隔約75年。包括本件在内，河西地區出土衣物疏則有7件，全部出自玉門畢家灘，時代在前凉升平十四年（370）至西凉庚子四年（403），先後間隔約33年。另外河西地區出土的其他喪葬文獻中也有"四靈"的出現，如出土於高臺駱駝城墓葬的《前凉建興八年（320）烏氏買地券文》、《前凉建興廿四年（336）孫阿惠買地券文》、《前凉建興廿四年（336）佚名買地券文》、《前秦建元十八年（382）高俟妻朱吴桑買地券文》、《前秦建元十八年（382）高容男買地券文》，等等。這些有關四靈的出土文物，爲道教研究提供了新的饒有趣味的材料。

鍮石，又簡稱鍮。一種黄色有光澤的礦石，即黄銅礦或自然

① 郝本性、魏興濤：《三門峽南交口東漢墓鎮墓瓶朱書文考略》，《文物》2009年第3期。

銅。《玉篇·金部》:"鍮,鍮石,似金也。"程大昌《演繁露·黄銀》:"世有鍮石者,質實爲銅而色如黄金,特差淡耳。"①南朝梁宗懍《荆楚歲時記·七月》:"是夕,人家婦女結綵縷,穿七孔針,或以金、銀、鍮石爲針,陳几筵、酒、脯、瓜果、菜於庭中以乞巧。"②前考《東晉咸康四年(338)姬瑜妻隨葬衣物疏》之"鍮錢",應爲銅錢之别名。此疏中的"鍮石叉",當爲黄銅質地的一種叉子。又,吐魯番二一九殘帳有"歸罗鍮石"的記載,饒宗頤先生著文考證,認爲是一種寶石,常用來製作佛像和香爐。其说可參看③。

"皆生時所秉",在河西衣物疏中出現3次。除本件外,還見於後文所考《前凉升平廿二年(378)趙宜衣物疏》"女□□生時所秉"、《佚名衣物疏》"凡十八□,所秉",皆出土于玉門畢家灘。後兩件未見照片,此件"秉"字書作"",張俊民釋作"素",張小艷認爲於字形無據,且該字前有"所"字,應是動詞;釋作"秉",于文義亦通。

17. 前凉咸安五年(375)佚名衣物疏　2002年出土於玉門花海畢家灘M40墓,現藏甘肅省文物考古研究所。木牘。長26.7釐米,寬3.3釐米,厚0.7釐米。兩面墨書文字,正面分4欄書寫隨葬品清單,每欄3行,行5～6字;背面分3欄,上、中欄續寫隨葬品,各3行,甚殘,行存1～5字,下欄書紀年2行,行5～13字。發掘報告尚未出,張俊民有研究專文釋讀④,兹據以迻録如次:

① 轉引自漢語大字典編輯委員會:《漢語大字典(第二版)》,武漢/成都:崇文書局、四川辭書出版社,2010年,第4559頁。

② [梁]宗懍撰,宋金龍校注:《荆楚歲時記》,山西人民出版社,1987年,第55頁。

③ 饒宗頤《説鍮石——吐魯番文書劄記》,北京大學中國中古史研究中心《敦煌吐魯番文獻研究論集》第二輯,北京大學出版社,1983年,第627—630頁。

④ 張俊民:《甘肅玉門畢家灘出土的衣物疏初探》。

故□□□一枚，故□□□一枚，故練延一枚，故練□一枚，故練面衣一枚，故青□一枚，故布兩當一牒，故布襦一領，故布衫一領，故練裙一牒，故布袴一牒，故布褌一牒，故布□□□□，故……，故□□□□□□……，故韋履一量，故布□一具，□□□□□□用五百匹。

咸安五年三月廿二日，時知狀：左青龍，右白虎。

按："咸安"爲東晉簡文帝年號。太和六年(371)十一月，桓温廢司馬奕，立會稽王昱爲帝，改元咸安。咸安二年(372)七月，司馬昱病逝，太子即位。第二年正月改元寧康。這樣，咸安年號實際實行不到二年。咸安五年，則相當於孝武帝寧康三年(375)。這時的玉門花海一帶屬前涼轄境。如前所引，前涼政權"自張重華没後，張祚、張瓘、宋混、宋澄以及張邕、張天錫，遞相屠滅，涼浸衰矣"。張天錫執掌大權後，"連年地震山崩，水泉湧出……而天錫荒於聲色，不恤政事"，"時苻堅强盛，每攻之，兵無寧歲"①，前涼政權正處在風雨飄摇的覆亡前夜。

據《中國歷史紀年表》②，前涼政權在東晉時期，除張祚曾於公元354年自建"和平"年號以外，祗奉行過"建興"和"升平"兩個年號。其中升平年號使用至二十年，即公元376年八月，前涼政權滅亡爲止。但實際上，當時屬前涼政權轄境的河西地區及吐魯番地區出土的前涼文獻中，咸安二年以後年號並不鮮見。1980年敦煌佛爺廟灣80DFM3墓出土3件鎮墓陶器，其上朱書鎮墓文均有"咸

① 《晉書》卷86《張軌傳附張玄靚》，北京：中華書局，1974年，第2251頁。
② 《辭海》(第四卷)，上海：上海辭書出版社，1999年，第2499—2559頁。

安五年”的紀年，且清晰可辨①。藏于甘肅省博物館的敦煌藏經洞文書《前凉沙彌淨明寫〈法句經〉道行品、泥洹品題記》也有“咸安三年十月廿日”的字樣。而事實上，在傳世文獻中早有相關記載。《開元釋教録》載：“優婆塞支施侖，月支人也。博綜衆經……奉經來游，達於凉土。張公（天錫）見而重之，請令翻譯。以咸安三年癸酉，於凉州州内正廳堂後湛露軒下，出《須賴》等經四部。”又：“前凉張氏都姑藏，從晉年號。從張軌永寧元年辛酉，至天錫咸安六年丙子，凡經八主，七十六年。”②陳垣先生據此指出：“張氏不獨始稱西晉愍帝建興年號，其末仍用東晉簡文帝咸安年號。此爲稀有史料，不必於地下求之，特學人未之注意耳。”③侯燦引證《資治通鑑》“太宗簡文皇帝咸安元年十二月”條記載：該年十二月，前凉“張天錫聞秦有兼併之志，大懼，立壇于姑臧西，刑三牲，帥其官屬，遥與晉三公盟。遣從事中郎韓博奉表送盟文，並獻書于大司馬温，期以明年夏會於上邽”④，指出：“前凉奉咸安年號大概就在這次獻書之後”，“前凉奉用咸安應從咸安二年始，咸安六年八月張天錫政權便被前秦所滅。”⑤近年來，這一觀點被學界廣爲接受。如王素在其《敦煌出土前凉文獻所見“建元”年號的歸屬》一文中就説：“前凉在奉用東晉穆帝升平年號後，接著又奉用東晉簡文帝咸安年號，由於

① 甘肅省敦煌縣博物館：《敦煌佛爺廟灣五凉時期墓葬發掘簡報》，《文物》1983年第10期。

② 釋智升：《開元釋教録》，《大正藏》第55册，〔日本〕大正一切經刊行會，1934年，第519頁。

③ 陳垣：《中國佛教史籍概論》，北京：中華書局，1962年，第15頁。

④ 《資治通鑑》卷101，北京：中華書局，1956年，第3187頁。

⑤ 侯燦：《晉至北朝前期高昌奉行年號證補》，《南都學壇（社會科學版）》1988年第4期。

前凉升平應有十五年，東晉咸安元年當前凉升平十五年，則前凉奉用咸安年號最早應從二年開始（372）。”他還根據前引《開元釋教録》的記載認爲：“前凉奉用咸安年號，直到六年。”[①]這件衣物疏爲學者們的這些看法提供了又一個有力的證據，也糾正了《辭海·附録·中國歷史紀年表》的疏誤。

此件中出現的“韋履”，早在東漢時期《釋名》中就有記載：“齊人謂韋屨曰屝。屝，皮也，以皮作之。”[②]屨、履互訓，韋屨即韋履，韋履也就是皮鞋，“韋履一量”即皮鞋一雙。有關皮鞋的出土文物可上溯至夏商時期。1980 年，在新疆樓蘭鐵板河出土了一雙約3800年前的羊皮女靴。此件衣物疏的記載，也爲魏晉時期河西地區穿用皮鞋的歷史提供了佐證。

18. 前凉（376 前）周女敬衣物疏　2000 年出土於高臺駱駝城，現藏高臺縣博物館（圖 30）。木牘。兩面墨書。正面三欄，上欄一行書題，中欄和下欄書正文各 4 行，行 6～9 字；背面右側兩欄，上蘭 1 行，下欄 2 行，行 6～7，左側一行，書結語 8 字。報告未出，據實物照片釋讀如次：

（正面）

周女敬衣物疏

故山柏木一口本自有，故續一枚本自有，故早被一領本自

① 王素：《敦煌出土前凉文獻所見“建元”年號的歸屬——兼談敦煌莫高窟的創建時間》，季羨林等主編：《敦煌吐魯番研究》（第二卷），北京：北京大學出版社，1997 年，第 13—22 頁。

② 劉熙：《釋名》，《文淵閣四庫全書》第 221 册，上海古籍出版社，1987 年，第 408 頁。

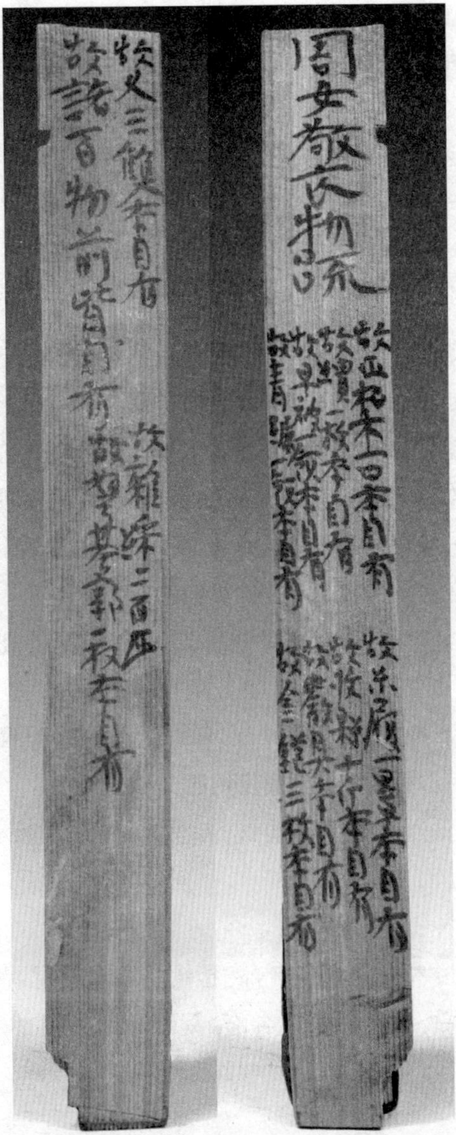

圖 30　前凉周女敬衣物疏

有,故青縹一領本自有,故絲履一量本自有,故收綿十斤本自有,故嚴具本自有,故金鋌三枚本自有。

（背面）

故叉三雙本自有,故雜綵二百匹,故弩基郭一枚本自有。

故諸百物前皆自有。

按：此件無紀年,但與前文所考《趙雙衣物疏》及《趙阿兹衣物疏》出土於同地,並且起行收筆的書寫習慣非常相近,可以判斷出自同一書者之手。高臺縣博物館斷代爲前凉,據此,下限應在公元376年。

嚴具,即妝具,爲盛梳妝用品的器具。因避漢明帝劉莊諱而改。《後漢書·祭祀志下》:"廟日上飯,太官送用物,園令、食監典省,其親陵所宫人隨鼓漏理被枕,具盥水,陳嚴具。"①

19. 前凉(376前)周南衣物疏　2000年出土於高臺駱駝城,現藏高臺縣博物館(圖31)。木牘。兩面墨書。正面三欄,上欄書題,中欄4行,下欄3行,行5～10字;背面兩欄,上欄2行,下欄1行,行7～10字。報告未出,據實物照片釋讀如次:

（正面）

周南衣物疏

故山柏木一口本自有,故冠幘一具本自有,故黄絹單衣一領本自有,故早被一領本自有,故白帢履一量本自有,故收綿十斤本自有。右諸故□物本自而秉用。

① 《後漢書》志第9《祭祀下》,北京：中華書局,1965年,第3200頁。

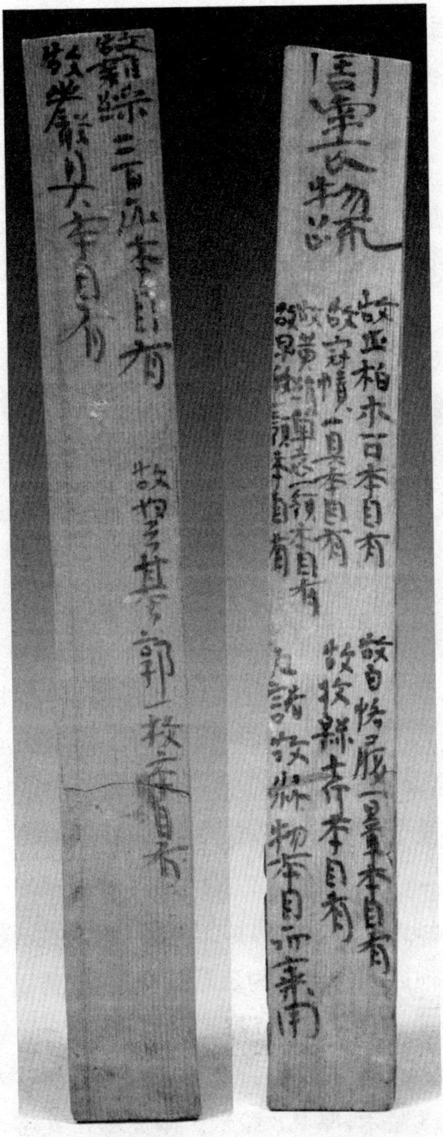

圖 31　前凉周南衣物疏

（背面）

故雜綵三百匹本自有，故嚴具本自有，故弩基郭一枚本自有。

按：此件亦無紀年，但與上文所考《趙雙衣物疏》及《趙阿兹衣物疏》出土於同地，高臺縣博物館斷代爲前凉，據此，下限應在公元376年。

20. 前凉(376前)夏侯勝榮衣物疏　1998年出土於高臺駱駝城，現藏高臺縣博物館。木牘(圖32)。左右均有殘缺。兩面墨書文字。正面分兩欄，上欄書題一行，下欄殘存5行，行5～7字；背面亦分兩欄，各殘存5行，行6～13字。報告未出，據實物照片釋讀如次：

大女夏侯勝榮衣物疏

……，□□□□一牒，故白布裙一牒，故白布被一領，故布□一枚，故□□一斤，□□□□□□□，故青麻履一量。

——右雜衣物十二種，皆生時所有，今得□衣，上至倉天，下至黄泉，所有不得□□。□□□律令！

按：此件無紀年，高臺縣博物館陳列標簽斷代爲"魏晉"，出於駱駝城，當與其他同地所出衣物疏時代相當，故暫以"前凉"係之。

21. 前凉升平廿二年(378)趙宜衣物疏　2002年出土於玉門花海畢家灘M37墓，現藏甘肅省文物考古研究所。木牘。長26.3釐米，寬3.8～4.3釐米，厚0.8釐米。兩面墨書文字，正面4欄，甚殘，第一欄6行，第二欄4行，第三欄存2行，可辨識1行，第四欄

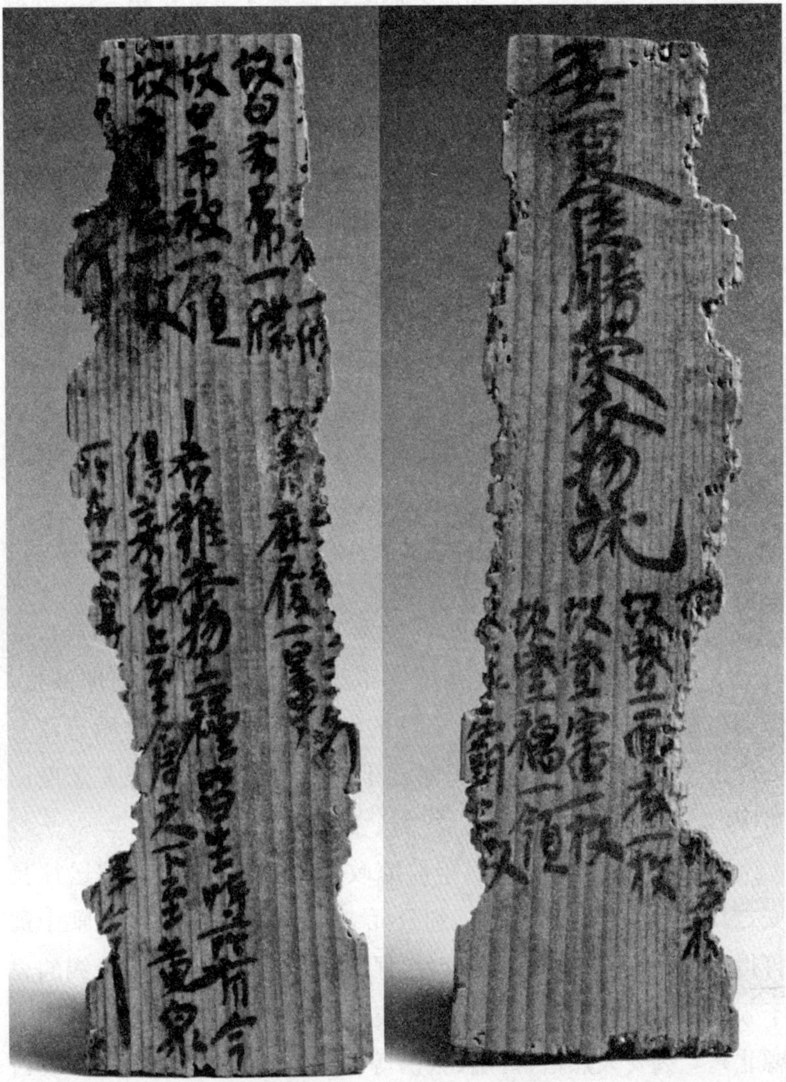

圖 32　前凉夏侯勝榮衣物疏

已不可辨識，行4～6字；背面右側續寫隨葬品清單3欄4行，左側書紀年2行，行22～28字。發掘報告尚未出，張俊民有研究專文釋讀①，兹迻録如次：

故青絓一枚，故綾□一枚，故銀叉一枚，故錢百又二枚，故□襦一領，故練衫一領，故□□□□，故□□一枚，故巾二枚，故練面衣一枚，故緑襦一領，……，……，故布絝一牒，故□□一具，雜采百匹，□九枚。女□□生時所秉。

升平廿二年三月十九日，晉故大女趙宜從南山買松柏棺一口，顧賈□錢九萬九千九百九十。時知見：佐（左）青龍，右白虎，所在聽遣。

按：如前文《前凉咸安五年（375）佚名衣物疏》條所述，近年來學者們據出土文物研究指出，前凉奉升平年號至十五年（371），從公元372年開始奉用簡文帝咸安年號，至六年（376），前凉滅亡。但這裏却又出現了"升平廿二年"的紀年，而高臺縣博物館還藏有一件出土於駱駝城墓群的"升平二十三年"衣物疏。這又是怎麽回事呢？

據史料記載，公元376年前凉政權覆亡後，張天錫被送往長安，封歸義侯，拜北部尚書。到公元383年，苻堅在淝水之戰中被打得大敗，張天錫乘機逃至東晉，拜爲金紫光禄大夫。張天錫的兒子張大豫則西投河西鮮卑禿髮思復鞬，被安置在魏安（今甘肅古浪縣北）。"魏安人焦松、齊肅、張濟等聚兵數千人迎大豫爲主，攻吕

① 張俊民：《甘肅玉門畢家灘出土的衣物疏初探》。

光昌松郡，拔之，執太守王世强。光使輔國將軍杜進擊之，進兵敗，大豫進逼姑臧”，“自號撫軍將軍、涼州牧，改元鳳凰，以王穆爲長史，傳檄郡縣，使穆説諭嶺西諸郡，建康太守李隰、祁連都尉嚴純皆起兵應之，有衆三萬，保據楊塢”①，而這時已到了公元 386 年。這樣，被學者稱爲“張氏前涼政權的一個迴光返照”②的張大豫的活動，應在公元 383 年至 386 年之間。“升平廿二年”相當東晉孝武帝太元三年(378)，這時前涼政權已經覆亡兩年，張天錫在長安前秦政權中任職，張大豫尚未逃回河西，怎麽還會有“升平廿二年”乃至“升平廿三年”的紀年出現呢?

上引《資治通鑑》記載，或可爲我們透露一些信息：既然苻秦淝水之戰剛遭失敗，張大豫一回河西，就被河西一些人擁立爲主，向吕光展開攻勢，那麽，我們就不難推測：雖然張天錫投降了前秦，前涼政權由此覆亡，但河西一些地方豪强及前涼舊部並未真心擁戴前秦，他們還在伺機起事。在前秦政權仍處在不斷征戰、地方政權尚未穩固的情况下，河西走廊的一些地區，如建康、酒泉等郡的民衆仍在使用前涼政權所奉行的年號也是可能的。

但這裏又有一個問題：既然如上文所述，學者們認爲前涼政權奉行升平年號至十五年，然後從公元 372 年開始改奉咸安年號，至六年(376)。如此，前涼政權滅亡後，其遺民繼續奉行原來的年號，也應該是咸安。其中升平廿二年(378)當是咸安八年，爲什麽又由咸安改奉原來的升平了呢?

也許，自張天錫當政後，前涼政權就外對前秦的强大攻勢，

① 《資治通鑑》“烈宗孝武皇帝太元十一年”條，北京：中華書局，1956 年，第 3359—3360 頁。

② 齊陳駿等：《五涼史略》，蘭州：甘肅人民出版社，1988 年，第 48 頁。

内部又紛爭不已,政令很難統一。改奉咸安後,仍有一些地方因消息閉塞等原因而繼續奉用升平年號。前秦滅凉不久,自身也處在不斷的動盪之中,所以各地方政權就有可能各行其是;而前凉政權奉晉爲正朔早已深入人心,得到廣大民衆的强烈認同,所以在面臨喪葬這樣的生死大事時,署以升平年號也就不足爲奇了。衣物疏中亡者趙宜姓名前冠以"晉"字,正是其遺民心態的一種表現。

22. 前凉升平廿三年(379)佚名衣物疏　1998年出土於高臺駱駝城,現藏高臺縣博物館。木牘。墨書。單面,三欄,全26行,行6～12字。報告未出。原件在展櫃中,衹能看到一面;且文字漫漶,難以辨識,姑録目于此,以俟來者。

23. 前秦建元十六年(380)朱少仲衣物疏　2002年出土於玉門花海畢家灘M1墓,現藏甘肅省文物考古研究所。木牘。長23.5～23.8釐米,上寬7.2釐米,下寬6.9釐米,厚0.7釐米。兩面墨書文字,較完整。正面分3欄書寫隨葬品清單,第一、二欄5行,第三欄1行,行4～6字;背面書紀年3行,行10～15字。發掘報告尚未出,張俊民有研究專文釋讀①,兹迻録如次:

故碧絓髮一枚,故練面衣一枚,故練延一枚,故取綿三兩,故布□一領,故褶一領,故布内衣一領,故布大絝一立,故布褌一量,故革履一量,故布枕一枚。

建元十六年十二月廿二日,晉故朱少仲衣疏,栩桐官(棺)一口,從南山松柏買,顧賈九萬九千九百。

① 張俊民:《甘肅玉門畢家灘出土的衣物疏初探》。

按：建元爲前秦苻堅年號，建元十六年當東晉孝武帝司馬曜太元五年。此時前凉政權滅亡已有四年，河西走廊歸入前秦統治範圍。但本衣物雖以前秦年號紀年，却仍在姓名前加了一個“晉”字，表明當地百姓對於晉王室忠心不貳，與前考《趙宜衣物疏》使用“升平廿二年”的紀年在思想情感上一脈相承，透露出前凉雖亡，其影響却仍存在的歷史信息。

此件中出現的“絓”，音 kuā，是一種粗綢子。《急就篇》第二章：“絳緹絓紬絲絮綿。”顔師古注：“紬之尤麤者曰絓，繭滓所抽也。”①絓在吐魯番衣物疏中多見，都是作爲衣物的質料出現的，如阿斯塔那 305 號墓《缺名隨葬衣物疏》之白絓褌、縹絓褲、白絓襪，等等。河西衣物疏中凡 6 見，除此件“碧絓髮”外，尚有《五凉(420前)佚名衣物疏》中的“絓綾襪一量”、“絓綾絝一量”，也是作爲衣物的質料出現的。但《前凉升平十四年(370)孫狗女衣物疏》之“故紺絓一枚”和《前凉升平廿二年(378)趙宜衣物疏》之“故青絓一枚”，則是直接作爲衣物出現的，這又爲古代服飾的研究提供了新的材料。

取綿，如前所考，應爲“收綿”之誤釋。

24. 後凉麟嘉七年(395)佚名衣物疏　2002 年出土於玉門花海畢家灘 M38 墓，現藏甘肅省文物考古研究所。木牘。長 23.5 釐米，寬 5.3 釐米，厚 0.1～0.7 釐米。兩面墨書文字，正面分 4 欄書寫隨葬品清單，甚殘，第一、二、四欄存 1 行，第三欄存 2 行，行 1～5 字；背面書紀年 4 行，亦殘，行 6～19 字。發掘報告尚未出，張俊民

---

① 轉引自漢語大字典編輯委員會：《漢語大字典(第二版)》，武漢/成都：崇文書局、四川辭書出版社，2010 年，第 3613 頁。

有研究專文釋讀①，兹迻録如次：

青□□二枚，面衣一枚，故布□一枚，故……，……綿一斤……

□嘉七年四月廿七日，□□□□□□□□□□□物故，從南山買□棺一口，顧錢□九萬□□。左青龍，右白虎，前朱雀……聽遣，不得□□。

按：此件紀年殘缺，但與後件同出於畢家灘，從衣物疏内容及形式看，兩者又十分相近，故"□嘉七年"可推定爲麟嘉七年。"麟嘉"爲後凉吕光年號，至八年六月改元龍飛，共實行八年不到。麟嘉七年時，前凉早已爲前秦所滅，前秦也已滅亡，而北凉、西凉尚未建立，河西走廊的大部都處於吕光後凉政權的統治之下。對於後凉的統治，史家是這樣評述的：

雄踞河西的後凉主要是靠軍事征服而建立起來的。吕光及其後來的繼承者衹相信軍事鎮壓力量，不重視政治、經濟的作用，結果僅短短幾年時間，就搞得内部人心離散，戰亂不斷，生産破壞，百姓流離，把安定了八十年之久的河西推入了苦難的深淵。②

畢家灘墓葬主要是前凉末期及後凉時期的，與前凉鼎盛時期敦煌、

① 張俊民：《甘肅玉門畢家灘出土的衣物疏初探》。
② 齊陳駿：《河西史研究》，蘭州：甘肅教育出版社，1989年，第136頁。

嘉峪關相比,“墓葬狹小,出土物少”,“反映出來的則是生活的窮困和不景氣”①,恰爲這一論斷提供了實證。

25. 後凉麟嘉十五年(403)黄平衣物疏　2002 年出土於玉門花海畢家灘 M20 墓,現藏甘肅省文物考古研究所。木牘。長 24.6 釐米,上寬 4.7 釐米,下寬 3.5 釐米,厚 0.6 釐米。兩面墨書文字,正面分 5 欄書寫隨葬品清單,第一、二、三、四欄 4 行,第五欄 2 行,行 3～6 字;背面書紀年 3 行,行 15～18 字。發掘報告尚未出,張俊民有研究專文釋讀②,兹迻録如次:

故絳頭一枚,故練繻一領,故練内衣一量,故絲履一量,故綪頭一枚,故練衫一領,故纏綿一斤,故布被一具,故練延一枚,故練□□一領,故雜彩把一具,故布裙一具,故練面衣一枚,故練絝一具,故練髮一具,雜彩□,故絹□裙,故練褌一□。

麟嘉十五年三月十□日,西鄉黄平命終,從南山買松柏器一口,顧錢九萬九千九百九十。時知見:左青龍,右白虎。□□□□□□□。

按:如前所揭,“麟嘉”爲後凉吕光年號,實際衹有八年不到,此件却出現了麟嘉十五年的紀年,值得關注。麟嘉十五年,推算下來相當於東晉安帝元興二年,即公元 403 年。此時的後凉政權由吕隆當政,爲神鼎三年。《資治通鑑》記載:隆安四年(400)十一月,“北凉晉昌太守唐瑶叛,移檄六郡,推李暠爲冠軍大將軍、沙州

① 張俊民:《甘肅玉門畢家灘出土的衣物疏初探》。
② 張俊民:《甘肅玉門畢家灘出土的衣物疏初探》。

刺史、凉公、領敦煌太守。暠赦其境内,改元庚子",西凉政權正式在敦煌建立。與此同時,李暠"遣從事中郎宋繇東伐凉興,並擊玉門已西諸城,皆下之",將統治勢力擴張到了玉門一帶①。第二年六月,"梁中庸等共推沮渠蒙遜爲大都督、大將軍、凉州牧、張掖公,赦其境内,改元永安",北凉政權轉到沮渠蒙遜手中。七月,"沮渠蒙遜所部酒泉、凉寧二郡叛降於西凉",至此,酒泉一帶納入西凉版圖②。公元402年十二月,"沮渠蒙遜所署西郡太守梁中庸叛,奔西凉"③,西凉勢力更加壯大。到東晉義熙元年(405),李暠改元建初,派出使者奉表詣闕,同時爲了集中兵力對付北凉,遷都於酒泉④。這樣,在公元403年的時候,位於酒泉城西北約50公里處的畢家灘一帶應屬西凉政權管轄無疑,爲什麽又出現了早已廢除的吕光的年號,並且這時的後凉政權雖由吕隆當政,但已處於徹底覆亡的前夕了?

綜合史料記載,可以做出這樣的推測:當時戰亂頻仍,社會動盪,人民無所適從,畢家灘又偏處一隅,信息閉塞,對於不斷變换的"城頭大王旗"缺乏足够的敏感,所以還不自覺地沿用了早已廢止了的年號爲其喪事活動紀年。當然,也不排除另外一種可能:至公元403年春,李暠的統治尚未到達玉門花海一帶。史書的記載是簡而又簡的,金石文獻有時可補史書之闕,已是學界共識,簡牘亦然,此又一佳例。

26. 西凉庚子四年(403)吕皇女衣物疏　2002年出土於玉門

---

① 《資治通鑑》卷111,北京:中華書局,1956年,第3515頁。
② 《資治通鑑》卷112,第3525、3528頁。
③ 《資治通鑑》卷112,第3546頁。
④ 《晉書》卷87《李暠傳》,北京:中華書局,1974年,第2259—2261頁。

花海畢家灘 M30 墓，現藏甘肅省文物考古研究所。木牘。長 25 釐米，寬 8.3 釐米，厚 0.8 釐米。兩面墨書文字，正面分 5 欄書寫隨葬品清單，甚殘，第一欄 7 行，第二欄 8 行，第三欄 7 行，第四欄存 4 行，第五欄存 5 行，行 2～6 字；背面右側分 4 欄續寫隨葬品，第一、二、三欄各 2 行，第四欄 1 行，行 3～6 字，左側書紀年 4 行，行 5～23 字。發掘報告尚未出，張俊民有研究專文釋讀①，兹迻録如次：

故□□一枚，故翭緆頭各一枚，故髮稍被一具，兩耳真珠一具，白練面衣一，故緕頭一枚，故練延一枚，一枚，綿二斤，故綿襖一領，故□□，故綿□□□一，故□，故□□□□一領，故雜彩香囊一具，故□褌，故□，故裴□□，故□一□，故絲履一量，故緆被一領，故緆練□□□，故□，故真□□一枚，故□□一枚，故鐵針一枚，□□，鐵鏡，□□，故粉二兩，錦衣，故木城郭一具，故布裴一枚，故木奴一枚，畒三斛，故□□，□床一具，赤□一具□。

庚子四年九月十二日，田氏家婦吕皇女從南山買松柏□，賈錢九萬九千九百九十九。時知見：左青龍，右白虎，書券□□□，海瀆山川，門户所在，聽遣禁固，故同錢□□……

按：此件中"海瀆山川，門户所在"句值得注意。我們知道，漢代泰山治鬼説非常盛行。人死後歸於泰山，是兩漢時人們的普遍信仰，所謂"生人有里，死人有鄉，生人屬西長安，死人屬東大（泰）山"，"生屬長安，死屬大（泰）山，死生異處，不得相防（妨）"，等等，

① 張俊民：《甘肅玉門畢家灘出土的衣物疏初探》。

都説明泰山是當時人們心目中的地下世界，是鬼魂歸依的地方。但魏晉以後，這種觀念似已發生了變化，即由過去的死歸泰山轉變爲死歸東海。那麽，東海何以會代替泰山成爲中古時期人們心目中的冥界？劉安志認爲這既與佛教的影響有關，又與"東海"這一特定的地域有關。與佛教有關是因爲佛教在傳播過程中，爲了使其地獄觀念爲中土民衆所接受，有意識地把中土的"泰山治鬼"信仰與自身的地獄觀念結合起來，故在漢魏及以後的佛經翻譯中，以"泰山"或"太山"譯釋"地獄"。在從東漢到十六國時期的佛經翻譯中，"泰(太)山"已成了"地獄"的代名詞。既然如此，在佛教逐漸爲中華民衆所接受的過程中，原來"死屬泰山"的觀念業已不合時宜了。而東海地區是中國古代神仙觀念産生的發源地，海中蓬萊、方丈、瀛洲等仙山是人們夢寐以求的仙境。東海之中還有"不死之草"，死人可使復活，服之則令人長生。這些無疑都會使東海罩上一層神秘的色彩。久而久之，東海遂代替泰山成爲人們死後歸依的地下世界。吐魯番衣物疏中最早出現"海"字當屬阿斯塔那170號墓所出《高昌章和十三年(543)孝姿隨葬衣物疏》："若欲求，海東頭；若欲覓，海西辟(壁)。"①由此可以認爲，人死後歸於東海這一觀念，至遲公元六世紀就已産生②。而此件的出土爲劉安志的觀點提供了新的佐證，並表明早在五世紀初葉，人死後歸於東海的觀念就已經在河西走廊産生了。

木城郭，張小艷認爲可能是"木機郭"之誤釋。未見圖片，暫存疑。

① 國家文物局古文獻研究室、新疆維吾爾自治區博物館、武漢大學歷史系：《吐魯番出土文書》(第二册)，北京：文物出版社，1981年，第61頁。

② 劉安志：《吐魯番所出衣物疏研究二題》，《魏晉南北朝隋唐史資料》第22輯，武漢大學文科學報編輯部，2005年，第146—160頁。

27. 五凉(420 前)某年正月佚名衣物疏　2002 年出土於玉門花海畢家灘 M51 墓,現藏甘肅省文物考古研究所。木牘。長 27 釐米,寬 5.1 釐米,厚 0.6 釐米。兩面墨書文字,正面分 6 欄書寫隨葬品清單,第一欄 3 行,第二、三、四、五欄 4 行,第六欄 3 行,行 2～5 字;背面書紀年 3 行,行 3～21 字,左下角又書隨葬品 1 行。發掘報告尚未出,張俊民有研究專文釋讀①,兹迻録如次:

故青黔根一枚,故同(銅)針二枚,故青頭一枚,故襪一枚,故布褌一枚,故布衫一枚,故繒兩當一枚,故綿絝一枚,故内衣一枚,故□耳具,□一枚,故綿四五兩,故繡襦一枚,故繡絝一枚,故布裙一枚,故布絹一枚,故履一枚,故布皮一枚,故手帛一枚,故□□,凡十八□,所秉,雜采百匹。

□年正月十一日,□□從南山買松棺,顧錢九千九萬。知狀:左青龍,右白虎,前朱雀,後玄武。如律令。

按:本文所考畢家灘衣物疏 9 件,均於 2002 年出自同一墓群。這些墓葬分佈在一道小沙梁上,南北長 350 米,地點集中;都是小型豎穴土坑墓,墓壙小,埋藏淺,以單人葬爲主,形制相同;有確切紀年的 7 件,無紀年的僅 1 件,年代明確。本件紀年雖然殘缺,但據此可知當與其他紀年明確者同屬五凉時期,且爲與下件相區别,故定名爲《五凉(420 前)某年正月佚名衣物疏》。

銅針,一種銅質的醫用針具。1985 年,廣西壯族自治區武鳴縣馬頭鄉元龍坡春秋時代墓葬群出土 2 枚銅針,“形式大致相同,扁

① 張俊民:《甘肅玉門畢家灘出土的衣物疏初探》。

方柄，圓條尖鋒，無針眼”①。針柄長 2.2 釐米，寬 0.6 釐米，厚 0.1 釐米；鋒呈圓錐狀，長 0.5 釐米，根部起節。據專家研究，認爲是針灸實物醫具②。2002 年發掘的畢家灘五涼十六國墓群發掘報告尚未出，因而同墓是否出土實物不得而知。但此件記載的銅針，對研究魏晉時期河西地區冶銅、商業交通及醫藥生活都有一定的價值。

28. 五凉(420 前)佚名衣物疏　2002 年出土於玉門花海畢家灘 M3 墓，現藏甘肅省文物考古研究所。木牘。長 24 釐米，寬 4.5 釐米，厚 0.2 釐米。兩面墨書文字，無紀年，均爲隨葬品清單。正面 6 欄，第一欄 3 行，第二、五欄 6 行，第三、四欄 5 行，第六欄 1 行，行 3～6 字；背面 4 欄，第一欄 4 行，第二、三、四欄 5 行，行 4～8 字。發掘報告尚未出，張俊民有研究專文釋讀③，兹迻録如次：

> 衣物疏：故青黎頭一枚，故革履一量，青縿頭一枚，絳木帶一枚，赤銅叉二雙，黑角叉一雙，兜(鍮)石叉一雙，等墨叉一雙，絳地絲履一量，絓綾襪一量，桃支(枝)叉(釵)二雙，白銀葩一枚，萇生二雙，黄綖手巾一枚，絳黄粉囊一枚，紭綖粉囊一枚，紦青粉囊一枚，齋支囊青一枚，雜繒鍼桐一枚，青鍼衣一枚，斑疏蔽一合，同竟(銅鏡)一枚，同(銅)尺刀各一枚，弩算郭一枚，同狐一雙，雜采白(帛)四匹，桓眇親衣疏，白布五匹，守絮二斤，帑二枚，絳褕一領生時所衣，白裙一領生時所衣，絓綾

① 廣西壯族自治區文物工作隊、南寧市文物管理委員會、武鳴縣文物管理所：《廣西武鳴馬頭元龍坡墓葬發掘簡報》，《文物》1988 年第 12 期，第 1—13 頁。

② 葉濃新：《馬頭古墓出土銅針爲醫具論試證——兼論壯族先民的針灸療法》，《廣西民族研究》1986 年第 3 期，第 102—106 頁。

③ 張俊民：《甘肅玉門畢家灘出土的衣物疏初探》。

綺一量，白練單褕一領，故布單褕一領，故布䳇襂一領，故絳褕申一領，新布裙一枚，故裙一枚，黄綎被一領，絵黄褌一量，白練紬一枚，白練綀一枚，故綿内衣一枚，故雞一枚。

按：此件是畢家灘所出衣物疏唯一無紀年者，但據上件考述理由，可定名爲《五凉(420前)佚名衣物疏》。

桃支叉，似應作"桃枝釵"，可能是一種以桃樹枝製作的釵子，用於避邪。褕，一種短袖衣，一説近身衣①。

此件中名物不可考者甚夥，《漢語大字典》所不載之生僻字亦多，其中有部分可能是文字釋讀之誤造成的。因不能見到原物或其圖影，姑且存疑，以俟來者。

第三節　大凉國衣物疏

29. 河西大凉國安樂三年(619)郭方衣物疏　1989年出土于敦煌莫高窟北區瘞窟B228窟。本色麻紙，紙質粗硬。寬42.3釐米，高28.3釐米。墨書文字14行，稍殘，行13～24字，存247字。原報告附有圖版與釋文②，樊錦詩、彭金章③，關尾史郎④都有研究

---

① 盧翰明：《中國古代衣冠辭典》，臺灣新北：臺灣常春樹書坊，中華民國七十九年，第464頁。

② 彭金章、王建軍：《莫高窟北區石窟》(第3卷)，北京：文物出版社，2004年，第334頁/圖版一七五。

③ 樊錦詩、彭金章：《敦煌莫高窟北區B228窟出土河西大凉國安樂三年(619)郭方隨葬衣物疏初探》，《敦煌學》(第25輯)，2004年，第515—528頁。

④ 關尾史郎：《莫高窟北區出土〈大凉安樂三年(619)二月郭方隨葬衣物疏〉的兩三個問題》，《敦煌吐魯番研究》(第9卷)，北京：中華書局，2006年，第111—122頁。

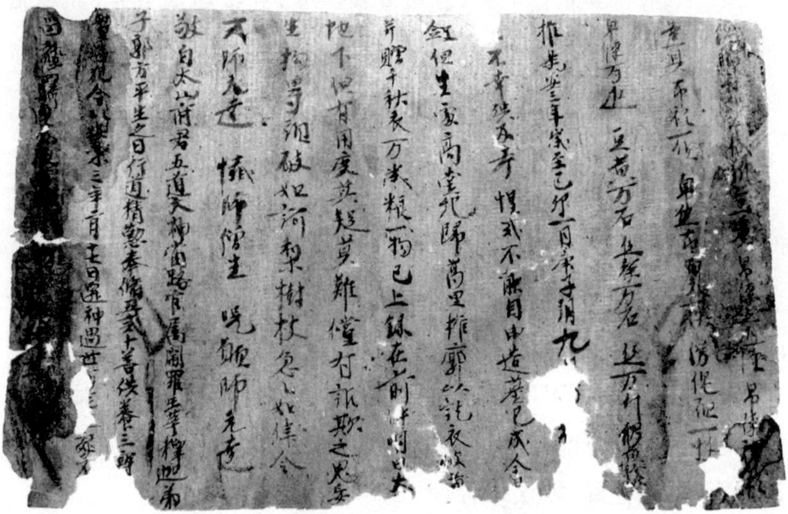

圖 33　河西大凉國安樂三年郭方衣物疏

文章發表。兹據原物圖影(圖 33),參照各家釋文,校釋如次:

綿脚靡並低靴各一量,帛練五匹,偟(黄)帛練褌衫各一具,布衫一領,帛絲布面衫一枚,縵糸皂□一枚,帛練萬匹,豆黄萬石,絲絮萬石,絲萬斤,縵黄衿被□。

推(惟)安樂三年歲至己卯二月庚子朔九日□□□□□□,不幸殃及壽,惶或不能自申。造墓已成,今日□殯。但生處高堂,死歸蒿里,棺廓以訖,衣被□□,並贈千秋衣、萬歲糧。一物已上,録在前件。明日大□地下,但有用度,莫疑莫難;倘有詐欺之鬼,妄生拘礙,頭破如訶梨樹枝。急急如律令。

戒師元達,懺師僧生,咒願師元達,敬白太山府君、五道大神、當路官屬、閻羅王等:釋迦弟子郭方,平生之日,行道精勤,奉修五戒十善,供養三寶,□(毫)厘無犯。今以安樂三年二月十七日遷神過世,所□之處,不□(得)留縶羈連,必須面奉聖尊,遊神靜立。

按:“惶或不能自申”之“或”,樊、彭及關尾均釋爲“戒”,細察原物圖影,應是“或”。“或”通“惑”,“惶惑”同義復詞。置於原文,義亦相合。此處斷句標點亦據文意有所修正。“頭破如訶梨樹枝”之“頭”,樊、彭及關尾均釋爲“詛”,細察原物圖影,應是“頭”。脚靡,有時也寫作“脚足靡”、“脚月靡”、“脚米”等,多見於吐魯番出土隨葬衣物疏,有學者釋作護脚布,但彭金章曾著有專文考證,認爲“應是一定歷史時期的稱呼,其實就是襪子”①。

此件的出土意義甚夥。首先,雖然鄰近的吐魯番出土有爲數不少的衣物疏,但敦煌地區雖出土有大量鎮墓文,衣物疏却是首次發現。正如樊錦詩、彭金章所指出的,這一發現“結束了敦煌地區不出隨葬衣物疏的歷史,從而爲敦煌文獻增加了新的類别”②。但基於以下理由:① 除了本件以外,目前考古所見河西走廊有紀年的衣物疏至西涼庚子四年(403)即中止了;② 衣物疏所用材料吐魯番出土的全是紙質,而河西走廊全是木牘;③ 河西走廊出土鎮墓文也僅到沮渠氏北涼玄始十年(421),我們也不得不考慮,郭方衣物疏是出於某種偶然的原因從吐魯番攜帶至敦煌莫高窟的,或此瘞窟主人爲從吐魯番游化至莫高窟的佛教徒等諸種可能。

① 彭金章:《敦煌吐魯番所出隨葬衣物疏中“脚靡(足靡)”新探》,《敦煌研究》2002年第6期。

② 樊錦詩、彭金章:《敦煌莫高窟北區B228窟出土河西大涼國安樂三年(619)郭方隨葬衣物疏初探》。

其次，本衣物疏主人郭方爲“釋迦弟子”，生前“行道精勤，奉修五戒十善，供養三寶”，是個虔誠的佛教徒，但死後却以道教的儀軌埋葬。學者們對此頗感興趣，把它與《北齊武平四年(573)七月高僑妻王江妃隨葬衣物疏》相比較，認爲兩者“都是在佛教和道教混淆的信仰基礎上寫成的”，進而得出如下論斷：

> 隨葬衣物疏中看到的中國內地形成的信仰，六世紀中葉以後，已席捲西北地方的敦煌和吐魯番。本衣物疏的紀年雖然是七世紀，但從吐魯番地區最初出土的例子來判斷，其信仰滲透到敦煌地區的時間可追溯到六世紀，這也是完全有可能的。……已統一使用靠道佛混淆的信仰支撐的隨葬衣物疏來爲死者鎮魂。就連獲得佛教聖地之地位的敦煌莫高窟臨近的地方，也作有此類混入道教因素的隨葬衣物疏。①

第三，可據以糾正《資治通鑑》關於李軌于武德元年(618)十一月稱河西大凉王並建元安樂的時間錯誤，證明《舊唐書》本傳的正確，即李軌“自稱河西大凉王，建元安樂，署置官屬，並擬開皇故事”是在“大業末”②，安樂元年當爲公元617年。

武威文廟藏有《大凉安樂元年九月劉和墓誌銘》(圖34)，其中有“以安樂元年歲次丁丑九月己酉朔廿一日癸酉葬于神烏縣建昌鄉通明里”的記載③。查《二十史朔閏表》，劉和下葬年月日干支朔

① 關尾史郎：《莫高窟北區出土〈大凉安樂三年(619)二月郭方隨葬衣物疏〉的兩三個問題》。

② 《舊唐書》卷55《李軌傳》，北京：中華書局，1975年，第2249頁。

③ 王其英：《武威金石録》，蘭州：蘭州大學出版社，2001年，第22頁。

圖 34　河西大凉國安樂元年劉和墓誌誌蓋

旦正與隋煬帝大業十三年①(617)相合。而本衣物疏主人郭方“以安樂三年二月十七日遷神過世”，顯示安樂年號一直使用到了“三年”。綜合兩《唐書》、《資治通鑑》及劉和墓誌和本衣物疏相關内容，大體可以理出李軌政權從建立到覆亡的時間表，即：李軌在隋末煬帝大業十三年(617)七月舉兵，自稱河西大凉王，建元安樂，之

---

①　關尾史郎《莫高窟北區出土〈大凉安樂三年(619)二月郭方隨葬衣物疏〉的兩三個問題》一文在闡述相關問題時，使用了“義寧元年(617)”，這是沿用了司馬光編寫《資治通鑑》以最後所改年號冠于本年之首的通例。因爲李淵于煬帝大業十三年十一月丙辰克長安，“迎代王於東宫，遷居大興殿”，壬戌“備法駕迎代王即皇帝位於天興殿，……大赦，改元，遥尊煬帝爲太上皇”，至第二年三月，煬帝才于江都被宇文化及縊殺。所以，根據實際情況，劉和下葬的“安樂元年”，應與煬帝大業十三年對應，是年十一月以後才是“義寧元年”。

後相繼攻陷張掖、敦煌、西平、枹罕,"盡有河西五郡之地"①;次年(即唐武德元年,公元618年)冬十一月"僭稱尊號,以其子伯玉爲皇太子"②;武德二年(619)五月被安興貴囚拘押解長安③。

另外,關於此文的性質,劉安志認爲應屬南北朝時期始出現於南方,約100多年後纔流傳至北方的一種新的墓券——移文,並據此説將此件定名爲《河西大凉國安樂三年(619)郭方移文》④。姑録于此,聊備一説。

---

① 《資治通鑑》卷184"隋義寧元年(617)七月條"。

② 《舊唐書》卷55《李軌傳》,第2249頁。

③ 詳見關尾史郎《莫高窟北區出土〈大凉安樂三年(619)二月郭方隨葬衣物疏〉的兩三個問題》之"'安樂'年號及其相關問題"。

④ 劉安志:《跋吐魯番新出〈唐顯慶元年(656)西州宋武歡移文〉》,《魏晉南北朝隋唐史資料》第23輯,武漢大學文科學報編輯部,2006年,第198—208頁。

第三章　河西買地券叢考

買地券又稱“地券”、“墓莂”，與鎮墓文、衣物疏同爲重要的墓葬文獻之一類。關於買地券的記載，最早可以追溯到北宋。陶穀《清異録》卷下《喪葬門》“土筵席”條説：“葬家聽術士説，例用朱書鐵券，若人家契帖，標四界及主名，意謂亡者居室之執守。不知爭地者誰耶?”①至於“買地券”之稱，于傳世文獻中，最初見於南宋周密《癸辛雜識・别集》卷下“買地券”條：“今人造墓，必用買地券，以梓木爲之，朱書云：‘用錢九萬九千九百九十九文，買到某地’，云云。此村巫風俗如此，殊爲可笑。及觀元遺山《續夷堅志》，載曲陽燕川青陽壩有人起墓，得鐵券，刻金字云：‘敕葬忠臣王處存，賜錢九萬九千九百九十九貫九百九十九文。’此唐哀宗之時，然則此事由來久矣。”②至明萬曆中，晉太康五年(284)楊紹買地券出，則“乃知人家營葬，向土公買地，其説相承已久，不始于唐世。惜乎遺山、草窗兩公未得此異聞也”③。迨清

① ［北宋］陶穀撰、［清］李錫齡校：《清異録》，惜陰軒叢書本，光緒丙申(1896)七月重刊于長沙，第64頁。

② ［南宋］周密撰，吴企明點校：《癸辛雜識》，北京：中華書局，1988年，第277頁。

③ ［清］錢大昕《十駕齋養新録》卷15：《楊紹買地券》，南京：江蘇古籍出版社，2000年，第324頁。

末民初，端方《陶齋藏石記》、劉承幹《希古樓金石萃編》、羅振玉《貞松堂集古遺文》與《蒿里遺珍》等相繼著録東漢建初、建寧、光和、中平間諸買地券，則更知買地券之源頭可上溯至東漢，非僅晉世而已。自此之後，治史者或以漢世買地券爲實用之地券，屬真實的土地買賣文書，並用以研究漢代土地關係；而把漢代鎮墓券及漢代以後之買地券看作是"幽契"或"冥契"，並非實際發生的土地買賣文書，而是向鬼神買地、供亡人執掌的契約形式①。究其實質，要而言之，買地券是虚擬的冥世土地買賣契約。洪亮吉《北江詩話》卷六云："古人卜葬，必先作買地券，或鐫于瓦石，或書作鐵券，蓋俗例如此。又必高估其值，多至千百萬；又必以天地日月爲證，殊爲可笑。"②由此，魯西奇指出："雖然買地券所記之墓地價格與範圍多出虚誇，然其所記墓主生卒年月、生前官職身份、居地鄉里與營葬時間、葬地所在地點却並非虚擬，大致可信；其所載之墓葬神煞、地下神祇，亦可見出民間信仰之若干層面；且其書體行文本乎民間契約，故據此亦可得窺知民間契約之一斑。因此，利用買地券資料，頗可考知若干制度、地理、葬俗、契約體式以及民間信仰之問題，或可彌補史乘記載的某些闕略。"③

鎮墓文又稱"解注文"、"劾鬼文"、"解讁文"等，最先由羅振玉《古器物識小録》論及："東漢末葉，死者每用鎮墓文，乃方術家言，皆有'天帝'及'如律令'字。以朱墨書于陶缶者爲多，亦有石刻者，猶唐之女青文也。"提出了"鎮墓文"這一名稱，也揭示出了一些基

① 魯西奇：《漢代買地券的實質、淵源與意義》，《中國史研究》2006 年第 1 期；又載：《武漢大學歷史學集刊》(第三輯)，武漢：湖北人民出版社，2005 年，第 525 頁。

② 《洪亮吉集》，北京：中華書局，2001 年，第 2312 頁。

③ 魯西奇：《六朝買地券叢考》，《文史》2006 年第 2 輯，第 119—160 頁。

本特徵。近世學者對鎮墓文的形式、性質和功用多有研究，成果頗豐，其中日本學者池田温的論述最爲簡潔扼要①。歸納各家成果，可以這樣表述：鎮墓文是東漢後期出現的用朱砂寫在鎮墓陶瓶陶罐上的解殃文辭，内容是祈求保佑生人的家宅安寧，使死者的塚墓穩定，目的主要是爲世上生人除殃祈福，爲地下死者解讁祛過，免再受罰作之苦；同時也是爲了隔絶死者與其在世親人的關係，使之不得侵擾牽連生人。

買地券和鎮墓文既有區别又有聯繫。買地券主要是模仿地契形式，界定土地交易的各項要素；鎮墓文則側重於分别死生，壓鎮地下鬼神。但東漢以後的買地券逐漸融入了較多的鎮墓内容，使原本就潛含的鎮墓内涵得以加强，從而買地券作爲鎮墓文的一種就更加明朗化了，以至於有學者説："東漢以後，真正屬土地買賣的'地券'幾乎絶跡，所謂'地券'，都是屬'鎮墓券'性質。"②

衣物疏，通俗地説，即隨葬物品的清單。有關記載最早見之於《儀禮·既夕禮》："書賵于方，若九、若七、若五；書遣於策。"③後世因稱之爲"遣策"或"賵方"。《漢書·原涉傳》也有相關的記載：原涉爲人治喪"側席而坐，削牘爲疏，具記衣被棺木，下至飯含之物，分付諸客"④，説明早期的衣物疏書寫在竹木簡上，至後世纔有書寫在紙上的。衣物疏最早的功能在於爲死者準備隨葬品而不在於自身成爲隨葬品，記録的内容也僅限於死者隨身衣著，不包括器

---

① 參見池田温：《中國歷代墓券略考》，《東洋文化研究所紀要》第86册，1981年，第193—278頁。

② 方詩銘：《再論"地券"的鑒别——答李壽岡先生》，《文物》1979年第8期，第83—89頁。

③ 楊天宇：《儀禮譯注》，上海：上海古籍出版社，2004年，第383頁。

④ 《漢書》卷92《原涉傳》，北京：中華書局，1962年，第3716頁。

皿，並且没有書寫死者姓名，到後世纔增加了衣著以外的其他隨葬品，並注明死者姓名。其中最大的變化是滲入了道教的内容，鄭重聲明衣物歸主人所有，他人不得冒名認領，並請來道教法師予以保護。至十六國高昌時期，“隨葬衣物疏已發展成爲讓死者上天入地的過所”①，並具有了爲死者祈求冥福的思想。再到後來，隨葬衣物疏不再由死者的親友書寫，而是被寺院的比丘壟斷，衣物疏也成爲死者通過輪迴的通行證明②。

河西走廊出土了數量衆多的鎮墓文③，爲世所罕見；亦出土有大宗的衣物疏④，其内容可與吐魯番所出衣物疏相提並論，而又具有其獨特的價值。至於買地券，則出土較少，目前所知僅武威市西夏時期的 2 例和元代 1 例。而在高臺駱駝城和許三灣一帶還出土有幾方木牘，兼具鎮墓文、衣物疏和買地券的功用，數量雖然不多，但價值較大。這些墓券很難歸入墓葬文獻的哪一大類，爲行文方便，姑且將它們一併置於“河西買地券”這一總名下加以釋讀和考察，以方便治西北史地者參酌利用。

第一節　高臺出土前涼墓券

1. 前涼建興八年(320)佚名墓券　1990 年代出土于高臺許三灣墓群，現藏高臺縣博物館。木牘。長 23 釐米，寬 5 釐米。單面

---

①　黄烈：《略論吐魯番出土的道教符籙》，《文物》1973 年第 10 期，第 51—55 頁。

②　孟憲實：《吐魯番古墓出土隨葬衣物疏的性質與發展》，《新疆地方誌》1993 年第 1 期，第 40—44、11 頁。

③　詳見本書《河西鎮墓文叢考》。

④　參見本書《河西衣物疏叢考》。

墨書文字。無報告，何雙全、狄曉霞研究專文有録文①，兹迻録如次：

□□入□，朱雀入□，上程萬卷，□複九陽，不得□□。□□烏氏，生卒右死，入地黄泉，旌持葬於蒿里。下應□□，奉得銅錢，界道橋，不得禁止。此責父母，甚□□子，今日至將，終身死已，生人富貴。下葬終止，第穴力右，各丹書鐵券，□……旁人：左青龍，右白虎，前朱雀，後玄武。媒人：赤松子。

建興八年正月廿六日壬戌奏。

此件何、狄之文定名爲《高臺縣許三灣西晉"建興八年"木牘》，還有可商榷的餘地。按：建興原爲西晉愍帝司馬鄴年號，從公元313年至317年，跨了五個年頭。但公元316年十一月，晉愍帝出降劉曜，西晉即滅亡，所以建興年號實際使用還不到四年。公元317年三月，琅琊王司馬睿在建康稱晉王，改元建武。次年三月，正式即位稱帝。而前涼張寔不用江東年號，猶稱建興。自此以後，前涼政權歷張茂、張駿、張重華，奉行不廢，通用"建興"年號，至孝宗升平五年(361)，張天錫乃奉升平年號。這樣，前涼政權使用"建興"年號前後達45年之久②。建興八年，當東晉元帝大興三年(320)。此時的"建興"既不是西晉，亦不是東晉，而是前涼政權奉

① 何雙全、狄曉霞：《甘肅省近年來新出土三國兩晉簡帛綜述》，《西北師大學報(社會科學版)》2007年第5期，第101—104頁。

② 詳見本書《河西衣物疏叢考》和《河西鎮墓文叢考》。

用的已經作廢了的西晉年號，故史家一般稱之爲“前凉建興”。是年正月丁酉朔，廿六日正爲壬戌，朔望干支不誤。

此件墓券文義甚不可解，聯繫何、狄之文所收其他墓券的釋讀情況，可知是文字釋讀的問題。但至今圖版未見公佈，原物收藏情況亦不詳，多方查詢未果，故相關問題的探究無法進行，衹能存疑。不過，與後文所録高臺駱駝城所出同一時期的幾件墓券仔細比照，我們會發現，這件何文所謂的《高臺縣許三灣西晉“建興八年”木牘》很可能是下列文字的誤釋：

> ……太玄入角，朱雀入婁，三神葬鬼，莫複相妨。不得忘行，有所怨仇，生壽老死，入地黄泉，於始葬歸蒿里，下見先人，奉侍親埋塚道，諸不得禁止。無責父母，無禍妻子，今日安厝，□□永已，生人富貴，死人葬絶。塚地左右，各有齊截，若有仞名，券□□□，□知狀：左青龍，右白虎，前朱雀，後玄武。媒人：赤松子。

姑録備于此，以俟來者。

2. 前凉建興廿四年(336)周振及妻孫阿惠墓券　1998年出土於高臺駱駝城，現藏高臺縣博物館(圖35)。木牘。墨書。全6行，行23～34字。無考古發掘報告，曹國新①、何雙全、狄曉霞②、趙雪野、趙萬鈞③、劉衛鵬④等曾著文介紹研究，趙雪野、趙萬鈞文

① 曹國新：《駱駝城出土珍貴文物》，《絲綢之路》1999年第3期，第54—55頁。

② 何雙全、狄曉霞：《甘肅省近年來新出土三國兩晉簡帛綜述》。

③ 趙雪野、趙萬鈞：《甘肅高臺魏晉墓墓券及所涉及的神祇和卜宅圖》，《考古與文物》2008年第1期，第85—90頁。

④ 劉衛鵬：《甘肅高臺十六國墓券再釋讀》，《敦煌研究》2009年第1期，第47—51頁。

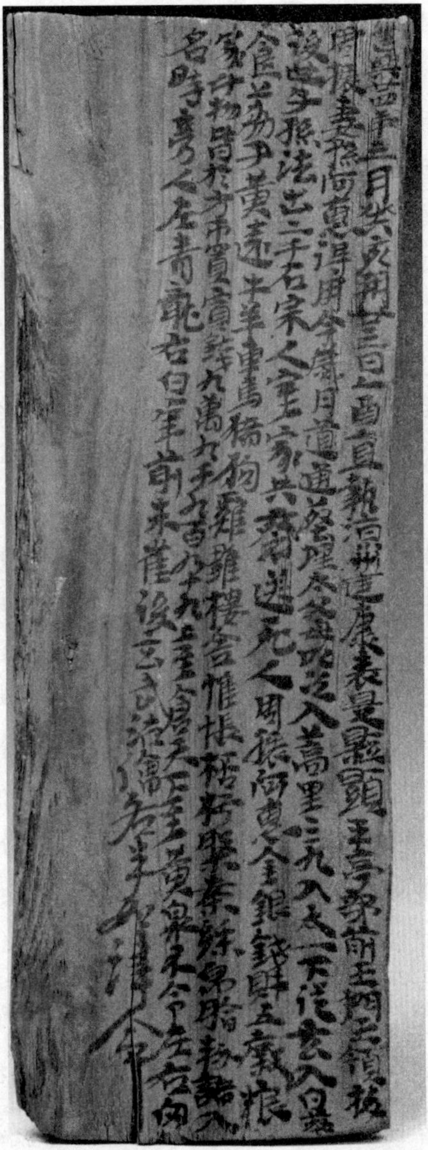

圖 35　前凉建興廿四年周振及妻孫阿惠墓券

並附有原物圖片。兹據原物圖片,參照各家釋文,校釋如次：

> 建興廿四年三月癸亥朔廿三日乙酉直執,凉州建康表是縣顯平亭部前玉門王領拔周振、妻孫阿惠得用。今歲月道通,葬埋太父母,以次入蒿里。三九入太一下,從玄入白葬,後世子孫法出二千石。宗人室家共齋送死人周振、阿惠金銀錢財、五穀糧食、荔子黄遠、牛羊車馬、豬狗雞雛、樓舍帷帳、梧杆槃案、彩帛脂粉,諸入塚什物皆于方市買賈,錢九萬九千九百九十九。上至倉(蒼)天,下至黄泉,不令左右仞名。時旁人：左青龍,右白虎,前朱雀,後玄武。沽儈各半,如律令。

建興廿四年,當東晉成帝咸康二年(336)。是時前凉政權處在張駿統治的第十三年。乙酉,趙雪野、趙萬鈞文釋爲“人酉”。按：查《二十史朔閏表》,此件紀年干支朔望均不誤,“人酉”當是不明紀年法,且原件“乙”字書寫與“人”字形相近而致誤釋。券中“乙”字形作“”,在漢晉簡牘及磚石券契中常見,如嘉峪關出土魏晉墓磚[1]、大同司馬金龍墓墓誌和墓表[2]等,都有這樣的寫法。

建康郡,最早見於《晉書·地理志》記載,張駿分武威、張掖、酒泉、建康等11郡爲凉州。《魏書·張駿傳》亦載,張駿分境内諸州

---

① 見嘉峪關市文物局編：《嘉峪關文物圖録·可移動文物卷》“魏晉‘甲子年’文字磚”條,三秦出版社,2014年,第130頁。該條圖版爲一嘉峪關新城魏晉墓出土墓磚,磚上刻有“甲子乙丑”四字,編著者將“乙丑”二字誤釋爲“年”字。

② 司馬金龍墓誌拓片圖版見山西省大同市博物館、山西省文物工作委員會：《山西大同石家寨北魏司馬金龍墓》,《文物》1972年第3期；司馬金龍墓表在今大同市博物館陳列展出,爲筆者于2015年9月19—21日參加“北朝文化國際學術研討會暨第三届云岡文化論壇”期間參觀該館時所親見。

置凉、河、沙3州，其中凉州轄建康郡。《資治通鑑》卷九九晉穆帝永和十年(354)條胡三省注："建康郡，蓋張氏所置，張茂分屬凉州。"據之，建康郡早在前凉張茂時(320～324)即已設置。表是原爲酒泉郡所領9縣之一，從駱駝城1998年所出《西晉元康元年(291)銘旌文》"晉故凉州酒泉表是……"的内容可知，西晉時尚隸酒泉郡。而此件與後文所考《前秦建元十八年(382)高俟墓券》、《前秦建元十八年(382)高俟妻朱吴宋墓券》、《前秦建元十八年(382)高容男墓券》則表明，前凉時張氏置建康郡，表是縣隸建康郡。《周書・史寧傳》的記載也證明了這一點："史寧，字永和，建康表氏人也。曾祖豫，仕沮渠氏爲臨松令。魏平凉州，祖灌隨例遷于撫寧鎮，因家焉。""表氏"原作"袁氏"。校勘記云："錢氏《考異》卷三十二云：'此凉州之建康，非揚州之建康也。袁氏當爲表氏之訛。'按錢説是。表氏是漢以來的舊縣，屬酒泉郡。建康郡，前凉張駿置，表氏縣當時改屬建康。"[①]按，表氏縣即表是縣。實際上，自張茂設置建康郡直到北周時廢，歷前凉、後凉、西凉、北凉，表是縣都屬建康郡，而不是酒泉郡[②]。

顯平亭部，爲表是縣所轄基層單位之一。關於亭，文獻記載較多。《説文解字》："民所安定也。亭有樓，從高省，丁聲。"[③]漢劉熙《釋名・釋宫室》："亭，停也，亦人所停集也。"[④]《漢書・百官公卿

---

① 《周書》卷28《史寧傳》，北京：中華書局，1971年，第483頁。

② 王仲犖據《大魏永平三年凉州建康郡表氏縣周千記墓誌》和《周書・史寧傳》等史料考得，建康郡暨表氏縣至北周時仍有建置。見氏著：《北周地理志》，北京：中華書局，1980年，第221—222頁。

③ 湯可敬：《説文解字今釋》，長沙：嶽麓書社，1997年，第714頁。

④ [清] 王先謙：《釋名疏證補》卷5，長沙思賢書院刻本，光緒二十二年(1896)，第14頁。

表》云:“大率十里一亭,亭有長。十亭一鄉,鄉有三老、有秩、嗇夫、遊徼。……縣大率方百里,其民稠則減,稀則曠,鄉、亭亦如之,皆秦制也。”①自上世紀五十年代以後,中外學者依據這些基本的傳世文獻,結合其他文獻,尤其是近年來的出土文獻,探討秦漢時期的縣鄉里制度及有關亭部的問題,成果較多,亦歧見紛呈,且至今尚未形成統一的看法②。從總體上説,筆者傾向于王毓銓的觀點,即:漢代“亭”與“鄉”是屬不同性質、不同系統的政治機構;鄉、里是地方行政系統的機構,而亭則是地方治安機構;亭或亭部是不轄里民、不管户籍、没有户口的,完全是地域概念而没有任何户籍的意義③。亭在魏晉南北朝時期情況如何,則學界少有研究。近年,戴衛紅撰《魏晉南北朝時期亭制的變化》,始對這一時期的亭制作了全面的探討。她認爲,作爲逆旅之亭,魏晉南北朝時期仍然是往來商旅、使者停歇的場所;郵亭驛系統在魏晉南北朝時期也一直存在,不過根據各個政權的實際情況,郵、亭、驛的距離發生了相應的改變;邊地具有軍事功能的亭候、亭鄣在這一時期一直存在;而作爲中央、地方屬官,門亭長也一直出現在魏晉南北朝時期的史料中。但是具有治安職能的亭及亭長在東晉時期便已消失。體現漢代治安監察意義的以某亭爲中心的亭部在東漢末年、曹魏及前涼

① 《漢書》卷19《百官公卿表》,北京:中華書局,1962年,第742頁。

② 關於秦漢時期鄉亭里制度的研究成果,戴衛紅在《魏晉南北朝時期亭制的變化》一文及其注釋中條列甚詳,這裏不再贅述。戴文在“魏晉南北朝史的新探索國際學術研討會暨中國魏晉南北朝史學會第十一届年會”(2014年10月,北京)交流,刊《社會科學戰綫》2016年第2期,第89—102頁。

③ 王毓銓:《漢代“亭”與“鄉”“里”不同性質不同系統説——“十里一亭……十亭一鄉”辨正》,《歷史研究》1954年第2期;《漢代“亭”的性質和它在封建統治上的意義》,《光明日報》1955年3月31日。

時期的文獻及出土資料中還存在，但在北朝史料中没有殘留。到隋唐時期，亭長已與秦漢以來掌管地方基層治安、訴訟的傳統職責無關，而成爲設置於朝廷中樞機構、負責部門官署"通傳禁約"的流外官①。

顯平亭部不見於傳世文獻記載，在河西出土文獻中也僅此一例，故具體情況難以考知。據前述戴衛紅研究成果及此墓券出土地點推斷，當爲前涼政權設置於表是縣治所(即建康郡城)東南近郊的一個基層治安單位。

前玉門王領拔，墓券此處文字釋讀頗有困難，與此相關，文義亦難索解。此券曹國新最早於 1999 年撰文介紹並釋讀，作"前任閏領拔"②，于字形無據，文義亦不可解。其中"任"，原券作""，徑釋作"任"，未免失之武斷；"閏"原券爲""，從整券書體的結構特徵看，很難將此處釋作一個字形。2007 年，何雙全、狄曉霞撰文彙集甘肅新出三國兩晉簡帛，收録了此券，釋文作"前玉門主領掾"③，第四字"主"没有字形依據。2008 年，趙雪野、趙萬鈞撰文研究，亦作釋讀，爲"壬閏領拔"，脱了"前"字。2009 年，劉衛鵬對此券再作釋讀，並就文義進行了考索："原釋文作'壬閏'，應爲'玉門三'。照片三個字比較清晰，決非兩個字。其中的'三'極像'王'字，放大觀察，乃由原來書寫後墨汁滲流所致。"筆者同意其"決非兩個字"的看法，但仔細察看原券照片，並不存在他説的極像"王"的那個字"乃由原來書寫後墨汁滲流所致"的情況。事實是，

① 戴衛紅：《魏晉南北朝時期亭制的變化》，《社會科學戰綫》2016 年第 2 期，第 89—102 頁。

② 曹國新：《駱駝城出土珍貴文物》，《絲綢之路》1999 年第 3 期，第 54—55 頁。

③ 何雙全、狄曉霞：《甘肅省近年來新出土三國兩晉簡帛綜述》。

“門”字下的這個字，單從形體上辨認，“王”、“玉”、“壬”的可能都有，但這三種釋讀置於原文，現在都講不通。劉文將其釋作“三”，之後是這樣解釋的：“券文中周振曾任玉門縣的‘三領拔(捉)’，即掌管三個‘捉’的軍事長官，説明當時的‘捉’要較唐代的小。”[①]此説並無可靠的證據，基本上是推測之辭。

領拔，何文釋作“領掾”，於字形無據。李并成曾據曹國新釋文引用這條材料考證駱駝城遺址在歷史時期的建置，括注“閏領拔”曰“副領把”[②]，劉衛鵬説“不知何意”。按：李并成之“領把”可能是“領拔”的手民之誤，其解釋的重點當在“閏”字上。閏有“偏”、“副”之意，與“正”相對而言。劉衛鵬進而猜度“領拔”之“拔”可能爲“捉”，即“守捉”；“領捉”即是掌管捉一級的軍事首領。但他也説：“‘守捉’爲唐代軍制，十六國時期是否有‘守捉’還是疑問。”檢索文獻，《高僧傳》卷一記支遁爲竺法護所作像贊有云：“濯足流沙，領拔玄致。”[③]體味其語意，其中的“領拔”，似爲引領、提振之義，爲動詞。但券文中“領拔”應爲墓主高俟的身份或官職。因用例太少，其義實難索解。近期得閲戴衛紅《魏晉南北朝時期亭制的變化》一文，亦引有這則券文，她在脚注中討論説“領拔”當爲“領校”，另有專文考釋，當有更多材料做支撑，我們期待她的成果早日發表。

三九入太一下，語意頗難索解。趙雪野等對“太一”神有所考述，爲一般知識，此不贅。劉衛鵬闡發：“‘三九’可能指二十七日，

---

① 劉衛鵬：《甘肅高臺十六國墓券再釋讀》，《敦煌研究》2009年第1期，第47—51頁。

② 李并成：《甘肅省高臺縣駱駝城遺址新考》，《中國歷史地理論叢》2006年第1期，第108—112頁。

③ ［南朝梁］釋慧皎撰，湯用彤校注，湯一玄整理：《高僧傳》，北京：中華書局，1992年，第33頁。

因爲孫阿惠是二十三日下葬，到二十七日就可以歸‘太一’天神管轄。”純屬毫無根據的臆測之辭。宋修《地理新書》卷十二“塚穴吉凶”記葬法有開三閉九法：“凡柩出入皆合神道。神道必乘功曹向傳送，從蒿里入黄泉大吉；若乘傳送向功曹，從黄泉入蒿里，此即乖戾，不合吉道，故有開三閉九之路。每以神後下爲第一道，大吉下爲第二道，功曹下爲第三道，可以置喪庭也。太沖下爲第四道，天剛下爲第五道，太一下爲第六道，勝光下爲第七道，小吉下爲第八道，傳送下爲第九道，可以安塚穴也。故曰：開一閉七凶，開二閉八凶，主子孫微賤。開三閉九吉。開四閉十凶，多哭泣。開五閉十一凶，男刑女私。開六閉十二凶，百事不利。”①券文中的“三九入太一下”，可能與此相關，指運用開三閉九葬法，靈柩出入從第六道太一下，大吉。其中的“三九”可能爲“開三閉九法”之省稱。從玄入白葬，當屬風水堪輿卜宅葬法之一種，詳情難以考知，暫存疑。

後世子孫法出二千石，是説此墓按照風水原理卜葬，可以推知墓主的後代做官到二千石。法，葬法。二千石，漢代官員秩級。最早見於張家山漢簡《秩律》：“御史大夫，廷尉，内史，典客，中尉，車騎尉，大僕，長信詹事，少府令，備塞都尉，郡守，尉，衛將軍，衛尉，漢中大夫令，漢郎中，奉常，秩各二千石。”②後世又常用以代稱郡太守或州刺史一類的官職。古代喪葬講究風水堪輿，認爲葬地吉良，葬法得當，會蔭庇墓主子孫後代得高官厚禄，反之則會召來災殃。宋代官修《地理新書》卷九“史傳事驗”即列舉有這方面的事例

① ［北宋］王洙等撰，［金］畢履道、張謙校，金身佳整理：《地理新書校理》，湘潭：湘潭大學出版社，2012 年，第 341—342 頁。

② 張家山二四七號漢墓竹簡整理小組：《張家山漢墓竹簡（二四七號墓）》（釋文修訂本），北京：文物出版社，2006 年，第 69 頁。

凡72則,如其中“陶侃”條引《晉書》記載:“晉太尉幼時將葬失牛,有老父曰:‘前岡見牛眠山塢中,其地葬者,位極人臣。’又指一處云:‘其次地世出二千石。’侃因葬牛眠地,而以其次與周訪。訪三世爲益州刺史。”①

荔子黄遠,可能是當時通行的兩種隨葬物品。其中“荔子”在敦煌新店臺墓群所出西晉永興二年(305)的三件鎮墓文中均有出現②,張勛燎、白彬認爲是“梨子”的同音誤寫。按:“荔”與“梨”雖音近,然荔子不產於北方,故“荔”在僻遠的河西應爲非常用字,“同音誤寫”的可能性非常小。那麽,荔子既不產于北方,敦煌鎮墓文中又怎麽可能出現這一特殊的物品呢?其實,與五穀、黄豆、黑豆、瓜子等物一樣,荔子在東漢至魏晉時期中原鎮墓文中是較常見的替死者在地下繳納賦稅以贖罪的喪葬用品,敦煌衹是沿用了鎮墓文的慣用語而已。

“黄遠”在河西鎮墓文中未見,包括本件,在高臺出土墓券中凡三見。黄遠,多年生草本,葉劍形,排成兩行,夏季開花,花被橘紅色,根可入藥。常用名爲射干。《本草綱目》“射干”條《釋名》引三國時魏吴普《吴氏本草》作“黄遠”③。黄遠和荔子頻繁出現於高臺駱駝城及其附近的許三灣一帶前凉時期的墓葬中,似乎是當時安

① 《地理新書校理》,第264頁。此處引文與《晉書》略有異同,《晉書》原文見卷58《周訪傳》:“初,陶侃微時,丁艱,將葬,家中忽失牛而不知所在。遇一老父,謂曰:‘前岗見一牛眠山汙中,其地若葬,位極人臣矣。’又指一山云:‘此亦其次,當世出二千石。’言訖不見。侃尋牛得之,因葬其處,以所指别山與訪。訪父死,葬焉,果爲刺史,著稱寧、益,自訪以下,三世爲益州四十一年,如其所言云。”(北京:中華書局,1974年,第1586頁。)

② 參見本書《河西鎮墓文叢考》。

③ [明]李時珍著,劉衡如、劉山永校注:《本草綱目》(中),北京:華夏出版社,2008年,第826頁。

厝儀式中的必備物品,何以如此,尚待進一步的研究。

桮杅,趙雪野、趙萬鈞釋作“杯□”;劉衛鵬補校,作“桮杇”,釋“杇”爲泥工塗抹牆壁的工具。按:前一字形作“桮”,墓券清晰易辨,不誤。“桮”同“杯”。後一字原券亦清晰,但釋讀稍有困難:從形體上看,確實與“杇”相近;然若釋作“杇”,置於券文中,文義不通。券文羅列了隨葬的一些物類,其中“桮△盤案”連用,其他没有疑義的三字都是飲食器具,中間置一“泥工塗抹牆壁的工具”,殊爲不類。根據上下文義,可做出“桮△”之“△”爲“杅”的猜測。杅,盛湯漿或食物的器皿。《急就篇》:“橢杅槃案桮閜盌。”顔師古注:“杅,盛飯之器也。”[①]《儀禮·既夕禮》:“用器,弓、矢、耒、耜、兩敦、兩杅、盤、匜。”鄭玄注:“此皆常用之器也。杅,盛湯漿……今文杅爲桙。”[②]《後漢書·崔駰傳》:“遠察近覽,俯仰有則,銘諸几杖,刻諸盤杅。”李賢注:“杅,亦盂也。”[③]釋作“杅”,文義正可相合。再看字形,敦煌遺書敦研035(2－1)《妙法蓮花經》:“佛所護念,六十小劫不起於座。”其中的“於”,正作“亐”。此外,敦煌遺書中的“盂”字形體還有“釪”、“盂”、“盂”等[④],都是很好的旁證。

買賈,曹國新釋讀正確,趙雪野和趙萬鈞、劉衛鵬等後來者皆釋爲“買賣”,誤。細察原券,實爲“買賈”。賈,義同“買”。朱駿聲《説文通訓定聲·豫部》:“賈,市也。从貝,西聲。謂以財致物。”[⑤]

---

① ［西漢］史游:《急就篇》,四部叢刊本(上海涵芬樓影印明鈔本),上海:商務印書館,民國二十三年(1934),第37葉。

② ［東漢］鄭玄注、［唐］賈公彦疏、王輝整理:《儀禮注疏》(下),上海:上海古籍出版社,2008年,第1721頁。

③ 《後漢書》卷52《崔駰傳》,北京:中華書局,1965年,第1721頁。

④ 參看黄征:《敦煌俗字典》,上海教育出版社,2005年,第512頁。

⑤ ［清］朱駿聲:《説文通訓定聲》,武漢市古籍書店影印,1983年,第447頁。

《左傳·昭公二十九年》:"平子每歲賈馬,具從者之衣屨,而歸之于乾侯。"杜預注:"賈,買也。"[①]買賈,同義復用,購買。

"沽僧各半",一般作"沽酒各半",爲東漢以來買地券習用語,意爲酬謝參與此交易活動的中人各半斗酒。目前所見傳世與考古發現的東漢買地券可以確證的有13種,其中7件都有"沽酒各半"或"沽各半"的話,如《建初六年(81)武孟子男靡嬰買地券》:"時知券約趙滿、何非,沽酒各半。"《建寧二年(169)王未卿買地券》:"時約者袁叔威,沽酒各半。"《建寧四年(171)孫成買地券》:"時旁人樊永、張義、孫龍、異姓、樊元祖,皆知券約,沽酒各半。"[②]魯西奇所考魏晉南北朝買地券39種(其中東吴12種,兩晉7種,南朝17種,北魏3種),僅有《元嘉十六年(439)蕳謙買地券》、《元嘉十九年(442)妳女買地券》、《元嘉二十七年(450)龔韜買地券》、《梁普通四年(523)熊悦買地券》4件有"沽酒各半"之語[③],不過這時的知見人或保人也由現實中的親友鄉鄰變爲地下神祇張堅固、李定度了。

在此墓券中,"估酒"作"估儈",較少見。然核對原物照片,"儈"字清晰,諸家釋讀不誤。儈,《説文新附·人部》:"儈,合市也。"[④]《後漢書·逢萌傳》:"君公遭亂獨不去,儈牛自隱。"李賢注:"儈,謂平儈兩家賣買之價。"[⑤]原爲動詞,意爲介紹買賣,後也指買賣雙方介紹人。"沽儈各半",意爲酬謝介紹見證交易的中人各半

---

① [清]阮元校刻:《十三經注疏》,北京:中華書局,1980年,第2122頁。

② 魯西奇:《中國古代買地券研究》,厦門:厦門大學出版社,2014年,第24—45頁。

③ 魯西奇:《中國古代買地券研究》,第78—175頁。

④ 轉引自漢語大字典編輯委員會:《漢語大字典(第二版)》,武漢/成都:崇文書局、四川辭書出版社,2010年,第266頁。

⑤ 《後漢書》卷83《逢萌傳》,北京:中華書局,1965年,第2760—2761頁。

斗〔酒〕,亦通。

此墓券主要内容有二:一是卜葬,即按風水原理占卜,選擇吉地安葬,其目的是使死者子孫後代都能獲得高官厚禄。二是申明隨死者下葬的金銀錢財、五穀糧食、荔子黄遠、牛羊車馬、豬狗雞雛、樓舍帷帳、栝杇槃案、彩帛脂粉等物品都是"宗人室家"從方市上買來並按一定儀軌贈送給死者的,是死者合法的財物,他人不得冒領侵佔。後一部分文字雖未一一羅列隨葬物的品名和數量,衹是概括性地列舉了隨葬物品的種類,但其目的仍在强調這些入塚物品的所有權,因而具有衣物疏的性質,是衣物疏發展到一定階段的産物。

3. 前凉建興廿四年(336)佚名墓券　1998年出土於高臺駱駝城,現藏高臺縣博物館(圖36)。木牘。下段殘缺。朱書。全3行,局部文字漫漶,難以辨識,行殘存20～32字。無考古發掘報告,據原物圖片,釋讀如次:

> 建興廿四年三月癸亥朔廿八日庚寅直開,凉州……亭部、故郡吏……車馬、牛羊、槃栲、栝案、衣木,皆于方市買賣,錢九萬九千九百九十九……不得固遮,死者知券者:左清(青)龍,右白虎。……急急如律令!

圖36　前凉建興廿四年佚名墓券

此件在高臺駱駝城一帶出土的同期墓券中形制較爲特殊：一是木質看去比較新，質地似亦較堅固，且加工較簡單，僅僅將寫字的一面削平，兩邊則還較多地保留著樹枝的原貌，没有像其他墓券那樣處理成較爲規整的長方形木牘。二是書寫用紅色顔料，字跡雖有漫漶，但不像自然形成，更像是書成後被人爲地塗了一些汙物所造成的，使人懷疑有造假的可能。

"桀梈"之"梈"，當爲"杅"改换聲符之俗寫。此件墓券雖然漫漶嚴重，但從殘存文字可以看出，與上件内容基本相同，加之墓券紀日相距僅有五天，故很可能出自同一墓葬，而這一墓葬應是周振及其妻孫阿惠的合葬墓。

4. 前秦建元十八年(382)高俟墓券　2000年出土於高臺駱駝城，現藏高臺縣博物館(圖37)。木牘。墨書。全4行，行10～28字。無發掘報告，趙雪野、趙萬鈞①、劉衛鵬②、寇克紅曾著文考釋③，兹迻録如次：

建元十八年正月丁卯朔廿六日壬辰，建康郡表是縣都鄉楊下里高俟物故，葬歸蒿里，四維下封，不得禁止。生人有城，死人有郭，仟(阡)陌、道路將軍，登往迎逆，敢有固遮，收付河伯。丹書鐵券，死人無怨。急急如律令！

---

① 趙雪野、趙萬鈞：《甘肅高臺魏晉墓墓券及所涉及的神祇和卜宅圖》，《考古與文物》2008年第1期，第85—90頁。

② 劉衛鵬：《甘肅高臺十六國墓券再釋讀》，《敦煌研究》2009年第1期，第47—51頁。

③ 寇克紅：《高臺駱駝城前秦墓出土墓券考釋》，《敦煌研究》2009年第4期，第91—93頁。

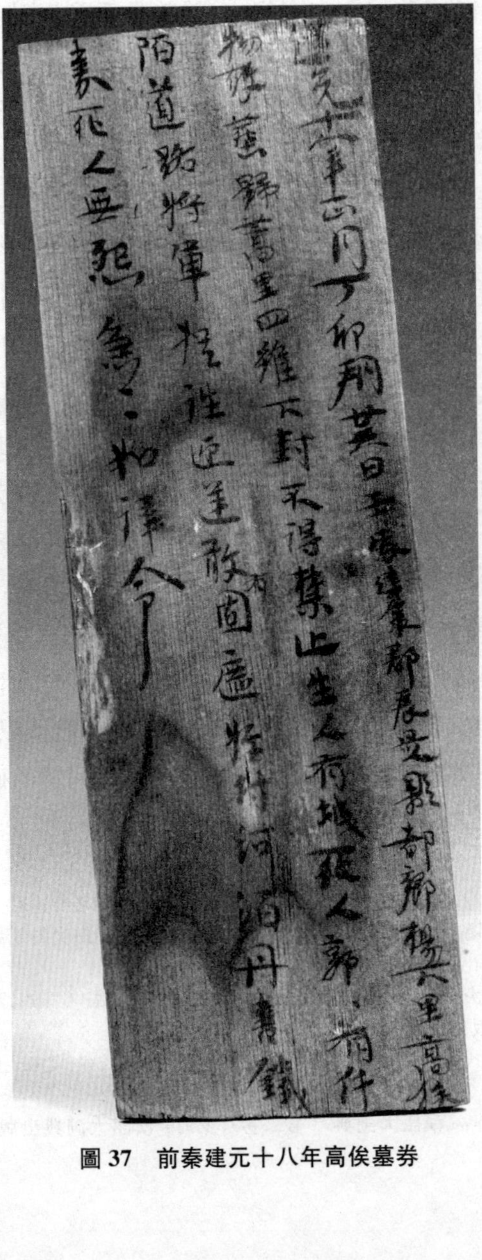

圖 37　前秦建元十八年高俟墓券

此件何雙全、狄曉霞亦有録文，錯訛嚴重，其中將紀年釋讀爲“建元十四年”[①]，對照原物圖片，應爲“十八年”。建元十八年正當東晉孝武帝太元七年，查對《二十史朔閏表》，是年正月朔日正爲“丁卯”，廿六日壬辰亦不誤。

都鄉，唐宋以前傳世文獻未見記載，前賢對這一問題的關注是由出土文獻引起的。北宋時，歐陽修爲《(南朝)宋宗慤母夫人墓誌》撰寫跋尾説：“慤，南陽涅陽人，而此志云涅陽縣都鄉安衆里人，又云窆於秣陵縣都鄉石泉里。都鄉之制，前史不載。”[②]至清初，顧炎武在《日知録》卷二二專門作考，他據《漢濟陰太守孟鬱修堯廟碑》中成陽仲氏“屬都鄉高相里”的話，得出“都鄉蓋即今之坊廂”的結論[③]。那麽“坊廂”又是什麽呢？清乾嘉時期學者法式善在其《陶廬雜録》中有記載：“明洪武十四年，令天下編黄册，在城曰坊，近城曰廂。鄉都曰里。”[④]清初之坊廂，當與明初相去不遠，故《漢語大詞典》“坊廂”條這樣解釋：“古代城市區劃，城中曰坊，近城曰廂，因以‘坊廂’泛指市街。”[⑤]二十世紀以來，簡牘、碑碣、墓誌、磚券和石室遺書大量出土，學者們據以進行秦漢至魏晉時期鄉里基層組織、職官及相關歷史地理問題的研究，産生了

① 何雙全、狄曉霞：《甘肅省近年來新出土三國兩晉簡帛綜述》。

② ［北宋］歐陽修：《集古録跋尾》，見嚴耕望主編《石刻史料新編》第1輯第24册，臺北：新文豐出版公司，1982年，第17869頁。

③ ［清］顧炎武著，黄汝成集釋，欒保群、吕宗力校點：《日知録集釋》(中)，上海：上海古籍出版社，2006年，第1254頁。

④ ［清］法式善：《陶廬雜録》，《清代史料筆記叢刊》本，北京：中華書局，1959年，第148頁。

⑤ 羅竹風等：《漢語大詞典》(第二卷)，上海：漢語大詞典出版社，1988年，第1065頁。

很多有價值的成果①。其中關於“都鄉”的解釋界定,諸家雖都想有所突破,但觀其大端,均不出亭林先生之右。如陳直在《漢書新證》中説:“西漢初中期,各縣最重都鄉、都亭制度,都鄉爲各鄉之首,都亭爲各亭之首。”②後來他又在研究居延漢簡時説:“古代稱城内街市則曰都鄉,城内街亭,則曰都亭。”③裘錫圭在考證雲夢簡中的“嗇夫”時也論及都鄉,認爲“古代稱縣治所在之鄉爲都鄉”④。孫鉞在解釋“都鄉侯”時,先對都鄉作了簡明的解釋:“指城市附近的鄉。”⑤施蟄存考證《水經注》著録的三通古碑,對都鄉也作了闡發。他在“漢南陽都鄉正衛碑”條下按斷:

> 劉青藜《金石續録》云:“建寧七年,改新豐爲都鄉。而《百官志》:凡州所監爲都。都鄉者,都邑之鄉,若今之關廂也。故鄉曰某鄉,而都鄉則無地名。”劉氏此解是也。都鄉即在城區,不在農村,明清之關廂,即今之城廂鎮也。此碑題名有“陽泉鄉嗇夫韓牧”、“唐鄉嗇夫張閶”、“瞿鄉嗇夫龐□”、“都鄉嗇

---

① 高敏:《秦漢“都亭”考略》,《學術研究》1985年第5期,第78—82頁;陳國燦:《唐五代敦煌鄉里制度的演變》,《敦煌研究》1989年第3期,第39—50、110頁;張金光:《秦鄉官制度及鄉、亭、里關係》,《歷史研究》1997年第6期,第22—39頁;陳鵬:《秦漢鄉里基層組織研究》,曲阜師範大學碩士學位論文,2013年;黄敏:《漢魏六朝石刻鄉里詞語的整理與研究》,西南大學博士學位論文,2013年;寇克紅:《“都鄉”考略——以河西郡縣爲例》,《敦煌研究》2014年第4期,第85—94頁;等等。

② 陳直:《漢書新證》,天津人民出版社,1979年,第138頁。

③ 陳直:《居延漢簡研究》,天津古籍出版社,1986年,第71頁。

④ 裘錫圭:《嗇夫初探》,《云夢秦簡研究》,北京:中華書局,1981年,第226—301頁。

⑤ 孫鉞:《中國歷代官制講座(連載之十五)》,《文史知識》1985年第4期,第91—96頁。

夫尹□",此其證矣。①

"晉都鄉碑"條:

> 《續漢書·百官志》云:"凡州所監曰都。"故"都鄉"者,謂州邑直轄之鄉,即今之城廂鎮也。②

施蟄存的創新之處在於,他在前人的基礎上進一步提出了都鄉乃州邑直轄之鄉的觀點。總之,都鄉爲州、郡、縣治所在地"都邑"乃至國都③所設鄉級行政單位,都鄉之外的其他鄉則習稱"離鄉",已成爲今天學界較爲一致的看法。

秦漢時期的都鄉在魏晉南北朝時得以延續。趙超所編《漢魏南北朝墓誌彙編》僅北魏墓誌中涉及墓主籍貫或葬地時提到"都鄉"的就有27例,如《元簡墓誌》"司州河南郡洛陽縣都鄉洛陽里"、《李簡子墓誌》"隴西郡狄道縣都鄉和風里"、《寇猛墓誌》"燕州上谷郡俎陽縣都鄉孝里"、《司馬悦墓誌》"司州河内温縣都鄉孝敬里"、《王普賢墓誌》"徐州琅耶郡臨沂縣都鄉南仁里",等等。④ 東晉十六國時期的河西地區雖然出現了村落、塢壘堡壁等聚落,但鄉里制度並未完全因之而瓦解或廢棄,故在一些墓葬文獻中仍可見到鄉里編制,如本文所考出土於駱駝城的幾件墓券之"建康郡表是縣都鄉楊下里"即是。吐魯番地區所出《西涼建初十四年(418)韓渠隨

---

① 施蟄存:《水經注碑録》,天津古籍出版社,1987年,第353—354頁。

② 施蟄存:《水經注碑録》,第195頁。

③ 如出土北魏時期墓誌中就有多條"洛陽都鄉"的記載。

④ 趙超:《漢魏南北朝墓誌彙編》,天津古籍出版社,2008年。

葬衣物疏》亦有“高昌郡高昌縣都鄉孝敬里”的記載①。

登往迎逆，趙文釋作“收往迎送”，劉文校作“登往迎送”，寇克紅釋作“從往迎送”。細察原物圖片，實爲“登往迎逆”。按：登，表示時態的副詞，立即、立刻。《孔雀東南飛》：“登即相許和，便可作婚姻。”《水經注・洛水》：“天子祈雨不得，良乃曝身階庭，告誡引罪，自晨至中，紫雲水(遝)起，甘雨登降。”②《資治通鑑・宋紀十六》：南朝宋順帝升明元年(477)，有人告散騎常侍杜幼文、遊擊將軍孫超之等人謀反，“帝登帥衛士，自掩三家，悉誅之”。胡三省注：“登，登時也；登時，猶言即時也。”③登往，立即趕往。劉衛鵬所校是。迎逆，諸家均作“迎送”，察原物圖片 ，此字實爲“逆”之俗體“逆”。《正字通・辵部》：“逆，俗逆字。舊注不詳考，逆即隸逆字省文。”④《析里橋郙閣頌》：“漢水逆讓，稽滯商旅。”王念孫《漢隸拾遺》：“言漢水暴漲，逆拒谿水不得下注也。”⑤史游、張弼等行草書正有“”、“”、“”等形體；而“送”字無此寫法。迎逆，同義復用，迎接之意。法顯《佛國記》：“客僧往到，舊僧迎逆，代擔衣鉢。”⑥玄奘《大唐西域記・拘屍那揭羅國》：“婆羅門馳往迎逆，問

① 國家文物局古文獻研究室、新疆維吾爾自治區博物館、武漢大學歷史系：《吐魯番出土文書》(第一册)，北京：文物出版社，1985年，第14—15頁。

② [北魏]酈道元著，陳橋驛校證：《水經注校證》，北京：中華書局，2007年，第370頁。

③ 《資治通鑑》卷134，北京：中華書局，1956年，第4194頁。

④ 轉引自《漢語大字典》(第二版)，武漢/成都：崇文書局、四川辭書出版社，2010年，第4086頁。

⑤ [清]王念孫：《讀書雜誌》，南京：江蘇古籍出版社，影印王氏家刻本，1985年，第995頁。

⑥ [晉]法顯：《佛國記》，上海：商務印書館，萬有文庫本，民國二十六年(1937)，第8頁。

所從至，請入僧坊，備諸供養。”[①]若作“迎送”，則爲迎來送往之意，而券文以嚴厲的語氣申令阡陌將軍和道路將軍前來迎接死者，故没有“送往之意”。

這件墓券篇幅不長，用語簡潔通暢，没有一般墓券買地和鎮墓的内容，而是强調“生人有城，死人有郭”[②]，墓主物故之後“歸葬蒿里”，天經地義，各路神祇不得遮擋阻攔，態度莊嚴，凜然不可侵犯，與我們通常所見祈求、討好，甚至以物賄賂，以求免予刁難，得到平安順利的思維方式和態度截然不同，由此亦可見出中華傳統文化基因的另一側面。

5. 前秦建元十八年(382)高俟妻朱吴宋墓券　2000年出土於高臺駱駝城，現藏高臺縣博物館(圖38)。木牘。兩面墨書。全12行，正面6行，行30～32字；背面6行，行16～32字。無發掘報告，寇克紅曾著文考釋[③]，兹據原物圖片校録如次：

敢告皇天后土、天赫地赫、丘丞墓伯：凉故凉州建康郡表是縣都鄉楊下里故州吏高俟，俟妻朱吴宋，當今年正月廿六日葬，從歲月利道，隨太父後。死者屬太山，生者屬長安。功曹、傳送，長所居土，不犯非塵，生死永已。金錢買塚，黄遠荔子，葬日吉良，奉順地理，黄帝風后，玉衡曆紀，選擇良辰，下入蒿

① [唐]玄奘、辯機原著，季羡林等校注：《大唐西域記》，北京：中華書局，1985年，第554頁。

② “生人有城，死人有郭”之類語句在鎮墓文中十分常見，主要是爲了强調生死有别，起到隔絶陰陽的作用。而這裏却與一般鎮墓文有所不同，意思是正如生人有城一樣，死人也應該有一個去處；主要是爲了强調人死後歸葬蒿里的必然性和合法性。

③ 寇克紅：《高臺駱駝城前秦墓出土墓券考釋》，《敦煌研究》2009年第4期，第91—93頁。

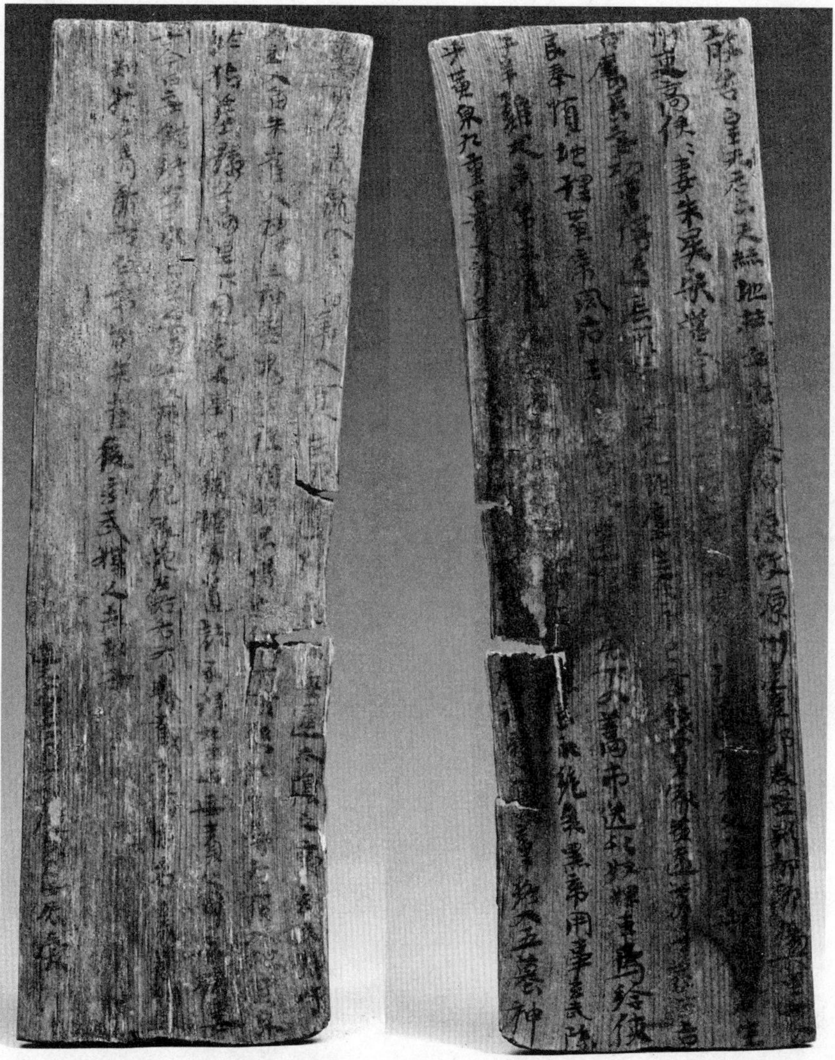

圖 38　前秦建元十八年高俟妻朱吴宋墓券

市。送以奴婢、車馬、給使、牛羊、雞犬、束帛、衣履,塚中百物,賈買於市。死入太陰,長永絶矣。黑帝用事,玄武除央(殃)。黄泉九重,鬼神大鄉。即次玄□,□□□□〔萬事相妨〕。有時無朔,律曆舊章。終入五墓,神靈所依。青龍入參,白虎入箕,生死道别,五行無違。太陰之氣,玄武持時。太玄入角,朱雀入樓(婁),三神葬鬼,莫復相妨。不得忘(妄)行,有所怨仇。生壽老死,入地其身。於始葬歸蒿里,下見先人,奉侍親埋塚道,諸不得禁止。無責父母,無禍妻子。今日安錯(厝),終存永已。生人富貴,死葬紀〔止〕。塚地左右,各有齊截,若有仞名,□□□□。□〔時〕知狀:左青龍,右白虎,前朱雀,後玄武;媒人:赤松子。

建元十八年正月丁卯朔廿六日壬辰奏。

功曹、傳送,古代流行的宅經葬書中有"五音三十八將",其中又有"八將六對",功曹和傳送則是六對中的一對。宋代《地理新書》卷六"孫季邕推八將六對位"説:"六對者:青龍、白虎爲一對,天倉、天牢爲二對,功曹、傳送爲三對,冠帶、伏屍爲四對,大墓、小墓爲五對,沐浴、始生爲六對。"①卷一"五姓所屬"中説:"八將者,四維四幹是也。六對者,十二辰是也。假令角音,青龍在卯,白虎在酉,爲一對;天倉在辰,天牢在戌,爲二對;功曹在巳,傳送在亥,爲三對;冠帶在午,伏屍在子,爲四對;大墓在未,小墓在丑爲五對;沐浴在申,胎生在寅,爲六對也。丙爲官國,一將也;壬爲金匱,二

① ［北宋］王洙等撰,［金］畢履道、張謙校,金身佳整理:《地理新書校理》,湘潭:湘潭大學出版社,2012年,第196頁。

將也;庚爲勾陳,三將也;甲爲穀將,四將也;坤爲死氣,五將也;艮爲生氣,六將也;巽爲朱雀,七將也;乾爲玄武,八將也。"①敦煌遺書上博 48(41379)《後唐清泰四年(935)曹元深等祭神文》中也有"四神當位,八將依行","功曹傳送,皆乘利道"的内容②。

非塵,寇克紅釋作"非廬",誤。細察原券,應爲"非塵"。風后,寇克紅作"鳳后",因形近而誤釋,抑或爲手民之誤。按:風后是上古神話傳説中黄帝的臣子,東夷風部落人。他善伏羲八卦之道,作《風后八陣兵法》,幫助黄帝打敗了蚩尤。黄帝統一萬國部落之後,風后劃野分疆,以行政區劃管理國家。

青龍入參,白虎入箕,其中的"參"和"箕"寇氏未釋讀。按:這裏的"參"、"箕",與下文"太玄入角,朱雀入樓(婁)"之"角"、"婁",均爲二十八宿之一。

生壽老死,寇氏作"百壽老死";入地其身,寇氏作"入地黄泉",均誤。按:墓券此處文字略有漫漶,但尚能辨認,而下件《高容男墓券》文字與此全同,這兩處文字清晰,可互相印證。

無禍妻子,寇氏釋作"無歸妻子",誤。察原券,應爲"禍"。按:該墓券兼有鎮墓功用,"無禍妻子"與上句"無責父母"連用,告誡死者有罪債自己承當,不要返回陽間作祟親人。

"安錯"之"錯",同音致誤,應爲"厝"。安厝,亦作"安措",安葬之意。《孝經·喪親》:"卜其宅兆而安措之。"邢昺疏:"宅,墓穴也;兆,塋域也。葬事大,故卜之。"③班固《白虎通·崩薨》:"崩薨别

① 《地理新書校理》,第 38 頁。

② 上海古籍出版社、上海博物館:《上海博物館藏敦煌吐魯番文獻》,上海:上海古籍出版社,1993 年,第 46—47 頁。

③ [清]阮元校刻:《十三經注疏》,北京:中華書局,1980 年,第 2561 頁。

號，至墓同，何也？時臣子藏其君父，安厝之義，貴賤同。葬之爲言下藏之也。”①

6. 前秦建元十八年(382)高容男墓券　2000年出土於高臺駱駝城，現藏高臺縣博物館(圖39)。木牘。兩面墨書。全11行，正面6行，行34～37字；背面5行，行13～31字。無發掘報告，趙雪野、趙萬鈞②、劉衛鵬③、寇克紅④曾著文考釋研究，兹迻録如次：

> 敢告皇天后土，天赫地赫，丘丞墓伯：凉故凉州建康郡表是縣都鄉楊下里大女高容男，當今年正月廿六日葬，從歲月利道，隨太父後。死者屬太山，生者屬長安。功曹傳送，長所居□〔土〕，□〔不〕犯非塵，□〔生〕死永已。金錢買塚，黄遠荔子，葬日吉良，奉順地理，黄帝鳳后，玉衡□〔曆〕□〔紀〕，選擇良辰，下□〔入〕蒿市。送以奴婢、車馬、給使、牛羊、雞犬、束帛、衣履，塚中百物，貴(賈)買於市。死入太□〔陰〕，□〔長〕永絶矣。黑帝用事，玄武除央(殃)。黄泉九重，鬼神大鄉。即□〔次〕玄□，萬事相妨。有時無朔，律曆□〔舊〕章。終入五墓，神靈所依。青龍入□〔參〕，白虎□〔入〕□〔箕〕，生死道别，五行無違。太陰之氣，玄武持□〔時〕。太玄入角，朱雀入樓

① ［東漢］班固原著，［清］陳立撰，吴則虞點校：《白虎通疏證》，北京：中華書局，1994年，第557頁。

② 趙雪野、趙萬鈞：《甘肅高臺魏晉墓墓券及所涉及的神祇和卜宅圖》，《考古與文物》2008年第1期，第85—90頁。

③ 劉衛鵬：《甘肅高臺十六國墓券再釋讀》，《敦煌研究》2009年第1期，第47—51頁。

④ 寇克紅：《高臺駱駝城前秦墓出土墓券考釋》，《敦煌研究》2009年第4期，第91—93頁。

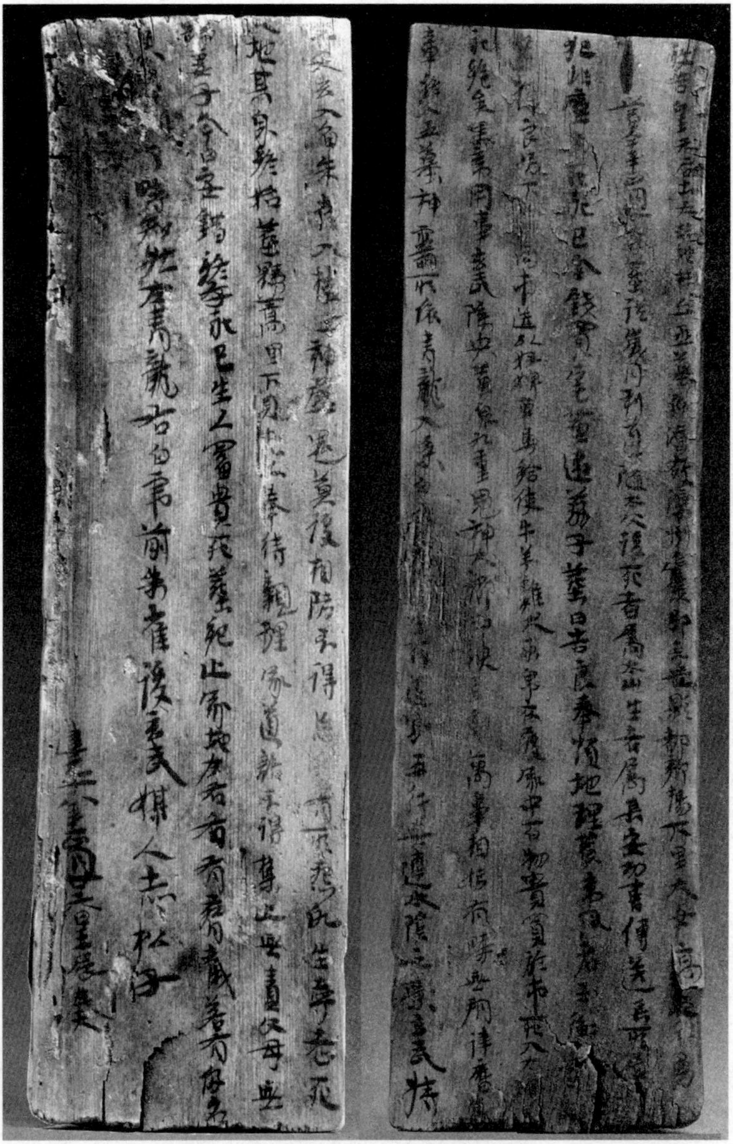

圖 39　前秦建元十八年高容男墓券

(婁),三神葬鬼,莫復相防(妨)。不得忘(妄)行,有所怨仇。生壽老死,入地其身。於始葬歸蒿里,下見先人,奉侍親埋塚道,諸不得禁止。無責父母,無禍妻子。今日安錯(厝),終存永已。生人富貴,死葬紀止。塚地左右,各有齊截,若有仞名,□□□□。時知狀:左青龍,右白虎,前朱雀,後玄武;媒人:赤松子。

建元十八年正月廿六日壬辰奏。

此件與上兩件出土於同一墓葬,内容與上件《高侯妻朱吴宋墓券》全同,故其文字釋讀亦可比照印證,頗能解決不少疑難。此件劉衛鵬亦曾在趙文基礎上著文予以"再釋讀",但往往以不誤爲誤,解釋闡發也比較牽强,反而産生了一些新的問題。

這兩件墓券是河西走廊出土西晉十六國時期墓葬文書中除《前凉建興廿八年(340)王群洛子解除文》之外篇幅最長者,除去墓主姓名,券文字數多達329字,兼有買地券、鎮墓文、衣物疏的内容和功能,亦透露出當時喪葬文化在河西地區已經相當發達的信息。

同一墓券兼有買地券和鎮墓文内容這種現象早在東漢時即已出現,如1974年出土於洛陽的《光和二年(179)王當墓券》[①]和1954年出土于河北望都二號漢墓的《光和五年(182)劉公墓券》[②]等,有學者給東漢墓券分類,爲買地類墓券、買地鎮墓類券書和鎮

① 洛陽博物館:《洛陽東漢光和二年王當墓發掘簡報》,《文物》1980年第6期,第52—56頁。

② 河北省文化局文物工作隊:《望都二號漢墓》,北京:文物出版社,1959年,第13、20頁。

墓解謫類墓券三大類，把這類墓券歸入第二類①。但與《高侯妻朱吴宋墓券》和《高容男墓券》不同的是，東漢的這兩件墓券文本結構基本相同，即前半部分爲買地的内容，後半部分爲鎮墓的内容，清晰分明，判若涇渭。而出土於高臺駱駝城的這兩件墓券，則將卜葬、買地、申明隨葬物品的來源亦即合法所有權以及鎮墓等諸多内容融爲一體了，實際情況要比東漢時期"買地鎮墓類券書"複雜得多。

第二節　武威出土西夏、元代買地券

7. 西夏乾祐十六年(1185)曹鐵驢父買地券　1997 年出土于武威西關。柏木木牘(圖 40)。高 25.5 釐米，寬 38 釐米，厚 2 釐米。保存完好，文字清晰。朱書文字 15 行，行 2～20 字，共 252 字。原報告②附有釋文，陳炳應③、于光建④、高朋⑤、魯西奇⑥等亦有録文。兹據原報告釋文，參照兩家録文並核以原物圖片校訂如次：

---

① 羅操：《東漢至南北朝墓券研究》，華東師範大學 2015 年博士學位論文。張傳璽《中國歷代契約會編考釋》一書衹收買地券，劉瑞昭《漢魏石刻文字系年》則僅録鎮墓文，而兩書都收録了《王當墓券》和《劉公墓券》，羅操據此認爲，這兩件墓券的歸屬存在爭議。其實，在這裏並不存在什麽爭議。

② 朱安、鍾雅萍等：《武威西關西夏墓清理簡報》，《隴右文博》2001 年第 2 期。

③ 陳炳應：《西夏探古》，蘭州：甘肅文化出版社，2002 年。

④ 于光建、徐玉萍：《武威西夏墓出土冥契研究》，《西夏研究》2010 年第 3 期，第 39—43 頁。

⑤ 高朋：《人神之契：宋代買地券研究》，北京：中國社會科學出版社，2011 年，第 280 頁。

⑥ 魯西奇：《中國古代買地券研究》，厦門：厦門大學出版社，2014 年，第 307—308 頁。

圖 40　西夏乾祐十六年曹鐵驢父買地券

維大夏乾祐十六年歲次乙巳六月壬子朔十九日庚午直〔?〕,祭主曹鐵驢以乙巳年四月内殂殁父親,龜筮協從,相地襲吉,宜於西城郭外安厝宅兆。謹用錢九萬九千九百九十九貫文兼五彩信幣,買地壹段。東西柒步,南北玖步。東至青龍,西至白虎,南至朱雀,北至真武。内方勾陳,分擘〈掌〉四域;丘承墓伯,封步界畔;道路將軍,齊整阡陌。千秋萬歲,永無殃咎。若輒〔干〕犯訶禁者,將軍亭長,收付河伯。今以牲牢酒飯,百味香新,共爲信契。財地交相分付,工匠修營,安厝已後,永保吉利。

知見人:歲月主;

保人:今日直符。

故氣邪精,不得忏悋。先有居者,永避萬里。主人内外存亡,悉皆安吉。急急如五帝使者女青律令。

“大夏”爲党項拓跋氏首領李元昊於公元1038年在中國西北地區建立的獨立政權稱號。因其在西方，宋人稱其爲“西夏”，後世沿用至今。乾祐，西夏第五代君主李仁孝年號，時間爲公元1170至1193年。十六年，當南宋孝宗淳熙十二年（1185）。查《二十史朔閏表》，干支朔望相合。“直”爲建除十二直，其後當有其日所值，但原墓券闕而未書。以，原報告及陳、于兩家釋文均作“次”，誤。“歿”字前尚有一字，諸家均未録，細查原物圖片，似爲“殆”。殆歿，意同“歿故”，死亡的諱飾語。“歿故”有時也作“没故”，于傳世文獻中罕有所見，而在宋元時期買地券等墓葬文獻中出現的頻次却很高。同樣意思的詞語在漢唐時期的墓葬文獻中又常常用作“物故”。龜筮協從，語出《書・大禹謨》：“鬼神其依，龜筮協從。”①諸家誤釋“從”爲“徒”，當是原件字跡辨識困難，“從”與“徒”之行書形近所致。協從，也作“葉從”。分擘〈掌〉四域，北京大學圖書館藏金刻本《重校正地理新書》作“分擘四域”，臺灣集文書局《圖解校正地理新書》作“分掌四域”，此件與下件西夏時期的買地券却是“擘”、“掌”俱用。可能是當時流行的《地理新書》正文作擘，後有小注“掌”字，民間書寫券契的方士不知，抄寫時將“掌”字混入正文了。“安”字諸家脱録。承，通“丞”。封步，《地理新書》作“封部”，然今見宋元時期買地券往往作“封步”②。忏恡，冒犯，侵佔。此詞音義，毛遠明、董志翹、趙家棟有專文討論甚詳③，結論可從，此

① 李民、王健：《尚書譯注》，上海：上海古籍出版社，2004年，第32頁。

② 魯西奇：《中國古代買地券研究》，厦門：厦門大學出版社，2014年，第260—577頁。

③ 毛遠明：《釋“忏恡”》，《中國語文》2008年第4期，第378—380頁；董志翹：《也釋“忏恡”——兼及“占恡（吝）”、“占護”、“恡護（悋護）”、“障恡（吝）”等詞》，四川大學漢語史研究所、四川大學中國俗文化研究所：《漢語史研究集刊》第十二輯，成都：巴蜀書社，2009年，第285—292頁；趙家棟：《“忏恡”釋義覆議》，《寧夏大學學報（人文社會科學版）》2011年第1期，第20—22頁。

不贅。

此墓券與下文所考《西夏乾祐廿三年(1192)竇依凡遺買地券》的格式及内容,除個别字句有出入外,絶大部分與宋代官修陰宅相地書《地理新書》所載當時買地券範本一致:

> 某年月日,具官封、姓名,以某年月日歿故。龜筮協從,相地襲吉,宜於某州某縣某鄉某原安厝宅兆。謹用錢九萬九千九百九十九貫文兼五彩信幣,買地一段。東西若干步,南北若干步。東至青龍,西至白虎,南至朱雀,北至玄武。内方勾陳,分擘四域;丘丞墓伯,封部界畔;道路將軍,齊整阡陌。千秋萬歲,永無殃咎。若輒干犯呵禁者,將軍亭長,收付河伯。今以牲牢酒飯,百味香新,共爲信契。財地交相分付,工匠修營,安厝已後,永保休吉。知見人:歲月主;保人:今日直符。故氣邪精,不得忓恡。先有居者,永避萬里。若違此約,地府主吏,自當其禍。主人内外存亡,悉皆安吉。急急如五帝使者女青律令。①

西夏自北宋太宗雍熙二年(985)李繼遷被契丹人封爲夏國王,公元1038年李元昊稱帝,至公元1227滅亡,期間雖在景宗時期提倡党項、吐蕃與回鶻文化,創立西夏文字,採取過立番官、建番俗等措施,梁太后等母黨專權時期也曾一度提倡番禮,但總體傾向是崇尚儒學漢法,一步步加深了漢化程度的。除了首府興慶以外,凉州

① [北宋]王洙等編撰,[金]畢履道、張謙校,金身佳整理:《地理新書校理》,湘潭:湘潭大學出版社,2012年,第428—429頁。金氏整理本句讀頗有失誤處,此引文筆者據《續修四庫全書》影印北京大學圖書館藏金刻本覆校後,重新作了斷句標點。

是西夏時期最重要的政治、經濟和文化的中心，“大夏開國，奄有西土，凉爲輔郡，亦已百載”①，具有陪都的作用。乾祐年間這兩件以北宋官修《地理新書》爲範本的買地券的出土，從又一個角度讓我們認識了武威在西夏歷史中的地位及漢文化在党項人統治時期的延續性。

此外，值得注意的還有，此件中與青龍、白虎、朱雀同爲四神之一的“玄武”作“真武”，而這並非書寫失誤。原來是，宋真宗大中祥符五年，附會趙氏始祖名玄朗，上尊號曰“聖祖”，自後終有宋一代，避其偏諱“玄”，“玄武”亦改爲“真武”。對此，傳世文獻多有記載，如《夢溪筆談》：六壬十二神將，其後將“謂天后、太陰、真武、太常、白虎也”②；《困學紀聞》：“祥符中，以聖祖名改玄武爲真武，玄枵爲真枵。……若迎真、奉真、崇真之類，在祠宫者非一。其末也，目女冠爲女真，遂爲亂華之兆”③；《雲麓漫鈔》卷九亦曰：“祥符間避聖祖諱，始改玄武爲真武，玄冥爲真冥，玄枵爲真枵，玄戈爲真戈”④；等等。乾祐爲西夏第五代君主仁宗嵬名仁孝的年號，共24年。仁孝在位時間較長，達54年，期間重用文化程度較高的党項和漢族大臣主持國政；設立各級學校，推廣教育；實行科舉，選拔人才；尊崇儒學，大修孔廟及尊奉孔子爲文宣帝；建立翰林學士院，編纂歷朝實録；重視禮樂，修樂書《新律》；天盛年間，頒行法典《天盛改舊

① 《凉州重修護國寺感應塔碑銘》。

② ［北宋］沈括：《元刊夢溪筆談》，北京：文物出版社影印本，1975年，第7卷第7—8頁。

③ ［南宋］王應麟著，［清］翁元圻等注，欒保群等校點：《困學紀聞》（下），上海：上海古籍出版社，2008年，第2191頁。

④ ［南宋］趙彦衛撰，傅根清點校：《云麓漫鈔》，北京：中華書局，1996年，第148頁。

新定律令》；尊尚佛教，供奉藏傳佛教僧人爲國師，並刻印佛經多種，使西夏文化臻于鼎盛。此件買地券的書寫遵從漢文化自周代以來實行避諱制度的傳統習慣，特别是使用了趙宋王朝特有的避諱字，從一個側面反映出仁孝統治時期西夏王朝推行漢文化政策的普及和深入程度。當然，聯繫到下條所考同出於武威的《竇依凡遺買地券》“玄武”一名没有使用避諱字的現象，我們也不能排除還有另外一種可能，即：死者及其家族爲從宋朝遷徙來西夏的漢人，他們在喪葬儀式中使用宋朝通用的避諱字，既是出於一種書寫習慣，也藉以表達了對自己漢文化身份的體認和堅守。

8. 西夏乾祐廿三年(1192)竇依凡遺買地券　1998 年出土于武威西郊。松木木牘(圖 41)。長 31.5 釐米，寬 17.5 釐米。朱書文字 16 行，行 10～31 字，略有漫漶，存 237 字。原報告[①]附有釋

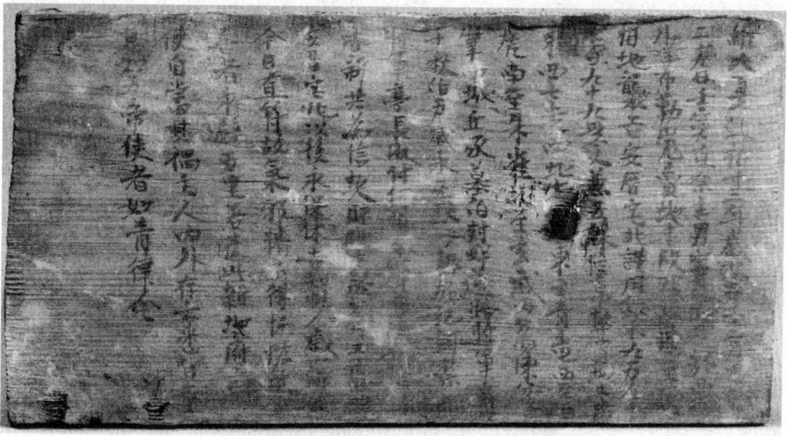

圖 41　西夏乾祐廿三年竇依凡遺買地券

① 姚永春：《武威西郊西夏墓清理簡報》，《隴右文博》2000 年第 2 期，第 24—25 頁。

文，于光建[1]、高朋[2]、魯西奇[3]等亦有録文。兹據原報告及于光建録文並核以原物圖片校訂如次：

維大夏乾祐廿三年歲次壬子二月甲戌朔二十九日壬寅直〔?〕，祭主男竇□□於西苑外咩布勒嵬賣（買）地壹段，歿故，龜筮□□〔協從〕，相地襲吉，安厝宅兆。謹用銀錢九萬九千九百九十九貫文兼五彩信〈帛〉幣，買地壹段。東西七步，南北七□〔步〕。東至青龍，西至白虎，南至朱雀，北至玄武。内方勾陳，分擘〈掌〉四域；丘丞墓伯，封〔步界〕畔；道路將軍，□□〈齊整〉〔阡陌〕。千秋〈佰〉萬歲，永無殃咎。□□〔若輒干〕犯訶禁者，將軍亭長，收付何（河）伯。今以牲牢酒飯，百味香新，共爲信契。財地交於（相）分付，工匠修營，安厝宅兆以後，永保休吉。知見人：歲一；保人：今日直符。故氣邪精，不得忏悋。先有居者，永避萬里。若違此〈新〉〔約〕，地府主使（吏），自當其禍。主人内外存亡，悉皆吉□〔安〕。急如五帝使者如（女）青律令。

此件紀年，因原物文字略有漫漶，前述報告及研究者没有能釋讀完全。筆者利用圖片處理軟件通過反復調整對比度和亮度後釋

---

① 于光建、徐玉萍：《武威西夏墓出土冥契研究》，《西夏研究》2010 年第 3 期，第 39—43 頁。

② 高朋：《人神之契：宋代買地券研究》，北京：中國社會科學出版社，2011 年，第 280—281 頁。

③ 魯西奇：《中國古代買地券研究》，厦門：厦門大學出版社，2014 年，第 309—310 頁。

讀如上。乾祐廿三年,當南宋光宗紹熙三年(1192)。查《二十史朔閏表》,干支朔望完全相合。"直"爲建除十二直,其後當有其日所值,但與上件一樣,原墓券闕而未書。

9. 元至元二十六年(1289)蒲法先買地券　1998 年出土于武威永昌鎮(圖 42)。松木木牘。高 57.5 釐米,寬 22 釐米,厚 2 釐

圖 42　元至元二十六年蒲法先買地券

米[1]。蟲蝕較嚴重，左側殘缺，但文字保存基本完好。自左至右朱書文字 12 行，行 6～25 字。原報告[2]附有釋文，胡婷婷亦有録文和注釋[3]，兹據原物圖片重新校録如次：

……國永昌府君致祭孝男蒲文仲……以□□故父蒲法先存□壬辰相今卜□□之下神后之原安厝□□。謹用錢九萬九千九百九十九貫文，兼五彩信幣，買地一段。東□〔至〕青龍，西置（至）白虎，南□□□〔至朱雀〕，北置（至）玄武。内方勾陳，分掌四域；丘承墓伯，封部界畔；道路將軍，齊整阡陌。千秋萬歲，永無殃咎。若輒□〔干〕犯訶禁者，將軍亭長，收付何（河）伯。□□〔今以〕牲牢酒飯，百味香新，共爲信契。財地相交分付，工匠修營，安厝已後，永保休吉。知見人：歲月主；保人：今日直符。故氣邪精，不得干（忏）恡。先有□〔居〕者，永避萬里。若違此約，地府主吏，自當其禍。主人内外存亡，悉皆安吉。急急一如女青詔書律令。

太歲己丑至元二十六年三月庚辰旦初五日甲申，直吉時告下：

給使故蒲法先　　以執

此件墓券主體部分亦據《地理新書》買地券範本書寫，故没有

---

① 未見原件，此尺寸據梁繼紅：《武威元墓清理簡報》，《隴右文博》2003 年第 2 期。報告所附圖片顯示此券爲長方形，但長寬尺寸相差不大，近乎正方形，據此可知梁繼紅報告尺寸可能有誤。

② 梁繼紅：《武威元墓清理簡報》，《隴右文博》2003 年第 2 期，第 11—12 頁。

③ 胡婷婷：《甘肅出土散見簡牘集釋》，西北師範大學碩士學位論文，2013 年。

什麽討論的價值，唯其紀年格式比較獨特。常見的帝王年號和干支前還有“太歲己丑”，這是使用了太歲紀年法。太歲紀年法又稱歲星紀年法。太歲是古代天文學中假想的歲星，又稱歲陰或太陰。在上古時期，人們以歲星每年運行一個星次來紀年，把周天分爲12份，依次爲星紀、玄枵、諏訾、降婁、大樑、實沈、鶉首、鶉火、鶉尾、壽星、大火、析木，稱爲十二次。此法的起源年代至少是周代初期，至春秋、戰國時期很盛行。由於古人又將黄道劃分有十二辰，用子、丑、寅、卯、辰、巳、午、未、申、酉、戌、亥十二支表示，但其方向與順序正好與歲星紀年法中的十二次相反，在實際生活中應用起來很不方便。爲了能順應十二辰，就假想了一個太歲，順十二辰而運行，於是有了太歲紀年。古人還爲這十二個太歲年分别取了特别的名稱——攝提格、單閼、執徐、大荒落、敦牂、協洽、涒灘、作噩、閹茂、大淵獻、困敦、赤奮若來表示。大約戰國末期或西漢初期，曆家又爲太歲紀年增取了十個名稱——閼逢、旃蒙、柔兆、强圉、著雍、屠維、上章、重光、玄黓、昭陽，以表示歲陽。將十個歲陽名依次和十二個太歲年名相配，組成六十個年名，以“閼逢・攝提格”爲第一年，“旃蒙・單閼”爲第二年，由此類推，六十年周而復始。從此太歲紀年完善爲每六十年一周，這爲後來干支紀年打下了基礎。太歲紀年法自西漢太初元年就開始使用了，有時這些年名可用干支來表示，如閼逢攝提格爲甲寅年，旃蒙單閼爲己卯年。創製這些名稱是爲了表示歲星逐年所在方位，但後來發現歲星並不是每年整走一個星次，所以就廢而不用，而改用干支紀年了①。但後人還

① 干支紀年法最早應用於西漢，到了東漢元和二年(850)，朝廷下令在全國範圍内推行干支紀年，一直到今天還在使用。

有用這些古年名的，是根據當年的干支來對照的，已經失去了這些年名的本來意義了。如司馬光《資治通鑑》卷一七六《陳紀》十下注："起閼蒙執徐，盡著雍涒灘，凡五年"，這是説從甲辰到戊申共五年。《地理新書》畢履道序"時大定歲在閼逢執徐"，是説時在大定甲辰，即金世宗大定二十四年[①]。這件買地券獨出心裁，在帝王年號紀年和干支紀年前又加上了早已廢棄不用的太歲紀年，大概是方士爲了唬人而故弄玄虚施展的伎倆。元至元二十六年，歲在己丑，按太歲紀年法，是年當名爲"屠維奮赤若"。查《二十史朔閏表》，此件紀年干支朔望皆與曆法相合。

此外，券文開頭所記祭主鄉里籍貫亦有討論的必要，惜已殘泐。"……國永昌府君致祭孝男蒲文仲"之"永昌"，原報告及胡婷婷均釋爲"永長"。細察原物圖片，實爲"永昌"。按：此券出土于武威市區以北約十五公里處的永昌鎮[②]。這裏今有地名"石碑溝"，曾出土有《亦都護高昌王世勳碑》，另有體量巨大的《西寧王忻都公神道碑》，至今仍矗立在原地，均爲學界所矚目。要明白永昌這個地方之于蒙元歷史及諸王世系研究方面的意義，須對蒙古汗國及大元建立初期的歷史作一簡要追述。公元1206年，統一了蒙古諸部的鐵木真被推舉爲"成吉思汗"，于漠北建立政權，號蒙古國。1227年，成吉思汗在遠征西夏時死去，臨終留下遺命，讓其三子窩闊台繼承汗位。1229年，窩闊台在蒙古庫里勒台大會上被推舉爲新的大汗。闊端是窩闊台次子，窩闊台登上汗位後，受封西夏

① 當南宋孝宗淳熙十一年，公元1184年。

② 永昌鎮爲今鄉鎮一級地方政府的建置名。這裏在明、清、民國至解放初期的舊地名是"永昌堡"。

故地，建斡耳朵[1]於凉州府之西。1235年，闊端率右路軍征南宋，取得一系列決定性的勝利。與此同時，他還著手經營吐蕃，於1246年召請薩迦班智達到凉州，舉行了著名的“凉州會盟”。闊端有三子：滅里吉歹、蒙哥都、只必帖木兒。據《遜都思氏世勳碑》記載，闊端死後，只必帖木兒嗣鎮河西。至元九年(1272)十一月，“諸王只必帖木兒築新城成，賜名永昌府”[2]。大約就在這時期，只必帖木兒被封爲永昌王。《元史·地理志》條記載：“永昌路，唐凉州。宋初爲西凉府，景德中陷入西夏。元初仍爲西凉府。至元十五年，以永昌王宫殿所在，立永昌路，降西凉府爲州隸焉。”[3]期間在至元十二年(1275)，蒙古貴族海都、都哇、卜思巴等叛亂，圍攻火州，此後又大約在至元十七年(1280)至二十六年(1289)間先後四次入侵元朝帝國在西北的防綫。在這個過程中，因較早歸附成吉思汗而被封爲亦都護高昌王的高昌回鶻政權建立者之後裔火赤哈爾的斤在哈密戰死，其子紐林的斤遂率部衆東遷，至只必帖木兒的封地永昌府定居下來。而其時只必帖木兒因貪婪不法被削奪了大部分封地，正處於没落境地。

《亦都護高昌王世勳碑》和《西寧王忻都公神道碑》在永昌鎮的發現，曾有力地證明這一帶正是元朝永昌王宫殿的所在地，也是其時永昌路的治所。《蒲法先買地券》的出土，則從另一側面爲這一歷史事實的揭示提供了新的證據。同時，由上述永昌府的來歷及

---

① 斡耳朵，遼宫帳名，亦作斡魯朵、斡里朵。遼太祖起，各帝及太后之執政者皆置斡魯朵，有直屬軍隊、民户及州縣，構成獨立的軍事、經濟單位。帝后死後由家族繼承。金、元沿用爲官署之稱。

② 《元史》卷7《世祖本紀四》，北京：中華書局，1976年，第143頁。

③ 《元史》卷60《地理志三》，北京：中華書局，1976年，第1450頁。

亦都護高昌王率部衆遷居此地的歷史可知，有元一代，武威城北的永昌府地域其主要居民應是蒙古貴族和亦都護高昌王家族及其部衆——亦即畏吾兒人，而從前述兩碑及這方直接取法于宋修《地理新書》的買地券，我們可以窺見，漢文化的影響是多麽的廣泛而深遠。

第三節　金塔發現清代買地券

10. 清道光十五年(1835)王敏買地券　2013年發現于甘肅省金塔縣一民間收藏者手中，出土地點不詳。磚質(圖 43)。呈正方

圖 43　清道光十五年王敏買地磚券

形，邊長28.5釐米，厚5釐米。自左至右朱書文字13行，行4～20字。陶玉樂曾録文並考釋①，兹據原物照片重新校録如次：

> 大清道光十五年八月初四日，□□府人氏祭主王伏有□□清故顯考王敏之喪，未卜塋地，今仁本土百利萬□□□厝，恐有干犯，地權已捕淨錢若干，買到墓地若干。東至青龍，西至白虎，南至朱雀，北至玄武。四至分明，若有干犯，亭長主守，永爲吉兆。知見人：年直功曹，月直功曹，日直功曹，時直功曹神。故氣伏屍，永不侵爭。□□□□二本上下后土地祇，一本給付上人王敏執並備用，永遠存照……（其間畫有道教符籙）……道光十五年……

考古所見明清時期的買地券並不多，魯西奇《中國古代買地券研究》一書僅著録明代的54種②，清代7種，且多爲中原和江南的，西北衹有青海西寧1例，甘肅寧縣1例③。不僅如此，傳世文獻中相關記載也十分稀少，並且即使是那些於喪葬禮儀、墳塋風水等記載較爲詳盡的民間類書，亦未多見有關於使用買地券的記載。這説明，到明清時期買地券已經較少使用了④。《王敏買地券》，據

① 陶玉樂：《清代王敏買地磚券考述》，《河西學院學報》2014年第1期，第57—59頁。

② 除這54種外，魯西奇還在脚注中列舉了因資料不全而在正文中未予討論的5種。

③ 魯西奇：《中國古代買地券研究》，厦門：厦門大學出版社，2014年，第580—628頁。

④ 魯西奇認爲，明清時期有關買地券的記載及出土實物的減少與這時期紙質買地券的普遍使用有關。紙質買地券往往在營葬時焚化，即使未焚化，埋入墓中也不易保留下來。見氏著：《中國古代買地券研究》，第629—631頁。

收藏者稱,出自金塔,是迄今爲止所知明清時期唯一的買地券,因而對於考察買地券這種喪葬文書在河西走廊的流播和使用情況具有重要的意義。

如前所述,自宋元以降,由於北宋時官修陰宅相地書《地理新書》的頒行,各地買地券有了可資依憑的範本,所以其内容和格式大都相去不遠,僅在個别字詞上略有出入。明清兩代,官方未曾頒行過堪輿地理之書,宋修《地理新書》的影響仍在,但流傳既久,僅憑師徒口頭傳授和文本傳抄方式傳承的買地券,也不可避免地發生一些變化。金塔所發現這件買地券,雖然漫漶嚴重,但從依稀可辨的這些殘存文字中仍不難窺見它與《地理新書》的源流關係和與同時代中原、江南買地券的聯繫與區别。

此券"□□□□二本上下后土地祇,一本給付上人王敏執並備用,永遠存照……"之語,在明清買地券中常見,如1994年出土于青海西寧的《明宣德元年(1426)陳仲良爲考陳子名、妣富氏買地券》:"券立二本:一本奉付后土,一本乞付墓中,令亡人尚公子名收□準備付身,後永遠照用。"出土于廣西桂林堯山的《明正統四年(1439)張法禧買地券》:"券立二本:奉付后土;一本乞付墓中,令信官張法禧初收把準備付身,他年壽盡,永遠照用。"等等。由此可知,當時的買地券一般有兩件,分置於兩個不同的地方。1957年12月,河北安次發現一座太監墓,出土兩方磚質買地券,其中一方置於墓門内,另一方置於北券洞内。這兩方買地券形制和文字内容完全相同,唯券文一方自左向右書寫,另一方由右向左書寫[①]。這種喪葬儀軌一直延續到了今天,也爲學者們的田野調查所證實:

---

① 馮秉其:《安次縣西固城村發現明墓》,《文物》1959年第1期,第71頁。

……在開挖墓穴、祭祀亡靈的這段時間内，風水先生便開始製作買地券。現在一般都是用兩塊青磚並列而成，磨平磚面，刷上墨汁，然後用朱砂調醋，用毛筆在磚面上書寫所需内容，待下葬時嵌入墓門上方，一同埋入地下。在埋葬的時候，風水先生高聲朗讀書寫内容，以告天地、祭鬼神。①

值得注意的是，目前所見各類喪葬文書出現的"知見人"一般都由"四靈"或地下神祇張堅固、李定度充當②，而這件買地磚券中却出現了"四值功曹"。四值功曹，是道教所奉值年、值月、值日、值時的四位小神，相當於天界的值班神仙，他們分别是值年神李丙、值月神黄承乙、值日神周登、值時神劉洪。"功曹"原本是人間官職，始置於西漢，爲郡守、縣令的主要佐吏，負責考察記録業績，後來就被運用到道教的神話中，作爲玉皇大帝的下屬，其主要任務是記録人和神的功績，同時也是守護神。根據道家的説法，道士們所有的祈禱文在焚燒後，就是由他們呈送給各位大神的，所以，在各種道教儀式和宗教場合中，他們都是重要的人物。正所謂"年月日時值，雲霧降靈空。暫别人間遠，須與奏上宫。三界還同坐，十方普遍通……"③

① 張馳：《寧縣境内出土買地券綜述》，《隴右文博》2001年第1期，第63—65頁。

② 如河西走廊各地所出衣物疏，就常見"時知見：左青龍，右白虎"之語（參閲本書《河西衣物疏叢考》）；而全國各地出土買地券（包括少量的衣物疏和鎮墓文）都有地下神祇張堅固、李定度出現（參見黄景春：《地下神仙張堅固、李定度考述》，《世界宗教研究》2003年第1期，第46—54頁）。

③ 原載韋國文、黄剛毅：《來賓縣白牛廟游神紀實》，内部印刷物，第128頁，轉引自羅玉芳：《廣西民間宗教神"四值功曹"抄本略考》，《廣西民族師範學院學報》2014年第4期，第33—36頁。

第四章　河西墓葬雜文叢考

河西走廊除出土有數量可觀的鎮墓文、衣物疏和買地券之外，另外還有一些難以歸入這三類之中的墓葬文書，如明旌、招魂幡、解除文、冥間過所、磚銘、棺板題記等。爲便於考察敘録，本文將其歸置在一起，以"墓葬雜文"統之。目前所見這些墓葬雜文約有 20 餘件。據相關考古報告，其年代最早者爲西漢，有明確紀年者則爲西晉元康元年(291)，最晚者爲前秦建元廿年(384)。與鎮墓文、衣物疏和買地券一樣，這些墓葬文獻同樣是考察河西走廊歷史地理、喪葬風俗、民間信仰等的重要資料。

1. 西漢田升寧冥間過所　1984 年出土于甘肅武威縣韓佐鄉五壩山 3 號墓。木牘。長 25 釐米，寬 7 釐米，厚 0.5 釐米。兩面墨書文字 7 行，基本清晰，共 124 字。無發掘報告，最早收録於《散見簡牘合輯》①，《簡牘》並附有圖版②，玆迻録如次：

張掖西鄉定武里田升寧今歸黄〔泉〕，過所，毋留難也。故

① 李均明、何雙全：《散見簡牘合輯》，北京：文物出版社，1990 年，第 25 頁。
② 何雙全：《簡牘》，蘭州：敦煌文藝出版社，2004 年，第 76 頁。

爲□□□，今升寧自小婦得綏，取升寧衣履燒祠，皆得所過也。今升寧田地皆當歸得孫趙季平所，可。今升寧田地皆當歸得孫任□，今升寧田地皆當歸得。田地皆當歸得孫任胡。開口，願皆自得。綏禁之。物復以得，孫任胡丞語言，□□□□□□□在張，昊天知曲直，故爲信。

此件無紀年，考古工作者據墓葬形制和出土陶器的特徵判斷，五壩山3號墓屬西漢晚期，即成帝至王莽時期。但除此件外，河西地區目前尚未發現有其他西漢時期的墓葬文書。即使是被斷代爲東漢時期的7件，也没有一件是有紀年的。所以此件年代仍有問題，姑且存疑，以俟來者。

張掖西鄉定武里，是死者的籍貫。漢代地方管理體制實行郡、縣、鄉、里四級。《漢書・地理志》："武威郡，户萬七千五百八十一，口七萬六千四百一十九。縣十：姑臧、張掖、武威、休屠、揟次、鸞鳥〔烏〕、撲𠜋、媪圍、蒼松、宣威。"①張掖是武威郡的屬縣，位置在今凉州區東南，轄今韓佐、古城、張義、中路、謝河、校尉等鄉鎮範圍。西鄉，約今韓佐、謝河、校尉一帶。定武里，當即墓葬所在地宏化村，在五壩山東側。

過所，本是漢唐時期通過水陸關隘時必須出示的交通證明書，爲官府公文之一。而這枚木牘用在了死人身上，並注明目的地"黄泉"，顯然是開具給死者向地下神靈出示的通行證，所以有研究者把它形象地稱之爲"冥間通行證"②。

① 《漢書》卷28《地理志》，北京：中華書局，1962年，第1612頁。

② 何雙全：《簡牘》，第77頁。

關於此件墓券的内容，何雙全在其《簡牘》一書中闡發甚詳。他説墓主人是當地人，姓田，字升寧，是一位擁有不少土地的地主。田升寧在臨終前遺言，死後由妻子得綏主持，將自己的土地分給其兩個孫子，得綏在田墳前對天發誓，義無反悔。汪桂海也嘗試做出了自己的解釋，認爲分得田地的有三人：孫趙季平、孫任□、孫任胡，意在聲明死者生前的田地不得隨同死者的靈魂帶走，並聲稱"天知曲直，故爲信"，讓天作證①。何雙全書中附有該墓券圖片，仔細察看，會發現墓牘有殘缺漫漶，原釋讀還有一些可疑之處，因而對於該墓券内容的解讀尚有待于對原券實際情況的調查研究。

2. 東漢壺子梁明旌　1956年11月出土于甘肅武威縣南15公里處雜木河西岸磨嘴子4號漢墓(圖44)。紅色絲麻製品，長206釐米，寬45釐米，下端殘毀。墨書篆體字1行，存11字。原報告曾作釋讀②，其後有多位學者從不同的角度進行了探討和研究，而

圖44　東漢壺子梁明旌

① 汪桂海：《漢代簡牘中的告地策資料》，卜憲群、楊振紅主編：《簡帛研究二〇〇六》，南寧：廣西師範大學出版社，2008年，第242—248頁。

② 党國棟：《武威縣磨嘴子古墓清理記要》，《文物參考資料》1958年第11期，第68—71頁；甘肅省博物館：《甘肅武威磨咀子漢墓發掘》，《考古》1960年第9期，第15—28頁。

甘肅省博物館、中國科學院考古研究所《武威漢簡》[①]、劉夫德《銘旌的圖像與文字》[②]及馬怡《武威漢墓幡物釋考》[③]等論著更進行了專門的考釋。兹據各家研究成果及所附圖版校釋如次：

姑臧西鄉閹導里壺子梁之□[柩]。

明旌，亦作銘旌，又謂之銘、柩銘。《禮記·檀弓下》："銘，明旌也。以死者爲不可别已，故以其旗識之。"[④]《儀禮·士喪禮》："爲銘，各以其物。亡，則以緇，長半幅。赬末，長終幅，廣三寸。書銘於末，曰：'某氏某之柩。'"鄭玄注："銘，明旌也。雜帛爲物，大夫之所建也。以死者爲不可别，故以其旗識識之。愛之斯録之矣。亡，無也。無旌，不命之士也。半幅，一尺。終幅，二尺。在棺爲柩。今文'銘'皆爲'名'。末爲旆也。"[⑤]銘旌盛行于周代，作爲標識墓主身份的附葬物，是一種用絲麻製品做成的旌幡。舉行喪禮時，長幡豎立於柩前，封土時覆蓋於棺柩之上。武威磨咀子漢墓出土的這幾件銘旌或即上古喪禮銘旌的孑遺或演化。目前見諸考古報告和研究專文的共有 5 件。另外，同樣的柩銘還出土於高臺駱駝城西晉時期墓葬（詳見下文）和敦煌佛爺廟灣西晉 95DFM37 號

① 甘肅省博物館、中國科學院考古研究所：《武威漢簡》，北京：文物出版社，1964 年，第 149 頁，圖版二三。

② 劉夫德：《銘旌的圖像與文字》，《文博》2008 年第 4 期。

③ 馬怡：《武威漢墓幡物釋考》，張德芳、孫家洲主編：《居延敦煌漢簡出土遺址實地考察論文集》，上海：上海古籍出版社，2012 年，第 91—98 頁。

④ 王文錦譯解：《禮記譯解》（上），北京：中華書局，2001 年，第 119 頁。

⑤ [漢] 鄭玄注、[唐] 賈公彦疏，黄侃經文句讀：《儀禮注疏》，上海：上海古籍出版社，1990 年，第 411 頁。

墓①。1964 年發掘的吐魯番哈拉和卓 3 號墓和 1975 年發掘的 99 號墓等亦有絹質柩銘，前者書“建興卅六年九月己卯朔廿八日丙午高昌□……”②，後者有“建初七年蘇娥奴柩銘”文字③，等等。

由於明旌具有標識墓主身份的作用，後世有學者又把它看作是隋唐以後志蓋題銘之濫觴。熊基權《墓誌起源新説》：“墓誌的起源期應該是從周到漢，周代的銘旌是源頭，秦代的刑徒瓦志是初生，漢代的告地策、磚志、墓室榜題及畫像、玉杖和柩銘等是主要支源，石志的出現標誌著墓誌的初步形成。”④華人德進而明確提出墓誌起源于周代，源於明旌：“類似墓誌的明旌，早在周代就產生了”，“因此也可以把明旌看作是墓誌的先導。”⑤

關於墓葬幡物的名稱，馬怡曾著專文《武威漢墓之旐》討論。她不同意馬雍、李零等“銘”爲“銘旌”之簡稱的説法，認爲“銘”的出現要早於“銘旌”，“銘”與“銘旌”並不是直接的對應關係；從武威漢墓出土的 5 件幡物的源流、時代和形制看，其更準確的名稱應當是“旐”。旐的歷史早於銘旌，可以追溯到夏代；漢代之旐既有史書的記載，又有出土實物的證據。旐的一般形制，據《爾雅・釋天》記載：“緇廣充幅長尋曰旐。”⑥是旐的寬度爲整幅，長度爲一尋，是較

① 據報告，此明旌似僅存上端帛畫部分。見甘肅省文物考古研究所(戴春陽)：《敦煌佛爺廟灣西晉畫像磚墓》，北京：文物出版社，1998 年，第 21 頁。

② 新疆維吾爾自治區博物館(李征)：《吐魯番阿斯塔那——哈拉和卓古墓群發掘簡報》，《文物》1973 年第 10 期，第 12 頁。

③ 新疆博物館考古隊(穆舜英)：《吐魯番哈喇和卓墓群發掘簡報》，《文物》1978 年第 6 期，第 1 頁。

④ 熊基權：《墓誌起源新説》，《文物春秋》1994 年第 1 期，第 72 頁。

⑤ 華人德：《三國兩晉南北朝墓誌》，劉正成：《中國書法全集》(第 13 卷)，北京：榮寶齋出版社，1995 年，第 1—3 頁。

⑥ [晉] 郭璞注、[宋] 邢昺疏，王世偉整理：《爾雅注疏》，上海：上海古籍出版社，2010 年，第 313 頁。

大的旌幡；長幅懸掛，便於直行題寫大字。武威漢墓之旐雖與此有差距，但並不甚遠。《爾雅・釋天》説旐的質地是"緇"，緇是黑色帛，而用於喪葬的旐却是紅色的，稱爲"丹旐"。從武威漢墓之旐等墓葬幡物的源流、顔色、形制和使用方式等看，其功能恐不止於表柩和送葬啓路；在古人的想法里，它們或許還是死者通行于冥界的憑信①。

馬怡關於墓葬幡物爲"旐"的考證細密精微，其闡發勝義觸目皆是。但筆者以爲，語言是用於説明事物、表達情意的，且是約定俗成的，爲了便於交流，我們在這裏還是通用"明旌"來標示之：一則其用於喪葬禮儀，一則其外形爲旗幟類的。本文所考出土于武威磨嘴子漢墓的5件明旌，因其出土地點集中，所屬時代同一，墓主都是姑臧居民，且大多書有"姑臧"地名，爲了便於指稱，在本文中統一以"姑臧明旌"作爲其集合概念。

粱，諸家均釋爲"梁"，唯馬怡釋作"粱"，細察原物圖版，馬怡是，故此釋文從之。

3. 東漢女子□寧明旌　1959年9月至11月出土于甘肅武威縣南15公里處雜木河西岸磨嘴子15號漢墓。深赭色絲質品，長59釐米，寬45釐米。朱書隸體字4行，文字已殘，尚可辨識的有27字。原報告附有釋文②，《武威漢簡》③、《銘旌的圖像與文字》④

① 馬怡：《武威漢墓之旐——墓葬幡物的名稱、特徵與沿革》，《中國史研究》2011年第4期，第61—82頁。

② 甘肅省博物館（陳賢儒）：《甘肅武威磨咀子漢墓發掘》，《考古》1960年第9期，第25頁。

③ 甘肅省博物館、中國科學院考古研究所：《武威漢簡》，北京：文物出版社，1964年，第149頁，摹本二十六。

④ 劉夫德：《銘旌的圖像與文字》，《文博》2008年第4期。

及馬怡《武威漢墓幡物釋考》①有研究考釋。兹據各家研究成果及所附圖版校釋如次：

> 姑臧北鄉西夜里女子……寧死下世，當歸塜次……水社，毋河（苛）留……〔有天〕帝教，如律令。

姑臧一名最早出現於《漢書・地理志》。爲漢武帝設置的武威郡轄領的十縣之一，且列爲首縣，當爲郡治之所在②。《後漢書・竇融傳》李賢注引《西河舊事》："凉州城，昔匈奴故蓋臧城，後人音訛名姑臧也。"③《晉書・張軌傳》："（姑臧城）本匈奴所築也。南北七里，東西三里，地有龍形，故名臥龍城。"④是知姑臧城最初爲匈奴之蓋臧城，西漢於其地建縣，音訛爲姑臧。據李并成考證，其地望最初在今武威市北郊金羊鎮趙家磨村南的古城遺址三摞城，至遲在東漢延熹五年（162），遷移至今武威城區⑤。漢末至曹魏統治時期，凉州、雍州之設置，時罷時復，正史未見有姑臧設縣的明確記載，但《三國志・賈詡傳》記賈詡爲武威姑臧人⑥，《晉書・任城景

① 馬怡：《武威漢墓幡物釋考》，張德芳、孫家洲：《居延敦煌漢簡出土遺址實地考察論文集》，上海：上海古籍出版社，2012 年，第 91—98 頁。

② 據《漢書・地理志》，西漢時武威郡所領 10 縣爲姑臧、張掖、武威、休屠、揟次、樸劚、鸞鳥、媼圍、蒼松、宣威。據《後漢書・郡國志》，東漢時武威郡原領姑臧、張掖、武威、休屠、揟次、樸劚、鸞鳥、媼圍、宣威、倉松 10 縣，由安定郡劃入的鸇陰、祖厲 2 縣，由張掖郡劃入顯美縣，外加一個左騎千人官，共 13 個建置單位。

③ 《後漢書》卷 23《竇融傳》，北京：中華書局，1965 年，第 805 頁。

④ 《晉書》卷 86《張軌傳》，北京：中華書局，1974 年，第 2222 頁。

⑤ 李并成：《河西走廊歷史地理》，蘭州：甘肅人民出版社，1992 年，第 20—23、35—38 頁。

⑥ 《三國志》卷 10《賈詡傳》，北京：中華書局，1959 年，第 326 頁。

王陵傳》也記陵之弟順“初封習陽亭侯。及武帝受禪……由是廢黜，徙武威姑臧縣”①，可知故武威郡及姑臧縣在曹魏統治及晉初是沿用了漢代建置的。晉代郡縣區劃則略有調整。《晉書・地理志上》記載：“武威郡：漢置。統縣七，户五千九百。姑臧、宣威、揖次、倉松、顯美、驪靬、番和。”②明言郡爲漢置，可見是沿用了漢代的建置，衹是所轄縣數從 10 個減少到了 7 個，縣名也有變化，但姑臧名仍先書，是爲郡治無疑。晉室南渡後的五涼時期，涼州和武威郡的建置屢有分合，可謂紛亂擾攘，難以董理，但姑臧爲涼州的統治中心却是毋庸置疑的。如《晉書・張軌傳》就有前涼的幾代統治者張軌于永興中(305 年前後)“大城姑臧”、張茂於太興四年“復大城姑臧，修靈鈞臺”、張駿于太寧年間(324 年前後)“于姑臧城南築城，起謙光殿，畫以五色，飾以金玉，窮盡珍巧”等的記載③，至於發生在姑臧的政治軍事大事，更是史不絶書。公元 439 年，北涼滅亡，河西納入北魏版圖，經西魏、北齊，至隋唐，姑臧一直是涼州和武威郡的治所所在，期間在隋大業十三年七月，武威郡鷹揚府司馬李軌舉兵，還曾建立大涼國政權，定都于姑臧。宋元以後，作爲郡縣建置單位的姑臧已不見於史書，就連姑臧這一地名亦漸次湮滅無聞。

從磨嘴子漢墓所出這幾件明旌可知，漢代的姑臧縣所轄有西鄉、東鄉和北鄉。歷史地理學者往往據出土文書所記縣鄉里地名來考證解決一些歷史地理問題，但這幾件明旌雖出土於同一地點，墓主生前所屬鄉里却有東西南北的差别，這就提醒我們在運用這

① 《晉書》卷 37《晉書・任城景王陵傳》，北京：中華書局，1974 年，第 1114 頁。
② 《晉書》卷 14《地理志上》，第 433 頁。
③ 《晉書》卷 86《張軌傳》，第 2221—2255 頁。

些材料時還須謹慎。

4. 東漢張□□明旌　1959年9月至11月出土于甘肅武威縣南15公里處雜木河西岸磨嘴子22號漢墓。深赭色絲質品，長220釐米，寬37釐米。墨書篆體字1行，可辨認的有7字。原報告附有釋文①，《武威漢簡》②、《銘旌的圖像與文字》③及馬怡《武威漢墓幡物釋考》④有研究考釋。玆據各家研究成果及所附圖版校釋如次：

姑臧渠門里張□□之柩。

姑臧明旌的題字格式基本一致，皆寫作"縣名，里名，墓主人姓，字＋'之柩'"等。有的在縣名、里名之間加鄉名。馬怡認爲，有鄉名的，墓主人或居於鄉間；無鄉名的，墓主人或居於城内⑤。這種説法可以參考，但近年來各地所出兩漢魏晉南北朝的簡牘、碑碣、墓誌、磚券和石室遺書在言及某人之郡縣鄉里貫時往往有"都鄉"的記載，學者們進行了多方探索，現在已基本取得一致的看法，即：都鄉爲州、郡、縣治所在地"都邑"乃至國都所設鄉級行政單

① 甘肅省博物館(陳賢儒)：《甘肅武威磨咀子漢墓發掘》，《考古》1960年第9期，第25頁。

② 甘肅省博物館、中國科學院考古研究所：《武威漢簡》，第148頁，摹本二十五，圖版二三。

③ 劉夫德：《銘旌的圖像與文字》，《文博》2008年第4期。

④ 馬怡：《武威漢墓幡物釋考》，張德芳、孫家洲：《居延敦煌漢簡出土遺址實地考察論文集》，上海：上海古籍出版社，2012年，第91—98頁。

⑤ 馬怡：《武威漢墓之旐——墓葬幡物的名稱、特徵與沿革》，《中國史研究》2011年第4期，第61—82頁。

位,都鄉之外的其他鄉則習稱“離鄉”①。如此,則墓主若居於城内者,其鄉貫當署爲“都鄉”,不應空闕。本件和下件明旌中墓主没有署鄉名,可能另有原因,而這僅憑現有的材料還不能做出令人信服的推斷。

其實,這種在書寫名籍時鄉名闕如的現象在出土文獻中並非孤例,僅敦煌漢簡中就有若干條類似的資料:

(1) 廣昌候史,敦煌富貴里孫毋憂……(敦煌漢簡 1757 號簡)②

(2) 敦煌强利里張廣成車二兩……(敦煌漢簡第 1718 號簡)③

(3) 敦煌大會里亭長樂,年廿二,長七尺□寸。④

(4) 氐池塞尉,敦煌南□里。(《居延漢簡甲乙編》第 119.53號簡)⑤

(5) 元康元年七月壬寅朔甲辰……敦煌壽陵里趙負趣自言……(敦煌漢簡第 796 號簡)⑥

(6) 十月戊寅,倉佐□□龍勒萬年里索良。(敦煌漢簡第 2108 號簡)⑦

---

① 參看本書《河西買地券叢考》。

② 甘肅省文物考古研究所:《敦煌漢簡》,北京:中華書局,1991 年,第 287 頁。

③ 甘肅省文物考古研究所:《敦煌漢簡》,第 286 頁。

④ 林梅村、李均明:《疏勒河流域出土漢簡》256 簡,北京:文物出版社,1984 年,第 47 頁。

⑤ 中國社會科學院考古研究所:《居延漢簡甲乙編》(下册),北京:中華書局,1980 年,第 82 頁。

⑥ 甘肅省文物考古研究所:《敦煌漢簡》,第 250 頁。

⑦ 甘肅省文物考古研究所:《敦煌漢簡》,北京:中華書局,1991 年,第 302 頁。

(7) 敦煌效穀宜王里瓊陽，年廿八……(《居延漢簡甲乙編》第 505.12 號簡)①

(8) 甲渠鄣候，敦煌廣至□□慶里張獲秩六百石。(《居延新簡-甲渠候官與第四燧》EPT65：104)②

(9) 戍卒敦煌興盛里公乘閔赦之，年卅八。(敦煌漢簡第 2083 號簡)③

陳國燦説，這些簡牘"説明在當時的官府記録文獻中，重視的是縣——里，或是郡——縣——里這樣一個地方基層管理系統，並一直延續到東漢，至少在敦煌地帶是如此"。據此他還認爲這很可能是因爲兩漢時期的敦煌人户數量不足，没有置鄉的基礎，而根本就没有在縣下設鄉④。但磨嘴子漢墓所出這 5 件姑臧明旌中以縣——鄉——里記録名籍的有 3 件，出現的鄉有西鄉、東鄉和北鄉，在縣下直書里名的有 2 件，這又給我們提出了新的問題⑤。

---

① 中國社會科學院考古研究所：《居延漢簡甲乙編》(下册)，北京：中華書局，1980 年，第 258 頁。

② 甘肅省文物考古研究所、甘肅省博物館、文化部文獻研究室、中國社會科學院歷史研究所：《居延新簡：甲渠候官》EPT65：104 簡，北京：中華書局，1994 年，第 427 頁。

③ 甘肅省文物考古研究所：《敦煌漢簡》，北京：中華書局，1991 年，第 300 頁。

④ 陳國燦：《唐五代敦煌縣鄉里制的演變》，《敦煌研究》1989 年第 3 期，第 39—50、110 頁；又載氏著：《敦煌學史事新證》，蘭州：甘肅教育出版社，2002 年，第 363 頁。

⑤ 1989 年，何雙全根據籍、簿、書、案、符、傳等簡牘文檔，仿《漢書》之《地理志》和《郡國志》例，輯成《漢簡鄉里志》(見氏著《〈漢簡鄉里志〉及其研究》，載《秦漢簡牘論文集》，蘭州：甘肅人民出版社，1989 年，第 145—235 頁)。西漢時期凡郡 44、縣 177、鄉 15、里 657，東漢時期資料較少，凡郡 4、縣 4、里 29。由此可見，簡牘檔案所見兩漢時期的鄉數遠遠少於縣數，這説明當時署記名籍，鄉名闕如的情況是十分普遍的。至今，十數年過去，新的簡牘材料大量出土並刊佈，若進行全面的輯録分析，對於進一步厘清兩漢乃至秦朝的縣鄉里設置情況，將是一個很有意義的課題。

5. 東漢張伯升明旌　1959 年 9 月至 11 月出土于甘肅武威縣南 15 公里處雜木河西岸磨嘴子 23 號漢墓(圖 45)。淡赭色絹質品,長 115 釐米,寬 38 釐米。墨書篆體字 2 行,已殘,今存 14 字。原報告附有釋文①,《武威漢簡》②、《銘旌的圖像與文字》③及馬怡《武威漢墓幡物釋考》④有研究考釋。玆據各家研究成果及所附圖版(圖 45)校釋如次:

圖 45　東漢張伯升明旌

平陵敬事里張伯升之柩,過所毋哭。

如上條考證所述,姑臧明旌的題字格式基本一致,皆寫作"縣名,里名,墓主人姓,字+'之柩'"等。馬怡曾特别指出:"題字中對墓主人的稱謂都是其姓、字,而非姓、名。"⑤如上條"姑臧渠門

① 甘肅省博物館(陳賢儒):《甘肅武威磨咀子漢墓發掘》,《考古》1960 年第 9 期,第 25 頁。

② 甘肅省博物館、中國科學院考古研究所:《武威漢簡》,第 148 頁,摹本二十五,圖版二三。

③ 劉夫德:《銘旌的圖像與文字》,《文博》2008 年第 4 期。

④ 馬怡:《武威漢墓幡物釋考》,張德芳、孫家洲:《居延敦煌漢簡出土遺址實地考察論文集》,上海:上海古籍出版社,2012 年,第 91—98 頁。

⑤ 馬怡:《武威漢墓之旐——墓葬幡物的名稱、特徵與沿革》,《中國史研究》2011 年第 4 期,第 61—82 頁。

里張□□之柩”，圖版顯示，“張”與“之柩”間有兩個字的空白，而東漢人之名多用一個字，字多用兩個字，故“張□□”當爲死者的姓、字。這個看法是正確的。關於此件明旌，原報告記載：“同墓出土木案上有‘張孝用’三字，亦是一家之器。”正好可印證馬怡的觀點，即此件之張姓墓主，“孝用”當爲其名，“伯升”則其字也。

平陵敬事里，是墓主籍貫。對此，原報告有所涉及：“平陵是漢縣治，在陝西咸陽西北。”這個解釋失之於簡單化。按：平陵縣，在秦漢時期有兩個，其一于秦始皇二十六年（前221）確立，屬齊郡。西漢初爲濟南郡治所，吕后六年（前183）因與右扶風平陵縣同名改東平陵縣，故治在今山東章丘市東平陵城。西晉泰始元年（265）復名平陵縣，仍爲濟南郡治所。永嘉末年（312），濟南郡治由平陵遷駐歷城，平陵縣仍屬濟南郡。十六國、南北朝因之，北周廢。其二亦秦置，屬内史，治所在今咸陽市秦都區平陵鄉大王、李都村一帶。西漢屬右扶風郡，三國魏黄初元年（220）改始平縣，屬扶風郡。磨嘴子23號漢墓墓主張伯升籍貫是哪個平陵呢？前一個距離河西走廊太過遥遠，且其縣名自吕后起已改爲東平陵，直到西晉建立後纔復舊名，而據考古工作者推斷，磨嘴子漢墓的年代約當東漢前期至中期，故此平陵定非濟南郡之平陵。後一個平陵則極有可能。而這又與漢代的陵邑制有關。

漢代前期，皇帝陵墓大都集中於渭河北岸今咸陽市附近的五陵原上，爲了加强中央集權，管理各地貴族富豪，在漢長安城附近皇帝陵墓處設陵城。漢高祖九年（前198），將關東地區的2 000名大官、富户及豪傑和他們的家眷大量遷徙至關中，侍奉皇帝陵園長陵，並在附近修建城邑，供他們居住。這以後，漢惠帝、景帝、武帝、昭帝在修建各自的陵墓（安陵、陽陵、茂陵、平陵）之時，也都競相效仿，相繼在陵園附近修建了安陵邑、陽陵邑、茂陵邑和平陵邑。後來皇帝又不斷遷貴族于此，

“五陵”便成爲富豪聚居的地方，逐漸形成一個特殊的文化區城。同時，五陵原與長安隔河相望，並擔負著“强本弱枝”和防禦匈奴的兩大任務，從而在政治和軍事方面發揮著重要的作用。至隋唐，這種作用並未稍減，許多具有重大意義的政治鬥爭多發生在這裏。

五陵地區的人物不僅由各地彙聚而來，同時還由於各種原因，又向其他地區流動著，因此而導致文化的擴散和融合。漢代的河西地區就是這樣的一個地區。這裏出土了大量的簡牘，其中有不少關於陵邑的材料，如肩水金關簡：

(1) □正月庚辰平陵令舜里有秩斗令史 (73EJT2：11)

(2) 四月辛酉茂陵男子張霸以來 君前 (73EJT7：26B)

(3) 茂陵道德里公乘王相年卅五長七尺四寸 黑色□ (73EJT8：4)

(4) 戍卒長陵西仁里掌誼 (73EJT9：204)

(5) 大常長陵宜成里公乘王尊年卌六歲長七尺五寸 (73EJT10：181)

(6) 茂陵當利里任安世 (73EJT22：62)

(7) □茂陵息衆里五大夫□□……□ (73EJT22：109)

(8) 茂陵壽成上里董葉年十九長……大車一兩□ (73EJT23：1005)

(9) 安陵壽陵里張閎字子威粟一石 直四百 在□□□□里□西二舍北入 (73EJT24：16)[①]

① 簡(1)(2)(3)(4)(5)出自甘肅簡牘保護研究中心等《肩水金關漢簡(壹)》(中)，上海：中西書局，2011年，第40、156、178、219、269頁；簡(6)(7)(8)(9)出自《肩水金關漢簡(貳)》(中)，上海：中西書局，2011年，第102、107、259、274頁。

《疏勒河流域出土漢簡》附《羅布淖爾漢簡釋文》中也有諸陵邑的資料：

(10) 一霸陵西新里田由　(29)

(11) 應募士長陵仁里大夫孫尚　(30)[①]

王子今説："這兩則簡文雖然也並非河西漢簡資料，然而告知我們'諸陵'人行至較河西更爲遥遠地方的經歷。"[②]

此外，學者們還從居延漢簡中發現了兩則關於平陵的材料：

(12) 名捕平陵德明里李蓬字遊君年卅二、三坐賊殺平陵游徼周勅攻□□市賊殺游徼業譚等亡爲人奴□　(114.21)[③]

(13) 詔所名捕平陵長雚里男子杜光字長孫故南陽杜衍□多□黑色肥大頭少發年可卌七八□□□□五寸□□□楊伯
初亡時駕騩牡馬乘闌轝車黄車茵張白車蓬騎騩牡馬
因坐役使流亡□户百廿三擅置田監
史不法不道丞相御史□執金吾家屬
所二千石奉捕　(183.13)[④]

---

① 林梅村、李均明：《疏勒河流域出土漢簡》，北京：文物出版社，1984年，第99頁。

② 王子今：《漢簡"諸陵縣"史料鉤沉》，甘肅簡牘博物館，西北師範大學歷史文化學院：《簡牘學研究（第五輯）》，蘭州：甘肅人民出版社，2014年，第141—155頁。

③ 謝桂華、李均明、朱國炤：《居延漢簡釋文合校》，北京：文物出版社，1987年，第186頁。

④ 謝桂華、李均明、朱國炤：《居延漢簡釋文合校》，第294頁。

值得注意的是，這些漢簡中凡涉及諸陵邑時，都如同《張伯升明旐》，並没有出現鄉一級行政建置的名稱，這應該不是偶然的現象。很可能是因爲屬太常管轄[①]的陵縣地域不廣，人口居住比較集中，甚或其本身就衹是一個城邑，與當時他郡所轄“外縣”相比，具有很大的特殊性，根本就没有在縣與里之間再設置鄉一級的行政建置。

何雙全曾據漢簡資料進行鄉里研究，列出京兆尹和右扶風諸陵縣里的名稱和數量如下：

京兆尹　奉明　里 1：善居里；
右扶風　安陵　里 1：高里；
　　　　茂陵　里 3：東進里，果城里，俑擅里；
　　　　平陵　里 3：德明里，長蘿里，敬事里。[②]

王子今在此基礎上又補充了一些材料，並一一注明了里名所出簡牘在其文章中的編號，將其完善爲：

京兆尹　奉明　里 2：善居里，樂陵里；
　　　　霸陵　里 1：西新里；
左馮翊　長陵　里 3：宜成里，西仁里，仁里；
右扶風　安陵　里 2：高里，壽陵里；

---

① 一般認爲，秦代京畿地區的縣份由内史管轄，漢初的陵邑則由太常管理，到元帝永光年間（前 43—前 39），陵邑制度廢除，長陵、安陵、霸陵、陽陵、茂陵、平陵、杜陵七縣劃歸三輔管轄。

② 何雙全：《〈漢簡鄉里志〉及其研究》，《秦漢簡牘論文集》，蘭州：甘肅人民出版社，1989 年，第 151 頁。

茂陵　里10：道德里，東進里，果城里，陽耀里，當利里，息衆里，壽成上里，界戌里，修獲里，西始樂里；

平陵　里4：德明里，長藿里，令舜里，歸□里；

杜陵　里2：富成里，豐滿里。①

可能是何雙全没有注明每個名稱出處的緣故，王子今捨棄茂陵之俑擅里和平陵之敬事里未用。但現在我們知道，敬事里出自此條明旌，應該是可靠的。

此件明旌的墓主張伯升是什麽原因由富庶的三輔地區遷徙或流落到河西來的呢？袁延勝《東漢人口問題研究》所徵引的材料及其觀點或可給我們一些啓發。如前所述，據考古工作者推斷，磨嘴子漢墓的年代約當東漢前期至中期。袁延勝的研究成果表明，兩漢之際和東漢初年，京畿地區人口曾經有過大規模地向邊郡流動的情況②。

王莽末年，緑林、赤眉大起義爆發，各地也紛紛響應。戰亂的影響，使大批百姓流向了局勢較爲安定的河西、北地、江南、巴蜀等地。在更始年間和建武初年，凉州地區先後分别爲隗囂和竇融所割據，遠離戰區，局勢相對穩定，成爲三輔等地百姓集中流向的目的地。特别是竇融，爲政寬和，禮敬士人，更使河西五郡成爲人們流亡的樂園。《後漢書》有很多這方面的記載：

① 王子今：《漢簡"諸陵縣"史料鉤沉》，甘肅簡牘博物館，西北師範大學歷史文化學院：《簡牘學研究（第五輯）》，蘭州：甘肅人民出版社，2014年，第141—155頁。

② 袁延勝：《東漢人口問題研究》，鄭州大學博士學位論文，2003年。

《隗囂傳》:"及更始敗,三輔耆老士大夫皆奔歸囂。"①

《杜林傳》:"杜林字伯山,扶風茂陵人也。……初爲郡吏。王莽敗,盜賊起,林與弟成及同郡范逡、孟冀等,將細弱俱客河西。"②

《申屠剛傳》:"申屠剛字巨卿,扶風茂陵人也。……後莽篡位,剛遂避地河西,轉入巴蜀,往來二十許年。"③

《任延傳》:"任延字長孫,南陽宛人也。年十二,爲諸生,學于長安,明《詩》、《易》、《春秋》,顯名太學,學中號爲'任聖童'。值倉卒,避兵之隴西。時隗囂已據四郡,遣使請延,延不應。"④

《班彪傳》:"班彪字叔皮,扶風安陵人也。……年二十餘,更始敗,三輔大亂。時隗囂擁衆天水,彪乃避難從之。……彪既疾囂言,又傷時方限,乃著《王命論》……欲以感之,而囂終不寤,遂避地河西。河西大將軍竇融以爲從事,深敬待之,接以師友之道。彪乃爲融畫策事漢,總西河以拒隗囂。"⑤

更始元年,隗囂據有整個凉州九郡之地;建武元年之後,隗囂祇擁有天水、隴西、安定、北地四郡,其餘五郡爲竇融所統。隗囂割據政權的中心在天水郡,地接三輔,故三輔百姓首先流向這裏。但不久,由於竇融爲政寬和,所據之地局勢穩定,故人們更願意流向

① 《後漢書》卷13,北京:中華書局,1965年,第521頁。
② 《後漢書》卷27,第934—935頁。
③ 《後漢書》卷29,第1011、1015頁。
④ 《後漢書》卷76,第2460頁。
⑤ 《後漢書》卷40,第1323—1324頁。

河西五郡。

> 《竇融傳》：建武初年，竇融擁有酒泉、金城、張掖、敦煌、武威五郡。“河西民俗質樸，而融等政亦寬和，上下相親，晏然富殖。修兵馬，習戰射，明烽燧之警，羌胡犯塞，融輒自將與諸郡相救，皆如符要，每輒破之。其後匈奴懲乂，稀復侵寇，而保塞羌胡皆震服親附，安定、北地、上郡流人避凶饑者，歸之不絶。”①
>
> 《孔奮傳》：“孔奮字君魚，扶風茂陵人也。……遭王莽亂，奮與老母、幼弟避兵河西。建武五年，河西大將軍竇融請奮署議曹掾，守姑臧長。八年，賜爵關内侯。時天下擾亂，惟河西獨安，而姑臧稱爲富邑，通貨羌胡，市日四合。”②
>
> 《劉般傳》：“般數歲而孤，獨與母居。王莽敗，天下亂，太夫人聞更始即位，乃將般俱奔長安。會更始敗，復與般轉側兵革中，西行上隴，遂流至武威。”③

這些流向河西五郡的人們，在局勢安定之後，有的又還回内地。如上引《後漢書·劉般傳》還記載：“建武八年，隗囂敗，河西始通，般即將家屬東至洛陽，修經學于師門。”④

竇融本身是扶風平陵人，在他統治河西期間，平陵縣之居民流向河西躲避戰亂的可能更多，張伯升很可能就是其中的一個。衹

---

① 《後漢書》卷 23，第 795—797 頁。
② 《後漢書》卷 31，第 1098 頁。
③ 《後漢書》卷 39，第 1304 頁。
④ 《後漢書》卷 39，第 1304 頁。

是他没能在戰亂平息後回到原籍，而是最終老死于姑臧。雖然經過了若干年，他也没有能够“像種子落入土中一般”融入當地固有的血緣社會，而是成爲“寄居于社區邊緣上的人物”①；並且他和他的子孫也没有忘懷那值得誇耀的五陵原籍，所以出殯時特意在明旌上大書“平陵敬事里”幾個大字，而没有用當時的縣鄉里貫。

6. 東漢壺某明旌　1972年土于甘肅武威縣南15公里處雜木河西岸磨嘴子54號漢墓（圖46）。紅色絲織品，長220釐米，寬37釐米。墨書篆體字1行，已殘，今存8字。未見出土情況報告，安志敏②、馬雍③、陳鍠④、李零⑤、馬怡⑥等有研究考釋。兹據各家研究成果及所附圖版校釋如次：

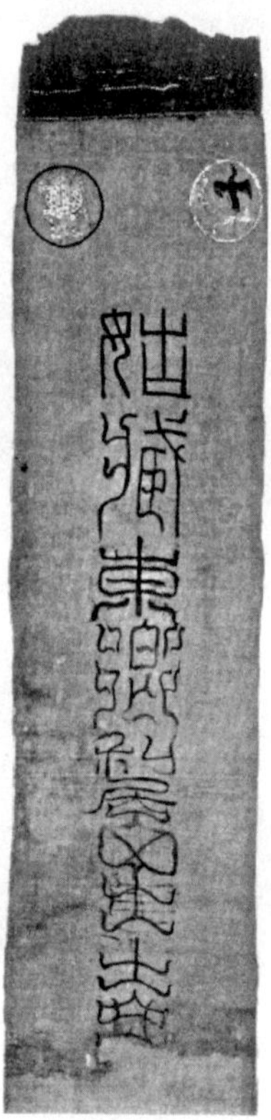

圖46
東漢壺某明旌

姑臧東鄉利居里壺□〔某某之柩〕。

磨嘴子漢墓出土的這5件明旌雖然書寫風

---

① 參見費孝通：《鄉土中國》，上海書店《民國叢書》第三編，民國三十八年(1949)，第76—83頁。

② 安志敏：《長沙發現的西漢帛畫試探》，《考古》1973年第1期，第51頁。

③ 馬雍：《論長沙馬王堆一號漢墓出土帛畫的名稱和作用》，《考古》1973年第2期，第121頁。

④ 陳鍠：《古代帛畫》，北京：文物出版社，2005年，第50—84頁。

⑤ 李零：《中國古代的墓主畫像——考古藝術史筆記》，《中國歷史文物》2009年第2期，第12—20頁。

⑥ 馬怡：《武威漢墓幡物釋考》，張德芳、孫家洲：《居延敦煌漢簡出土遺址實地考察論文集》，上海：上海古籍出版社，2012年，第91—98頁。

格各有其特點,但總體上看,是一種以篆書爲基礎,特意强調了其屈曲盤旋之特徵,富有濃鬱裝飾意味的美術字。學者們一般認爲此即古代的一種特殊字體——鳥蟲書[①]。鳥蟲書的稱謂最早見之于《説文解字叙》:

> 秦書有八體:一曰大篆,二曰小篆,三曰刻符,四曰蟲書,五曰摹印,六曰署書,七曰殳書,八曰隸書。漢興,有草書。尉律:學童十七以上始試,諷籒書九千字乃得爲史,又以八體試之。郡移太史並課,最者以爲尚書史。書或不正,輒舉劾之……及亡新居攝,使大司空甄豐等校文書之部,自以爲應制作,頗改定古文。時有六書:一曰古文,孔子壁中書也;二曰奇字,即古文而異體者也;三曰篆書,即小篆,秦始皇使下杜人程邈所作也;四曰左書,即秦隸書;五曰繆篆,所以摹印也;六曰鳥蟲書,所以書幡信也。[②]

許慎在這裏概要叙述了漢字書體在秦代至兩漢之際的演變和分類。其中所記鳥蟲書即是專門用來書寫幡信的字體。段玉裁注説:"書旛謂書旗幟,書信謂書符節。"[③]無獨有偶,河西走廊除了出土有5件"旗幟"類的明旌外,還在肩水金關遺址發現了一件西漢

---

① 參見啓功:《古代字體論稿》,北京:文物出版社,1999年,第20—23頁;王艷軍:《"雜書體"研究》,首都師範大學2005年碩士學位論文,第3頁;林振宇:《論新莽六書之鳥蟲書》,《長春工業大學學報(社會科學版)》2010年第4期;馬怡:《武威漢墓之旐——墓葬幡物的名稱、特徵與沿革》,《中國史研究》2011年第4期,第61—82頁,等。

② 湯可敬:《説文解字今釋》,長沙:嶽麓書社,1997年,第2171—2174頁。

③ 段玉裁:《説文解字注》,上海:上海古籍出版社,1981年,第761頁。

圖 47 張掖都尉棨信

晚期的符節——“張掖都尉棨信”(圖 47)①,其字體與姑臧明旌十分相近。這些出土文物爲許慎的記載和段玉裁的研究成果提供了可靠的實物證據②。

7. 魏晉(265 前後)招魂幡

1979 年出土於嘉峪關新城古墓區 13 號墓。絹質。墨書。全 8 字。原報告附有釋文③,兹迻録如次:

死人之陰,生人之陽。

此件王素、李方定名爲“招魂幡文”④,雖書於絹帛,但從文字

① 李學勤:《談“張掖都尉棨信”》,《文物》1978 年第 1 期,第 42—43 頁。據李學勤研究,“棨”、“綮”通用,《説文》文稱棨信爲“綮”,“綮,……一曰徹(徽)幟信也”。徽幟,也就是旛(幡)。作爲徽幟信的棨信,也就是幡信,或者叫信幡。信幡是一種題有官號的旌旗,是作爲符信作用的。肩水金關遺址發現的張掖都尉棨信就是用來傳令啓閉關門的。

② 關於鳥蟲書的稱謂、性質以及與鳥書、蟲書、科斗文、繆篆等的關係,學界多有研究和探討,但至今尚未形成統一的認識。具體可參閱唐蘭:《中國文字學》(首版於 1949 年,上海古籍出版社 1979 年再版)、容庚:《鳥書考》(《中山大學學報(哲學社會科學)》1964 年第 1 期)、啓功:《古代字體論稿》(北京:文物出版社,1964 年初版,1999 年第 2 版)、馬國權:《鳥蟲書論稿》(《古文字研究》第十輯,北京:中華書局 1983 年)、方去疾:《鳥蟲書起源探索》(《書法》1987 年第 5 期)、叢文俊:《鳥鳳龍蟲書合考》(《書法研究》1996 年第 3 期)、曹錦炎:《鳥蟲書通考》(上海書畫出版社 1999 年)、王艷軍:《“雜書體”研究》(首都師範大學 2005 年碩士學位論文)等。

③ 嘉峪關市文物管理所(宋子華、高鳳山、楊會福、巨金虎):《(1979 年)嘉峪關新城十二、三號畫像磚墓發掘簡報》,《文物》1982 年第 8 期,第 7—15 頁。

④ 王素、李方:《魏晉南北朝敦煌文獻編年》,臺北:新文豐出版公司,1997 年,第 59 頁。

内容看，其實質仍是鎮墓文，衹不過用語十分簡省，僅突出了鎮墓文隔絶生死、分離人鬼的作用而已，也算是諸多鎮墓文中的一個特例。

8. 西晉元康元年(291)明旌　1998 年 7 月出土於甘肅高臺縣駱駝城。帛質，紅色。長 62 釐米，寬 46 釐米。出土時鋪在棺蓋上，上部有破洞，下端已殘，自上而下白粉隸書 1 行，存 18 字。無發掘報告，寇克紅有研究專文[①]，何雙全、狄曉霞[②]亦有釋文，兹逐録如次：

元康元年十二月庚戌朔，晉故凉州酒泉表是……

"元康"爲西晉惠帝司馬衷年號，延用了 9 年；元康元年爲公元 291 年。西晉太熙元年(290)四月，晉武帝司馬炎駕崩，太子司馬衷即位，改元"永熙"。第二年正月改元"永平"，三月又改元"元康"。是時，朝中大權由皇太后楊氏和其父楊駿把持，皇后賈氏心存不滿。四月，賈氏發動政變，密詔楚王司馬瑋入京誅殺楊駿，以汝南王司馬亮和太保衛瓘輔政，繼下密詔令瑋殺亮，接著又以"擅殺"之罪誅瑋，囚禁皇太后，謀廢太子，拉開了"八王之亂"的序幕。

此件中"晉故凉州酒泉表是……"的記載，對於河西地區歷史地理的研究有一定的價值。凉州，西漢時設置，爲漢武帝十三刺史部之一。東漢時治所在隴縣(今甘肅張家川回族自治縣)，轄境約

① 寇克紅：《高臺駱駝城出土簡帛考釋二則》，簡帛網：http://www.bsmorgcn/show_articlephp? id=897。

② 何雙全、狄曉霞：《甘肅省近年來新出土三國兩晉簡帛綜述》，《西北師大學報(社會科學版)》2007 年第 5 期，第 101—104 頁。

當今甘肅、寧夏，青海湟水流域，陝西定邊、吴旗、鳳縣、略陽和内蒙古額濟納旗一帶。三國時移治姑臧（今武威市凉州區）。“魏時復分以爲凉州刺史，領戊己校尉護西域，如漢故事，至晉不改。統郡八，縣四十六，户三萬七百”①。酒泉，西漢武帝元狩二年（前 121）置，爲“河西四郡”之一。三國曹魏至西晉時期隸凉州。表是則爲西漢酒泉郡所領 9 縣之一，西晉時與福禄、會水、安彌、騂馬、樂涫、延壽、玉門、沙頭同爲酒泉郡領縣之一。

關於表是縣治所在，學者多有討論。《後漢書·孝靈帝紀》載，光和三年（180）秋“表是地震，湧水出”。唐章懷太子李賢注：“表是，縣，屬酒泉郡，故城在今甘州張掖縣西北也。”②唐張掖縣治即今張掖市區，其西北即指今高臺一帶。《後漢書·五行志》亦記：“（光和）三年自秋至明年春，酒泉表氏地八十餘動，湧水出，城中官寺民舍皆頓，縣易處，更築城郭。”③成書於清乾隆二年（1737）的《重修肅州新志·高臺縣》中則確指：“表是故城在縣西，屬酒泉郡，後漢曰表氏。”④如此，表是縣在今張掖市西北高臺一帶並無疑義，但其治所的確切地望，學界多有討論，其探索研究經歷了一個曲折的過程。西北師範大學李并成多年來致力於河西歷史地理研究，經實地踏察，結合傳世文獻和地下出土文物資料考證河西史地問題，多有創獲，於 1995 年出版《河西走廊歷史地理》，在“表是縣”一節中考得漢表是縣治在今高臺縣城西約 50 公里，即今酒泉市屯升

---

① 《晉書》卷 14《地理上》，北京：中華書局，1974 年，第 433 頁。

② 《後漢書》卷 8《靈帝紀》，北京：中華書局，1965 年，第 344 頁。

③ 《後漢書》志第 16《五行四》，第 3332 頁。

④ 黄文煒修，吴生貴、王世雄等校注：《重修肅州新志》，北京：中華書局，2008 年，第 319 頁。

鄉沙山村北 15 公里處肅南裕固族自治縣明海鄉境内沙丘中的漢城遺址新墩子城，而地震後移址爲新墩子城南 6 公里處的漢城遺址草溝井城[①]。而敦煌懸泉置遺址出土漢代里程簡中有"昭武去祁連置六十一里，祁連置去表是七十里"的記載，張德芳等結合傳世文獻和其他考古發現材料，得出"表是縣治正當今高臺駱駝城"的結論[②]。此件與駱駝城墓葬所出《前涼建興廿四年（336）孫阿惠墓券》、《前秦建元十八年（382）高俟墓券》、《前秦建元十八年（382）高俟妻朱吴宋墓券》、《前秦建元十八年（382）高容男墓券》[③]之"凉州建康郡表是縣……"的内容正印證了表是縣治在今駱駝城遺址的觀點。李并成後來也運用了這些新出土的材料，糾正了自己的舊説，並全面考證了駱駝城遺址的其他相關問題。他除肯定了駱駝城遺址爲"前凉建康郡表是縣所沿襲的城郭"之外，更提出光和四年（181）"易處"前的表是縣城址爲駱駝城西北 8 公里處的漢城遺址黄沙灣古城[④]。

9. 西晉（313 前）佚名盆文　1944 年出土于敦煌佛爺廟灣墓群。陶質。墨書文字 14 行，可辨識者僅 5 行，18 字。原報告有録文[⑤]，

---

① 李并成：《河西走廊歷史地理》，蘭州：甘肅人民出版社，1995 年，第 88—89 頁。

② 胡平生、張德芳：《敦煌懸泉漢簡釋粹》，上海：上海古籍出版社，2001 年 8 月版；又見郝樹聲、張德芳：《懸泉漢簡研究》第三章"河西地理考略"之第二節"懸泉里程簡地理考述（下）"，蘭州：甘肅文化出版社，2009 年，第 119—133 頁。

③ 詳見本書《河西買地券叢考》。

④ 李并成：《甘肅省高臺縣駱駝城遺址新考》，《中國歷史地理論叢》2006 年第 1 期，第 108—112 頁。高臺縣博物館寇克紅認爲易處前的表是縣城址在駱駝城遺址以西 6 公里處的許三灣遺址。説見氏著《高臺駱駝城出土簡帛考釋二則》。簡帛網：http://www.bsmorgcn/show_articlephp? id=897

⑤ 閻文儒：《（1944 年）河西考古簡報》（上），《國學季刊》第 7 卷第 1 期，1950 年，第 126 頁。

《魏晉南北朝敦煌文獻編年》[①]及關尾史郎[②]亦有録文，兹迻録如次：

文漁還注，孟兒還注，雙女還注，□義還注……佛□還注……

此件無紀年，據原報告知其與翟宗盈鎮墓文同時出土，王素據以認爲其年代恐亦相當，故暫定在公元300年後。

這種文字在目前所見墓葬文獻中尚屬孤例，其功用和性質尚難斷定。"注"爲注病，在鎮墓文中常見；鎮墓文的一大功用即解注，故又稱其爲"解注文"[③]。此件每句皆爲主謂結構，似在呼喚或祈求，應爲解注文之一變種。

10. 晉(316前後)徐小牛等人名牘文　1986年出土于高臺縣羅城鄉常封村西墓地。木牘，斷爲3片，綴合後長23.9釐米，寬4.5釐米。《散見簡牘合輯》[④]、《魏晉南北朝敦煌文獻編年》[⑤]均有録文，兹迻録如次：

徐小牛　□□□　□□常　孫阿之　賈萬軍　孟□□　梁淑□

① 王素、李方：《魏晉南北朝敦煌文獻編年》，臺北：新文豐出版公司，1997年，第284頁。

② ［日］關尾史郎：《中國西北地域出土鎮墓文集成(稿)》，新潟大學超域研究機構，2005(平成17)年，第136頁。

③ 詳見本書《河西鎮墓文叢考》第30則《前涼建興十八年(330)前侯去疾鎮墓文》的相關考證文字。

④ 李均明、何雙全：《散見簡牘合輯》，第30頁。

⑤ 王素、李方：《魏晉南北朝敦煌文獻編年》，臺北：新文豐出版公司，1997年，第77—78頁。

湖樹得　顔阿□　□□□　□□□　孟淳□　湖□□
湖□賢

□□□　□□□　□□□　湖□□　董□□　疏亡人
□□　白□□　□□□　當護之 致疏爲信

此件文字多磨滅,難以判斷其性質。王鍔認爲内容爲死者衣物疏[①],從殘存文字多爲人名,且兩次出現"疏"字推斷,很可能是陪葬陶俑的清單,故其性質與衣物疏相類。但目前尚未發現其他爲陪葬人俑羅列清單隨葬的例證,故有待於新材料的發現。《散見簡牘合輯》據書體和同出物考察,"當爲晉時之物",因而暫從王素之説,將其時代定於公元 316 年前後。

11. 前凉建興廿八年(340)王群洛子解除文　出土于甘肅武威磨嘴子,出土時間不詳,現收藏于香港中文大學文物館(圖 48)。木牘。長 35.8 釐米,寬 9.4 釐米,厚 0.8～1.2 釐米。正面中間凸刻一偶人,作拱手狀,其眉目衣紋用墨綫繪出,腹部書有"松人"二字;松人四周及木牘背面都有墨書文字,計 342 字。原報告附有圖版、釋文及注釋[②],饒宗頤[③]、連邵名[④]、王育成[⑤]、姜守誠[⑥]等都曾著文

① 王鍔:《甘肅簡牘述論》,《西北師範大學學報(社會科學版)》1994 年第 2 期,第 97—101 頁。

② 陳松長:《香港中文大學文物館藏簡牘》,香港:香港中文大學文物館,2001 年,第 110—113 頁。

③ 饒宗頤:《記建興廿八年"松人"解除簡——漢"五龍相拘絞"説》,《簡帛研究》第二輯,法律出版社,1996 年,第 390—394 頁。

④ 連劭名:《建興廿八年"松人"解除簡考述》,《世界宗教研究》1996 年第 3 期,第 116—119 頁。

⑤ 王育成:《考古所見道教簡牘考述》,《考古學報》2003 年第 4 期,第 483—510 頁。

⑥ 姜守誠:《香港所藏"松人"解除木牘與漢晉墓葬之禁忌風俗》,《成大歷史學報》第三十一號,2006 年,第 1—64 頁。

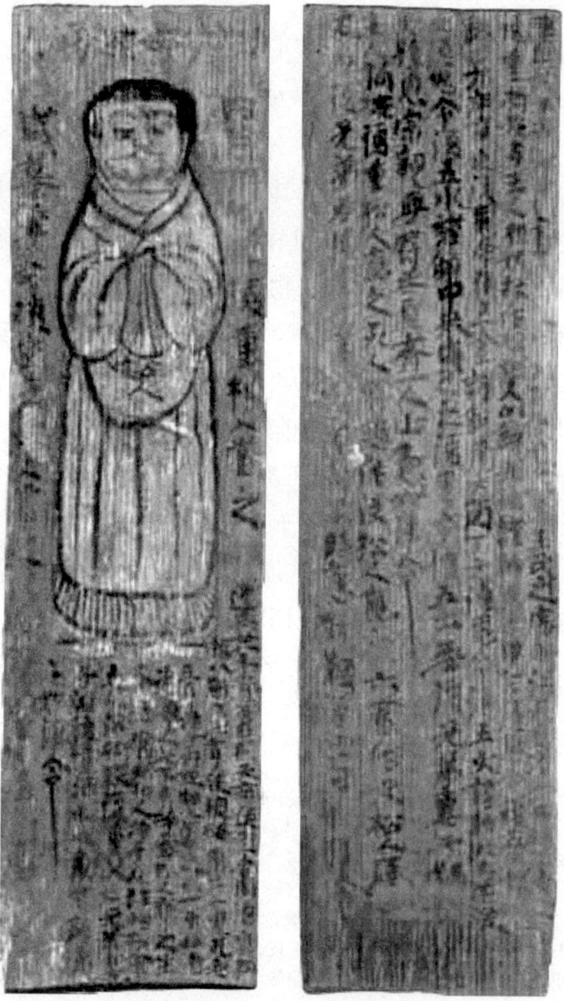

圖 48　前凉建興廿八年王群洛子松人木牘

考釋,《敦煌文獻編年》亦録有釋文①。茲參照各家釋文,核對原圖版,校釋如次:

(正面)

天地拘校復重,松柏人當之。(松人上方)

日月時拘校復重,柏人當之。(松人右方)

歲墓年命復重拘校,松人當之。(松人左方)

建興廿八年十一月丙申朔,天帝使者合同,復重拘校,八魁九坎,年(弦)望朔晦,東井七星。死者王群洛子所犯,柏人當之。西(四)方有呼者,松人應之;地下有呼者,松人應之。生人有所□,當問柏人。洛子死注咎,松人當之,不得拘校重復父母兄弟妻子。欲復重,須松柏人能言語。急急如律令。(松人下方)

(背面)

建興廿八年十一月丙申朔二日丁酉〔直開〕,天帝使者謹爲王氏之家解復。死者洛子,四時不食,復重拘校,與生人相妨,故作松柏人以解咎殃。謹解東方甲乙之復鬼,令復五木;謹解西方庚辛之復鬼,令復五金;謹解南方丙丁之復鬼,令復五火;謹解北方壬癸之復鬼,令復五水;謹解中央戊己之復鬼,令復五土。無復兄弟、妻子、婦女、孫息、宗親,無罰無負,齊一人止。急急如律令。

生人拘校復重,松人應之。死人罰讁作役,松人應之;六

---

① 王素、李方:《魏晉南北朝敦煌文獻編年》,臺北:新文豐出版公司,1997年,第288—289頁。

畜作役,松人應之。無復兄弟,無復妻子。若松人前却,不時應對,鞭苔(笞)三百。如律令。(以上正中)

二日丁酉直開。(背面之右側方)

此件研究者稱之爲"解除文",其性質功用與一般鎮墓文無異;但其規模宏大,内容豐富,"爲目前考古發現中最長、最完整的解除文"①,形式也别具一格,爲其他墓葬文獻所罕有。

值得注意的是,木牘偶人胸前有"松人"的題榜,文中除了反復出現"松人當之"、"松人應之"之語外,還有"故作松柏人以解咎殃"、"柏人當之"之語,饒宗頤先生據此推知,"應另有一板,題榜曰柏人,惜已失之"②,是有道理的。

此類柏人書在河西出土墓葬文獻中尚屬孤例,而在江南所出唐宋時期墓葬中却常有發現。如 1973 年南昌北郊發掘的一座晚唐墓③,不僅出土有買地券,還出一柏木雕成的偶人。偶人高 35 釐米,頭戴黑帽,身穿長袍,雙手拱於胸前,其眉目衣紋用墨綫繪出。偶人背面墨書文字 6 行,可辨識者約 194 字:

維大唐歲次庚戌九月甲申朔十三日丙申,洪州南昌敬德坊歿故亡人熊氏十七娘,□五十四歲。今用銅錢九萬九千九

① 姜守誠:《香港所藏"松人"解除木牘與漢晉墓葬之禁忌風俗》,《成大歷史學報》第三十一號,2006 年,第 1 頁。

② 饒宗頤:《記建興廿八年"松人"解除簡——漢"五龍相拘絞"説》,《簡帛研究》第二輯,法律出版社,1996 年,第 391 頁。

③ 考古工作者依據墓中出土兩件墓券紀年推斷,其絶對年代應爲唐大順元年(890)。見江西省博物館(陳文華、許智範):《江西南昌唐墓》,《考古》1977 年第 6 期,第 401—402 頁。

> 百九十九貫，已買得此地。坪(地)中有神，呼主人長男長女、中男中女、小男小女，並仰栢人當知。地中有神，呼主人大□小□、行年本命六甲，□□栢人當知。地中有神，呼主人子丑寅卯辰巳午未申酉戌亥等者，並仰栢人當知。〔地中有神，呼〕奴婢牛馬六畜，並仰栢人當知。地中有神，呼長孫中孫小孫曾孫懸孫、本命□□久親□□□□□□□□□□□行年者，一切已上，並仰栢人當知。口吃天蒼，□□□□八根十二……(約17字)神、木盟、當壙等，並隨栢人覓食。急急如律令。①

還如1999年武漢蛇山南麓湖北劇場吴武義元年(919)鄂州江夏縣隨氏娘子墓(M1)也有柏木偶人出土(圖49)，偶人前後及右側面皆有墨書文字②。原物文字漫漶嚴重，報告僅附摹本，没有釋讀，魯西奇釋讀如下：

> 天帝使者……蒿里父老、土下二千石、安都丞相、武夷王：今有……早終，今還蒿里。若……□，栢人抵當。若呼長男……〔栢〕人抵當。若呼長女中女小女，栢人抵當。若呼女婿，栢人抵當。若〔呼〕……栢人抵當。若呼兄弟姐妹如姨……男女，栢人抵當。若呼□□，……栢人……/……父，栢人抵當。若呼……人抵當。〔若〕……别親家人口，栢人抵當。若呼師人，栢人抵當。若呼金銀錢……□帛，栢人抵當。若

① 此件魯西奇《中國古代買地券研究》一書亦有録文，厦門：厦門大學出版社，2014年，第205頁。

② 湖北省文物考古研究所、武漢市博物館(黄鳳春)：《湖北劇場擴建工程中的墓葬和遺跡清理簡報》，《江漢考古》2000年第4期，第1—14頁。

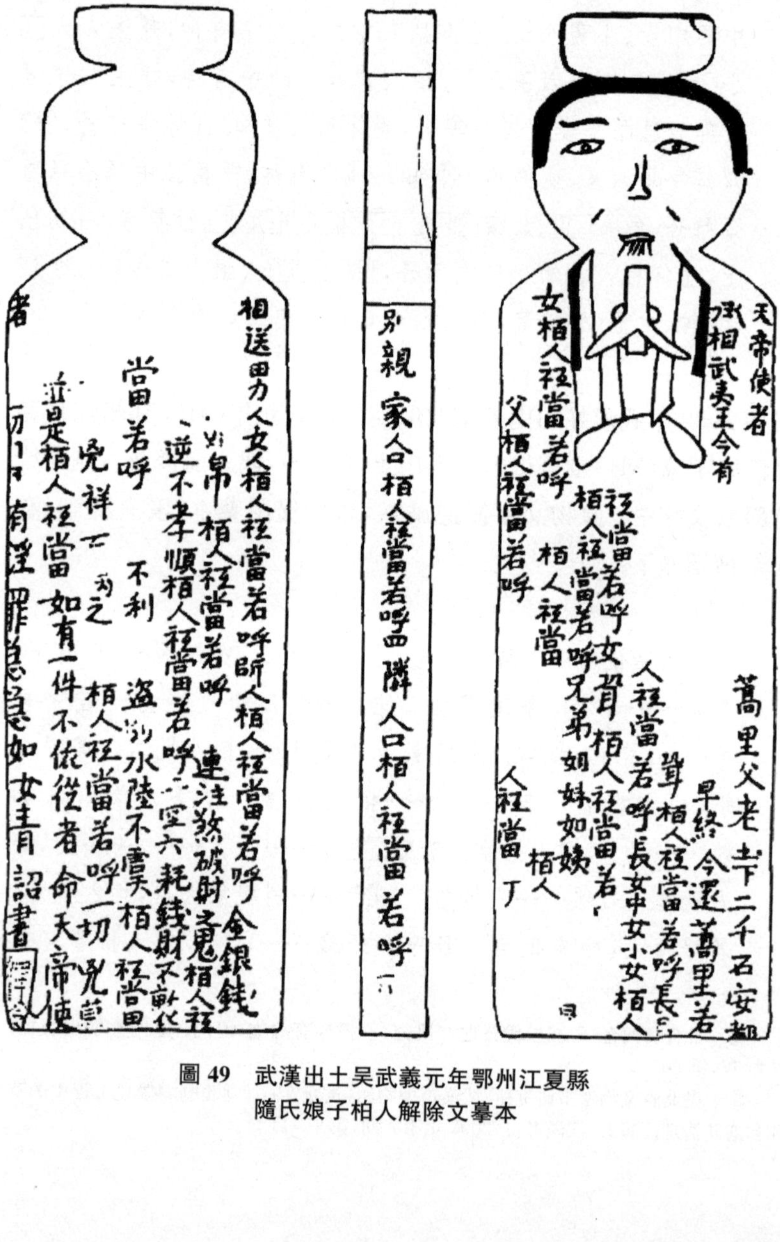

圖 49　武漢出土吴武義元年鄂州江夏縣
隨氏娘子柏人解除文摹本

> 呼……連、注、煞破財之鬼，栢人抵〔當〕……逆不孝順，栢人抵當。若呼五空六耗、錢財不敷……當。若呼□□不利，□□盜賊，水陸不虞，栢人抵當。……凶祥□□之……栢人抵當。若呼一切凶□，並是栢人抵當。如有一切不依從者，命天帝使者……切□□有淫罪。急急如女青詔書律令。①

以及1987年江西吉安縣所出宋開寶七年(974)鎮墓券："准開元敕，賜與亡人王氏夫人百(柏)人一軀，於墓中斬殺凶神惡鬼。條律如後：地中有神，呼亡人長男中男小男名字，仰柏人知當……"②，等等。王育成認爲，這類柏人與柏人書乃早期道教進行解除活動的遺物，其基本理念是：人死後入墓，要受到太陰陰司的地下神吏的考校，如死人生前有罪謫，其被考問的鬼魂就會怨恨活著的親屬不與贖脱，牽連家中的妻子、兄弟、子孫等多種有血緣關係的生人，形成地下冥界的所謂"塚訟"，陰司便會"徵呼"死者的親屬魂魄"考謫"，導致生人疾病咎殃不斷，甚至死亡，重復家内先死者的死亡過程，此即所謂"復重"、"重復"、"屍注"、"注咎"、"死人咎注"、"拘校"等等。爲斷絶墓中死人可能帶來的各種不幸，道士們便在埋葬死者時爲死亡之家進行花樣繁多的解除活動③。

對於這一類隨葬偶人的性質，美國漢學家韓森(Valerie Hansen)認爲"相當於亡人在冥間的親隨，其職責就是代替主人應

---

① 魯西奇：《中國古代買地券研究》，厦門：厦門大學出版社，2014年，第215頁。

② 報告附圖版見王吉允：《吉安發現一座北宋紀年墓》，《考古》1989年第10期，第920—923頁；釋文見魯西奇：《中國古代買地券研究》，厦門：厦門大學出版社，2014年，第344頁。

③ 王育成：《考古所見道教簡牘考述》，《考古學報》2003年第4期，第483—510頁。

對任何訴訟”①。魯西奇贊同韓森的觀點，認爲這些柏人“顯係隨葬送給亡人以供驅使者。唯其功用，則又與常見之奴婢俑不大相同：代亡人斷絶‘地中有神’對亡人在陽世的兒女後代及至家畜財産的訴訟，甚至是‘斬殺凶神惡鬼’”②。

圖 50　前凉建興卅五年趙憲部曲將版

12. 前凉建興卅五年(347)趙憲部曲將版　2009 年出土于玉門金雞梁十六國墓群 M21，現藏甘肅省文物考古研究所(圖 50)。木牘，長 25 釐米，寬 8.7 釐米，厚 1 釐米。正面平整，中有封槽，背面弧形，中間厚，兩側薄。單面墨書文字 4 行。原報告附有圖版③，王策、吴葒有研究專文發表④。兹據以校釋如次：

有

令：鐵騎玉門趙憲今部曲將

建興卅五年十月八日甲子下

① 韓森著、魯西奇譯：《傳統中國日常生活中的協商：中古契約研究》，南京：江蘇人民出版社，2008 年，第 181—186 頁。

② 魯西奇：《中國古代買地券研究》，厦門：厦門大學出版社，2014 年，第 206 頁。

③ 甘肅省文物考古研究所(吴葒、王永安)：《甘肅玉門金雞梁十六國墓葬發掘簡報》，《文物》2011 年第 2 期，第 26—39 頁。

④ 王策、吴葒：《玉門金雞梁出土的木牘和封檢》，《文物》2011 年第 2 期，第 55—58、69 頁。

起左兵曹

此件“建興卅五年十月八日甲子下”一行漫漶嚴重，王策、吴葒據歷史上建興年號使用情况、金雞梁墓群所屬年代及晉代和前凉政治形勢、文書制度等推斷，此紀年當爲“建興卅五年”①，證據充分、思路清晰，結論可從。

史書記載，蕭梁“諸王言曰令”②，此制或當襲晉。“部曲將版”起首稱“有令”，就當是在前凉統治者稱“凉王”或“假凉王”時頒發的。建興二十年(332)凉州僚屬勸張駿稱凉王，爲張駿所否決，故此，雖“境内皆稱之爲王”，但其專用文書當不會稱“令”③。建興二十三年(335)，凉州“官屬皆稱臣”，但張駿猶未稱“王”，其言仍當曰“教”。建興三十三年(345)十二月，張駿纔自署“假凉王……始置祭酒、郎中、大夫、舍人、謁者等官，官號皆仿天朝……車服旌旗擬于王者”④。既稱王，言當稱“令”。

鐵騎，最早見於《後漢書·公孫瓚傳》：“且厲五千鐵騎於北隰之中，起火爲應。”⑤此後《三國志》、《晉書》、《魏書》和《宋書》等正史使用頗多：

(1) 又列鐵騎五千爲十重陳，精光耀日，賊益震懼。⑥

---

① 王策、吴葒：《玉門金雞梁出土的木牘和封檢》，第55—58、69頁；王策：《金雞梁所出木牘、封檢及相關問題研究》，蘭州大學博士學位論文，2011年，第8—9頁。

② 《隋書》卷26《百官上》，北京：中華書局，1973年，第728頁。

③ 《資治通鑑》卷95“東晉咸和七年”，北京：中華書局，1997年。

④ 《資治通鑑》卷97“咸康元年”、“永和元年”，1997年。

⑤ 《後漢書》卷73《公孫瓚傳》，北京：中華書局，1965年，第2364頁。

⑥ 《三國志》卷1《武帝紀》裴松之注，北京：中華書局，1964年，第36頁。

(《三國志·魏書·武帝紀》裴松之注引王沈《魏書》)

(2)(敦煌張恭)别遣鐵騎二百,迎吏官屬,東緣酒泉北塞,徑出張掖北河,逢迎太守尹奉。① (《三國志·魏書·閻温傳附張恭傳》)

(3)(孟)超將鐵騎百餘人,直入(陸)機麾下奪之。② (《晉書·陸機傳》)

(4) 倫復遣孫會、劉琨等率三萬人,與猗、超合兵距驤等,精甲耀日,鐵騎前驅。③ (《晉書·趙王倫傳》)

(5) 後(河間王)顒聞三王兵盛,乃加含龍驤將軍,統席薳等鐵騎,迴遣張方軍以應義師。④ (《晉書·李含傳》)

(6)(苻)堅曰:"但却軍,令得過,而我以鐵騎數十萬向水,逼而殺之。"⑤(《晉書·謝玄傳》)

(7)(石勒)所居武鄉北原山下草木皆有鐵騎之象,家園中生人參,花葉甚茂,悉成人狀。⑥ (《晉書·石勒載記》)

(8)(苻)堅既平山東,士馬强盛,遂有圖西域之志,乃授光使持節、都督西討諸軍事,率將軍姜飛、彭晃、杜進、康盛等總兵七萬,鐵騎五千,以討西域。⑦ (《晉書·吕光載記》)

(9) 鐵騎如雲,出玉門而長騖;雕戈耀景,捐金丘而一

① 《三國志》卷18《閻温傳附張恭傳》,第551頁。
② 《晉書》卷54《陸機傳》,北京:中華書局,1974年,第1480頁。
③ 《晉書》卷59《成都王穎傳》,第1615—1616頁。
④ 《晉書》卷60《李含傳》,第1643頁。
⑤ 《晉書》卷79《謝安傳附謝玄傳》,第2082頁。
⑥ 《晉書》卷104《石勒載記》,第2707頁。
⑦ 《晉書》卷122《吕光載記》,第3054頁。

息。[①]（《晉書·吕光載記》）

（10）於是講武於城西，步兵三十七萬，車一萬七千乘，鐵騎五萬三千，周亘山澤，旌旗彌漫，鉦鼓之聲，振動天地。[②]（《晉書·慕容德載記》）

（11）楊大眼、奚康生鐵騎五千，星言即路；彭城王勰、尚書令肅精卒十萬，絡繹繼發。[③]（《魏書·裴叔業傳》）

（12）但令度峴，我以鐵騎踐之，此成擒也。[④]（《魏書·慕容廆附慕容超傳》）

這12個用例中的"鐵騎"古人均未曾作注，僅據其上下文亦很難判斷它們的區分，這也可能就是《辭海》籠統釋爲"穿鐵甲的騎兵。亦泛稱精鋭的騎兵"[⑤]的緣故。《漢語大詞典》雖區分爲兩個義項：1. 披掛鐵甲的戰馬；2. 借指精鋭的騎兵。但每義下所列書證其實也還是難以區分彼此。此部曲將版使我們知道，在中古時期"鐵騎"還應是一種特定的稱謂，即某種專門的兵種。

又，《三國志·馬超傳》有建安十三年，馬騰入朝爲官，馬超留守凉州，其弟馬休拜奉車都尉，休弟拜"鐵騎都尉"的記載[⑥]。《魏書》等正史還記載，梁武帝蕭衍時有"鐵騎將軍"之號[⑦]。顧名思義，"鐵騎都尉"和"鐵騎將軍"應是"鐵騎"這種專門兵種的某個級

① 《晉書》卷122《吕光載記》，第3072頁。
② 《晉書》卷127《慕容德載記》，第3172頁。
③ 《魏書》卷71《裴叔業傳》，北京：中華書局，1974年，第1567頁。
④ 《魏書》卷95《慕容廆附慕容超傳》，第2072頁。
⑤ 《辭海》第六版彩圖本第，上海：上海辭書出版社，2009年，第2264頁。
⑥ 《三國志》卷36《馬超傳》裴松之注，北京：中華書局，1964年，第945頁。
⑦ 《魏書》卷101《蠻傳》，第2247—2248頁。

别的將領。

“鐵騎”經常被用來稱呼戰場上的騎兵，甚至在梁陳還設有鐵騎將軍之號[①]。因爲騎士在南北朝文獻中仍常見，所以如果没有見到“部曲將版”的話，“鐵騎”或許被理解成衹是對騎兵的一種泛稱，現在看來它也應是一種特定稱謂。但鐵騎與騎士之名在十六國並存，現在還無法判斷它們之間的關係，即它們之間可以互用，還是對騎兵的不同劃分，例如重裝騎兵和輕騎兵。

玉門，在此版中應是趙憲的籍貫。河西出土的漢代卒名籍、吏缺除代名籍中常寫有軍吏和士卒的籍貫，有的包括郡縣里，有的衹寫縣里。《晉書・地理上》“西晉酒泉郡”下有玉門縣，前凉時應無變化。

部曲，原係漢代軍隊編制名稱。據《續漢書・百官志》“將軍”條記載，將軍掌征伐背叛，不常置。有大將軍、驃騎將軍、車騎將軍、衛將軍等稱號，其位次與太尉、司徒和司空三公相較，時或上下，因人而異。“其領軍皆有部曲。大將軍營五部，部校尉一人，比二千石；軍司馬一人，比千石。部下有曲，曲有軍候一人，比六百石。曲下有屯，屯長一人，比二百石”[②]。《漢書・李廣傳》記“程不識故與廣俱以邊太守將屯。及出擊胡，而廣行無部曲行陣”，顔師古注：“《續漢書・百官志》云：‘將軍領軍，皆有部曲。大將軍營五部，部校尉一人。部下有曲，曲有軍候一人。’今廣尚於簡易，故行道之中而不立部曲也。”[③]據此，臺灣著名史學家李則芬理出漢代軍隊的基本編制爲“部——曲——屯”三級制，略似今日的“團——營——連”，簡稱“部

① 見《陳書・胡穎傳》、《隋書・禮儀六》等。
② 《後漢書》志 24《百官志一》，北京：中華書局，1965 年，第 3563—3564 頁。
③ 《漢書》卷 54《李廣傳》，第 2441—2442 頁。

曲”。“‘部’是建制部隊的最大單位，兵力約八百至一千人，因其能够獨立擔任征戍，故可視爲當時的戰略單位。‘曲’是中間指揮單位，兵力約三四百人。‘屯’爲紮營及戰鬥時的最小單位，兵力約百人，本身有輜重，能自辦給養，可視爲戰鬥單位。”①

有關漢代軍隊的編制、設官及品秩，李零在《青海大通縣上孫家寨漢簡性質小議》中有過詳細研究②，後王策將李零文中所附 4 張表格中相關要素加以抽繹，另繪一表③，頗能説明問題，逐録如次：

<table>
<tr><th>編制</th><th>人數</th><th colspan="2">設官</th><th>秩</th></tr>
<tr><td>軍</td><td>4 000</td><td>將軍</td><td>——</td><td>——</td></tr>
<tr><td>校</td><td>2 000</td><td>軍尉或校尉</td><td>將卒吏、將吏</td><td>二千石</td></tr>
<tr><td>部</td><td>400</td><td>司馬</td><td>——</td><td>千石</td></tr>
<tr><td>曲</td><td>200</td><td>候</td><td>軍吏</td><td>六百石</td></tr>
<tr><td>官</td><td>100</td><td>卒長</td><td>官吏</td><td>五百石</td></tr>
<tr><td>隊</td><td>50</td><td>[隊的長官]</td><td>士吏</td><td>三百石?</td></tr>
<tr><td>什</td><td>10</td><td>什長</td><td>——</td><td rowspan="3">百石以下</td></tr>
<tr><td>伍</td><td>5</td><td>伍長</td><td>——</td></tr>
<tr><td></td><td></td><td>士</td><td>——</td></tr>
</table>

① 李則芬：《三國志部曲不是私兵》，《文史雜考》，臺北：臺灣學生書局，1979 年，第 84 頁；又見李則芬：《兩晉南北朝戰爭形態》，氏著：《兩晉南北朝歷史論文集》中册，北京：商務印書館，1987 年，第 268 頁。

② 李零：《青海大通縣上孫家寨漢簡性質小議》，《考古》1983 年第 6 期，第 549—553 頁。

③ 王策、吴菈：《玉門金雞梁出土的木牘和封檢》，《文物》2011 年第 2 期，第 55—58、69 頁。

表中所列編制没有出現“屯”這一層級的單位，細讀李零原文並核對其所引孫家寨漢簡，其間既有原簡殘損造成的必要信息的缺失，也有解讀中的問題。尤其是“部”、“曲”之下的編制“官”及其統領“卒長”，其真實可靠性如何，頗可懷疑。要之，漢代軍隊編制當仍以“部——曲——屯”三級制爲可靠。

《後漢書·劉盆子傳》記載：“琅邪人樊崇起兵於莒……一歲間至萬餘人……衆既寖盛，乃相與爲約：殺人者死，傷人者償創。以言辭爲約束，無文書、旌旗、部曲、號令。”①這是説樊崇所率領的赤眉軍是由饑民盜賊在特殊情況下臨時彙聚而成，乃烏合之衆，没有建立部曲編制。而追隨劉秀的耿弇則不同，他在奉命征討張步時即“悉收集降卒，結部曲，置將吏”②，十分注重建立編制。此後“部曲”由軍隊編制之義引申而成爲軍隊、部屬或士兵的代稱，這在《後漢書》中多有記載，如：

(1) 是時(更始二年)，長安政亂，四方背叛。梁王劉永擅命睢陽，公孫述稱王巴蜀……並置將帥，侵略郡縣。又别號諸賊銅馬、大肜……獲索等，各領部曲，衆合數百萬人，所在寇掠。③（《光武帝紀》）

(2)（建武二十三年）匈奴薁鞬日逐王比率部曲遣使詣西河内附。④（《光武帝紀》）

(3) 漢中王劉嘉詣禹降。嘉相李寶倨慢無禮，禹斬之。

① 《後漢書》卷11《劉盆子傳》，北京：中華書局，1965年，第478頁。
② 《後漢書》卷19《耿弇傳》，第708頁。
③ 《後漢書》卷1《光武帝紀》，第16頁。
④ 《後漢書》卷1《光武帝紀》，第75頁。

竇弟收竇部曲擊禹,殺將軍耿訢。[①](《鄧禹傳》)

(4)(耿)純軍在前,去衆營數里,賊忽夜攻純,雨射營中,士多死傷。(耿)純勒部曲,堅守不動。[②](《耿純傳》)

(5)時袁術屯兵壽春,部曲饑餓。[③](《陸康傳》)

(6)尋而何進及弟苗先所領部曲皆歸於卓,卓又使吕布殺執金吾丁原而並其衆,卓兵士大盛。[④](《董卓傳》)

(7)閻柔將部曲從曹操擊烏桓,拜護烏桓校尉,封關内侯。[⑤](《公孫瓚傳》)

(8)(張)魯部曲多在巴土,故以羲爲巴郡太守。[⑥](《劉焉傳》)

(9)自孫堅死,子策復領其部曲。[⑦](《袁術傳》)

這9例中的前4例所屬時代在兩漢之際,後5例在東漢末,均爲中央王朝衰落或新朝建立尚未穩固之時的亂世,由此亦可見出部曲作爲軍隊或士兵之代稱,從一開始就具有私屬的性質[⑧]。

"部曲將"係指領兵軍官的職稱,與此相關的還有"部曲督"一

① 《後漢書》卷16《鄧禹傳》,第604頁。
② 《後漢書》卷21《耿純傳》,第763頁。
③ 《後漢書》卷31《袁術傳》,第1114頁。
④ 《後漢書》卷72《董卓傳》,第2323—2323頁。
⑤ 《後漢書》卷73《公孫瓚傳》,第2365頁。
⑥ 《後漢書》卷75《劉焉傳》,第2433頁。
⑦ 《後漢書》卷75《袁術傳》,第2440頁。
⑧ 楊中一認爲部曲向私兵的轉化是在漢末三國時代。見氏著:《部曲沿革考略》,載《食貨半月刊》第1卷第3期,1935年,第21—28頁。何士驥:《部曲考》,《國學論叢》第1卷第1期,1927年。

職。各類新舊印譜中著録有多方部曲將和部曲督的官印[①]，在歷年考古發掘中也時有出土[②]，但這兩種軍職在《漢書》及《續漢書·百官志》都没有記載。根據《後漢書》和《三國志》所保存的資料，部曲將和部曲督的出現應在東漢末年的靈、獻之際。靈帝時，何進爲大將軍，下屬有所謂"部曲將"。《後漢書·靈帝紀》記載，中平六年，何進謀誅宦豎，事泄，反被中常侍張讓、段珪等殺，"何進部曲將吴匡與車騎將軍何苗戰于朱雀闕下，苗敗斬之"[③]。同書卷六九《何進傳》亦提到"(何)進部曲將吴匡、張璋，素所親幸"[④]。之後前將軍董卓入京，部將李傕、郭汜等也稱部曲將。《後漢書·獻帝紀》

① 據王人聰統計，部曲將和部曲督印在舊譜《漢銅印叢》、《十鐘山房印舉》、《十六金符齋印存》、《鉩印集林》、《金薤留珍》和新譜《秦漢南北朝官印徵存》、《周叔弢捐獻璽印選》、《天津市藝術博物館藏古璽印選》、《湖南省博物館藏古璽印集》、《吉林大學藏古璽印選》、《吉林出土古代官印》、《中州古代篆刻選》、《陝西出土歷代璽印選編》、《陝西出土歷代璽印續編》、《故宫璽印選萃》中都有著録。其中舊譜以《十鐘山房印舉》和《金薤留珍》著録較多，前者部曲將印計有 54 方，部曲督印 20 方，後者部曲將印 30 方，部曲督印 13 方；新譜以《秦漢南北朝官印徵存》著録最多，所收部曲將印有 1 方，部曲督印 4 方。見氏著：《部曲將與部曲督印考》，刊《故宫博物院院刊》1999 年第 1 期，第 41—45 頁。另參閲羅福頤：《秦漢南北朝官印徵存》，北京：文物出版社，1987 年；陳根遠：《碑林舊藏古官印考略》，西安碑林博物館：《碑林集刊(三)》，陝西人民美術出版社，1995 年。

② 如 1953 年廣州龍生崗 53 東龍 M030 東晉墓出土部曲將印 1 方，1972 年 3 月河南孟津縣一處東漢末窖藏出土部曲將印 3 方，1962 年河南孟津縣常袋鄉出土部曲督印 1 方，1972 年 12 月廣州市北郊 72 北牌 M002 東晉墓出土部曲督印 1 方，1973 年 8 月福建南安豐州獅子山東晉墓出土部曲將印 1 方，1976 年内蒙古昭烏達盟翁牛特旗出土部曲督印 1 方，1979 年内蒙古寧城縣黑城村古城址出土部曲將印 l 方，1979 年 3 月河南社旗縣發現部曲將印 1 方，1983 年 4 月又發現部曲將印 1 方，1981 年 1 月河南孟津縣漢魏洛陽故城出土部曲將印 63 方，1982 年 11 月陝西旬陽縣大嶺鄉出土部曲將印 1 方，等等。

③ 《後漢書》卷 8《靈帝紀》，北京：中華書局，1965 年，第 358 頁。

④ 《後漢書》卷 69《何進傳》，第 2252 頁。

記“董卓部曲將李傕、郭汜、樊稠、張濟等反，攻京師”①，同書《王允傳》云“卓部曲將李傕、郭汜等先將兵在關東，因不自安，遂合謀爲亂，攻圍長安”②，《續漢書・天文志下》亦云“卓部曲將郭汜、李傕旋兵攻長安，公卿百官吏民戰死者且萬人”③，及《後漢書・董卓傳》“安西將軍楊定者，故卓部曲將也”④，也可爲證。董卓死後，一時控制政局的李傕，其屬下亦稱部曲將，如《後漢書・楊震傳》：“(楊)奇與黄門侍郎鍾繇誘傕部曲將宋曄、楊昂令反傕。”⑤到魏蜀吴鼎立之時，部曲將則已成爲普遍的存在，不僅稱雄一方的軍閥或把持朝政的權貴有部曲將，一般的帶兵將領手下都有部曲將的設置了。《三國志・魏書・龐德傳》記，“將軍董衡、部曲將董超等欲降，德皆收斬之”⑥。同書《曹仁傳》也有“仁登城望之，乃募得三百人，遣部曲將牛金逆與挑戰”的内容⑦。還有《三少帝紀》：“今追賜整、像爵關中侯，各除士名，使子襲爵，如部曲將死事科。”⑧從這些資料，特别是“如部曲將死事科”之類的用語，我們可以約略猜到，此時的部曲將已爲朝廷所認可，列爲正式職官了。

這種現象應當是由於當時的政治情勢變化所産生的。東漢末期黄巾起義以後，東漢政權受到致命的打擊，中央王朝名存實亡，各地軍閥勢力乘機崛起，形成群雄割據、互相爭奪地盤、戰爭頻繁

---

① 《後漢書》卷9《獻帝紀》，第372頁。
② 《後漢書》卷66《王允傳》，第2176頁。
③ 《後漢書》志12《天文下》，第3259頁。
④ 《後漢書》卷72《董卓傳》，第2336頁。
⑤ 《後漢書》卷54《楊震傳》，第1768頁。
⑥ 《三國志》卷18《龐德傳》，北京：中華書局，1964年，第546頁。
⑦ 《三國志》卷9《曹仁傳》，第275頁。
⑧ 《三國志》卷4《三少帝紀》，第128頁。

的局面。此時,西漢以來的徵兵制已遭破壞,募兵制推行,州郡將領和地方豪强大族除了將他們所領的宗族、賓客武裝起來組成家兵之外,還紛紛徵集流亡,招募兵員,成爲私屬部曲,擁兵自重。如《後漢書·劉虞傳》:“初,詔令公孫瓚討烏桓,受虞節度。瓚但務會徒衆,以自强大,而縱任部曲,頗侵擾百姓,而虞爲政仁愛,念利民物,由是與瓚漸不相平。”①《三國志·魏書·李典傳》:“時太祖與袁紹相拒官渡,典率宗族及部曲輸穀帛供軍。”②《衛覬傳》:“時四方大有還民,關中諸將多引爲部曲,覬書與荀彧曰:關中膏腴之地,頃遭荒亂,人民流入荆州者十萬餘家,聞本土安寧,皆企望思歸。而歸者無以自業,諸將各競招懷,以爲部曲。郡縣貧弱,不能與爭,兵家遂强。”③《滿寵傳》:“時郡内李朔等各擁部曲,害于平民,太守使寵糾焉。”④《鄧艾傳》:“艾言景王曰:孫權已没,大臣未附,吴名宗大族皆有部曲,阻兵仗勢,足以建命。”⑤《蜀書·趙雲傳》裴注;“先主就袁紹……密遣雲合募得數百人,皆稱劉左將軍部曲,紹不能知。”⑥《魏延傳》:“以部曲隨先主入蜀,數有戰功,遷牙門將軍。”⑦《吴書·孫奂傳》:“(孫)綝遣朱異潛襲(孫)壹。異至武昌,壹知其攻己,率部曲千餘口過將胤妻奔魏。”⑧《韓當傳》:“(韓)綜内懷懼,載父喪,將母家屬部曲男女數千人奔魏。”⑨《陸遜傳》:

---

① 《後漢書》卷73《劉虞傳》,第2355頁。
② 《三國志》卷18《李典傳》,第533頁。
③ 《三國志》卷21《衛覬傳》,第610頁。
④ 《三國志》卷26《滿寵傳》,第721頁。
⑤ 《三國志》卷28《鄧艾傳》,第777頁。
⑥ 《三國志》卷36《趙雲傳》,第949頁。
⑦ 《三國志》卷40《魏延傳》,第1002頁。
⑧ 《三國志》卷51《孫奂傳》,第1208頁。
⑨ 《三國志》卷55《韓當傳》,第1286頁。

“時吴會稽、丹楊,多有伏匿,遜陳便宜,乞與募焉……遜以手下召兵,討治深險,所向皆服,部曲已有二千餘人。”①

由上述資料,可知當時地方將領和豪强大族所擁有的部曲人數衆多,勢力是很强大的。由於所領的部曲人數衆多,便置將分别統領,統領部曲的將官便稱爲部曲將。部曲將如不止一人,則在部曲將之上又設部曲督,總領各部曲將。如《三國志·魏書·三少帝紀》:“諸葛誕創造凶亂,主簿宣隆、部曲督秦絜秉節守義。”②《吴書·孫皓傳》:天紀三年夏,“郭馬反。馬本合浦太守修允部曲督。允轉桂林太守,疾病,住廣州,先遣馬將五百兵至郡安撫諸夷。允死,兵當分給,馬等累世舊軍,不樂離别。皓時又科實廣州户口,馬與部曲將何典、王族、吴述、殷興等因此恐動兵民,合聚人衆,攻殺廣州督虞授。”③郭馬爲部曲督,何典、王族等四人是他屬下的部曲將,這條資料清楚地説明部曲督對部曲將的領屬關係。

西晉統一以後,繼承曹魏之制,直到東晉時期仍設有部曲將和部曲督之官。如《晉書·武帝紀》卷三:泰始元年詔,“百姓復其徭役。罷部曲將長吏以下質任。”④又,咸寧五年四月,“大赦,降除部曲督以下質任。”⑤《晉書·成帝紀》:“劉遐部曲將李龍、史迭奉遐子肇代遐位以距默。”⑥《晉書·沈勁傳》:“(沈勁)父充,與王敦構逆,衆敗而逃,爲部曲將吴儒所殺。”⑦《晉書·李流記》:“乃表庠爲

① 《三國志》卷58《陸遜傳》,第1343頁。
② 《三國志》卷4《三少帝紀》,第140頁。
③ 《三國志》卷48《孫皓傳》,第1172頁。
④ 《晉書》卷3《武帝紀》,北京:中華書局,1974年,第53頁。
⑤ 《晉書》卷3《武帝紀》,第70頁。
⑥ 《晉書》卷7《成帝紀》,第170頁。
⑦ 《晉書》卷89《沈勁傳》,第2317頁。

部曲督，使招合六郡壯勇，至萬餘人。"①《通典·職官十九》將部曲督列在第七品，同品還有"諸縣置令六百石者"、"左右都候"、"城門候"等；部將督在第八品②。《八瓊室金石補正》卷九載晉南鄉太守郛休碑陰題名，所列太守屬吏中有部曲督 8 人，部曲將 34 人③。《集古録跋尾》卷四載晉南鄉太守司馬整碑陰，叙南鄉太守將吏 350 人，其中亦有部曲督和部曲將④。由以上所考，可知部曲將與部曲督始置於東漢末三國時期，延至兩晉仍有設置。《晉書·張駿傳》也記載："駿受詔遣部曲督王豐等報謝。"⑤可見，張氏前凉政權也沿用了西晉的官制，設有部曲督等職。玉門金雞梁出土的這件前凉建興三十五年部曲將版，恰可與傳世文獻的記載相互印證。

如前所述，部曲將和部曲督印在歷年的考古發掘中時有出土，甘肅民樂縣博物館中也藏有兩方古印，一方印文爲"部曲將印"，一方爲"騎部曲督"。陳列簽上標注時代爲"漢"，來源爲"八卦營墓群出土"。八卦營墓群位於祁連山北麓，民樂縣東南 16 千米處的永固鄉八卦營村東北 1 000 米處的小土山上。2010 年 11 月，因蘭新鐵路客運二綫雙綫工程的建設，甘肅省文物考古研究所對相關地段的古墓葬進行了搶救性發掘，後於 2014 年出版《民樂八卦營——漢代墓群考古發掘報告》。報告未正式記録這

---

① 《晉書》卷 120《李流記》，第 3031 頁。

② 《通典》卷 37《職官十九》，浙江古籍出版社，1988 年，第 209 頁。

③ ［清］陸增祥：《八瓊室金石補正》，北京：文物出版社影印本，1985 年，第 46 頁。

④ ［宋］歐陽修：《集古録跋尾》，見嚴耕望主編《石刻史料新編》第 1 輯第 24 册，臺北：新文豐出版公司，1982 年，第 17866 頁。

⑤ 《晉書》卷 86《張軌傳附張駿傳》，第 2239 頁。

兩方古印的信息，但在《地理位置與歷史沿革》一節中有所涉及："東漢時八卦營城爲張掖屬國侯官城，今出土有'部曲將印'和'騎部曲督'銅印爲證。"[①]甘肅文物考古研究所這次發掘的墓葬中"除2座明代墓葬外，其餘絶大部分屬西漢中期至東漢初期的墓葬"，而八卦營城"東北部3 000米範圍内多有漢代及其前後的墓葬群"。綜合以上各方面的信息可以約略得知，八卦營城及其附近的八卦營墓葬的年代大約在漢代及其前後；上述兩方古印應發現或出土于八卦營古城遺址或八卦營墓群，是東漢或其後魏晉乃至五凉時期的遺物。

13. 前凉建興卌三年(355)欒瑜察本清白異行板文　1985年出土于武威旱灘坡墓葬，編號85WHM19：1。木櫝。長28釐米，寬10.2釐米，厚1釐米。墨書文字2行，行11～18字。無發掘報告，最早收録於《散見簡牘合輯》[②]，其後《魏晉南北朝敦煌文獻編年》[③]和《中國簡牘集成》[④]亦作釋録，張俊民研究專文作了考校[⑤]。兹參照各家釋文，校釋如次：

武威欒瑜，今察本清白異行。

建興卌三年十二月廿七日起撫軍將軍西曹。

---

① 甘肅省文物考古研究所(趙建龍、馬浩)：《民樂八卦營——漢代墓群考古發掘報告》，科學出版社，2014年，第3頁。

② 李均明、何雙全：《散見簡牘合輯》，第79—80頁。

③ 王素、李方：《魏晉南北朝敦煌文獻編年》，臺北：新文豐出版公司，1997年，第91頁。

④ 中國簡牘集成編輯委員會：《中國簡牘集成(四)》，敦煌文藝出版社，2001年，第241頁。

⑤ 張俊民：《武威旱灘坡十九號前凉墓出土木牘考》，《考古與文物》2005年第3期，第73—77頁。

1985年甘肅省文物考古研究所在旱灘坡清理發掘的晉墓共有28座,規模都比較大,其中絕大部分遭盜掘,僅19號倖存。這是一座夫妻合葬墓,出土棺木2副,隨葬品30餘件,其中包括木牘5方。這5方木牘中2方爲衣物疏,其形制和内容在河西走廊出土的漢晉衣物疏中都是十分典型的[①]。另外3方——即此件與下文所考《前凉建興卌四年(356)姬瑜拜駙馬都尉板文》、《前凉建興卌八年(360)建義奮節將軍長史板文》——均出自男棺。對於這3件木牘的性質,近年來多有學者考證。何雙全認爲古代文書中的"刺",即名帖,猶今之名片[②]。張俊民不同意這種看法,他在轉録了《中華大字典》關於"刺"的釋義,並引録尹灣漢墓15號木牘及連雲港海州西漢晚期太守郭寶墓木牘等資料後説:

> 所有這些被稱爲"刺"(謁)的木牘儘管有各種變化,用語也可以略有不同,但是萬變不離其宗,即其上面無不書寫有反映使用者身份的文字。而旱灘坡十九號墓出土的三塊木犢均不具有"刺"的形式與功能,不能看作是"刺"的一種形式。

與這3方木牘同出自男棺的衣物疏中列有隨葬品"故本郡清行板一枚"、"故駙馬都尉板一枚"和"故奮節將軍長史板一枚",正好與此3方木牘的内容相吻合。由此,我們很容易不假思索地以爲,這3方木牘乃墓主生前所用之物。但張俊民也對此問題進行

---

① 這兩件衣物疏所涉相關問題的討論和考證詳見本書《河西衣物疏叢考》和田河:《武威旱灘坡十九號前凉墓衣物疏考釋》,《社會科學戰綫》2012年第6期,第107—113頁。

② 何雙全:《簡牘》,第76頁。

了專門的考論。他在仔細察看了所公佈的這 3 方木牘及男棺所出衣物疏的圖片後發現，這幾件紀年時間相差 14 年之久的木牘，所用木材紋理接近，似爲同一塊木板剖分而成；書寫風格接近，如出一人一時之手，應該是在極短的時間内一次性完成的。這樣，將前述 3 方木牘作爲墓主生前使用之物的判斷也就不能成立了。在此討論的基礎上，張俊民得出結論，第一方木牘"本郡清行板"是對墓主人品行、爲人的一種鑒定語，第二方和第三方有"令"字，應是上級下發的文書，類似後世的"委任狀"、"任命書"。同棺所出衣物疏中所列"故駙馬都尉青銀印"、"故奮節將軍長史金印"及"故黄金百斤"、"故白銀百斤"等物並未見出土，衣物疏所記物品與實際情况有一定的出入，其中有一定的虚誇成分。由此，這三方木牘所顯示墓主人生前的身份的可信度也是值得懷疑的①。張俊民所作考證分析有一定的道理，可以參考。但筆者以爲，即使這三件木牘是在喪事舉辦期間一次製作完成的，衣物疏所記物品也可能有一定的虚誇的成分，我們也不能據此即否定它們所顯示的墓主的身份。這三件木牘的内容應該是有現實依據的；衣物疏中所列兩枚印信及金銀財物很可能是在早期盜墓活動中就已經遺失了，而不是完全没陪葬的虚誇。

"欒瑜"，《魏晉南北朝敦煌文獻編年》②作"姬瑜"，何雙全《簡牘》一書作"齎瑜"，張俊民據原件圖版校正，仍從《散見簡牘合輯》，作"欒瑜"。但這裏又出現一個問題：此墓男棺所出另外兩方木

① 張俊民：《武威旱灘坡十九號前凉墓出土木牘考》，《考古與文物》2005 年第 3 期，第 75 頁。

② 王素、李方：《魏晉南北朝敦煌文獻編年》，臺北：新文豐出版公司，1997 年，第 91 頁。

牘——《前凉建興卌四年(356)姬瑜拜駙馬都尉板文》、《前凉建興卌八年(360)建義奮節將軍長史板文》及一件衣物疏均作"姬瑜",不知是怎麽回事。張俊民推測"許是筆誤"[①]。但"欒"與"姬"形體相去甚遠,且在19號墓中又顯係墓主姓氏,在這樣關鍵的地方,怎麽會發生筆誤呢? 無論從哪個角度都無法得出合理的解釋。

清白,爲漢代察舉考試,以選拔任用官員的首要標準。《後漢書·和帝紀》李賢注引《漢官儀》曰:"建初八年十二月己未,詔書辟士四科:一曰德行高妙,志節清白;二曰經明行修,能任博士;三曰明曉法律,足以決疑,能案章覆問,文任御史;四曰剛毅多略,遭事不惑,明足照奸,勇足決斷,才任三輔令。皆存孝悌清公之行。自今已後,審四科辟召,及刺史、二千石察舉茂才尤異孝廉吏,務實校試以職。"[②]有時又稱爲"清白異行",如《後漢書·儒林傳》記載孔融上書舉薦謝該,説他"博通群藝,周覽古今,物來有應,事至不惑,清白異行,敦悦道訓"[③]。由此亦可見出,作爲朝廷所行察舉標準,時間既久,"清白"(或"清白異行")業已沉澱爲士人品評人物的一個通用標準了。延至晉世,這一制度仍奉行不廢。泰始四年六月,武帝下詔曰:"郡國守相,三載一巡行屬縣……士庶有好學篤道,孝弟忠信,清白異行者,舉而進之;有不孝敬于父母,不長悌於族黨,悖禮棄常,不率法令者,糾而罪之。"[④]《晉書·孝友·庾袞傳》:"鄉黨薦之,州郡交命,察孝廉,舉秀才、清白異行,皆不降志,世遂號之

① 張俊民:《武威旱灘坡十九號前凉墓出土木牘考》,《考古與文物》2005年第3期,第74頁。

② 《後漢書》卷4《和帝紀》,北京:中華書局,1965年,第176頁。

③ 《後漢書》卷79《儒林傳》,第2585頁。

④ 《晉書》卷3《武帝紀》,北京:中華書局,1974年,第56頁。

爲異行。"[①]旱灘坡 19 號墓出土的這方木牘，應是墓主欒瑜在出仕時得到的考察評語，在他去世後，主辦喪事的親屬請方士書寫作爲陪葬品下葬的。

建興，西晉愍帝司馬鄴年號(313～317)，實際使用不到四年。公元 317 年三月，琅琊王司馬睿在建康稱晉王，改元建武，前涼政權張寔"不用江東年號，猶稱建興"[②]。自此以後，歷張茂、張駿、張重華，奉行不廢，通用"建興"年號，至孝宗升平五年(361)，張天錫乃奉升平年號。

建興卌三年，當東晉永和十一年(355)。這時的前涼政權變亂頻仍，無有寧日。正如《資治通鑑》胡三省注所論：前涼政權"自張重華没後，張祚、張瓘、宋混、宋澄以及張邕、張天錫，遞相屠滅，涼浸衰矣"[③]，正處在風雨飄摇的覆亡前夜。

先是建興卌一年(353)，即東晉永和九年的十月，前涼主張重華病重，將年僅十歲的兒子曜靈立爲世子。十一月張重華駕崩，曜靈繼位，稱大司馬、涼州刺史、西平公。張駿庶長子、張重華異母兄張祚，博學威武，有治理政事的才幹，張重華十分信任倚重，把他看成是周公一樣的人，期望將來能輔佐其幼子。但張祚爲人狡詐，善於内外奉承，當初與張重華的寵臣趙長、尉緝等結爲異姓兄弟。張重華死後，趙長等假稱遺命，任張祚爲持節、督中外諸軍、撫軍將軍，輔佐國政。到十二月，趙長等人又以曜靈年幼，當時禍難没有停息爲理由，提議立年長之君。張祚早就受寵于張重華的母親馬氏，馬氏於是聽從尉緝的意見，廢曜靈爲涼寧侯，而立張祚，稱大都督、大將軍、涼州牧、涼公。

---

① 《晉書》卷 88《孝友傳》，第 2282 頁。

② 《資治通鑑》卷 90，北京：中華書局，1956 年，第 2856—2857 頁。

③ 《資治通鑑》卷 101"穆帝升平五年十一月條"胡三省注，第 3187 頁。

永和十年(354)正月,張祚僭號稱帝,立宗廟,舞八佾,置百官,改建興四十二年爲和平元年。到冬天十月,因不信任鎮守隴西的王擢,派親信刺殺不成,又派兵攻打,迫使王擢投奔前秦苻健。永和十一年(355)七月,又因猜忌鎮守枹罕的張瓘,派兵攻打失敗,派人取代被殺。張瓘起兵進攻張祚,並向各州郡發出檄文,廢除張祚,復立曜靈。張祚將曜靈殺害,埋在沙坑里。敦煌人宋混、宋澄兄弟聚衆響應張瓘,于九月進軍至姑臧。在這種情况下,趙長等人害怕了,入宫讓張重華母馬氏出殿拜曜靈之弟張玄靚爲主。最後張祚被張瓘的弟弟張琚所殺,宋混和張琚擁立張玄靚,上大將軍、涼州牧、西平公之號,大赦境内,恢復使用"建興"年號,是爲卌三年。張瓘到姑臧後,又推玄靚爲涼王,自爲使持節、都督中外諸軍事、尚書令、涼州牧、張掖郡公,以宋混爲尚書僕射。此後張瓘專權,局勢相對穩定。至升平三年(359)六月,因張瓘猜忌苛虐,專以愛憎爲賞罰,人情不附,又想殺害宋混、宋澄兄弟,廢涼王玄靚而代之。宋混、宋澄反擊,張瓘在部衆投降後自殺。宋混夷滅張瓘宗族。張玄靚以混爲使持節、都督中外諸軍事、驃騎大將軍、酒泉郡侯,代瓘輔政。升平五年(361)四月,宋混卒,其弟宋澄任領軍將軍,輔政。九月,涼州右司馬張邕因不滿宋澄專政,起兵攻殺宋澄,並滅其族。張玄靚以張邕爲中護軍,叔父天錫爲中領軍,同輔政。十月,張天錫殺張邕,盡滅其族黨。玄靚以天錫爲使持節、冠軍大將軍、都督中外諸軍事,輔政。十二月,始改建興四十九年,奉升平年號。到東晉哀帝興寧元年(363)八月,張天錫殺玄靚自立,稱使持節、大都督、大將軍、涼州牧、西平公。十二年後①,前涼政權被

① 東晉孝武帝太元元年,即公元376年。是時前涼政權奉用升平年號,至二十年。

苻秦所滅[①]。

本文所考出自旱灘坡墓的這三方木牘及兩方衣物疏，都有明確紀年，依次爲咸康四年(338)、建興卌三年(355)、建興卌四年(356)、建興卌八年(360)和升平十三年(369)，正是前涼政權風雨飄摇，處在覆亡前夜的產物。

撫軍將軍，曹魏時始設，以司馬懿任之。後歷兩晉、南北朝，均有設置，與中軍、鎮軍將軍等秩(三品)，地位僅次於驃騎將軍、車騎將軍、衛將軍。到唐代時廢除。西曹，原爲漢代官署名。丞相、太尉屬吏分曹治事，有西曹，負責丞相府諸吏的任免；其吏員正者稱掾，副者稱屬。功曹在漢代爲郡守、縣令的主要佐吏，主管考察記録業績，到兩晉南北朝時多改稱西曹。

與建興卌三年時間接近，前涼政權中曾任撫軍將軍的，目前見於史書記載的有：太興三年(320)張茂當政，以兄子駿爲撫軍將軍、武威太守、西平公[②]；永和九年(353)，趙長等矯重華遺令，以張祚爲持節、督中外諸軍、撫軍將軍[③]。但張祚在公元355年的九月即被張瓘所殺，那麽，建興卌三年(355)十二月出具“清白異行”考評結果的“撫軍將軍西曹”該是前涼的哪個權要所掌管的呢？金石文獻有補史證史之用，這些出自旱灘坡的前涼時期的木牘對於研究前涼政權官署設置，官員任命及權力更替等情況也有一定的文獻價值。

14. 前涼建興卌四年(356)姬瑜拜駙馬都尉板文　1985年出

① 《資治通鑑》卷99—104，第3111—3276頁。
② 《晉書》卷86《張軌傳》附《張茂傳》，北京：中華書局，1974年，第2231頁。
③ 《資治通鑑》卷99，北京：中華書局，1956年，第3136頁。

土于武威旱灘坡墓葬，編號 85WHM19：2。木櫝。長 27.8 釐米，寬 5.6 釐米，厚 1 釐米。墨書文字 3 行，行 1～18 字。無發掘報告，最早收録於《散見簡牘合輯》[①]，其後《魏晉南北朝敦煌文獻編年》[②]和《中國簡牘集成》[③]亦作釋録，張俊民研究專文作了校考[④]。兹參照各家釋文，校釋如次：

有令：武厲將軍都戰帥武威姬瑜，今拜駙馬都尉。
建興卌四年九月十五日戊子，下起東西曹。

武厲將軍，品級不詳。正史中的記載最早見於《周書》。《竇熾傳》記竇熾于北魏永安元年(528)以斬殺韓婁之功"拜揚烈將軍。三年，除員外散騎侍郎，遷給事中。建明元年(530)，加武厲將軍"[⑤]。揚烈將軍，東漢始置，掌征伐，三國魏沿置，秩第五品，用作加官。晉至南北朝沿置。員外散騎侍郎，爲散騎常侍增加員額。散騎常侍是皇帝侍從，入則規諫過失，備皇帝顧問，出則騎馬散從。魏晉時品級不詳，至唐高宗顯慶二年(657)，分爲左右，各二人，品級爲正三品下。給事中，秦始置，西漢因之，東漢後期不置，魏晉時或爲加官，或爲正官，秩五品。竇熾先因功拜揚烈將軍，三年後除

① 李均明、何雙全：《散見簡牘合輯》，第 26—28 頁。

② 王素、李方：《魏晉南北朝敦煌文獻編年》，臺北：新文豐出版公司，1997 年，第 92 頁。

③ 中國簡牘集成編輯委員會：《中國簡牘集成(四)》，敦煌文藝出版社，2001 年，第 241 頁。

④ 張俊民：《武威旱灘坡十九號前凉墓出土木牘考》，《考古與文物》2005 年第 3 期，第 73—77 頁。

⑤ 《周書》卷 30《竇熾傳》，北京：中華書局，1971 年，第 517—518 頁。

員外散騎侍郎，遷給事中，期間曾加武厲將軍。由此來看，此職當時應該高於揚烈，大約爲四品，是諸四品雜號將軍之一。北朝去晉不遠，晉時此職當亦爲四品。由此件牘文我們可知，早在北周建明元年(530)之前一百七八十年的前涼張玄靚統治時期，就已出現武厲將軍的稱號了；而這稱號很可能是沿用了西晉職官制度的結果。金石等文獻資料可補正史之闕，於此又添一例。

駙馬都尉，漢武帝時始置。駙，即副。駙馬都尉，掌副車之馬。皇帝出行時自己乘坐的車駕爲正車，而其他隨行的馬車均爲副車。正車由奉車都尉掌管，副車由駙馬都尉掌管。到三國時期，魏國的何晏，以帝婿的身份授官駙馬都尉，以後又有晉代杜預娶晉宣帝司馬懿之女安陸公主，王濟娶晉武帝司馬炎之女常山公主，均授駙馬都尉。魏晉以後，帝婿照例都加駙馬都尉稱號，簡稱駙馬，非實官。姬瑜拜駙馬都尉，如何成爲帝婿，詳情待考。

15. 前涼建興卌八年(360)姬瑜建義奮節將軍長史板文　1985年出土于武威旱灘坡墓葬，編號 85WHM19：3。木櫝。長 28 釐米，寬 5.2 釐米，厚 1 釐米。墨書文字 3 行，行 1～19 字。無發掘報告，最早收録於《散見簡牘合輯》[①]，其後《魏晉南北朝敦煌文獻編年》[②]和《中國簡牘集成》[③]亦作釋録，張俊民研究專文作了校考[④]。兹參照各家釋文，校釋如次：

---

① 李均明、何雙全：《散見簡牘合輯》，第 26—28 頁。

② 王素、李方：《魏晉南北朝敦煌文獻編年》，臺北：新文豐出版公司，1997 年，第 92 頁。

③ 中國簡牘集成編輯委員會：《中國簡牘集成(四)》，敦煌文藝出版社，2001 年，第 241 頁。

④ 張俊民：《武威旱灘坡十九號前涼墓出土木牘考》，《考古與文物》2005 年第 3 期，第 73—77 頁。

有令：齎直軍議掾武威姬瑜，今建義奮節將軍長史。

建興卌八年四月廿九日辛未，下起東西曹。

直軍議掾、建義奮節將軍，史書無載，均不可考。然有“建義”之將軍名號，始見於《後漢書》。《光武帝紀》記載：“（建武元年）秋七月辛未，拜前將軍鄧禹爲大司徒。丁丑，以野王令王梁爲大司空。壬午，以大將軍吴漢爲大司馬，偏將軍景丹爲驃騎大將軍，大將軍耿弇爲建威大將軍，偏將軍蓋延爲虎牙大將軍，偏將軍朱祐爲建義大將軍，中堅將軍杜茂爲大將軍。”[①]建武初年天下未平，這些大將軍應是臨時受封。朱祐自劉秀起兵即追隨左右，屢建戰功，深得寵倖，爲東漢雲臺二十八將之一，“建義大將軍”爲其官職之最高者。建武元年所拜諸大將軍，其秩級當與三公同等。

但劉秀所拜“建義”乃諸大將軍之一，其秩級還不能説明後世之“建義將軍”。真正的建義將軍名號則首見於《三國志・魏書》。漢末天下大亂，紛爭擾攘，乘亂崛起的軍閥張楊曾于初平元年（190）被董卓詔封爲建義將軍。至興平二年（195），獻帝因李傕、郭汜之亂而流亡河東，張楊率兵前往安邑救援，爲饑餓的百官提供食物，被拜爲安國將軍，封晉陽侯[②]。據此可知，此建義將軍秩級大略在三四品之間。三國時蜀國亦有建義將軍名號。《李嚴傳》記載，建興九年（231），諸葛亮因李嚴“横造無端，危恥不辨”，嚴重干擾北伐大計而上書朝廷，其中提到行參軍、建義將軍閻晏[③]。

① 《後漢書》卷1《光武帝紀》，北京：中華書局，1965年，第23頁。

② 《三國志》卷8《張楊傳》，北京：中華書局，1964年，第250—251頁。

③ 《三國志》卷40《李嚴傳》，第998—1000頁。

其後的"建義將軍"多見於十六國時期的割據政權。《晉書·姚興載記》記載,劉裕篡晉前夕,河間王之子司馬國璠投奔後秦主姚興,被任命爲建義將軍、揚州刺史①。《乞伏國仁載記》記載,公元 387 年六月,西秦主乞伏國仁率領三萬騎兵在六泉襲擊鮮卑大人密貴、裕苟、提倫等三部,三部投降,乞伏國仁任命密貴爲建義將軍、六泉侯,裕苟爲建忠將軍、蘭泉侯,提倫爲建節將軍、鳴泉侯②。《乞伏熾磐載記》記載,公元 418 年,乙弗鮮卑烏地延率户二萬降于西秦主熾磐,被授爲建義將軍③。

至北魏,建義將軍名號更是頻繁出現,《魏書·官氏志》也有明確記載,將其與鎮遠、安遠、平遠、立義、立忠、立節、恢武、勇武、曜武、昭武、顯武及建忠、建節等將軍一起,列爲四品④。

16. 前凉建興卌八年(360)趙清行封檢　2009 年出土于玉門金雞梁十六國墓群 M5,現藏甘肅省文物考古研究所。木牘,高 27 釐米,寬 9.5 釐米,厚 1～1.5 釐米。正面平整,中有封槽,背面弧形,中間厚,兩側薄。單面墨書文字 3 行。原報告附有圖版(圖 51)⑤,王策與吴葒有研究專文發表⑥。兹據以校釋如次:

(上部居中)

趙清行

---

① 《晉書》卷 118《姚興載記》,北京:中華書局,1974 年,第 2993 頁。

② 《晉書》卷 125《乞伏國仁載記》,第 3115 頁。

③ 《晉書》卷 125《乞伏熾磐載記》,第 3125 頁。

④ 《魏書》卷 113《官氏志》,北京:中華書局,1974 年,第 2996 頁。

⑤ 甘肅省文物考古研究所(吴葒、王永安):《甘肅玉門金雞梁十六國墓葬發掘簡報》,《文物》2011 年第 2 期。

⑥ 王策、吴葒:《玉門金雞梁出土的木牘和封檢》,《文物》2011 年第 2 期。

（右下）

酒泉國相章

（左下）

建興卌八年八月十二□

圖 51　前凉建興卌八年趙清行封檢

王策、吴葒認爲此封檢上部爲收件人姓名，右下爲寄書人印章，左下是發文時間，三處字跡相同，應均出自酒泉侯相令史之手。

建興卌八年，當東晉穆帝升平四年（360），此時前凉政權張玄靚在位。“酒泉國”當係“酒泉郡侯國”之省。據《資治通鑑》記載，升平三年（359）六月，前凉輔政張瓘謀逆被殺，張玄靚遂以“（宋）混爲使持節、都督中外諸軍事、驃騎大將軍、酒泉郡侯，代瓘輔政”。至升平五年（361）四月宋混卒，“玄靚以澄爲領軍將軍，輔政”。九月，宋澄被凉右司馬張邕攻殺並滅其族①。這樣，宋混酒泉郡侯國的存在時間大致應在前凉建興四十七年六月至四十九年九月間。此“趙清行簡”的年代正在其間。

《晉書・職官志》：“諸王國以内史掌太守之任。”參較《晉書・

① 《資治通鑑》卷100—101，北京：中華書局，1956年，第3175—3186頁。

地理志》可知，兩晉王國以内史治民，公侯國以相。晉官品第五品有“郡國太守、相、内史”①，《宋書·禮志五》“郡國太守、相、内史，銀章，青綬”，與酒泉國相用“章”亦吻合。

17. 前凉升平六年(362)趙愷棺板文　2009年出土于玉門金雞梁十六國墓群M5，現藏甘肅省文物考古研究所。木質，爲棺木前檔板，居中墨書文字1行。原報告附有摹本②，兹據以釋讀如次：

升平六年九月五日，大男趙愷。

“升平”爲東晉穆帝年號，僅五年。前凉張氏政權，控制河西，奉晉正朔。張天錫在穆帝升平五年(361)“改建興四十九年，奉升平之號”③，至十五年(371)結束，故河西出土十六國時期墓葬文獻中多有以“升平”紀年者④。升平六年相當於東晉哀帝隆和元年(362)。

此件棺板文字内容十分簡略，僅有紀年及姓名。此類喪葬文書在河西出土墓葬文獻中很少見，故其性質難以確定。但與吐魯番出土的數量衆多的公元三世紀至七世紀初的墓磚文字相聯繫，可以推斷其紀年應該是埋葬時間⑤，人物姓名應即墓主姓名，這些

① 《通典》卷37，北京：中華書局，1988年。
② 甘肅省文物考古研究所(吴葒、王永安)：《甘肅玉門金雞梁十六國墓葬發掘簡報》，《文物》2011年第2期。
③ 《晉書》卷86《張玄靚傳》，北京：中華書局，1974年，第2249頁。
④ 詳見本書《河西衣物疏叢考》和《河西鎮墓文叢考》所考相關條目。
⑤ 參閲張銘心：《高昌墓磚書式研究——以“紀年”問題爲中心》，《新疆師範大學學報》(哲學社會科學版)2004年第1期。

内容應該具有志墓的性質，從其功用看，應是墓誌萌芽時期的產物①。

18. 前凉升平九年(365)趙家軗磚文　2009 年出土于玉門金雞梁十六國墓群，現藏甘肅省文物考古研究所。磚質，青灰色。長 33 釐米，寬 16 釐米，厚 4 釐米。單面墨書文字 5 行。原報告附有圖版(圖 52)及釋文②，兹據以校釋如次：

嗟惟趙家軗□稺雙喪子/車轂土上日與三日亡此奴便入死/不久更生也歹子安寺/就留四坐明劫五……豊□/升平九年二月廿二日……

軗，原報告釋爲"馭"，無字形依據。原磚從此字以下横斷爲兩截，而此字右下角的位置恰又殘缺，所存字形爲左"車"右上"又"，有可能是"軗"或"軽"的殘字。按："軗"同"較"，音 jué，本義是車箱兩旁車欄上的横木，又指車箱。另有"直"義。《爾雅・覺韻》："較，直也。"郭璞注："正直也。"王引之《述聞》："《書大傳》：'覺兮較兮。'鄭注曰'較兮，謂直道者也。'"③或可釋爲"軽"。"軽"有二義：一同

① 孟國棟在《墓誌的起源與墓誌文體的成立》一文中説："要考察墓誌的起源，還得從墓誌的基本功用入手。顧名思義，墓誌是記載了志主的姓名、生平和卒葬等信息，埋設於墓中，且具有一定形制的志石或志磚。設置墓誌的最初目的是用來標識墓地，因此，祇要是具備了這樣的功用與形制的志石和志磚，縱然不以'墓誌'命名，仍可看作是墓誌的最初形態。"(載《浙江大學學報》2013 年第 5 期)這一觀點值得參考。

② 甘肅省文物考古研究所(吴葒、王永安)：《甘肅玉門金雞梁十六國墓葬發掘簡報》，《文物》2011 年第 2 期。

③ 轉引自漢語大字典編輯委員會：《漢語大字典(第二版)》，武漢/成都：崇文書局、四川辭書出版社，2010 年，第 3765 頁。

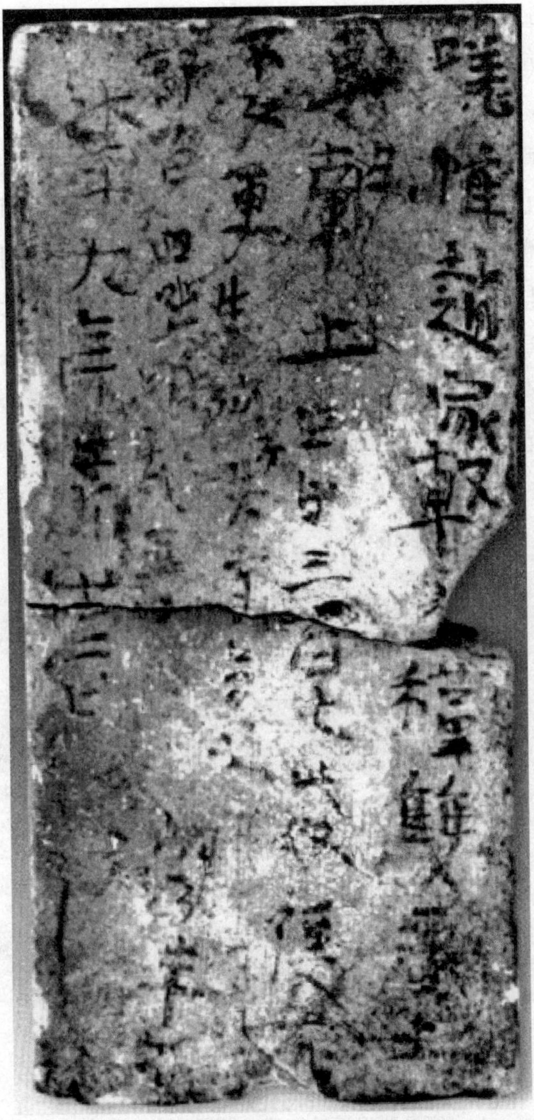

圖 52　前凉升平九年趙家軺磚文

“輊”，一同“輕”。若作人名用，應是“輊”，但也有因形近而訛爲“輊”的可能。“稦”，原報告未釋讀。原字左“禾”右“葦”，應是“稦”。稦，禾茂也。

此墓磚文字漫患嚴重，釋讀困難，確定無疑的僅有“嗟惟趙家”、“雙”、“平九年”、“廿二日”幾個字段，加上勉强釋讀出的其他文字，現在也難以讀通，不能確定屬什麽性質的墓葬文書。這在目前所見出土於河西走廊的墓葬文書看，尚屬孤例，從其他地區所出墓葬文書中也不能馬上找到旁證。但從其形制和已釋讀文字内容看，它不具有買地或鎮墓的功用，應該也是早期用於志墓的墓磚，與吐魯番地區所出公元三世紀至七世紀初的“高昌墓磚”性質接近①。

19. 前秦建元十四年(378)磚銘　1999 年出土于高臺許三灣墓群，現藏高臺縣博物館(圖 53)。磚質，高 28 釐米，寬 56 釐米，厚

圖 53　前秦建元十四年磚銘

① 參看張銘心：《高昌墓磚資料整理與考釋》，未正式出版，2015 年 9 月印刷交流。

5釐米。靠右書兩行文字，共20字。無報告，寇克紅有研究專文並附圖影①。兹據原物圖片校釋如次：

（右行）
建元十四年十二月十三日安錯
（左行）
早冢作師富晚成

此"建元"爲前秦苻堅年號，十四年正當東晉孝武帝太元三年（378），爲前秦佔據河西的第三年。《資治通鑑》記載，太元元年（376）八月，"秦兵至姑臧，天錫素車白馬，面縛輿櫬，降於軍門。苟萇釋縛焚梓，送于長安。凉州郡縣悉降于秦"②，前凉政權至此滅亡。

安錯，應作"安厝"，亦作"安措"，安葬之意。高臺駱駝城所出《前秦建元十八年（382）高俟妻朱吴宋墓券》："今日安錯，終存永已。"③亦將"厝"寫作"錯"。錯，通"措"，音cù，有放置、處置、安置及安定、安心之義。

早冢作師富晚成，語意難解。寇克紅釋作"早冢作飾富晚成"，並嘗試解釋，然均屬臆測之詞，不足徵信，故尚待進一步研究探討。

20. 前秦建元廿年（384）棺板題記　2000年10月，高臺縣博物館在駱駝城遺址西8公里處許三灣西南五道梁墓群回填早期被盜墓葬時清理出土。題記文字寫在棺蓋板内側，棺蓋板松木製作，

① 寇克紅：《高臺許三灣前秦墓葬題銘小考》，《高臺魏晉墓與河西歷史文化研究》，蘭州：甘肅教育出版社，2012年，第27—35頁。

② 《資治通鑑》卷104，北京：中華書局，1956年，第3276頁。

③ 參看本書《河西買地券叢考》。

長 210 釐米，寬 39 釐米，厚 5 釐米，呈長方形(圖 54)。題記墨書隸體，自左至右豎書 5 行。無報告，寇克紅有專文首次公佈並作釋讀研究①，劉衛鵬亦有研究專文②。兹據原物圖片校釋如次：

建元廿年，太歲在申，十二月廿三日壬申〔直〕危，葬。時天地鼎峙，隴道斷絶二年。

圖 54　前秦建元廿年棺板題記

此件寇克紅釋讀句讀爲："建元廿年，太歲在申，十二月廿三日壬申，危葬。時，天地䄎峙，隴道斷，泣二年。"這裏將"隴道斷"之下

① 寇克紅：《高臺許三灣前秦墓葬題銘小考》，《高臺魏晉墓與河西歷史文化研究》，蘭州：甘肅教育出版社，2012 年，第 32 頁。

② 劉衛鵬：《甘肅高臺前秦"建元廿年"棺板題記辨正》，《敦煌研究》2015 年第 1 期，第 66—70 頁。

的一字釋爲"泣"有點牽强。"祂"字亦可商榷。寇氏解釋"危葬"爲"堆砌高大的墳丘來安葬亡者",並以高臺許三灣一帶分佈有數量衆多的地面封土高大的魏晉時期古墓爲證,來佐證自己的觀點。按:寇氏所述許三灣墓群情況屬實,但古代没有"危葬"的説法,即使封土高大也不能説"危葬",因爲在魏晉十六國時期,生人有鄉,死人有里;生人屬陽,死人屬陰;生人前行,死人却步;生人上就高臺,死人深自藏埋,是普遍的觀念①。題記中的"危"應是古代建除家用以占斷人事吉凶的建除十二直之建、除、滿、平、定、執、破、危、成、收、開、閉之一的"危";也就是説,墓主下葬之日,從建除十二直説,當值危日。

另外,據敦煌遺書 P.2550《塚書》之制,墓坑入地深淺與死者品位之高下相關,帝王之墓最深者達 145 尺,三長以下從 35 尺至 63 尺,令長以下從 3 尺至 17 尺。而值得注意的是,墓的深淺尺數亦與建除相關。P.4930《堪輿書》:"入地一尺爲建,二尺爲除,三尺爲滿,四尺爲平,五尺爲定,六尺爲執,七尺爲破,八尺爲危,九尺爲成,一丈爲收,一丈一尺爲開,一丈二尺爲閉,周而復始。"由此可知,此"危"若非十二直之危日,也可能是此墓之葬法是按"危"的標準施行的,即離地深爲"八尺"加十二的倍數。惜此墓早經盜擾,又未能進行規範發掘,至今未見清理報告,墓室深度不得而知。

寇氏還嘗試解釋了"隴道斷":"掩埋墓穴塚道而起丘壟,使墓穴與人世陰陽兩隔,表達了與亡者訣别的悲愴心情。"②

之後到 2015 年,劉衛鵬又著專文對此件的釋讀作了詳細的

---

① 詳參本書《河西鎮墓文叢考》。

② 寇克紅:《高臺許三灣前秦墓葬題銘小考》,《高臺魏晉墓與河西歷史文化研究》,蘭州:甘肅教育出版社,2012 年,第 32 頁。

“辨正”，校讀爲：“建元廿年，太歲在申，十二月廿三日壬申，(直)危，葬時天地鼎峙，隴道斷絶二年。”並認爲這樣纔“文句通順，含義清晰”。在此基礎上，劉氏釋隴道爲“隴山兩側的東西大道”，隴道斷絶是指這時前秦政權分崩離析，隴道一帶被鮮卑乞伏氏控制，從而得出此棺板題記所載前秦建元二十年“隴道斷絶二年”同文獻記載相吻合的結論[①]。

此題記文字數量較少，其内容和形制在河西墓葬文獻中亦屬孤例，且所出墓葬清理後未見有考古報告發表，相關信息十分有限，所以要作出準確而通達的解讀尚有相當的困難，在此情況下，姑且將劉衛鵬之説羅列於此，聊備一説。

21. 段氏北凉神璽二年(398)佚名鉢文　1985年出土于敦煌祁家灣西晉十六國墓葬，編號爲85DQM310：23。灰色陶鉢，口外斂内直，内折沿較短；殘破嚴重，外墨書文字，殘存16行，每行2字。原報告附有摹本圖影與釋文[②]，《編年》[③]、《中國道教考古》[④]與《集成(稿)》[⑤]亦有録文。兹據摹本圖影，參照各家録文，校釋如次：

皇子、□女、寶女……寬□、申□、覺□、光生、甫□、□兒、

① 劉衛鵬：《甘肅高臺前秦“建元廿年”棺板題記辨正》，《敦煌研究》2015年第1期，第66—70頁。

② 甘肅省文物考古研究所(戴春陽、張瓏)：《敦煌祁家灣西晉十六國墓葬發掘報告》，北京：文物出版社，1994年，第86—87頁。

③ 王素、李方：《魏晉南北朝敦煌文獻編年》，臺北：新文豐出版公司，1997年，第105—106頁。

④ 張勛燎、白彬：《中國道教考古》，北京：綫裝書局，2006年，第460—462頁。

⑤ 關尾史郎：《中國西北地域出土鎮墓文集成(稿)》，新高速印刷株式會社，2005(平成17)年，第99頁。

道弘、教之、效女、佛生、德文、佛德、□□

此件關尾史郎入於“鎮墓文”，然原報告不在“斗瓶及釋文”内。且雖殘破嚴重，但憑僅可釋讀出的有限的文字亦可斷定此非鎮墓文。其性質待考。

祁家灣 85DQM310 墓爲夫妻合葬墓，男女棺均出土有明確紀年鎮墓文，其紀年爲“神璽二年”。故此件雖無紀年，但年代確定可考。

22. 東晉十六國(420 前)耿少平、孫阿玿冥婚墓券　1998 年出土於高臺駱駝城，現藏高臺縣博物館(圖 55)。木牘，長 26 釐米，寬 12 釐米，厚 1 釐米。單面墨書券文 11 行，行 12～26 字，共 230 字。無考古發掘報告，曹國新[①]、趙雪野、趙萬鈞[②]、劉衛鵬[③]、劉樂賢[④]等曾著文介紹或考釋。兹據原物圖片，參照各家釋文，校釋如次：

耿氏男祥，字少平，年廿，命在金；孫氏女祥，字阿玿，年十五，命在土。

謹案：黄帝司馬季主《九天圖》、《太史曆記》言得用。今

① 曹國新：《駱駝城遺址出土珍貴文物》，《絲綢之路》1999 年第 3 期，第 54—55 頁。

② 趙雪野、趙萬鈞：《甘肅高臺魏晉墓墓券及所涉及的神祇和卜宅圖》，《考古與文物》2008 年第 1 期，第 85—90 頁。

③ 劉衛鵬：《甘肅高臺十六國墓券再釋讀》，《敦煌研究》2009 年第 1 期，第 47—51 頁。

④ 劉樂賢：《“生死異路，各有城郭”——讀駱駝城出土的一件冥婚文書》，《歷史研究》2011 年第 6 期，第 86—98 頁。

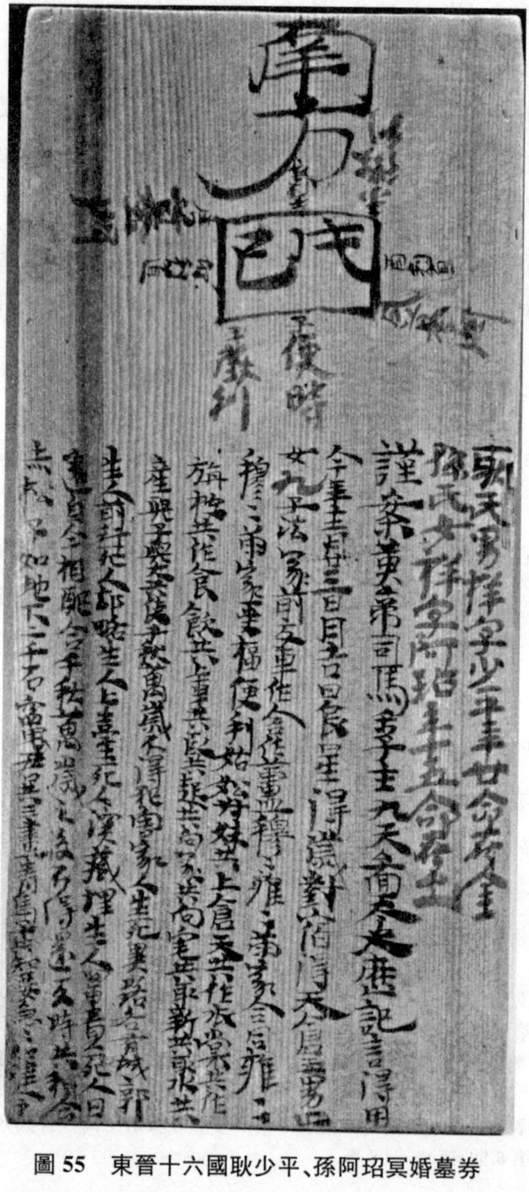

圖 55 東晉十六國耿少平、孫阿玿冥婚墓券

年十二月廿三日，月吉日良，星得歲對，宿得天倉，五男四女九子法，塚前交車，作舍作蘆(廬)。穆穆雍雍，兩家合同；雍雍穆穆，兩家受福，便利姑㛐叔妹。共上倉天，共作衣裳，共作旃被，共作食飲，共上車，共臥，共起，共向塚，共向宅，共取新，共取水，共産兒子，兒大共使。千秋萬歲，不得犯害家人。生死異路，各有城郭；生人前行，死人却略；生人上臺，死人深藏埋；生人富貴，死人日遠。自今相配合，千秋萬歲之後不得還反。

時共和合：赤松子如地下二千石、灶君共三晝，青烏子共知要。急急如律令。

此件與《前涼建興廿四年(336)孫阿惠墓券》、《前秦建元十八年(382)高俟墓券》、《前秦建元十八年(382)高俟妻朱吴宋墓券》、《前秦建元十八年(382)高容男墓券》等同出土於高臺駱駝城墓葬①，曹國新據券文中"太史曆記言"之語推斷墓葬年代爲"公元前104年到公元85年之間"。趙雪野、趙萬均之文没有直接討論墓葬年代，但把它作爲魏晉墓出土墓券來論述。何雙全、狄曉霞亦録有此券文部分文字，僅57字，並在按語中説："該牘文字共12行，字小且潦草，多有不識，僅識5行。"但却比上列3家録文多了"建興十七年"5字②。這方木牘出土後一直收藏在高臺縣博物館，趙雪野、趙萬均文章附有圖片，文字清晰，辨識不難，並無"建興十七年"幾個字。但木牘正面書至"急急如律令"已至左下盡頭，故劉樂賢在研究此券時"曾設想可能是木牘的背面有'建興十七年'字樣"

① 詳見本書《河西買地券叢考》。

② 何雙全、狄曉霞：《甘肅省近年來新出土三國兩晉簡帛綜述》，《西北師大學報(社會科學版)》2007年第5期，第101—104頁。

是合乎情理的。爲此他曾專程赴高臺縣作實地考察，在博物館展櫃中見到了這方木牘，但遺憾的是，他也没有能親自檢視到背面，衹從寇克紅館長口中"證實"，這方木牘的背面"没有抄寫過任何文字"，在駱駝城一帶也没有出土過記有"建興十七年"字樣的類似墓券①。筆者近年做河西墓葬文獻研究，也早就注意到這方木牘的紀年，但至今也衹是在高臺博物館的展櫃中看見過木牘的正面。在此情況下，"建興十七年"當然也就不能作爲判定此券確切年代的可靠依據。劉樂賢討論了前述諸家關於此木牘年代的觀點，認爲劉衛鵬將其推定爲十六國時期物是"大致可信的"。在不能目驗原牘的情況，筆者贊同劉樂賢所作的討論及結論。

這是一件典型的反映冥婚習俗的文書。冥婚在我國起源較早，相關研究表明，早在殷商時期就已存在，魏晉南北朝得到進一步發展，至隋唐達到鼎盛，宋元明清綿延不絶，繼續發展②，直至當代仍然存在③。一些邊遠地區，如臺灣至今興盛不衰④。

地下出土的冥婚文書見諸報道的不多。1974 年洛陽李屯一座東漢墓出土一件編號爲 M1：3 的鎮墓陶瓶，上書鎮墓文如次：

元嘉二年十二月丁未朔十四日庚申，黄帝與河南緱氏真

---

① 劉樂賢：《"生死異路，各有城郭"——讀駱駝城出土的一件冥婚文書》，《歷史研究》2011 年第 6 期，第 86—98 頁。

② 這方面的研究成果較多，如楊樹達：《漢代婚喪禮俗考》，上海：上海古籍出版社，2000 年；高洪興：《黄石民俗學論文集》，上海：上海文藝出版社，1999 年；江林：《冥婚考述》，《湖南大學學報(社科版)》2000 年第 1 期。

③ 賈玉潔：《山西省陽泉市冥婚習俗調查與研究》，上海大學碩士研究生學位論文，2008 年。

④ 《臺灣風土志》；蔡智銘：《女友車禍亡男冥婚和解》，EB/OL：http：//www.libertytimes.com.tw/2004/new/aug/25/today-sol.htm.

> 鄉中華里許蘇阿銅□刑憲女合會，神藥以鎮，□塜宅□□，七神定塜陰陽，死人無□□，生人無過。蘇醒之後，□□□□人阿銅、憲女適過，□□□爲設五石人參解□□□安此瓶，神明利塜，□□□□許蘇氏家生人富利，從今日始。如律令。①

華東師範大學黄景春博士曾把此件文書作爲一篇冥婚文書專門撰文予以考察研究，闡發其大意説："元嘉二年(152年)十二月十四日，黄帝給河南緱氏縣真鄉中華里的許蘇(複姓)阿銅和刑憲女合墳，用神藥厭鎮塜墓，請北斗七神鎮定塜墓陰陽，死者没有殃咎，生者没有罪過。阿銅、憲女蘇醒之後，解除讁過，神明佑護塜墓，保佑許蘇氏之家富足吉祥。此鎮墓文是自稱黄帝(或黄帝神明師)的巫覡在爲許蘇阿銅和刑憲女二位死者'合會'時書寫的，希望二人'合會'之後給許蘇氏家帶來吉利貞祥。"②但此件文書的文字釋讀和文義考索疑點較多，究竟能否作爲冥婚文書來看待還值得商榷。而高臺駱駝城出土的這件墓券格式講究，内容完備，可以説是一件典型的冥婚文書。該墓牘分上下兩個區域來營構，上方是根據《宅經》陰陽宅方位圖繪製的該墓的卜宅圖，下方自右向左書寫券文11行。券文分兩部分：右邊兩行並列書寫婚配男女雙方的姓、名、字及星命所屬，是人間合婚書乃至現代的結婚證常見的必不可少的内容。其中的"男祥"和"女祥"昭示著墓主的特殊身份，即他們是生前未曾婚配的青年男女，死後會作祟害人的男祥鬼和女祥

① 洛陽市文物工作隊：《洛陽李屯東漢元嘉二年墓發掘簡報》，《考古與文物》1997年第2期。

② 黄景春：《從一篇東漢鎮墓文看我國冥婚習俗》，《湖北民族學院學報》2009年第6期，第41—45頁。

鬼,——而這也正是民間冥婚習俗形成的重要緣由之一。接下來以"謹案"兩字起頭,連綴書寫 9 行文字。這些文字又可分爲兩層:從"黄帝司馬季主"至"千秋萬歲,不得犯害家人"爲第一層,以黄帝司馬季主《九天圖》和《太史曆記》爲依據,占得當年十二月廿三日"星得歲對,宿得天倉",爲良辰吉日,在世的親友爲這對夭亡的青年男女于塚前舉行婚配儀式,祈願他們冥世婚姻生活的和諧美滿,同時申説爲他們婚配的主旨,即嚴正警告他們:"千秋萬歲,不得犯害家人。"第二層從"生死異路,各有城郭"起,到"自今相配合,千秋萬歲之後不得還反"止,承接上文,進一步闡發生死異路,陰陽有别的道理,再次告誡他們不得返回陽間,作祟于親人,是一般鎮墓文應有之義。最後是文書的落款,注明這宗婚配文書的媒人和見證人爲赤松子、地下二千石、灶君,外加青烏子等神祇。

因冥婚爲儒家所排斥,故傳世文獻記載甚少,尤其是隋唐以前,更是稀有難得。像這樣格式講究、内容完備的冥婚文書在隋唐以前的出土文獻中實屬罕見,故其價值亦顯而易見。

此外,這件墓券還有一個很值得關注的現象:券文前兩行墨蹟較淡,其字體與"謹案"以下文字完全不同,顯然不是同一人所書寫。該木牘上還繪有卜宅圖,圖中的標識文字其情形與券文一樣,也是兩種明顯不同的字體,似爲預先製作好了模版,臨用時又填上了具體的内容。

第五章 河西墓葬文獻相關問題研究

第一節 敦煌鎮墓文的功用及價值

1944 年，西北科學考察團在敦煌進行考古發掘，在一座魏晉時期的墓葬中發現了兩件陶罐，罐體上有用朱砂書寫的內容基本相同的文字：

> 翟宗盈，汝自薄命蚤終，壽窮算盡，死見八鬼（魁）九坎。太山長閲（問），汝自往應之。苦莫相念，樂莫相思。從别以後，無令死者注于生人。祠臘社伏，徼於郊外。千年萬歲，乃復得會。如律令！

這種文字專門用於喪葬儀式中，其目的是隔絶死者與其在世親人的關係，使之不得侵擾牽連生人；祈求生者家宅安寧，死者塚墓穩定，因而被學界稱之爲“鎮墓文”。對於鎮墓文所反映的當時人們對逝者的心理態度，著名學者夏鼐有一段很有意思的論述，他説：“這表示當時生者對死去的親人，一方面愛絲未斷，厚葬以奉死者；

一方面又懷有畏懼的心情，怕死者作祟。當我們審視罐内的粟粒和罐外的鎮墓文的時候，雖在千餘年以後，還可以體會到古人這種矛盾的心情。"①

除了 1944 年發現的這兩件之外，在甘肅河西走廊的西部後來還零星出土有一些鎮墓文，如 1960 年敦煌文物研究所考古組在敦煌新店臺發掘的《前凉升平十三年（369）泛心容鎮墓文》（共 3 件），1972 年出土於嘉峪關新城公社 1 號墓的《三國魏甘露二年（257）段清鎮墓文》，1973 年出土于敦煌七里鎮三號橋墓葬的《東漢（220前）佚名鎮墓文》，1993 年出土於酒泉市西溝村魏晉墓的《魏晉（265 前後）張氏鎮墓文》，1998 年出土于安西縣疏勒河魏晉墓的《前凉建興十年（322）鄧氏之婦鎮墓文》和 2008 年出土於酒泉市南郊三百户墓群的《西晉永嘉五年（311）樊氏鎮墓文》，等等。經文物考古工作者科學發掘、大量出土並得到規範記録的則有如下幾批：

1. 1980 年，敦煌縣博物館工作人員在敦煌縣城東南約 9 公里處的佛爺廟灣發掘了 3 座十六國時期的墓葬，出土有 10 件鎮墓文。

2. 1982 年，爲配合敦煌機場的修建，敦煌縣博物館考古組、北京大學考古實習隊在敦煌縣城以東 20 公里處的新店臺清理了 46 座西晉至十六國時期的墓葬，出土有 32 件鎮墓陶瓶，其中 17 件有朱書或墨書鎮墓文。

3. 1985 年，敦煌市以西約 4 公里處的祁家灣被劃歸青海石油管理局修建生活基地，爲配合這一重大工程的施工，甘肅省文物考

① 夏鼐：《敦煌考古漫記（一）》，《考古通訊》創刊號，1955 年，第 2—8 頁；夏鼐：《敦煌考古漫記》，北京：百花文藝出版社，2002 年，第 53 頁。

古研究所對這一地區西晉至十六國時期的117座墓葬(圖56)進行了集中的發掘清理,出土了88件斗瓶,其中大多存有墨書或朱書的鎮墓文。

圖56　敦煌祁家灣墓葬地面遺迹——雙闕

4. 1987年,在敦煌新店臺墓群又出土一批鎮墓文,發掘(或清理)報告未出,由甘肅省文物考古研究所何雙全研究員提供資料,張勛燎、白彬《中國道教考古》予以著録,目前所知共有11件。

這些鎮墓文數量可觀,内容豐富。對此,日本新潟大學專門從事中國西北出土文獻研究的學者關尾史郎曾發出感歎説:"在中國乃至世界上,除了敦煌,没有這樣大量出土鎮墓文的地域,與其獨特的樣式相得益彰,敦煌的鎮墓文在喪葬文化史上佔有非常獨特的位置。"①利用它們,可以考察河西走廊的歷史地理、喪葬風俗、

① 關尾史郎:《隨葬衣物疏和鎮墓文——新的敦煌吐魯番學》,西北出土文獻研究會:《西北出土文獻研究》(第6號),2008年,第5—25頁。

民間信仰以及語言文字、書法、文學等方面的問題，具有不可替代的文獻和歷史價值。

首先，這些鎮墓文中的大多數都具有明確的紀年，這不僅爲所出墓葬的確切年代提供了準確的信息，而且也爲考古工作者依據這些墓葬的特徵進一步斷定其他没有紀年文字的墓葬的年代提供了科學的依據，使河西走廊魏晉十六國時期墓葬有了十分清晰而明確的斷代和分期。同時，因爲這些紀年材料數量衆多，内容豐富，彌補了傳世史料的闕略，解決了一些重大的歷史問題和學術問題。如張軌建立前凉政權之後奉用年號的問題，經過幾代學人的努力，已基本厘清，即：在公元 316 年西晉滅亡之前，一直正常奉用西晉年號。公元 317 年，即晉愍帝建興五年，晉室東渡，建立了新政權，司馬睿於是年三月即晉王位，改元建武。這時的前凉政權由張寔執政，爲表忠誠，他"不用江東年號，猶稱建興"。自此以後，前凉政權歷張茂、張駿、張重華，奉行不廢，通用"建興"年號，至"卌九年"。這樣，前凉政權使用"建興"年號前後達 45 年之久。而在此期間，東晉政權經歷了 5 帝，使用過 9 個年號。到穆帝升平五年(361)十二月，張天錫乃奉升平年號。而這年的五月，穆帝駕崩，司馬丕繼位，是爲哀帝，年號也於次年正月改爲"隆和"了。此後東晉經歷了 4 帝，使用過 6 個年號，前凉政權却又一直奉用早已廢除了的"升平"，至公元 376 年八月被前秦所滅爲止，前後達 20 年之久。學界一般認爲，前凉政權在西晉滅亡後，先奉用建興年號，後奉用升平，期間僅在張祚統治時期使用過自建的"和平"年號，衹有一年多的時間；並且否定了《郡齋讀書志・後志》所引宋龔穎《運曆圖》張寔曾改元"永安"、張茂曾改元"永元"、張重華曾改元"永樂"、張玄靚曾改元"太始"、張天錫曾改元"太清"、張大豫曾改元"鳳凰"等的記載①。河西走廊出土的紀年鎮墓文正支持了學界的這些研究成果,但與此同時,又提出了新的問題。如在前凉政權統治時期,鎮墓文還出現了"永嘉十三年"、"建元六年"、"咸安五年"的紀年,這又是怎麽回事呢? 經過學者們深入探析,有些問題已基本廓清。如"建元六年",曾有學者認爲可能是指前秦建元六年,當時張天錫雖然奉用東晉早已過期了的"升平"年號,但也不排除到升平十四年(370)時迫于前秦壓力,虚與委蛇,改奉過前秦年號的可能。但王素利用敦煌和吐魯番地區出土的衆多文獻,結合傳世史料研究證明,此建元年號當是敦煌本地的政治勢力私自改奉的東晉年號②。這些出土材料還證明,張氏前凉政權統治期間,奉用年號除了前述"建興"、"升平"及自建年號"和平"外,其統治區域内還奉用過東晉成帝"咸和"及簡文帝"咸安"等年號,顯示出那個時代中原板蕩,群雄紛爭,河西走廊亦風雲變幻,政治局勢複雜多變的特徵。

此外,這些紀年材料還以其多樣的形式展現出古代文化的豐富性和複雜性,提示我們在解讀和使用時要深入研究,不可憑一知半解妄下結論。如 1980 年出土于敦煌佛爺廟灣 80DFM1 墓的《西凉庚子六年(405)張輔鎮墓文》,共 3 件,均有"庚子六年正月水未朔廿七日己酉"的紀年,有的研究者以爲形近致誤,將其中的"水未"校改爲"辛未",但他們没有注意到,這樣校改後,朔日干支即與曆日不合。無獨有偶,敦煌還有 2 件出土于佛爺廟灣同一墓的《西晉元康七年(297)陳小晴鎮墓文》,文字内容基本一樣,不同之處僅

① 《中國歷史紀年表》,《辭海》(第 4 册),上海：上海辭書出版社,1999 年,第 5877—5938 頁。

② 王素：《敦煌出土前凉文獻所見"建元"年號的歸屬——兼談敦煌莫高窟的創建時間》,《敦煌吐魯番研究》第 2 卷,北京：北京大學出版社,1997 年,第 13—22 頁。

在其紀年，一作“元康七年八月廿八日癸卯日”，一作“元康七年八月廿八日水卯日”，這就意味著不能簡單地以爲後者之“水卯”是筆誤，而有可能是“癸卯”的另一種寫法。那麽，爲什麽“癸卯”又可寫作“水卯”呢？原來這裏的道理在於干支與五行方位的配屬關係。在傳統文化中，十天干甲、乙、丙、丁、戊、己、庚、辛、壬、癸分别代指五行和四方，其中中央戊己土，西方庚辛金，東方甲乙木，南方丙丁火，北方壬癸水，所以有癸水之稱，常常以“水”代“癸”。查《二十史朔閏表》，西涼庚子六年爲公元405年，是年正月恰爲癸未朔，廿七日正爲己酉，證明干支不誤。

敦煌還出土有《前涼升平十三年(369)泛心容鎮墓文》，共3件，其中兩件有紀年，作“升平十三年閏月甲子朔廿一日壬寅”。對此，原報告是這樣解析的：“據陳垣《二十史朔閏表》升平十三年，己巳，是年閏正月，五穀瓶紀年與之相合。”[①]僅指出升平十三年的干支爲“己巳”，其紀年干支與曆日怎麽個“相合”法，却没有説清楚。因此，黄景春博士嘗試進行了具體的闡釋，並指出其與曆法不相合的情況：“升平十三年閏正月，朔旦爲壬午，非甲子。即便以甲子爲朔旦，廿一日當爲甲申，不當是壬寅。”[②]但他這又是以不誤爲誤，是不明古代干支紀月法所致。1943年，陳垣先生曾就此問題回答他的學生啓功：

以甲子紀月，金石文中罕見。《潛研堂金石文跋尾》卷十

---

① 敦煌文物研究所考古組(馬世長、孫國璋)：《敦煌晉墓》，《考古》1974年第3期，第191—199頁。

② 黄景春：《早期買地券、鎮墓文整理與研究》，華東師範大學博士學位論文，2004年，第186頁。

及十一，有《尊勝陀羅尼》二幢：一題梁貞明三年歲次丁丑，十一月壬子，朔二十六日辛丑建；一題吴天祚二年歲次丙申，閏十一月庚子，朔一日□□。竹汀先生謂二幢朔日甲子皆訛，不知此壬子、庚子指十一月，非指朔，“朔”字連下不連上讀也。

民國三十二年夏曆癸未，五月戊午，朔三日甲午，謹呈元白先生正之。陳垣。①

而《泛心容鎮墓文》之紀年恰屬援庵先生所説的這種情況，其“升平十三年閏月甲子朔廿一日壬寅”有省略，補充完整的話應是“升平十三年歲次己巳，閏正月甲子，朔廿一日壬寅”。意思是，這一年閏正月，當月干支爲甲子；從初一日，即朔日計，第二十一日爲壬寅。此月二十一日爲壬寅，朔旦恰爲黄景春所説之“壬午”，鎮墓文紀年與《二十史朔閏表》相合。這裏的“朔”字不能依一般史書中常見的“八月庚寅朔”、“十月乙亥朔”等斷於上句末，誤以甲子爲朔旦，從而誤推廿一日爲甲申。而這個事例又一次證明了中國古代紀年的複雜性，同時也爲援庵先生的發現提供了又一個生動的例證。

敦煌所出鎮墓文中有的還記載有死者生前所屬縣鄉里貫，這爲我們解決一些歷史地理問題提供了新的可靠的材料。如1987年出於新店臺墓群的幾件鎮墓文就記載了敦煌郡效穀縣及其所轄鄉里的名稱，成爲研究者考證魏晉時期效穀縣地望及當時縣鄉里制演變的有力證據。據傳世史料記載可知，效穀縣爲西漢敦煌郡

① 劉乃和：《中國歷史上的紀年（上）》，《文獻》第十七輯，書目文獻出版社，1983年，第240—241頁。

所轄六縣之一，至魏晉及前凉張氏政權時期，一直沿置，而據敦煌遺書 S.613《大統十三年效穀縣郡計賬》“出嫁效穀縣……王奴子”的記載可知，至西魏大統十三年(547)猶存，後周時始併入敦煌縣。此縣存在 600 餘年，爲敦煌郡重要的歷史地理名稱。其地望之探究，自清雍正以來，屢有所聞。近年來，重要的觀點有：馬世長、樊錦詩及吴礽驤、余堯認爲在敦煌東 62 公里之甜水井北 12 公里的古城遺址處①；王仲犖認爲在安西縣西南②；梁尉英以爲在敦煌城北 40 里許之戴家墩古城③；齊陳駿認爲在今敦煌城東北黄墩堡及清水墩之間④；李并成以爲在敦煌市東北 17 公里之墩墩灣古城⑤；李正宇先生經實地踏察，認爲在今敦煌市轉渠口鄉東北三道蒙古包北之古城遺址⑥。諸家立論各有其依據，但所考定之效穀縣城址方位却相去甚遠。要之，此一問題之討論，當不能離開敦煌遺書 P.2005《沙州都督府圖經卷第三》“古效穀城在州東北三十里”的記載，對地面現存遺跡的踏察亦很重要。然古敦煌郡轄區内古城遺址所在多多，雖屢經摧毁，至今尚存者仍爲數不少，如此，則地下出土文物就顯得彌足珍貴了。佛爺廟——新店臺古墓群，西起敦煌

① 敦煌文物研究所考古組、敦煌縣文化館(馬世長、樊錦詩)：《敦煌甜水井漢代遺址的調查》，《考古》1975 年第 2 期，第 111—115 頁；吴礽驤、余堯：《漢代的敦煌郡》，《西北師大學報(社會科學版)》1982 年第 2 期，第 24—32 頁。

② 王仲犖：《北周地理志》(上)，北京：中華書局，1980 年，第 224 頁。

③ 梁尉英：《漢代效穀城考》，《1983 年全國敦煌學術討論會文集》之《文史・遺書編上》，蘭州：甘肅人民出版社，1987 年，第 282—297 頁。

④ 齊陳駿：《敦煌沿革與人口》，《河西史研究》，蘭州：甘肅教育出版社，1989 年，第 63—64 頁。

⑤ 李并成：《漢敦煌郡效穀縣城考》，《敦煌學輯刊》1991 年第 1 期，第 57—62 頁。

⑥ 李正宇：《古本敦煌鄉土志八種箋證》，蘭州：甘肅人民出版社，2008 年，第 144、268—269 頁。

市三危鄉佛爺廟,東至五墩鄉新店臺,有萬餘座古墓。其中新店臺古墓群西距敦煌市區約 20 公里,位處《沙州都督府圖經卷第三》所載效穀縣城之東南 3 公里處,因而其間所出幾件鎮墓文恰可與敦煌遺書相印證,應是進一步考證確定效穀縣地望的有力證據。此外,還需要提到的是,陳國燦還利用這些材料考證了敦煌縣鄉里制的演變,説在前凉政權初期,效穀縣"已有東、西、北 3 鄉之設,説明它至少已是 5 000 户以上的縣了"①。

第三,敦煌鎮墓文大多爲民間方士所書,其中保存了魏晉十六國時期大量的訛俗字和異體字。裘錫圭先生曾把漢字形體的演變分爲古文字和隸楷兩個階段,在隸楷這一階段,文字形體上比較劇烈的變化則集中在兩漢魏晉時期。而研究這一時期文字形體的資料,除了石刻墓誌和簡牘帛紙外,買地券、衣物疏和鎮墓文也是不可忽視的一個部分②。敦煌所出鎮墓文數量較大,文字形體衆多,恰爲研究漢字發展演變的歷史提供了更加豐富而生動的材料。

著名敦煌俗字研究專家黄征曾給"敦煌俗字"下定義説,"就是敦煌出土文獻所見歷代不規範異體字"③。雖然他所指稱的"敦煌文獻"僅衹是莫高窟所出石室遺書,並不包括敦煌所出墓葬文獻,但他所據以研究的敦煌文獻就其實際書寫時代而言,較早的有西晉的,較早而大量的則是北魏的,最多的要算唐代和五代時期的;而從目前考古發掘所知,敦煌所出鎮墓文其書寫時代較早且有明確紀年的是三國魏甘露二年(257),最晚的爲沮渠氏

① 陳國燦:《唐五代敦煌縣鄉里制的演變》,《敦煌學史事新證》,蘭州:甘肅教育出版社,2002 年,第 363 頁。

② 裘錫圭:《文字學概要》,北京:商務印書館,1988 年,第 40—96 頁。

③ 黄征:《敦煌俗字典·前言》,上海:上海教育出版社,2005 年,第 5 頁。

北涼玄始十年(421),與藏經洞所出較早時期的文書是一致的。這樣,就其所出地域及時代而言,敦煌鎮墓文實在也應該是"敦煌文獻"的有機組成部分,它也可以爲敦煌俗字的研究提供或補充更爲豐富的材料;而由於書手和書寫材料的特殊性,其文獻資料的價值或可還有藏經洞所出紙質文書所不能完全包括或不可替代之處。如 1985 年出土于祁家灣的《壹官鎮墓文》(圖 57),原考古發掘報告釋讀爲:

□官華年/薄命早終/相注而死今/送鉛人一雙/斗瓶五穀/用贖生人/魂魄須鉛/人膺□五穀/死生乃當/死生死各/異路不得更/相注□件除/重復便利生人/如律令

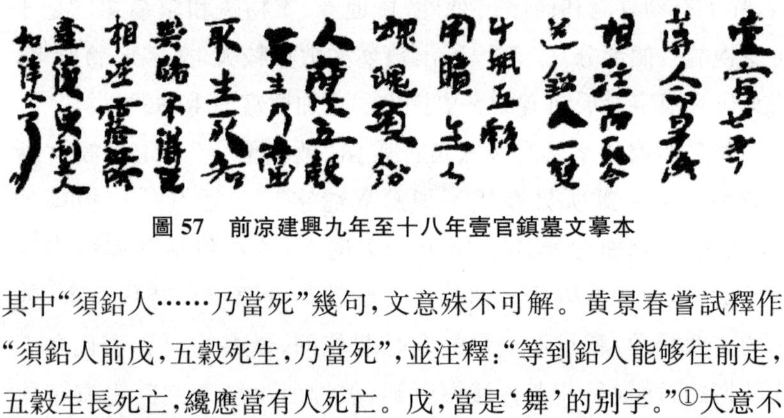

圖 57　前凉建興九年至十八年壹官鎮墓文摹本

其中"須鉛人……乃當死"幾句,文意殊不可解。黄景春嘗試釋作"須鉛人前戊,五穀死生,乃當死",並注釋:"等到鉛人能够往前走,五穀生長死亡,纔應當有人死亡。戊,當是'舞'的别字。"①大意不差,已與鎮墓文之功用相合,然其中"前戊"一詞實乃揣想强解之辭。無獨有偶,2005 年西安高新工業園出土的《曹魏景元元年朱

① 黄景春:《早期買地券、鎮墓文整理與研究》,華東師範大學博士學位論文,2004 年,第 186 頁。

書鎮墓文》有這樣的内容:“即欲……焦豆生,雞子雛鳴,……可經□人府月,乃……聽相取。”[①]其中“可經□人府月”,文意亦難索解。細察原文所附摹本,此處雖有漫漶殘缺,但“可經□人府月”還是清晰可辨:其中“經□”應是“鉛”字下部殘缺造成的誤釋;而“府”、“月”兩字,從其形體結構看,本來是一個字,即“⿸广⿰亻肖”,釋讀者不察,人爲地割裂成了兩個形體。“⿸广⿰亻肖”字一般工具書不收,但據漢字生成原理,不難推斷此字乃“腐”之異體。將此形體釋作“腐”,置於原文,兩件鎮墓文之文意都豁然而通,即:除非放置在鎮墓瓶中的鉛人腐爛了,五穀(一般都是炒熟了的)發芽生長了,你(指死者)纔有可能作祟於活著的親人,使他們死去。正可謂“揆之本文而協,驗之他卷而通”。查《漢語大字典》,“⿸广⿰亻肖”字有收録,正釋作“腐”之異體[②],但没有使用例證,亦未在字頭下選列反映該字字形源流演變的、有代表性的甲骨文、金文、小篆和隸書等形體。大型金文工具書《金文編》和《金文大字典》都没有收録此字。黄征在蔣禮鴻、潘重規、郭在貽及張涌泉和他本人多年研究的基礎上撰有體大思精、收字賅備的《敦煌俗字典》,查檢該著,未列“腐”字條。通過此例我們不難理解,敦煌鎮墓文之文字材料對於僅以“藏經洞出土寫本文獻爲要務”的敦煌俗字研究具有重要的補充作用,進而對於建立完整的漢語言文字學體系、正確認識漢字簡化和漢字規範、編纂修訂大型字典及校理古籍也都具有重要意義。

第四,這些鎮墓文都是由當時的方士或民間其他一些能識文

---

① 張全民:《曹魏景元元年朱書鎮墓文讀解》,《考古與文物》2007年第2期,第30—32、92頁。

② 漢語大字典編輯委員會:《漢語大字典(第二版)》,武漢/成都:崇文書局、四川辭書出版社,2010年,第958頁。

斷字的人直接用毛筆書寫在鎮墓罐上的，保留了當時民間書法鮮活生動的第一手材料，使我們在 1 600 多年後仍能窺見那一時代書法風貌的另一側面，由此也讓我們又想到了 40 多年前那場圍繞書法問題所發生的著名論辯——《蘭亭》論辯。事情的起因是，1958 年以後，南京、鎮江等地出土了《王興之夫婦墓誌》和《謝鯤墓誌》等，引起考古界、史學界和書法界的廣泛注意，至 1965 年 5 月，郭沫若發表《由王謝墓誌的出土論到蘭亭序的真僞》一文，否定《蘭亭序》爲王羲之作品，認爲是智永所“依託”[①]。郭沫若的“依託説”，不僅直接指向《蘭亭序》的不真，而且還意味著凡屬唐摹宋刻王羲之的書跡皆爲僞，由此對漢魏兩晉六百年的書史提出異議，六朝至隋唐以下的書史、書評也受到衝擊。郭沫若的文章，引起了學術界的震動。儘管在當時的歷史背景下，大多數人都緘口不語，但高二適、商承祚等還是先後寫了文章對郭説進行了辯駁。後來的學者總結當時的那場辯論，將郭沫若等人的觀點大致歸納爲 12 條，其中第 4 條“字的時代風格與現在見到的晉代碑刻和出土的墨蹟不合”和第 9 條“新疆出土的晉寫本是隸書體，則凡屬晉代書都必然是隸書體。而《蘭亭序帖》却是後來的楷書體，那麽，《蘭亭序帖》必然是僞跡”[②]即與出土文獻有關。商承祚和高二適在辯駁中也使用了出土文獻，如他們説，《王興之夫婦墓誌》等既非出自好手所書，而刻工又極粗劣，很難説它在書法史上佔有何等重要地位；上層的書法和民間的書法有一定距離，磚刻主要由陶工所書，是民

① 郭沫若：《由王謝墓誌的出土論到蘭亭序的真僞》，《文物》1965 年第 6 期，第 1—25 頁；《光明日報》1965 年 6 月 7 日。

② 劉秋增、王汝濤、劉錫山：《王羲之志(附王獻之志)》，濟南：山東人民出版社，2009 年。

間書法的一種，要想用晉磚文字來窺探書家多種筆法，事實上是有困難的①。這場當年引發書法界振盪並且連毛澤東和章士釗都曾干預過的大討論，其論辯雙方徵引文獻資料支撑的重要觀點在後來包括敦煌鎮墓文在内的衆多出土文物面前都顯得那麽蒼白無力，不經一提了。

敦煌鎮墓文的書法可謂衆體備具，風格多樣，大凡後世所見隸書、楷書、章草、今草、行書都可以在其中找到影子②；雖然大多爲民間書手所作，却是既有粗劣不堪者，也有典雅精麗者，五彩繽紛，令人目不暇給。就書法自身的特性而論，它們是否具有審美價值或者具有多大的審美價值，可能還是一個可以討論的話題，但觀照研究它們，有助於我們全面瞭解魏晉時期書法的實際情况，進而深刻地認識書法演進流變的歷史，則是毋庸置疑的。

第五，作爲用於喪葬儀軌中的一種實用性很强的應用文，它的主要功用是隔絶陰陽，以達到鎮墓安宅的目的，所以其文風應該是比較質實的。但這些民間方士在履行他們的神職時，有時也要刻意地發揮其語言的天賦，運用反復、排比、誇張等手法，來渲染喪葬氣氛，加强告誡意味，表明決絶的態度，如"生人前行，死人却步。生死道異，不得相撞"、"生人有城，死人有郭"、"星辰日月，自有紀綱。生人有里，死人有鄉；死人入□，生人前行；死人却之，生人得長；死〔人〕屬〔陰〕，生人屬陽；生人□□，死人用藏"，等等，就具有很强的文學性。還有的爲了强調陰陽隔絶，就近取譬，以葬儀中鎮

① 高二適：《〈蘭亭序〉的真僞駁議》，《光明日報》1965年7月23日；商承祚：《論東晉的書法風格並及〈蘭亭序〉》，《中山大學學報(哲社版)》1966年第1期。

② 其中又以隸書向楷書過渡的"楷七而隸三"的新隸體爲主流。

墓罐中所裝物品爲喻，列舉諸如焦大豆生葉、段(鍛)雞子雛鳴、鉛人能行、瓦狗能吠、桃李生莇、人参能語、鉛券華榮等根本不可能實現的事，説祇有在這種情况下，“千秋萬歲，乃復得會”，以杜絶死者與親人團聚的幻想，告誡他們的陰魂不要返回陽世作祟生人，其表現手法與漢樂府民歌《上邪》“山無陵，江水爲竭，冬雷震震，夏雨雪，天地合，乃敢與君絶”及敦煌曲子詞《菩薩蠻》“枕前發盡千般願，要休且待青山爛。水面上秤錘浮，直待黄河徹底枯。白日參辰現，北斗回南面。休即未能休，且待三更見日頭”如出一轍而又相反相成。“或因枝以振葉，或沿波而討源”，鎮墓文中的這些内容爲我們追溯古代民歌中一些常用手法的源流提供了新的證據，也爲我們考察中古時期敦煌民間藝術的特徵及其所反映的審美趣味增加了新鮮生動的材料。

最後，毫無疑問，敦煌鎮墓文乃是考察魏晉十六時期喪葬風俗、民間信仰及道教思想的重要史料，專家學者們利用這些資料進行研究，産生了很多有價值的成果。姜伯勤曾列表彙集敦煌所出鎮墓文，考察道教在敦煌的流傳和發展。他認爲方術、方技和神仙家都是原始道教的來源，敦煌鎮墓文出自方術，但其“厭解”之術又爲漢魏六朝的道教信仰所汲收。其中青烏子、星官之禁、注等説均出於漢代之方術，亦即史實所稱之“方仙道”。敦煌大量出土的鎮墓文反映了本地天師道與“方仙道”的融合①。余欣則利用包括敦煌鎮墓文在内的諸多墓葬文獻考索了上博 48 號卷《後唐清泰四年(935)曹元深祭神文》所祭諸墓葬神煞的源流，從而揭示出敦煌民

① 姜伯勤：《敦煌藝術宗教和禮樂文明》，北京：中國社會科學出版社，1996 年，第 280 頁。

生宗教的神靈信仰體系中這一組成部分的基本特徵：墓葬神煞的"歷史延續性"遠遠超出鬆散型宗教中其他類别的神①。寧强曾在一篇論五世紀敦煌人口構成的文章中也徵引了敦煌出土墓葬文獻，他説："墓葬出土的文字資料也表明，從公元三世紀到五世紀初的本地居民以漢人爲主，其宗教信仰則明顯是道教而非佛教。墓葬題記反映了當地人對死者的恐懼和他們想利用道教儀式分隔生人與死人的願望。……這些資料表明，敦煌人害怕死者，希望死去的親人能永遠離開家鄉。但道教的理論未能提供一個理想去處，使死人安心休息。直到公元 421 年，北凉佔領敦煌後的第一個年頭，本地傳統的葬俗突然停止，當地普通漢人開始轉信佛教。"②雖然學者們對於敦煌鎮墓文所反映的喪葬儀式究竟是民間信仰的産物，還是原始道教的來源之部分，至今尚未形成一致的看法，但寧强這段描述大體上還是符合敦煌墓葬文獻的實際的，其分析論斷對於我們深刻理解鎮墓文功用及其所反映的敦煌地區的宗教信仰也是十分有益的。

第二節　河西墓葬文獻的文學史料價值

魏晉南北朝時期是中國歷史上一個戰亂頻仍、動盪分裂的"衰

---

① 余欣：《神道人心——唐宋之際敦煌民生宗教社會史研究》，北京：中華書局，2006 年，第 104—130 頁。

② 寧强：《敦煌北凉三窟供養人及相關問題研究(摘要)》，巫鴻主編：《漢唐之間的宗教藝術與考古》，北京：文物出版社，2000 年，第 532—533 頁。

世”。學界一般認爲，在這個衰世，文學也處於衰落的狀況①。而這一時期，南北文學的發展又是不平衡的，對此，學界也有比較一致的看法，即南朝要比北朝興盛。此外，在東晉十六國時期，由於衣冠南渡，北方先後有十六個割據政權存在過，且大都處在文化落後的少數民族統治之下，因而，十六國時期的北方文學又是整個魏晉南北朝時期最爲衰落的。但近年來，從事中古文學研究的學者還有一些不同的看法，如徐公持即鮮明地提出“衰世文學未必衰”的觀點②，周建江也説，北朝文學“自然有其出衆之處，衹是由於特殊的歷史原因而湮没在典章文獻之中，不像南朝文學那麽顯著罷了”③。

地處甘肅省中西部的河西走廊，因其處在絲綢之路咽喉要衝的獨特地理位置和乾旱少雨的氣候特徵，不僅保存了諸如漢晉簡牘、敦煌遺書和黑水城文書等大宗中古至近古的文獻資料，而且還在魏晉十六國時期的墓葬中出土了爲數衆多的鎮墓文、衣物疏和買地券等喪葬文書。這些墓葬文獻既具有獨特的文體特徵，亦具有較强的文學性，應該是研究魏晉南北朝文學，尤其是西晉十六國文學的重要史料。近年來，筆者致力於河西墓葬文獻的整理研究，于其中與文學相關的内容亦有所關注，今臚列一二，謹就其文學史料價值就教于方家，以期對魏晉南北朝文學，特别是西晉十六國時

① 一般的文學史教材經常引用陳子昂和蘇軾的兩段話來闡發這一觀點。陳子昂在《寄東方左史虬修竹篇序》中説：“文章道弊五百年矣！漢魏風骨，晉宋莫傳，然而文獻有可徵者。僕嘗暇時觀齊梁間詩，彩麗競繁，而興寄都絶。”（《唐詩紀事》卷七）蘇軾在《潮州韓文公廟碑》中評論韓愈的功績時説：“文起八代之衰，而道濟天下之溺。”

② 徐公持：《衰世文學未必衰》，《文學遺産》2013 年第 1 期，第 4—14 頁。

③ 周建江：《北朝文學史》，北京：中國社會科學出版社，1997 年，第 1 頁。

期河西文學的研究有所貢獻。

1. 西晉永嘉五年(311)樊氏鎮墓文

2008 年 11 月出土於酒泉市南郊三百户墓群,發掘報告未出,筆者曾據原物圖片首次釋出①,後有所修訂(圖 58),全文如次:

永嘉五年三月□□□〔直〕除,樊氏家富倉□□□。星辰日月,自有紀綱。生人有里,死人有鄉;死人入□,生人前行;死人却之,生人得長;死〔人〕屬〔陰〕,生人屬陽;生人□□,死人用藏;中祥外祥,客死不葬。兵死、星死、乳死□之鬼,□□□□〔不〕祥。丘丞暮(墓)伯,□□□□;□惑注鬼,土氣之虚;相紹遠去,各歸部署;天帝之神,當居汝處。

敢告倉林君、武帝王、東塚伯、西塚□〔侯〕、地下二千石,急赦除樊氏□塚,生人過適削除,文□。樊氏之塚,舍□蒠□□,□氏束縛,歸其魂魄。金□□□,可分君糧,鉛人免□□□□耳,死人異路,不得相□□□侵,不得相害,汝欲

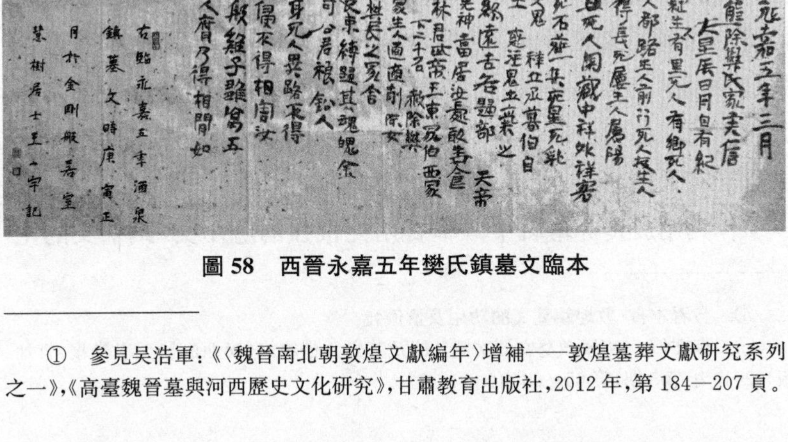

圖 58　西晉永嘉五年樊氏鎮墓文臨本

①　參見吴浩軍:《〈魏晉南北朝敦煌文獻編年〉增補——敦煌墓葬文獻研究系列之一》,《高臺魏晉墓與河西歷史文化研究》,甘肅教育出版社,2012 年,第 184—207 頁。

□□□〔有所爲〕，段雞子雛鳴、五穀□□〔死生〕、□〔鉛〕人腐，乃得相聞。

如律□〔令〕！

鎮墓文是東漢後期出現的用朱砂寫在鎮墓陶器上的一種解殃文辭，專門用於喪葬儀式中，其目的是隔絶死者與其在世親人的關係，使之不得侵擾牽連生人；祈求生者家宅安寧，死者塚墓穩定。河西走廊自上世紀四十年代以來陸續出土有130餘件，其中大部分存有文字。這些中古時期的文字資料有著多方面的文獻價值[①]，近年來，學界利用它們進行宗教信仰、喪葬風俗、歷史地理、語言文字、文體和書法等方面的研究，創獲頗豐。目前所見，其中對鎮墓文的文體予以關注並研究的是福建師範大學的郗文倩。她説："基於自身的特殊功用，鎮墓文在文體的選擇和運用上也有著極强的目的性。它將已經具有穩定形態的指令性公文作爲自身文體形態的基本框架，同時在官府文書威嚴的語言軀殼内附加了巫術咒語脅迫、恫嚇等情感性言辭，巧妙吸納兩種文體共同的修辭特性和文體權威以加强自身的震懾力，從而形成一種特殊的、極具時代特色的墓葬文體形式。"[②]所論雖爲東漢鎮墓文，且所舉例證也都是中原出土文物，但施於河西走廊魏晉十六國時期的鎮墓文也大體不差。但對於這些鎮墓文作爲文學史料方面的價值則至今尚未見到有人關注。

作爲用於喪葬儀軌中一種實用性很强的應用文，鎮墓文的主

---

① 參看本書《敦煌鎮墓文的功用及價值》。

② 郗文倩：《東漢鎮墓文的文體功能及其文體借鑒》，《廣西師範大學學報(哲社版)》2010年第5期，第65—69頁。

要功用是隔絶陰陽，以達到鎮墓安宅的目的，所以其文風應該是比較質實的。但它們的創造者和書寫者——民間方士，在履行其神職時，有時也要刻意地發揮其語言的天賦，運用反復、排比、誇張等手法，來渲染喪葬氣氛，加强告誡意味，表明決絶的態度。如這篇鎮墓文中"星辰日月，自有紀綱。生人有里，死人有鄉；死人入□，生人前行；死人却之，生人得長；死〔人〕屬〔陰〕，生人屬陽；生人□□，死人用藏"，等等，就具有很强的文學性。

還有的爲了强調陰陽隔絶，就近取譬，以葬儀中鎮墓罐中所裝物品爲喻，列舉諸如焦大豆生葉、段(煅)雞子雛鳴、鉛人能行、瓦狗能吠、桃李生葯、人參能語、鉛券華榮等根本不可能實現的事，説祇有在這種情況下，"千秋萬歲，乃復得會"，以杜絶死者與親人團聚的幻想，告誡他們的陰魂不要返回陽世作祟生人，如此文末尾"汝欲□□□〔有所爲〕，段雞子雛鳴、五穀□□〔死生〕、□〔鉛〕人腐，乃得相聞"①。這種表現手法很容易使我們聯想到漢樂府民歌《上邪》：

上邪，我欲與君相知，長命無絶衰。山無陵，江水竭，冬雷震震，夏雨雪，天地合，乃敢與君絶。

敦煌曲子詞《菩薩蠻》：

枕前發盡千般願，要休且待青山爛。水面上秤錘浮，直待黄河徹底枯。白日參辰現，北斗回南面。休即未能休，且待三更見日頭。

① 詳見本書《河西鎮墓文叢考》。

以及近代江南民歌《莫分離》：

> 要分離，除非天地合；要分離，如同日出西；要分離，大海變作平洋地；要分離，鐵樹開花落滿地——"分離"二字切莫提起；要分離，除非你死我斷氣。

它們之間相通的是，都連續借用多組顛倒是非，違背常情常理到了極致的意象，使用極度誇張的手法，表明一種決絶的態度，抒發一種强烈的感情，都是從反面設誓，是正話反説。所不同的是，以前我們所熟悉的那些古今民歌表達的是情的熾烈和愛的堅貞，是要死要活都要在一起，都要不分離；而現在我們從鎮墓文中感受到的是魏晉時期的先民"一方面愛絲未斷，厚葬以奉死者；一方面又懷有畏懼的心情，怕死者作祟"①的複雜矛盾的心情，是無論如何都不願重聚首，都不得再相見。儘管鎮墓文和民歌陰陽殊途，具體功用不同，所表達的感情恰好相反，但就其表現手法和審美趣味却是驚人一致的。

"或因枝以振葉，或沿波而討源"，河西鎮墓文中的這種表現手法上承漢代樂府民歌，下啓唐末五代的敦煌曲子詞，爲七八百年間中斷了的鏈條上增加了一個環節，無疑爲我們追溯古代民歌中一些常用手法的源流提供了新的證據，也爲我們考察中古時期河西地區民間藝術的特徵及其所反映的審美趣味增加了新鮮生動的材料。

還有，鎮墓文雖然其功用大體都是相同的，但自東漢以來直至

---

① 夏鼐語。見氏著：《敦煌考古漫記(一)》，《考古通訊》創刊號，1955 年，第 2—8 頁；《敦煌考古漫記》，百花文藝出版社，2002 年，第 53 頁。

魏晉十六國時期，並未形成一個固定的模式，相對而言，它的行文仍然是自由隨意的。具體在《西晉永嘉五年(311)樊氏鎮墓文》中的表現即是，與前後和同一時代的鎮墓文相比較，它不僅篇幅長，而且十分講究句式的整齊，通篇整散結合，錯落有致。在第一段還有意押了韻，前面幾句押"唐"韻，後面又换爲"魚"韻，讀起來朗朗上口，富有音樂的意味。作爲不可多得的文學史料，這也應該引起我們的關注。

2. 西凉庚子六年(405)張輔鎮墓文

1980年出土于敦煌佛爺廟灣80DFM1墓，原報告有釋文並附摹本圖影①，筆者曾據摹本圖影覆案②，校釋如次：

庚子六年正月水未朔廿七日己酉，敦煌郡敦煌縣東鄉昌利里張輔，字德政，薄命早終，算盡壽窮，時值八魁九坎。今下斗瓶，用當重復。解天注、地注、人注、鬼注、歲注、月注、日注、時注。樂莫相念，□〔苦〕莫相思。生人前行，死人却步，生死不得相□〔注〕仵。如律令！

與上件《西晉永嘉五年(311)樊氏鎮墓文》不同，此件篇幅比較短小，但却代表著河西走廊出土魏晉十六國時期鎮墓文的典型特徵，具備了一般鎮墓文通常所具有的要素：規範而準確無誤的紀年，死者所屬郡縣鄉里貫和姓名字號；説明他壽數已盡，死亡時正遭值"八魁九坎"；在喪葬中將一斗瓶置於墓中，其目的是爲了解除

---

① 甘肅省敦煌縣博物館(韓躍成、張仲)：《敦煌佛爺廟灣五凉時期墓葬發掘簡報》，《文物》1983年第10期，第51—60頁。

② 參看本書《河西鎮墓文叢考》。

重復，用以厭解各種注鬼；勸他在陰間不要想念陽世的親人，告誡他生死有别，不得施注于陽世，等等。思路順暢，章法嚴謹。從語言風格上説，雖然也使用了對偶等修辭手法，如“樂莫相念，苦莫相思”、“生人前行，死人却步”等，但總體上呈現出簡潔質樸的風貌，體現著那一時代的主流文風。

根據内容和文體結構，河西鎮墓文可以分爲幾個類型[①]，其中之一即是以解“注”爲中心的，因而也有學者據此把鎮墓文稱之爲“解注文”者[②]。所解之“注”，即“注病”，漢代劉熙最早予以詮釋：“一人死，一人復得，氣相灌注也。”[③]到隋代，巢元方撰《諸病源候論》，詳解風注、五注、轉注、生注、死注、邪注、氣注、土注、屍注等34種注病[④]。一般鎮墓文在羅列解注對象時，並無固定而統一的内容，而是表現出很大的隨意性。此件却不同，它以簡馭繁，跳出具體注病的藩籬，抽繹出天、地、人、鬼、歲、月、日、時八個方面，用以涵蓋和代表所有的注源，表現出書寫者清晰的邏輯思維能力和很强的駕馭語言的能力。另外，文中“解”字，鎮墓文通常都使用雙音節詞“厭解”，而這裹却祇用單音節詞“解”；“如律令”一般作“急急如律令”，這裹也省去了表示强調意味的“急急”兩字，用墨極爲

① 姜伯勤曾以《西凉建初五年(409)畫虜奴鎮墓文》之兩件爲例，將當時敦煌所流行鎮墓文分爲兩種類型：第一種有斗瓶，内盛五穀，又有鉛人，其主要功用是以鉛人代形，解除墓主之災；第二種用厭解的方術來鎮伏鬼氣妖邪。(《敦煌藝術宗教和禮樂文明》，中國社會科學出版社，1996年)其實若將全部敦煌鎮墓文彙集起來做總體考察，其類型並不止這兩種。這個問題還有待做專門的研究。

② 劉昭瑞：《談考古發現的道教解注文》，《敦煌研究》1991年第4期，第51—57頁。

③ 劉熙：《釋名》，叢書集成本，中華民國二十八年，第128頁。

④ 南京中醫學院：《諸病源候論校釋》，北京：人民衛生出版社，1980年，第689—713、1298頁。

儉省，可謂惜字如金的典範。

值得一提的還有，本件紀年中用"水未"替代"癸未"，從而獲得一種變化之美，體現出中華文化的博大精深。

3. 東晉十六國(420 前)耿少平、孫阿玿冥婚券文

1998 年出土於高臺駱駝城，無考古發掘報告，曹國新[①]、趙雪野和趙萬鈞[②]、劉衛鵬[③]、劉樂賢[④]等先後釋讀校録。筆者在諸家成果的基礎上據原物圖片覆案，校訂如次：

耿氏男祥，字少平，年廿，命在金；孫氏女祥，字阿玿，年十五，命在土。

謹案：黄帝司馬季主《九天圖》、太史曆記言得用。今年十二月廿三日，月吉日良，星得歲對，宿得天倉，五男四女九子法，塚前交車，作舍作蘆(廬)。穆穆雍雍，兩家合同；雍雍穆穆，兩家受福，便利姑訟叔妹。共上倉天，共作衣裳，共作旃被，共作食飲，共上車，共臥，共起，共向塚，共向宅，共取新，共取水，共産兒子，兒大共使。千秋萬歲，不得犯害家人。生死異路，各有城郭；生人前行，死人却略；生人上臺，死人深藏埋；生人富貴，死人日遠。自今相配合，千秋萬歲之後不得還反。

---

① 曹國新：《駱駝城遺址出土珍貴文物》，《絲綢之路》1999 年第 3 期，第 54—55 頁。

② 趙雪野、趙萬鈞：《甘肅高臺魏晉墓墓券及所涉及的神祇和卜宅圖》，《考古與文物》2008 年第 1 期，第 85—90 頁。

③ 劉衛鵬：《甘肅高臺十六國墓券再釋讀》，《敦煌研究》2009 年第 1 期，第 47—51 頁。

④ 劉樂賢：《"生死異路，各有城郭"——讀駱駝城出土的一件冥婚文書》，《歷史研究》2011 年第 6 期，第 86—98 頁。

時共和合，赤松子如地下二千石、灶君共三畫，青烏子共知要。急急如律令。

此件冥婚文書在研究古代冥婚觀念、儀式和習俗等方面有著重要的價值。有關其内容的介紹和解析見第四章所收河西墓葬雜文第22篇，兹不贅。現在我們以文學的視角去觀照，將其視爲中古時期的一則文學史料，它所具有的獨特價值也是值得重視的。

首先，從文體來看，它仍具有鎮墓文的特徵，衹不過這是一件冥婚文書，因其用途的特殊，增加了對婚配雙方在陰間美滿幸福生活的祝福，使其與一般鎮墓文相比有了一些温馨喜悦的色彩而已。而實際上，事主雙方的親人及施法術士之所以這樣隆重地爲他們操辦這樣一場冥世的婚禮，其目的仍是爲了隔絶陰陽，避免他們作祟于陽世親人，即所謂“自今相配合，千秋萬歲之後不得還反”。

其次，這件券文語言形式講究，句式整散結合，奇偶相生，參差錯落，靈活而富有變化，音韻和諧，讀來朗朗上口，具有很强的文學意味。開頭幾句“黄帝司馬季主《九天圖》、太史曆記言，得用今年十二月廿三日，月吉日良，星得歲對，宿得天倉，五男四女九子法，塚前交車，作舍作蘆(廬)”，章法謹嚴，行文老到，似是嫺熟於官府衙門公文起草的刀筆吏所爲。中間“穆穆雍雍，兩家合同；雍雍穆穆，兩家受福，便利姑伀姊妹”，化用《尚書・洪範》“毋偏毋黨，王道蕩蕩；毋黨毋偏，王道平平”的句式，運用對偶和反復的修辭手法，强調這樁婚姻對兩家的利好和美滿吉祥，語言風格典雅，賦予婚配儀式莊重、肅穆的基調。接下來，“共上倉天，共作衣裳，共作旃被，共作食飲，共上車，共卧，共起，共向塚，共向宅，共取新，共取水，共産兒子，兒大共使”，以陽間世俗婚姻生活爲參照，連用十三個短句，構成排比句式，極盡鋪陳誇飾之能事，表達出對冥婚青年男女在陰間幸福婚姻生活的祈願，語言通俗淺顯，口語化色彩鮮明，語調輕快，洋溢著婚禮場面所特有的熱鬧喜慶氣氛。但在這熱鬧喜慶中，仍没有忘記舉行這場冥婚儀式的終極目的，即藉以安頓死者，告誡他們"千秋萬歲，不得犯害家人"，達到安宅鎮墓的終極目的。最後幾句"生死異路，各有城郭；生人前行，死人却略；生人上臺，死人深藏埋；生人富貴，死人日遠"，以整飭的句式，用對偶、鋪排的修辭手法，反復申説生死異路，陰陽相隔的道理和事實，嚴正警告死者："自今相配合，千秋萬歲之後不得還反。"

除了章法謹嚴，句式靈活而富有變化，綜合運用對偶、排比和反復等多種修辭手法外，這則冥婚文書中還多處押韻，且押韻方式也是靈活多樣的。如"穆穆雍雍，兩家合同；雍雍穆穆，兩家受福"這一對偶句上下對句各自押韻，前者押"東"韻，後者押"姑"韻。"生死異路，各有城郭；生人前行，死人却略；生人上臺，死人深藏埋；生人富貴，死人日遠"幾句，前四句"郭"和"略"隔句押韻，後兩句"臺"和"埋"押鄰韻，最後兩句不相押韻，却又隔句與段末尾字"反"押韻。通篇押韻没有規律，似無心爲之，却又有跡可尋，説明這時期民間方士在追求句式的華美和音韻的和諧時，還處在不自覺的階段。

王瑶在論及中古文論的發展時曾説："近人讀《文賦》，多注重其駢偶聲律的主張；以爲是倡自陸氏，而開齊梁縟旨繁文和聲病之説的先聲。實則文主綺麗，是魏晉的普遍觀念。但這時所謂的綺麗，實即自然的美觀；和齊梁文學的作風不同。"[①]這則出土於北方

① 王瑶：《文論的發展》，氏著《中古文學史論（典藏版）》，北京：北京大學出版社，2014年，第76頁。

的十六國時期的冥婚文書，其綺麗而清新的文風正證明著王瑶論斷的精闢。

再次，它亦從一個獨特的角度使我們窺見當時精英社會階層的文學趣味對底層民衆的審美好尚產生著怎樣的影響。劉樂賢在其研究論文中曾對這件文書的作者有所討論。他認爲，這件墓券没有提及兩位死者家庭的具體情況，甚至也没有表達親屬的哀思，因而不像是出自兩位死者親屬之手；而從其交代死者星命所屬五行及聲明是根據"黄帝司馬季主九天圖"和"太史曆記"選擇下葬合婚吉日，並以"星得歲對，宿得天倉"這樣的專業性術語來説明爲何是吉日等内容看，作者很可能是宋人康譽之《昨夢録》所謂的"鬼媒人"①，這是有一定道理的。一般而言，鎮墓文、衣物疏和買地券之類專門用於喪葬儀軌的文書，其作者和書寫者大多是民間方士，並且他們的文化修養並不高，這種觀點爲河西地區所出大量的墓葬文獻所證實，但這件文書却是個例外，因爲我們若對其文本稍加留意即不難發現，其作者具有良好的文化修養和雅俗相諧的審美趣味。如前所揭，"共上倉天，共作衣裳，共作旃被，共作食飲，共上車，共臥，共起，共向塚，共向宅，共取新，共取水，共産兒子，兒大共使"之類的語句固然具有强烈的民間色彩和俗文學的一般特徵，然"穆穆雍雍，兩家合同；雍雍穆穆，兩家受福"這樣的語言又不可能没有受到儒家經典之雅言的影響，加上開頭那些嫺熟的案牘公文語言，不同風格和用途的語言在這裏互相生發，和諧共榮，使我們在驚歎作者追求語言形式之華美的熱情和運用語言的天賦時，又

① 劉樂賢：《"生死異路，各有城郭"——讀駱駝城出土的一件冥婚文書》，《歷史研究》2011 年第 6 期，第 86—98 頁。

禁不住去揣想，在那樣一個特定的時代，雅俗之間進行著怎樣的互動和交流。

如前所述，冥婚因其虛妄，向爲儒家所排斥。並且劉樂賢也認爲"這件實用性很强的文書述事直接，也不像出自文人學士之手"①。但這都衹是基於對一般情況的瞭解所作的推斷。在儒家思想熏陶漸染和教育訓練中獲得主流價值觀並掌握了寫作技能的知識分子中，離經叛道者代不乏人，甘居下流者亦往往有之；對辭藻有著特殊偏好的文人學士在寫作實用性文書時賣弄一下他的創造力和文采也不是没有可能的。所以，關於這則文書的作者，我們説他是民間方士或"鬼媒人"，固然不會有大的錯誤，但也不排除其爲一熟悉儒家經典的文人學士的可能。劉躍進曾在論及魏晉南北朝文學的特殊性時説："這個時期的文學呈現一種鮮明的異端色彩。傳統儒學的分化、新興玄學的繁榮、外來佛教的傳播，爲當時文人雅士的思想提供了廣闊的拓展空間。士大夫的傳統生活發生了變異。一個時期内，生活的怪異化，思想的極端化，形成了這個時期文人生活的重要特徵。"②或許，這篇冥婚文書的創作者恰恰可能就是當時一位思想趨於極端、行爲追求怪異的一個文人雅士。

餘論

（一）文學這一概念有廣義和狹義之分。廣義的文學，有時候被視爲文化，指一切口頭或書面語言行爲和作品，包括今天的文學以及政治、哲學、歷史、宗教等一般文化形態。如美國學者韋勒克就曾指出，在許多學者看來，"文學研究不僅與文明史的研究密切

① 劉樂賢：《"生死異路，各有城郭"——讀駱駝城出土的一件冥婚文書》。

② 劉躍進：《中國古代文學通論（魏晉南北朝卷）》，瀋陽/北京：遼寧人民出版社、人民出版社，2010 年，第 3—4 頁。

相關,而且實際和它就是一回事。在他們看來,衹要研究的内容是印刷或手抄的材料,是大部分歷史主要依據的材料,那麽,這種研究就是文學研究"①。那麽,相應的,這種研究的對象——"印刷或手抄的材料",就是文學史料。河西出土的這些魏晉十六國時期的墓葬文獻,是當時社會文明的表現形態之一,甚至也可以説,它們直接就是文明的一種産物,一種載體,因而,把它們當作研究當時文學現象的歷史資料來看待,應當是没有什麽問題的。

（二）中國文學的研究向來是與文體學的研究緊密聯繫在一起的;在相當長的歷史時期,文學與文體甚至往往就是一體的。而對於文體的辨析和研究,在我國則有著悠久的歷史。自曹丕《典論·論文》將文體分爲4科,中經陸機的《文賦》、摯虞《文章流别論》、劉勰《文心雕龍》、蕭統《文選》,至明末賀復徵《文章辨體匯選》,文章分類愈來愈繁細,在傳統治學方法的範圍内漸次把文體的辨析和研究推向極致。但我們仔細加以考察,就會發現就連吴訥《文章辨體》和徐師曾《文體明辯》這樣的集大成之作也都没有收録鎮墓文、買地券和衣物疏等重要的喪葬文書,説明它們一直没有進入以儒家思想爲道統的士大夫的視野。故而,在今天新的歷史條件下,以當代的學術觀來衡量,這些出土於河西走廊及全國其他地方數量衆多的與喪葬活動有關的文書,在文體學研究方面的價值當是毋庸置疑的,也應納入目前正在實施中的《全先秦漢魏晉南北朝文》的編纂整理與研究範疇之中。

（三）在中國歷史上,魏晉南北朝是一個特殊的歷史時期,就

① ［美］韋勒克、沃倫著,劉象愚等譯:《文學理論》,南京:江蘇教育出版社,2005年,第9頁。

社會政治而言，是動盪不安的亂世；就學術和思想而言，又是繼春秋戰國之後又一個思想活躍期。在這一時期，老莊哲學受到推崇，玄學盛行，人的意識覺醒，審美意識覺醒，文學家不僅在其詩歌辭賦的創作中講究對偶、聲律和藻飾之美，就是在諸如書信、詔令等一些應用文的起草中也有意識地追求它們的文學性。以本文所舉幾件文書爲代表的河西魏晉十六國墓葬文獻從一個極其特殊的角度反映出魏晉時期北方文學的風貌，它們的發現爲我們提供了不可多得的魏晉時期文學自覺的生動例證。如前文所述，它們的作者追求語言形式華美的熱情如此之高，即使在被悲痛和哀傷的氣氛籠罩著的喪葬儀式上，起草這些與地下神祇和死者鬼魂相溝通的文書時，也掩藏不住，表現出卓越的運用語言的天賦。那麼，我們很難想像，在其他一些場合，他們不會這樣做；也很難想像，他們不會有一些專門的文學創作活動，把他們的文學才華施之於專門用於審美的文學作品之中。

（四）河西走廊分佈著數以萬計的魏晉十六國時期的墓葬，在其中部分被清理發掘的墓葬中出土了一大批磚畫和壁畫。這些磚畫和壁畫題材十分豐富，不僅人間所有的生產和消費活動，户外場景和室内生活，如宴飲、出行、狩獵、博弈、門吏、官事活動、庖廚、耕種、收穫、糧倉、塢、僕婢、帷帳、絲帛、釀酒等，在這裏都有所表現，而且還有日、月、北斗等天象圖和西王母、東王公、伏羲、女媧、昆侖山、九尾狐、三足烏、青龍、白虎、羽人等仙境形象和各種祥瑞圖像，爲死者構建起一個微縮了的小宇宙[①]。這樣一個自足的世界，反

① 郭永利：《河西魏晉十六國壁畫墓研究》，蘭州大學 2008 年博士學位論文，第 69 頁。

映出當時人們對待死亡的態度——死亡不過是從此一世界到彼一世界而已。河西地區出土的數量衆多的鎮墓文及其他各類墓券應該也是這樣一種觀念的曲折反映，祇不過它的安宅鎮墓的内容又向死者明白地宣告：地下的世界既然是自足的，你們就應該以此爲滿足；一旦跨過了生與死的界限，就應該安守本分，不要再存有回來的幻想，以免打擾甚至作祟于活在陽世的親人。而這又是作爲文學史料的墓葬文獻一以貫之的思想内容。

第三節　河西墓葬文獻所見"脣"字考釋

1985 年，敦煌市以西約 4 公里處的祁家灣被劃歸青海石油管理局修建生活基地，爲配合這一重大工程的施工，甘肅省文物考古研究所對這一地區西晉至十六國時期的 117 座墓葬進行了集中的發掘清理，出土了 88 件斗瓶，其中大多存有墨書或朱書的鎮墓文。這些鎮墓文對於考察河西走廊的歷史地理、喪葬風俗、民間信仰都有一定的文獻與歷史價值；又由於這批材料所産生之時代（魏晉時期）的特殊性以及其書寫者（大多爲民間方士）和書寫材料（陶或泥質罐鉢）的特殊性，其間所保存的文字資料對於漢字形體演變的研究和敦煌俗字的研究也具有重要的補充作用，進而對於編纂修訂大型字典及校理古籍也有一定的價值。

如編號爲 85DQM206：3 的《壹官鎮墓文》（圖 57），原考古發掘報告釋讀爲：

□官華年/薄命早終/相注而死今/送鉛人一雙/斗瓶五穀/用贖生人/魂魄須鉛/人脣□五穀/死生乃當/死生死各/異

路不得更/相注□件除/重復便利生人/如律令①

其中“須鉛人……乃當死……便利生人”幾句，文意殊不可解。後王素、李方著《魏晉南北朝敦煌文獻編年》，收録此文並作了重新釋讀，將這幾句校訂句讀爲：“須鉛人膺此五穀，○生乃當死，生死各異路，不得更相注□件除，重復便利生人。”②雖説較原報告前進了一步，但文意仍不够暢通。到2004年，華東師範大學黄景春博士學位論文《早期買地券、鎮墓文整理與研究》也收録了這則鎮墓文，嘗試對一些疑難詞語作了解釋和説明。在文中，他將這幾句釋作“須鉛人前戊，五穀死生，乃當死”，並注釋説：“等到鉛人能够往前走，五穀生長死亡，纔應當有人死亡。戊，當是‘舞’的别字。”③我們知道，鎮墓文的重要功用之一即是隔絶死者與其在世親人的關係，使之不得侵擾牽連生人，所以黄景春博士的解釋就其大端而言，已庶幾近之，然其中“前戊”一詞的釋讀缺乏文字學理據，實乃揣想强解之辭，仍非“達詁”。

無獨有偶，2005年西安高新工業園出土的《曹魏景元元年朱書鎮墓文》有這樣的内容：“即欲……焦豆生，雞子雛鳴……可經□人府月，乃……聽相取。”④其中“可經□人府月”，文意亦難索解。

① 甘肅省文物考古研究所(戴春陽、張瓏)：《敦煌祁家灣西晉十六國墓葬發掘報告》，北京：文物出版社，1994年，第108—109頁。

② 王素、李方：《魏晉南北朝敦煌文獻編年》，臺北：新文豐出版公司，1997年，第81—82頁。

③ 黄景春：《早期買地券、鎮墓文整理與研究》，華東師範大學博士論文，2004年，第181頁。

④ 張全民：《曹魏景元元年朱書鎮墓文讀解》，《考古與文物》2007年第2期，第30—32、92頁。

圖 59　曹魏景元元年朱書鎮墓文摹本

細察原文所附摹本（圖 59），此處雖有漫漶殘缺，但"可經□人府月"還是清晰可辨：其中"經□"應是"鉛"字下部殘缺造成的誤釋；而"府"、"月"兩字，從其形體結構看，本來是一個字，即"⿱府月"，釋讀者不察，人爲地割裂成了兩個形體。"⿱府月"字一般工具書不收，但據漢字生成原理，不難推斷此乃從月府聲，與"腐"音義全同的形聲字。這件鎮墓文出土時下部殘缺，在釋讀中對文意的貫通有一定的影響。這時我們再參照 1975 年出土於洛陽的《光和二年王當買地券》"即欲有所爲，待焦大豆生，鉛卷（券）華榮，雞子之鳴，乃與□神相聽"之語①，即可將《曹魏景元元年朱書鎮墓文》中相關的句子補訂爲："即欲有所爲，待焦豆生，雞子雛鳴，……鉛人腐，乃與諸神聽相取。"原來"經□人府月"其實是"鉛人腐"三字的誤釋。鉛人腐，即置於鎮墓罐中隨葬的鉛質偶人在地下腐爛。

現在回到《壹官鎮墓文》，原來令人費解的"須鉛/人膺□五穀/死生乃當/死"，就可以釋讀爲"須鉛人腐，五穀死生，乃當死"，承接前文，意思是以鉛人、斗瓶、五穀來贖生人的靈魂，除非等到這鉛人

① 洛陽博物館（朱亮、余扶危）：《洛陽東漢光和二年王當墓發掘報告》，《文物》1980 年第 6 期，第 52—56 頁。

腐爛，斗瓶中（經過加工做熟了的）五穀重新生長，（生人）纔有可能（遭受死者作祟而）死去。文意豁然，正可謂"揆之本文而協，驗之他卷而通"。

其實這種語句在鎮墓文和買地券中比較常見，如"段雞子雛鳴"、"瓦狗能吠"、"焦大豆生葉"、"桃李生葯"、"人参能語"、"鉛券華榮"等等，與"河水清，大山平"一様，都是表示不可能成爲現實的事。其用意是强調陰陽隔絶，以杜絶死者與親人團聚的幻想，告誡他們的陰魂不要返回陽世作祟生人，從而起到"鎮墓"的作用。其表現手法與漢樂府民歌《上邪》"山無陵，江水爲竭，冬雷震震，夏雨雪，天地合，乃敢與君絶"及敦煌曲子詞《菩薩蠻》"枕前發盡千般願，要休且待青山爛。水面上秤錘浮，直待黄河徹底枯。白日参辰現，北斗回南面。休即未能休，且待三更見日頭"如出一轍。

"府"字不見於《玉篇》、《類篇》、《字彙》、《正字通》、《康熙字典》和《中華大字典》等舊字書。查《漢語大字典》，"府"字有收録，正釋作"腐"之異體，但没有使用例證，亦未在字頭下選列反映該字字形源流演變的、有代表性的甲骨文、金文、小篆和隸書等形體，衹提示一句："見《中國美術分類全集·中國青銅器全集（卷十）》。"[①]循此綫索，翻檢《中國青銅器全集（卷十）》，見《圖版説明》八五收録有1958年出土于安徽省壽春縣丘家花園的錯銀臥牛鎮之原物圖片和銘文拓片，其説明文字云："腹下有銘文四字'大府之器'，是爲楚王室之物。"[②]然此"大府"，相關考古報告和研究專文在引用時一

① 漢語大字典編輯委員會：《漢語大字典（第二版）》，武漢/成都：崇文書局、四川辭書出版社，2010年，第958頁。

② 《中國青銅器全集》（第10卷），北京：文物出版社，1998年，圖版説明第32頁。

圖 60　大府卧牛銘文

般都徑作"大府",並且細察《圖版説明》所附拓片(圖 60),4 字銘文清晰可辨,其中第二字爲"賔"。賔乃"府"之後起字,從"貝","府"聲,意爲儲藏財物的所在,故此顯屬誤釋無疑。《漢語大字典》編纂者未加細究,引爲書例,却又含混其辭,並不具列字形,真是匪夷所思。

回過頭,從專門的大型文字工具書查起,甲骨文不必説了[①],金文方面容庚的《金文編》[②]、嚴志斌《四版〈金文編〉校補》[③]、陳斯鵬等《新見金文字編》[④]及戴家祥《金文大字典》[⑤]没有收録此字;漢簡方面王夢鷗《漢簡文字類編》[⑥]和日人佐野光一《木簡字典》[⑦]也没有此形體,另外還查了吴良寶的《先秦貨幣文字編》[⑧]亦如此。黄征在蔣禮鴻、潘重規、郭在貽及張涌泉和他本人多年研究的基礎上撰有體大思精、收字賅備的《敦煌俗字典》。敦煌鎮墓文之書寫時代與敦煌石室遺書中較早時期的部分相重合,就文字形態特徵而言,二者既具有較强的時代共性,又具有較爲相近的地域個性,

① 中國社會科學院考古所:《甲骨文編》,北京:中華書局,1965 年;劉釗、洪颺、張新俊:《新甲骨文編》,福建人民出版社,2009 年。
② 容庚編著,張振林、馬國權摹補:《金文編(第四版)》,北京:中華書局,1985 年。
③ 嚴志斌:《四版〈金文編〉校補》,長春:吉林大學出版社,2001 年。
④ 陳斯鵬等:《新見金文字編》,福州:福建人民出版社,2012 年。
⑤ 戴家祥:《金文大字典》,上海:學林出版社,1999 年。
⑥ 王夢鷗:《漢簡文字類編》,上海:臺北藝文印書館,1974 年。
⑦ 佐野光一:《木簡字典》,〔日〕雄山閣,1985 年。
⑧ 吴良寶:《先秦貨幣文字編》,福州:福建人民出版社,2006 年。

其内在的關聯和統一是顯而易見的。但查檢該著,亦未列“腐”字條。就在將此問題暫時置諸腦後,不復掛心的時候,無意間翻閲剛剛獲贈的《肩水金關漢簡(貳)》,却有了新的收穫:編號爲73EJT23:62的木簡(圖61)有一“”字,雖有漫漶,但仍可辨識,且與“敗”字連用,顯係“腐”之異體無疑,整理者正作此釋讀[①]。相同的字例還有《居延新簡》316—24(EPT52:173)簡(圖62)之“”,亦與“敗”字連用,構成同義復詞“腐敗”[②]。《武威漢代醫簡》第69簡(圖63)有“鼻中當肙血出”之句,其中的“肙”,研究者釋爲“腐”之異體[③],爲省旁簡化俗字增添一新的例證。

漢簡的這些字例爲“”即“腐”之異體字的推論提供了充足的根據。但我們又知道,漢字的發展演變,其實際情況是極其復雜的,其中異體字的産生,特别是形聲字之異體的産生並非衹有形旁的代换之一途,位移——即移易字内部件——更是大量使用的一種方法,如“山峰”之“峰”在中古時期的寫卷中更常見的形體是“峯”。明乎此,當我們看到“”字的時候,就不能不想到它更有可能是“腑”之異體。正在爲此苦索之際,忽然看到新近面世的《漢魏六朝碑刻異體字字典》,恰收有“腑”字條,釋義曰:“内臟器官。比喻内心、心懷。”書證有三:1. 東魏武定八年(550)《蕭正表墓誌》:“而韋書弦韌器之誡,皆已闇冥胸～者矣。”2. 北周保定二年

① 甘肅簡牘保護研究中心等:《肩水金關漢簡(貳)》(中),上海:中西書局,2013年,第121頁。

② 甘肅省文物考古研究所、甘肅省博物館、中國文物研究所:《居延新簡》(上),北京:中華書局,1994年,第103頁。

③ 甘肅省博物館、武威縣文化館:《武威漢代醫簡》,北京:文物出版社,1975年,第69簡釋文。

圖 61　《肩水金關漢簡》73EJT23：62

圖 62　《居延新簡》316－24(EPT52：173)

圖 63　武威漢代醫簡第 69 簡(局部)

(562)《賀蘭祥墓誌》:"肺～之功,備列前史。"3. 北魏永平三年(510)《南石窟寺之碑》"議蹤翼親,論疇懿～。"所剪碑誌字樣衹有一個"",編號爲 0897－2－06－24。① 核對索引,與這個編號對應的是《蕭正表墓誌》。但追本溯源,在多種碑刻資料中找到此志拓片圖影,發現其中"胸～"之"～",字跡清晰規整,均爲""②,

① 毛遠明:《漢魏六朝碑刻異體字字典》,北京:中華書局,2014 年,第 239—240 頁。

② 遼寧省博物館:《遼寧省博物館藏碑誌精萃》,北京:文物出版社,2000 年,第 102 頁。

與《漢魏六朝碑刻異體字字典》所剪字樣有細微的差别。特别是"寸"旁的横劃,前者帶有明顯的挑法,具有八分書的典型特徵,後者則楷書意味更重一些,如羅振玉所説"楷七而隸三",是成熟的隸書向楷書過渡時期的産物,亦即裘錫圭先生所稱的"新隸體"[①]。我們不知道這個錯誤是怎麽發生的,但這對於本文要討論的中心而言,並無太大的關係,姑存而不論。再查《賀蘭祥墓誌》,"胏～"之"～"爲""[②];《南石窟寺之碑》原石稍有駁落漫漶,辨識有一定困難,但"懿～"之"～"比較清晰,爲"",包括毛遠明先生在内的諸家釋讀均作"胕",党燕妮注解其義:"古同'跗',足。"[③]這兩個書證中的"胕",前一個釋作"腑"之異體,似無太大的問題;後者則不同,因原碑早有漫漶,故釋讀者雖衆,且不乏名儒碩學,但歧義紛呈,至今似乎並無確解[④],故此形體能否作爲"腑"之異體備列,還有可商榷的餘地。但這同樣與此文的主旨没有太大的關係,故亦存而不論。

這樣,綜上所考,擇其可靠的字例和書證,如果爲《漢語大字典》修訂"府"條,就可作如下表述:

(一) 同"腐"。《肩水金關漢簡(貳)》73EJT23：62:"一椑

① 見裘錫圭:《文字學概要》第五章《形體的演變(下):隸楷階段的文字》,北京:商務印書館,1988年,第74—96頁。

② 毛遠明:《漢魏六朝碑刻校注》(第9册),北京:綫裝書局,2008年,第160頁。

③ 党燕妮:《〈南石窟寺碑〉校録研究》,《敦煌學輯刊》2005年第2期,第221—231頁。

④ 書證所引"議蹤翼親,論疇懿腑",陳萬里《西行日記》和張維《隴右金石録》作"議蹤翼親,論疇懿胕",王素、李方《魏晉南北朝敦煌文獻編年》作"議蹤翼親,論疇默胕",党燕妮《〈南石窟寺碑〉校録研究》作"議蹤翼親,綸疇懿胕"。

脣敗解隨□□□板毋復頭。"《居延新簡》316－24(EPT52：173)："□□吞遠置園中，茭脣敗未以食□。"《曹魏景元元年(260)朱書鎮墓文》："即欲有所爲，待焦豆生，雞子雛鳴，……鉛人脣，乃與諸神聽相取。"《前凉建興九年(321)至十八年(330)壹官鎮墓文》："須鉛人脣，五穀死生，乃當死。"

(二) 同"腑"。東魏武定八年(550)《蕭正表墓誌》："生長深宫，年殊及學而書弦歆器之誡，皆已闇冥胸脣者矣。"

主要徵引文獻

一　基本資料(以書名首字音序排列)

《八瓊室金石補正》,陸增祥著,北京：文物出版社,影印本,1985年。

《白虎通疏證》,班固原著,陳立撰,吴則虞點校,北京：中華書局,1994年。

《抱朴子内篇校釋》,王明,北京：中華書局,1985年。

《鮑參軍集注》,鮑照著,錢仲聯增補集説校,上海：上海古籍出版社,1980年。

《本草綱目》,李時珍著,劉衡如、劉山永校注,北京：華夏出版社,2008年。

《滄浪詩話校釋》,嚴羽著,郭紹虞校釋,北京：人民文學出版社,1961年。

《長沙馬王堆漢墓出土〈老子〉乙本卷前古佚書釋文》,馬王堆漢墓帛書整理小組,《文物》1974年第10期。

《辭海》(全四册),上海：上海辭書出版社,1999年。

《辭海・語詞分册》,上海：上海辭書出版社,1977年。

《大唐西域記》,玄奘、辯機原著,季羨林等校注,北京：中華書局,1985 年。

《道藏》,北京/上海/天津：文物出版社、上海書店、天津古籍出版社,1988 年。

《地理新書校理》,王洙等編撰,畢履道、張謙校,金身佳整理,湘潭：湘潭大學出版社,2012 年。

《讀史方輿紀要》,顧祖禹撰,賀次君、施和金點校,北京：中華書局,2005 年。

《讀書雜誌》,王念孫著,南京：江蘇古籍出版社,影印王氏家刻本,1985 年。

《敦煌佛爺廟灣五凉時期墓葬發掘簡報》,甘肅省敦煌縣博物館(韓躍成、張仲)編,《文物》1983 年第 10 期。

《敦煌佛爺廟灣西晉畫像磚墓》,甘肅省文物考古研究所(戴春陽)編,北京：文物出版社,1998 年。

《敦煌漢簡》,甘肅省文物考古研究所編,北京：中華書局,1991 年。

《敦煌晉墓》,敦煌文物研究所考古組(馬世長、孫國璋)編,《考古》1974 年第 3 期。

《敦煌祁家灣——西晉十六國墓葬發掘報告》,甘肅省文物考古研究所(戴春陽、張瓏)編,北京：文物出版社,1994 年。

《敦煌俗字典》,黄征著,上海：上海教育出版社,2005 年。

《敦煌俗字譜》,潘重規著,臺北：石門圖書公司,1978 年。

《敦煌文物》,敦煌市博物館(傅立誠、李岩雲、韓躍誠)編,蘭州：甘肅人民美術出版社,2002 年。

《爾雅注疏》,郭璞注、邢昺疏、王世偉整理,上海：上海古籍出版社，2010 年。

《風俗通義校注》，應劭撰，王利器校注：北京：中華書局，1981 年。

《佛國記》，法顯著，上海：商務印書館，萬有文庫本，1937 年。

《甘肅高臺縣駱駝城墓葬的發掘》，甘肅省文物考古研究所、高臺縣博物館（吴葒）編，《考古》2003 年第 6 期。

《甘肅酒泉西溝村魏晉墓地發掘報告》，甘肅省考古文物研究所（馬建華、趙吴成）編，《文物》1996 年第 7 期。

《甘肅疏勒河魏晉墓發掘簡報》，甘肅省文物考古研究所（王元林、趙吴成、王輝）編，《隴右文博》2002 年第 1 期。

《甘肅武威磨咀子漢墓發掘》，甘肅省博物館（陳賢儒）編，《考古》1960 年第 9 期。

《甘肅玉門金雞梁十六國墓葬發掘簡報》，甘肅省文物考古研究所（吴葒、王永安）編，《文物》2011 年第 2 期。

《甘州府志》，鍾賡起原著、張志純等校點，蘭州：甘肅文化出版社，1995 年。

《高昌墓磚資料整理與考釋》，張銘心著，未正式出版，2015 年 9 月印刷交流。

《高僧傳》，釋慧皎撰、湯用彤校注、湯一玄整理，北京：中華書局，1992 年。

《古器物識小録》，羅振玉著，《羅振玉學術論著集》（第 4 册），羅振玉著、羅繼祖主編，上海：上海古籍出版社，2010 年。

《管錐編》（第一册），錢鍾書著，北京：中華書局，1979 年。

《廣西貴縣羅泊灣漢墓》，廣西壯族自治區博物館編，北京：文物出版社，1988 年。

《廣西武鳴馬頭元龍坡墓葬發掘簡報》,廣西壯族自治區文物工作隊、南寧市文物管理委員會、武鳴縣文物管理所編,《文物》1988年第12期。

《癸辛雜識》,周密撰、吴企明點校,北京:中華書局,1988年。

《漢簡文字類編》,王夢鷗編,上海:臺北藝文印書館,1974年。

《漢書》,北京:中華書局,1962年。

《漢魏六朝碑刻校注》,毛遠明著,北京:綫裝書局,2008年。

《漢魏六朝碑刻異體字字典》,毛遠明著,北京:中華書局,2014年。

《漢語大詞典》,羅竹風主編,上海:漢語大詞典出版社,1986～1993年。

《漢語大字典(第二版)》,漢語大字典編輯委員會編,武漢/成都:崇文書局、四川辭書出版社,2010年。

《河西考古簡報》(上),閻文儒著,《國學季刊》第7卷第1期,1950年。

《洪亮吉集》,北京:中華書局,2001年。

《後漢書》,北京:中華書局,1965年。

《湖北劇場擴建工程中的墓葬和遺跡清理簡報》,湖北省文物考古研究所、武漢市博物館(黄鳳春)編,《江漢考古》2000年第4期。

《淮南子集釋》,北京:中華書局,1998年。

《吉安發現一座北宋紀年墓》,王吉允編,《考古》1989年第10期。

《急就篇》,史游著,上海:商務印書館,民國二十三年(1934)。

《集古録跋尾》,歐陽修著,見嚴耕望主編《石刻史料新編》第1

輯第 24 册，臺北：新文豐出版公司，1982 年。

《記敦煌發現的西晉十六國墓葬》，敦煌縣博物館考古組、北京大學考古實習隊（張小舟）編，《敦煌吐魯番文獻研究論集》（第四輯），北京：北京大學出版社，1987 年。

《嘉峪關壁畫墓發掘報告》，甘肅省文物隊、甘肅省博物館、嘉峪關市文物管理所（肖亢達）編，北京：文物出版社，1985 年。

《嘉峪關文物圖録·可移動文物卷》，嘉峪關市文物局編，三秦出版社，2014 年。

《嘉峪關新城十二、三號畫像磚墓發掘簡報》，嘉峪關市文物管理所（宋子華、高鳳山、楊會福、巨金虎）編，《文物》1982 年第 8 期。

《甲骨文編》，中國社會科學院考古所，北京：中華書局，1965 年。

《肩水金關漢簡（貳）》，甘肅簡牘保護研究中心等編，上海：中西書局，2013 年。

《肩水金關漢簡（壹）》，甘肅簡牘保護研究中心等編，上海：中西書局，2011 年。

《江蘇高郵邵家溝漢代遺址的清理》，江蘇省文物管理委員會（朱江）編，《考古》1960 年第 10 期。

《江西南昌唐墓》，江西省博物館（陳文華、許智範）編，《考古》1977 年第 6 期。

《金文編（第四版）》，容庚編著，張振林、馬國權摹補，北京：中華書局。

《金文大字典》，戴家祥著，上海：學林出版社，1999 年。

《晉書》，北京：中華書局，1974 年。

《經義述聞》，王引之著，南京：江蘇古籍出版社，1985 年。

《舊唐書》,北京：中華書局,1975年。

《居延漢簡甲乙編》(下册),中國社會科學院考古研究所編,北京：中華書局,1980年。

《居延新簡：甲渠候官》,甘肅省文物考古研究所、甘肅省博物館、文化部文獻研究室、中國社會科學院歷史研究所編,北京：中華書局,1994年。

《居延新簡》(上),甘肅省文物考古研究所、甘肅省博物館、中國文物研究所編,北京：中華書局,1994年。

《居延新簡》,甘肅省文物考古研究所編,北京：文物出版社,1990年。

《開元釋教録》,釋智升著,《大正藏》第55册,〔日本〕大正一切經刊行會,1934年。

《困學紀聞》,王應麟著、翁元圻等注、欒保群等校點,上海：上海古籍出版社,2008年。

《禮記譯解》,王文錦撰,北京：中華書局,2001年。

《遼寧省博物館藏碑誌精萃》,遼寧省博物館編,北京：文物出版社,2000年。

《劉禹錫集》,北京：中華書局,1990年。

《柳宗元集》,北京：中華書局,1979年。

《六度集經》,蒲正信注,成都：巴蜀書社,2001年。

《論衡校釋》,黄暉撰,北京：中華書局,1990年。

《羅隱集》,雍文華輯校,北京：中華書局,1983年。

《洛陽東漢光和二年王當墓發掘報告》,洛陽博物館(朱亮、余扶危)編,《文物》1980年第6期。

《洛陽李屯東漢元嘉二年墓發掘簡報》,洛陽市文物工作隊編,

《考古與文物》1997 年第 2 期。

《洛陽唐寺門兩座漢墓發掘簡報》，洛陽市文物工作隊編，《中原文物》1984 年第 3 期。

《密縣後士郭漢畫像石墓發掘報告》，河南省博物館（趙式綱、歐正文）編，《華夏考古》1987 年第 2 期。

《民樂八卦營——漢代墓群考古發掘報告》，甘肅省文物考古研究所（趙建龍、馬浩）編，科學出版社，2014 年。

《莫高窟北區石窟》（第 3 卷），彭金章、王建軍編，北京：文物出版社，2004 年。

《木簡字典》，佐野光一：〔日〕雄山閣，1985 年。

《南史》，北京：中華書局，1975 年。

《寧夏固原唐史道德墓清理簡報》，寧夏固原博物館（韓兆民）編，《文物》1985 年第 11 期。

《清異録》，陶穀撰、李錫齡校，長沙：惜陰軒叢書本，光緒丙申（1896）七月重刊。

《三國兩晉南北朝墓誌》，華人德主編，《中國書法全集》（第 13 卷），劉正成主編，北京：榮寶齋出版社，1995 年。

《三國志》，北京：中華書局，1964 年。

《散見簡牘合輯》，李均明、何雙全編，北京：文物出版社，1990 年。

《山西大同石家寨北魏司馬金龍墓》，山西省大同市博物館、山西省文物工作委員會編，《文物》1972 年第 3 期。

《尚書譯注》，李民、王健著，上海：上海古籍出版社，2004 年。

《詩經注析》，程俊英、蔣見元著，北京：中華書局，1991 年。

《十六國春秋輯補》，濟南：齊魯書社，2000 年。

《十三經注疏》,阮元校刻,北京：中華書局,1980年。

《石刻史料新編》,嚴耕望主編,臺北：新文豐出版公司,1982年。

《史記》,北京：中華書局,1959年。

《釋名》,劉熙：上海：上海古籍出版社,1987年。

《釋名疏證補》,王先謙著,長沙思賢書院刻本,光緒二十二年(1896)。

《疏勒河流域出土漢簡》,林梅村、李均明編,北京：文物出版社,1984年。

《水經注碑録》,施蟄存編,天津古籍出版社,1987年。

《水經注校證》,酈道元著、陳橋驛校證,北京：中華書局,2007年。

《睡虎地秦墓竹簡》,睡虎地秦墓竹簡整理小組編,北京：文物出版社,1990年。

《説文解字今釋》,湯可敬著,長沙：嶽麓書社,1997年。

《説文解字注》,段玉裁著,上海：上海古籍出版社,1981年。

《説文通訓定聲》,王先謙著,武漢市古籍書店影印,1983年。

《説苑校證》,劉向撰,向宗魯校證,北京：中華書局,1987年。

《四版〈金文編〉校補》,嚴志斌撰,長春：吉林大學出版社,2001年。

《搜神記》,干寶撰,汪紹楹校注,北京：中華書局,1979年。

《隋書》,北京：中華書局,1997年。

《太平經合校》,王明著,北京：中華書局,1960年。

《太平御覽》(第六册),李昉等,石家莊：河北教育出版社,1994年。

《通典》，北京：中華書局，1988 年。

《吐魯番阿斯塔那——哈拉和卓古墓群發掘簡報》，新疆維吾爾自治區博物館（李征）編，《文物》1973 年第 10 期。

《吐魯番出土文書》（第二册），中國文物研究所、新疆維吾爾自治區博物館、武漢大學歷史系編，北京：文物出版社，1981 年。

《吐魯番出土文書》，國家文物局古文獻研究室、新疆維吾爾自治區博物館、武漢大學歷史系編，北京：文物出版社，1981 年。

《吐魯番哈喇和卓墓群發掘簡報》，新疆博物館考古隊（穆舜英）編，《文物》1978 年第 6 期。

《望都二號漢墓》，河北省文化局文物工作隊編，北京：文物出版社，1959 年。

《魏晉南北朝敦煌文獻編年》，王素、李方編，臺北：臺灣新文豐出版公司，1997 年。

《魏書》，北京：中華書局，1974 年。

《文字學概要》，裘錫圭著，北京：商務印書館，1988 年。

《武威漢代醫簡》，甘肅省博物館、武威縣文化館編，北京：文物出版社，1975 年。

《武威漢簡》，甘肅省博物館、中國科學院考古研究所編，北京：文物出版社，1964 年。

《武威金石録》，王其英編，蘭州：蘭州大學出版社，2001 年。

《武威西關西夏墓清理簡報》，朱安、鍾雅萍等編，《隴右文博》2001 年第 2 期。

《武威西郊西夏墓清理簡報》，姚永春編，《隴右文博》2000 年第 2 期。

《武威元墓清理簡報》，梁繼紅編，《隴右文博》2003 年第 2 期。

《香港中文大學文物館藏簡牘》，陳松長編，香港：香港中文大學文物館，2001年。

《協紀辨方書》(上册)，劉道超譯注，南寧：廣西人民出版社，1993年。

《新甲骨文編》，劉釗、洪颺、張新俊編，福建人民出版社，2009年。

《新見金文字編》，陳斯鵬等編，福州：福建人民出版社，2012年。

《一九五四年春洛陽西郊發掘報告》，郭寶均等編，《考古學報》1956年第2期。

《儀禮注疏》，鄭玄注、賈公彦疏、王輝整理，上海：上海古籍出版社，2008年。

《藝術類徵》，鄒安著，上海倉聖明智大學《廣倉學宭叢書》乙類第一輯，1918年。

《元刊夢溪筆談》，沈括著，北京：文物出版社，影印本，1975年。

《元史》，北京：中華書局，1976年。

《越絶書校釋》，李步嘉撰，武漢：武漢大學出版社，1992年。

《雲麓漫鈔》，趙彦衛撰、傅根清點校，北京：中華書局，1996年。

《葬書》，郭璞著，影印文淵閣四庫全書本第808册，上海：上海古籍出版社，1987年。

《戰國策》，上海：上海古籍出版社，1985年。

《張家山漢墓竹簡(二四七號墓)》(釋文修訂本)，張家山二四七號漢墓竹簡整理小組編，北京：文物出版社，2006年。

《貞松堂集古遺文》(下),羅振玉編,北京：北京圖書館出版社,2003年。

《中國古代衣冠辭典》,盧翰明編,新北：常春樹書坊,中華民國七十九年。

《中國歷史紀年表(新修訂本)》,方詩銘編,上海：上海書店出版社,2013年。

《中國青銅器全集》(第10卷),北京：文物出版社,1998年。

《中國西北文獻叢書》,陳渭泉等主編,蘭州：蘭州古籍書店,1990年。

《中國衣冠服飾大辭典》,周汛、高春明編,上海：上海辭書出版社,1996年。

《中華道藏》第8册,北京：華夏出版社,2004年。

《重修肅州新志》,黄文煒修,吴生貴、王世雄、吴浩軍等校注,北京：中華書局,2008年。

《周書》,北京：中華書局,1971年。

《諸病源候論校釋》,南京中醫學院編,北京：人民衛生出版社,1980年。

《資治通鑑》,北京：中華書局,1956年。

二　研究文獻(以著作權人署名首字音序排列)

安志敏:《長沙發現的西漢帛畫試探》,《考古》1973年第1期。

曹國新:《駱駝城出土珍貴文物》,《絲綢之路》1999年第3期。

陳炳應:《西夏探古》,蘭州：甘肅文化出版社,2002年。

陳鼓應:《黄帝四經今注今譯——長沙馬王堆漢墓出土帛

書》,北京：商務印書館,2007 年。

陳國燦：《敦煌學史事新證》,蘭州：甘肅教育出版社,2002 年。

陳鍠：《古代帛畫》,北京：文物出版社,2005 年。

陳鵬：《秦漢鄉里基層組織研究》,曲阜師範大學碩士學位論文,2013 年。

陳杏留：《“買地券”中曆日校補舉隅》,《四川文物》2009 年第 4 期。

陳寅恪：《隋唐制度淵源略論稿・唐代政治史述論稿》,北京：三聯書店,2001 年。

陳垣：《中國佛教史籍概論》,北京：中華書局,1962 年。

陳直：《漢書新證》,天津人民出版社,1979 年。

陳直：《居延漢簡研究》,天津古籍出版社,1986 年。

池田温：《中國歷代墓券略考》,《東洋文化研究所紀要》第 86 册,東京帝國大學東洋文化研究所,1981 年。

戴衛紅：《魏晉南北朝時期亭制的變化》,《社會科學戰綫》2016 年第 2 期。

党國棟：《武威縣磨嘴子古墓清理記要》,《文物参考資料》1958 年第 11 期。

党壽山：《介紹武威出土的兩件隨葬衣物疏木方》,“中國簡牘學國際學術研討會”論文,蘭州,1991 年。

党壽山：《武威文物考述》,武威博物館印行,2001 年。

党燕妮：《〈南石窟寺碑〉校録研究》,《敦煌學輯刊》2005 年第 2 期。

鄧文寬：《敦煌古曆叢識》,《敦煌學輯刊》1989 年第 1 期。

鄧文寬:《敦煌吐魯番曆日略論》,《傳統文化與現代化》1993年第3期。

東京富士美術館:《中國敦煌展圖録》,東京美術博物館,1985年。

董志翹:《也釋"忏悋"——兼及"占悋(吝)"、"占護"、"悋護(恪護)"、"障悋(吝)"等詞》,四川大學漢語史研究所、四川大學中國俗文化研究所:《漢語史研究集刊》,成都:巴蜀書社,2009年。

段文傑:《道教題材是如何進入佛教石窟的——莫高窟二四九窟窟頂壁畫内容探討》,《1983年全國敦煌學術討論會文集·石窟·藝術編上》,蘭州:甘肅人民出版社,1985年。

敦煌文物研究所考古組、敦煌縣文化館(馬世長、樊錦詩):《敦煌甜水井漢代遺址的調查》,《考古》1975年第2期。

法式善:《陶廬雜録》,《清代史料筆記叢刊》,北京:中華書局,1959年。

樊錦詩、彭金章:《敦煌莫高窟北區B228窟出土河西大凉國安樂三年(619)郭方隨葬衣物疏初探》,《敦煌學》(第25輯),2004年。

方介堪:《晉朱曼妻薛買地宅券》,《文物》1965年第6期。

方詩銘:《再論"地券"的鑒别——答李壽岡先生》,《文物》1979年第8期。

費孝通:《鄉土中國》,上海書店民國叢書第三編,民國三十八年(1949)。

馮秉其:《安次縣西固城村發現明墓》,《文物》1959年第1期。

馮國瑞:《張介侯先生年譜》,蘭州:蘭州古籍書店,1990年。

復旦大學出土文獻與古文字研究中心:《出土文獻與傳世典

籍的詮釋——紀念譚樸森先生逝世兩周年國際學術研討會論文集》,上海：上海古籍出版社,2010 年。

高二適：《〈蘭亭序〉的真僞駁議》,《光明日報》1965 年 7 月 23 日。

高國藩：《中國民俗探微——敦煌巫術與巫術流變》,南京：河海大學出版社,1993 年。

高洪興：《黄石民俗學論文集》,上海：上海文藝出版社,1999 年。

高敏：《秦漢"都亭"考略》,《學術研究》1985 年第 5 期。

高明、張純德：《秦簡日書"建除"與彝文日書"建除"比較研究》,《江漢考古》1993 年第 2 期。

高朋：《人神之契：宋代買地券研究》,北京：中國社會科學出版社,2011 年。

顧炎武著,黄汝成集釋,欒保群、吕宗力校點：《日知録集釋》(中),上海：上海古籍出版社,2006 年。

關尾史郎、町田隆吉：《敦煌出土四至五世紀陶罐、陶鉢銘集成》(Ⅱ),《吐魯番出土文物研究會會報》第 29 號,1990 年。

關尾史郎：《敦煌新出鎮墓瓶初探——〈中國西北地域出土鎮墓文集成(稿)〉補遺(續)》,西北出土文獻研究會：《西北出土文獻研究》(第 9 號),2011 年。

關尾史郎：《莫高窟北區出土〈大凉安樂三年(619)二月郭方隨葬衣物疏〉的兩三個問題》,《敦煌吐魯番研究》(第 9 卷),北京：中華書局,2006 年。

關尾史郎：《隨葬衣物疏和鎮墓文——新的敦煌吐魯番學》,西北出土文獻研究會：《西北出土文獻研究》(第 6 號),2008 年。

關尾史郎:《中國西北地域出土鎮墓文集成(稿)》,新潟大學超域研究機構,2005(平成17)年。

郭沫若:《由王謝墓誌的出土論到蘭亭序的真僞》,《文物》1965年第6期。

郭永利、楊惠福:《敦煌翟宗盈墓及其年代》,《考古與文物》2007年第4期。

郭永利:《河西魏晉十六國壁畫墓研究》,蘭州大學2008年博士學位論文。

韓森著,魯西奇譯:《傳統中國日常生活中的協商:中古契約研究》,南京:江蘇人民出版社,2008年。

郝本性、魏興濤:《三門峽南交口東漢墓鎮墓瓶朱書文考略》,《文物》2009年第3期。

何士驥:《部曲考》,《國學論叢》第1卷第1期,1927年。

何雙全、狄曉霞:《甘肅省近年來新出土三國兩晉簡帛綜述》,《西北師大學報(社會科學版)》2007年第5期。

何雙全:《〈漢簡鄉里志〉及其研究》,《秦漢簡牘論文集》,蘭州:甘肅人民出版社,1989年。

何雙全:《簡牘》,蘭州:敦煌文藝出版社,2004年。

何雙全:《天水放馬灘秦簡綜述》,《文物》1989年第2期。

侯燦:《晉至北朝前期高昌奉行年號證補》,《南都學壇(社會科學版)》1988年第4期。

胡平生、張德芳:《敦煌懸泉漢簡釋粹》,上海:上海古籍出版社,2001年。

黄景春:《"承負説"源流考——兼談漢魏時期解除"重復"法術》,《華東師範大學學報(哲學社會科學版)》2009年第6期。

黄景春:《從一篇東漢鎮墓文看我國冥婚習俗》,《湖北民族學院學報》2009 年第 6 期。

黄景春:《地下神仙張堅固、李定度考述》,《世界宗教研究》2003 年第 1 期。

黄景春:《買地券、鎮墓文研究及其語言文字學意義》,《上海師範大學學報(社科版)》2007 年第 5 期。

黄景春:《早期買地券、鎮墓文整理與研究》,華東師範大學博士論文,2004 年。

黄烈:《略論吐魯番出土的"道教符籙"》,《文物》1981 年第 1 期。

黄敏:《漢魏六朝石刻鄉里詞語的整理與研究》,西南大學博士學位論文,2013 年。

季羨林等主編:《敦煌吐魯番研究》(第二卷),北京:北京大學出版社,1997 年。

賈玉潔:《山西省陽泉市冥婚習俗調查與研究》,上海大學碩士研究生學位論文,2008 年。

江林:《冥婚考述》,《湖南大學學報(社科版)》2000 年第 1 期。

姜伯勤:《敦煌藝術宗教和禮樂文明》,北京:中國社會科學出版社,1996 年。

姜守誠:《香港所藏"松人"解除木牘與漢晉墓葬之禁忌風俗》,《成大歷史學報》第三十一號,2006 年。

寇克紅:《"都鄉"考略——以河西郡縣爲例》,《敦煌研究》2014 年第 4 期。

寇克紅:《高臺駱駝城前凉墓葬出土衣物疏考釋》,《考古與文物》2011 年第 2 期。

寇克紅:《高臺駱駝城前秦墓出土墓券考釋》,《敦煌研究》2009 年第 4 期。

寇克紅:《高臺許三灣前秦墓葬題銘小考》,《高臺魏晉墓與河西歷史文化研究》,蘭州:甘肅教育出版社,2012 年。

勞翠勤:《建除體初探》,《新國學》(第七卷),成都:巴蜀書社,2008 年。

李并成:《甘肅省高臺縣駱駝城遺址新考》,《中國歷史地理論叢》2006 年第 1 期。

李并成:《漢敦煌郡效穀縣城考》,《敦煌學輯刊》1991 年第 1 期。

李并成:《河西走廊歷史地理》,蘭州:甘肅人民出版社,1992 年。

李零:《青海大通縣上孫家寨漢簡性質小議》,《考古》1983 年第 6 期。

李零:《中國古代的墓主畫像——考古藝術史筆記》,《中國歷史文物》2009 年第 2 期。

李肖冰:《中國西域民族服飾研究》,烏魯木齊:新疆人民出版社,1995 年。

李學勤:《談"張掖都尉棨信"》,《文物》1978 年第 1 期。

李則芬:《兩晉南北朝戰爭形態》,李則芬:《兩晉南北朝歷史論文集》(中),北京:商務印書館,1987 年。

李則芬:《三國志部曲不是私兵》,《文史雜考》,臺北:臺灣學生書局,1979 年。

李正宇:《古本敦煌鄉土志八種箋證》,蘭州:甘肅人民出版社,2008 年。

連劭名:《建興廿八年“松人”解除簡考述》,《世界宗教研究》1996 年第 3 期。

連邵名:《漢晉解除文與道家方術》,《華夏考古》1989 年第 2 期。

梁繼紅:《武威出土的漢代衣物疏木牘》,《隴右文博》1997 年第 2 期。

梁尉英:《漢代效穀城考》,《1983 年全國敦煌學術討論會文集》之《文史・遺書編上》,蘭州:甘肅人民出版社,1987 年。

林振宇:《論新莽六書之鳥蟲書》,《長期工業大學學報(社會科學版)》2010 年第 4 期。

劉安志:《跋吐魯番新出〈唐顯慶元年(656)西州宋武歡移文〉》,《魏晉南北朝隋唐史資料》第 23 輯,武漢大學文科學報編輯部,2006 年。

劉安志:《吐魯番出土衣物疏研究二題》,《魏晉南北朝隋唐史資料》,武漢大學文科學報編輯部,2005 年。

劉操南:《北魏太平真君十一年、十二年殘曆讀記》,《敦煌研究》1992 年第 1 期。

劉夫德:《銘旌的圖像與文字》,《文博》2008 年第 4 期。

劉樂賢:《“生葬異路,各有城郭”——讀駱駝城出土的一件冥婚文書》,《歷史研究》2011 年第 6 期。

劉樂賢:《釋魏晉南北朝時期解注文的“兩”字》,復旦大學出土文獻與古文字研究中心編:《出土文獻與傳世典籍的詮釋——紀念譚樸森先生逝世兩周年國際學術研討會論文集》,上海:上海古籍出版社,2010 年。

劉乃和:《中國歷史上的紀年(上)》,《文獻》第十七輯,北京:

書目文獻出版社,1983年。

劉瑞明:《吐魯番出土隨葬衣物疏雜釋》,《西域研究》1998年第2期。

劉衛鵬:《甘肅高臺前秦"建元廿年"棺板題記辨正》,《敦煌研究》2015年第1期。

劉屹:《敬天與崇道——中古經教道教形成的思想史背景》,北京:中華書局,2005年。

劉躍進:《中國古代文學通論(魏晉南北朝卷)》,瀋陽/北京:遼寧人民出版社、人民出版社,2010年。

劉昭瑞:《"承負説"緣起論》,《世界宗教研究》1995年第4期。

劉昭瑞:《〈太平經〉與考古發現的東漢鎮墓文》,《世界宗教研究》1992年第4期。

劉昭瑞:《談考古發現的道教解注文》,《敦煌研究》1991年第4期。

劉昭瑞:《吐魯番阿斯塔那332號墓方術文書解説》,《文物》1994年第9期。

柳洪亮:《新出吐魯番文書及其研究》,烏魯木齊:新疆人民出版社,1997年。

魯西奇:《漢代買地券的實質、淵源與意義》,《中國史研究》2006年第1期。

魯西奇:《六朝買地券叢考》,《文史》2006年第2輯。

魯西奇:《中國古代買地券研究》,厦門:厦門大學出版社,2014年。

陸娟娟:《吐魯番出土文書語言研究》,浙江大學2009年博士學位論文。

欒保群：《“泰山治鬼”説的起源與中國冥府的形成》,《河北學刊》2005 年第 3 期。

羅操：《東漢至南北朝墓券研究》,華東師範大學 2015 年博士學位論文。

羅玉芳：《廣西民間宗教神“四值功曹”抄本略考》,《廣西民族師範學院學報》2014 年第 4 期。

馬怡：《武威漢墓幡物釋考》,張德芳、孫家洲：《居延敦煌漢簡出土遺址實地考察論文集》,上海：上海古籍出版社,2012 年。

馬怡：《武威漢墓之旐——墓葬幡物的名稱、特徵與沿革》,《中國史研究》2011 年第 4 期。

馬雍：《論長沙馬王堆一號漢墓出土帛畫的名稱和作用》,《考古》1973 年第 2 期。

毛遠明：《釋“忓慍”》,《中國語文》2008 年第 4 期。

孟憲實：《吐魯番古墓出土隨葬衣物疏的性質與發展》,《新疆地方誌》1993 年第 1 期。

敏春芳、馬有：《敦煌吐魯番文書中衣物量詞例釋》,《蘭州大學學報(社會科學版)》2005 年第 4 期。

寧强：《敦煌北凉三窟供養人及相關問題研究(摘要)》,巫鴻主編：《漢唐之間的宗教藝術與考古》,北京：文物出版社,2000 年。

彭金章：《敦煌吐魯番所出隨葬衣物疏中“脚靡(足靡)”新探》,《敦煌研究》2002 年第 6 期。

齊陳駿：《敦煌沿革與人口》,《敦煌學輯刊》,1980 年。

齊陳駿：《河西史研究》,蘭州：甘肅教育出版社,1989 年。

齊陳駿等：《五凉史略》,蘭州：甘肅人民出版社,1988 年。

啓功：《古代字體論稿》，北京：文物出版社，1999 年。

錢大昕：《十駕齋養新録》，南京：江蘇古籍出版社，2000 年。

裘錫圭：《嗇夫初探》，《雲夢秦簡研究》，北京：中華書局，1981 年。

饒宗頤：《敦煌出土鎮墓文所見解除慣語考釋——〈魏晉南北朝敦煌文獻編年〉序》，《敦煌吐魯番研究》（第三卷），北京：北京大學出版社，1998 年。

饒宗頤：《記建興廿八年"松人"解除簡——漢"五龍相拘絞"説》，《簡帛研究》第二輯，法律出版社，1996 年。

商承祚：《論東晉的書法風格並及〈蘭亭序〉》，《中山大學學報（哲社版）》1966 年第 1 期。

上海古籍出版社、上海博物館：《上海博物館藏敦煌吐魯番文獻》，上海：上海古籍出版社，1993 年。

尚衍斌：《吐魯番古代衣飾習尚談藪》，《喀什師院學報（哲社版）》1992 年第 2 期。

始興縣博物館（廖晉雄）：《廣東始興發現南朝買地券》，《考古》1989 年 6 月。

宿白《兩漢魏晉南北朝時期的敦煌——〈敦煌兩千年〉之一》，《絲路訪古》，蘭州：甘肅人民出版社，1983 年。

孫鉞：《中國歷代官制講座（連載之十五）》，《文史知識》1985 年第 4 期。

譚蟬雪：《三教融合的敦煌喪俗》，《敦煌研究》1991 年第 3 期。

湯用彤：《讀〈太平經〉書所見》，《魏晉玄學論稿及其他》，北京：北京大學出版社，2010 年。

陶玉樂：《清代王敏買地磚券考述》，《河西學院學報》2014 年第 1 期。

田河:《出土戰國遣册所記名物分類匯釋》,吉林大學 2007 年博士學位論文。

汪桂海:《漢代簡牘中的告地策資料》,卜憲群、楊振紅主編:《簡帛研究二〇〇六》,南寧:廣西師範大學出版社,2008 年。

王策、吴葒:《玉門金雞梁出土的木牘和封檢》,《文物》2011 年第 2 期。

王策:《金雞梁所出木犢、封檢及相關問題研究》,蘭州大學博士學位論文,2011 年。

王鍔:《甘肅簡牘述論》,《西北師範大學學報(社會科學版)》1994 年第 2 期。

王貴元:《漢代簡牘遣策的物量標記法和量詞》,張顯成主編:《簡帛語言文字研究》(第一輯),成都:巴蜀書社,2002 年。

王國維:《觀堂集林》(第四册),北京:中華書局,1961 年。

王毓銓:《漢代"亭"的性質和它在封建統治上的意義》,《光明日報》1955 年 3 月 31 日。

王毓銓:《漢代"亭"與"鄉""里"不同性質不同系統説——"十里一亭……十亭一鄉"辨正》,《歷史研究》1954 年第 2 期。

王素:《敦煌出土前凉文獻所見"建元"年號的歸屬——兼談敦煌莫高窟的創建時間》,《敦煌吐魯番研究》(第 2 卷),北京:北京大學出版社,1997 年。

王艷軍:《"雜書體"研究》,首都師範大學 2005 年碩士學位論文。

王瑶:《文論的發展》,北京:北京大學出版社,2014 年。

王瑶:《中古文學史論(典藏版)》,北京:北京大學出版社,

2014 年。

王永光：《寶雞市漢墓發現光和與永元年間朱書陶器》，《文物》1981 年第 3 期。

王友奎：《敦煌寫本〈咒魅經〉研究》，《敦煌研究》2012 年第 2 期。

王育成：《考古所見道教簡牘考述》，《考古學報》2003 年第 4 期。

王元林：《前涼道符考釋》，《文物》2011 年第 4 期。

王仲犖：《北周地理志》，北京：中華書局，1980 年。

王子今：《漢簡"諸陵縣"史料鉤沉》，甘肅簡牘博物館，西北師範大學歷史文化學院：《簡牘學研究（第五輯）》，蘭州：甘肅人民出版社，2014 年。

韋勒克、沃倫著，劉象愚等譯，《文學理論》，南京：江蘇教育出版社，2005 年。

巫鴻主編：《漢唐之間的宗教藝術與考古》，北京：文物出版社，2000 年。

吴浩軍：《〈魏晉南北朝敦煌文獻編年〉增補——敦煌墓葬文獻研究系列之一》，《高臺魏晉墓與河西歷史文化研究》，甘肅教育出版社，2012 年。

吴良寶：《先秦貨幣文字編》，福州：福建人民出版社，2006 年。

吴礽驤、余堯：《漢代的敦煌郡》，《西北師大學報（社會科學版）》1982 年第 2 期。

吴榮曾：《鎮墓文中所見到的東漢道巫關係》，《文物》1981 年第 3 期。

郗文倩：《東漢鎮墓文的文體功能及其文體借鑒》,《廣西師範大學學報(哲社版)》2010 年第 5 期。

夏鼐：《敦煌考古漫記(一)》,《考古通訊》創刊號,1955 年。

謝桂華、李均明、朱國炤：《居延漢簡釋文合校》,北京：文物出版社,1987 年。

熊基權：《墓誌起源新説》,《文物春秋》1994 年第 1 期。

徐公持：《衰世文學未必衰》,《文學遺産》2013 年第 1 期。

楊國譽：《"田産爭訟爰書"所展示的漢晉經濟研究新視角——甘肅臨澤縣新出西晉簡册釋讀與初探》,《中國經濟史研究》2012 年第 1 期。

楊華：《古禮新研》,北京：商務印書館,2012 年。

楊樹達：《漢代婚喪禮俗考》,上海：上海古籍出版社,2000 年。

楊天宇：《儀禮譯注》,上海：上海古籍出版社,2004 年。

楊中一：《部曲沿革考略》,《食貨半月刊》第 1 卷第 3 期,1935 年。

葉濃新：《馬頭古墓出土銅針爲醫具論試證——兼論壯族先民的針灸療法》,《廣西民族研究》1986 年第 3 期。

于光建、徐玉萍：《武威西夏墓出土冥契研究》,《西夏研究》2010 年第 3 期。

余欣：《神道人心——唐宋之際敦煌民生宗教社會史研究》,北京：中華書局,2006 年。

余欣：《唐宋敦煌墓葬神煞研究》,《敦煌學輯刊》2003 年第 1 期。

袁延勝：《東漢人口問題研究》,鄭州大學博士學位論文,

2003 年。

張馳：《寧縣境内出土買地券綜述》，《隴右文博》2001 年第 1 期。

張金光：《秦鄉官制度及鄉、亭、里關係》，《歷史研究》1997 年第 6 期。

張俊民：《甘肅玉門畢家灘出土的衣物疏初探》，《湖南省博物館館刊》（第七輯），長沙：嶽麓書社，2010 年。

張俊民：《武威旱灘坡十九號前凉墓出土木牘考》，《考古與文物》2005 年第 3 期。

張銘心：《高昌墓磚書式研究——以"紀年"問題爲中心》，《新疆師範大學學報》（哲學社會科學版）2004 年第 1 期。

張朋川：《河西漢晉繪畫簡述》，《文物》1978 年第 6 期。

張全民：《曹魏景元元年朱書鎮墓文讀解》，《考古與文物》2007 年第 2 期。

張瑞峰：《敦煌市博物館藏"通信校尉"龜紐銀印淺識》，《文博》2003 年第 2 期。

張澍：《五凉舊聞序》，蘭州：蘭州古籍書店，1990 年。

張小艷：《吐魯番出土文書詞語考釋三則》，《中國語文》2013 年第 6 期。

張小舟：《北方地區魏晉十六國墓葬的分區與分期》，《考古學報》1987 年第 1 期。

張勛燎、白彬：《中國道教考古》，北京：綫裝書局，2006 年。

張勛燎：《東漢墓葬出土的解注器材料和天師道的起源》，載陳鼓應主編：《道家文化研究》（第 9 輯），上海：上海古籍出版社，1996 年。

趙超:《漢魏南北朝墓誌彙編》,天津古籍出版社,2008 年。

趙家棟:《"忓慦"釋義覆議》,《寧夏大學學報(人文社會科學版)》2011 年第 1 期。

趙雪野、趙萬鈞:《甘肅高臺魏晉墓墓券及所涉及的神衹和卜宅圖》,《考古與文物》2008 年第 1 期。

中國簡牘集成編輯委員會:《中國簡牘集成(四)》,敦煌文藝出版社,2001 年。

周建江:《北朝文學史》,北京:中國社會科學出版社,1997 年。

周艷萍:《吐魯番出土隨葬衣物疏探索》,陝西師範大學 2009 年碩士學位論文。